21世纪高等院校电子商务教育系列教材

电子商务
案例分析

E-Commerce
Case Analysis

李洪心　编著

东北财经大学出版社
Dongbei University of Finance & Economics Press
大连

图书在版编目（CIP）数据

电子商务案例分析 / 李洪心编著 .—大连 ：东北财经大学出版社，2013. 8（2014. 8 重印）
（21 世纪高等院校电子商务教育系列教材）
ISBN 978-7-5654-1259-2

Ⅰ. 电…　Ⅱ. 李…　Ⅲ. 电子商务-案例-高等学校-教材
Ⅳ. F713. 36

中国版本图书馆 CIP 数据核字（2013）第 168801 号

东北财经大学出版社出版
（大连市黑石礁尖山街 217 号　邮政编码　116025）
教学支持：（0411）84710309
营 销 部：（0411）84710711
总 编 室：（0411）84710523
网　　址：http：//www. dufep. cn
读者信箱：dufep @ dufe. edu. cn
大连天骄彩色印刷有限公司印刷　　东北财经大学出版社发行

幅面尺寸：186mm×230mm　　字数：440 千字　　印张：21 1/4
2013 年 8 月第 1 版　　2014 年 8 月第 2 次印刷

责任编辑：李　彬　时　博　杨　昊　　责任校对：孙　萍
封面设计：冀贵收　　版式设计：钟福建

ISBN 978-7-5654-1259-2
定价：36. 00 元

总序

互联网的出现为全社会提供了一种全新的商务活动方式，从而引发了对电子商务学习、实践和培训的热潮。为满足目前高等教育对电子商务教材的需求，东北财经大学出版社在2008年伊始开发了一套全新的“21世纪高等院校电子商务教育系列教材”。整套教材围绕电子商务的应用性知识分为三个模块、十三种教材：第一个模块是“原理模块”，着力覆盖电子商务的基本原理，包括《电子商务基础教程》、《电子商务与网络经济》、《电子商务系统建设与管理》、《电子商务管理》；第二个模块是“电子商务支持模块”，为学习者讲解对电子商务行为进行支持的主要体系，包括《电子商务案例》、《电子商务法》；第三个模块是“电子商务中的行为模块”，细致刻画了电子商务环境下的个体和企业的行为，包括《电子商务物流管理》、《电子商务交易的支付与结算》、《电子商务安全》、《电子商务网站建设与管理》、《客户关系管理》、《网络营销》、《电子政务》。

这套“21世纪高等院校电子商务教育系列教材”本着科学、先进、合理、可行的原则，在编写过程中努力达到如下要求：

第一，博采众长。从总体上看，由于发达国家发展市场经济的历史较长，市场经济体制也比较成熟，因而其电子商务理论及相应的学科建设确实比我国领先一步，所以学习和借鉴发达国家的电子商务理论成果十分必要。同时，我国在经历了30多年的改革开放后，企业的体制、机制改革和技术进步已取得了巨大的成绩，在电子商务实践方面也积累了不少很有特色的成功经验，值得总结提炼。在教材的编写过程中，编者们广泛参考和吸取国内外相关教材的优点，尽量做到既符合国际发展潮流，又切实反映中国电子商务实际情况。

第二，努力创新。虽然我国部分高校开办电子商务专业的时间不长，但电子商务专业的建设已经从“摸着石头过河”到“如何适应市场经济中电子商务发展的需要”发生了重要的转变。为此，电子商务专业及其教材建设在我国面临重大变革。本套教材力求在内容和形式上都有所创新：在内容方面，更新了不适应市场经济环境中当前电子商务实践及未来发展的理论和观念；在形式方面，每种教材在结构、栏目、体例及写作风格上均有所创新，且各种教材均由“主教材”和“电子课件”两者组成，大大方便了教与学。

第三，讲求实用。这主要表现在：一方面，内容上突出特色，兼顾理论系统性与实践可操作性。出于篇幅和知识点交叉的考虑，这套教材中每一种都力求围绕各自中心内容阐述，并根据实际课时量的要求在内容上取舍得当。例如，在《电子商务基础教程》中已经详细介绍过的内容，在其他教材中就尽量避免或者简略介绍。另一方面，成熟性与创新性相结合。本次编写的教材，坚持了教材内容的成熟性与创新性的统一。在阐述成熟而稳定的教材内容的同时，适当介绍新知识、新技能、新发展趋势，使教材具有适度的超前性和前瞻性。另外，本套教材的体例要求也符合教学的规律和方法。教材各章附有“学习目标”、“本章小结”、“复习思考题”、“技能实训题”等栏目，并且注重时效性，教材中的例题、案例等均取材于最新的实践成果。

第四，注重质量。本套教材由众多国内电子商务领域的专家、学者领衔编撰。他们多年从事该领域的教学与研究，具有丰富的教学及教材编写经验。他们中的大多数曾在欧美高校进修学习、合作研究或访问交流，因而对各学科的最新进展比较熟悉。他们长期关注中外企业电子商务实践，善于总结提炼。此外，各门课程教材的基本体系、结构和内容都经过各教材领衔作者的集体讨论，互提意见和建议，集思广益，严把质量关。

尽管编者们已经付出了最大努力，使现在所奉献给读者的这套教材体现了上述特点，但作为创新的初步尝试，难免会存在不足乃至缺陷。因此，这套教材的推出应该是任重而道远。我们希望能够尽快得到来自各方面尤其是读者方面的反馈意见，以为我们在不久的将来再版修订提供有益的参考。我们也希望并有信心通过不断修订，使教材紧随时代步伐，及时反映学科的最新进展，为培养未来的电子商务专业人才做出持续的贡献。

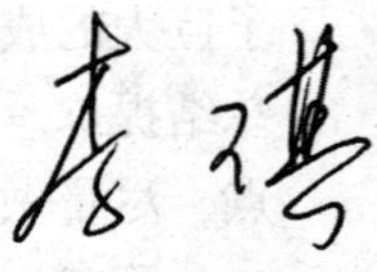

于西安交通大学

前言

电子商务的发展向我们提供了经营管理和战略发展的真实案例，电子商务的繁荣也正是从各种不同发展特色的真实案例中体现出来。电子商务的经营者们坚持不懈地参加电子商务实践所创造的大量电子商务案例，对大学开展电子商务教育和研究、对企业实施和发展电子商务很有借鉴意义。通过对电子商务案例的研究和分析，便于学生在了解电子商务基础知识的基础上，对电子商务的发展进行更深层次的研究，即从电子商务的实践中寻找电子商务发展的一般模式。

本书主要从电子商务运营模式的角度对电子商务不同发展阶段的中外典型的应用案例进行了比较全面和系统的介绍和分析。全书可分为 B2B 电子商务的案例、B2C 电子商务的案例、C2C 电子商务的案例、银行电子商务的案例、传媒电子商务的案例、第三方支付的案例、移动电子商务的案例、互联网上的新业务案例，以及传统企业电子商务的案例，并对一些典型的案例进行对比和分析。

本书由李洪心教授策划和编写，书中包含对 25 个真实案例的分析研究，这些案例深入地描述了跨行业企业和跨国企业是如何开发和实施电子商务的。部分国外案例是由各种公开发表的资料改编而成，部分国内的案例来自于作者亲自调查得到的第一手资料。在每个案例的结尾，我们提出了一些问题供读者独立思考或集体讨论，这些问题是研究和分析该案例的指南；有的案例还提供了参考网站，以便于读者对书中所介绍的案例进行即时跟踪与资料查询。另外，我们还提供了一些关于中外案例的比较与分析的内容，以便于读者对不同社会环境下类似的电子商务模式进行对照。

本书中的案例，在时间上覆盖了从电子商务的兴起到现在稳定发展的各个时间段，在地域上除了美国和英国的案例以外，主要关注我国著名的电子商务企业以及新兴的互联网应用模式。由于案例涉及的均是从事电子商务的企业，而企业的合并、拆分、重组与更名时有发生，因此案例中更注重的是企业当时的运营与效果而非最终结果。另外，本书中关于案例的许多资料来源于网络的即时信息，作者非常感谢众多的不知名的资料拥有者和发表者为本书的案例写作提供了大量丰富的原始资料。参加本书资料收集和整理的有东北财经大学的研究生龙亚平、范雷雷、冯定国、朱丹、王昊一、苏彦秋、沈晓洁、李健、曹倩雯、马艳汝、郑悦、何锡彤、王颖、陆阳、刘缓、周兴龙、崔瑜、张瑜和李淼，作者也借此机会对他们的工作表示感谢。

本书适用于普通高等院校电子商务、信息管理与信息系统、企业管理类专业高年级学生相关课程的参考教材，也可作为企业管理人员了解和实践电子商务的学习参考书，还可作为在职干部的培训用教材。

作者在撰写和统稿时虽然尽了最大努力，但由于资料来源广泛和时间有限，书中内容难免有不当与疏漏之处，恳请读者批评指正。

李洪心

2013 年 7 月

于东北财经大学

目录

第 1 章

B2B 电子商务的案例与中外比较

学习目标

了解 Covisint 创立的背景；了解 Covisint 的优势；掌握阿里巴巴 B2B 平台的商业模式；理解阿里巴巴面临的问题；比较中外 B2B 电子商务发展环境。

B2B（Business to Business）是商家对商家的一种电子商务交易模式。1996 年，全球的电子交易额只有 28 亿美元，这其中有 60% 的交易额是发生在企业与个人之间的，企业与企业的在线交易额仅占 28 亿美元中的 40%；2006 年，全球电子商务交易总额达到 12. 8 万亿美元，占全球商品销售的 18%；2011 年全球电子商务交易总额达到 40. 6 万亿美元，其中我国交易额为 6. 5 万亿元，B2B 交易额突破 5. 7 万亿元。

如今，世界上 90% 以上的电子商务交易额是在企业之间，而不是企业和消费者之间完成的。自 2002 年以来，美国 B2B 电子商务市场交易额始终占据全球 B2B 市场交易额的 50% 以上，2005 年达到了 2. 6 万亿美元，2008 超过 7 万亿美元；2005 年，中国 B2B 电子商务交易额达到 6 808 亿元，占电子商务总交易额的 92%。根据艾瑞咨询统计，2012 年中国电子商务市场整体交易规模为 8. 1 万亿元，增长 27. 9%。中小企业 B2B 电子商务占比 53. 3%，规模以上 B2B 占 28. 3%，企业间电子商务合计占 81. 6%，交易规模达到 6. 6 万亿元。其中，2012 年第四季度整体交易规模为 2. 4 万亿元，同比增长 27. 5%，整体保持稳定的发展态势。

B2B 电子商务以其较大的交易数额、较规范和成熟的交易条件代表着电子商务发展的主流方向。本章将介绍两个发生在不同时期和不同地域的 B2B 电子商务案例，并在最后对中外 B2B 电子商务的发展进行比较。

1）汽车行业的 B2B 平台 Covisint

伴随着汽车工业市场的全球化，全球各大汽车公司都将目光投向了供应链解决方案的研发，Covisint 应运而生。Covisint 是由戴姆勒·克莱斯勒、福特和通用汽车公司于 2000 年创立的在线供应商市场，自成立之初就受到各方面的广泛关注，来自各界的声音褒贬不一。Covisint 最初的目标是为全球汽车工业的原材料采购提供一个安全和功能强大的公共信息交换平台，但伴随在发展过程中遇到的种种问题，Covisint 开始走向下坡路，最终于 2004 年被 Compuware 公司收购。被收购之后的 Covisint 无论是在经营策略上还是在产品与服务上都有了很大的改变。本案例通过对 Covisint 的创立背景、创立之初的设想与优势、发展中遇到的问题以及被收购之后的发展历程等进行分析，使读者能够对 Covisint 这一 B2B 信息交换平台有更加深入的了解和认识，并在对 Covisint 的各方面进行深入分析的过程中得到可借鉴的经验。

2）中国的 B2B 阿里巴巴

据有关数据显示，2012 年中国 B2B 电子商务交易额达到 6. 6 万亿元，整体发展态势良好，越来越多的中小企业选择借助 B2B 电子商务平台开拓市场。作为 B2B 电子商务行业的领跑者，阿里巴巴在 2012 年第一季度继续保持了绝对领先的优势，市场份额占到市场营业收入规模的 52. 4%，把竞争对手远远地甩在了后面。阿里巴巴近年来的快速发展有目共睹，杰出的成绩使阿里巴巴受到各界人士广泛的关注，并被国内外媒体评为与雅虎、亚马逊、eBay 比肩的互联网第四种模式，可以说，阿里巴巴的 B2B 电子商务平台在一定意义上是相当成功的。本案例通过对阿里巴巴 B2B 平台进行深入的研究，从中可以了解到阿里巴巴的 B2B 商业模式、B2B 平台功能与优势、面临的问题与竞争以及未来的发展等，并为其他 B2B 电子商务平台的发展提供可借鉴的经验。

3）中外 B2B 电子商务比较

本节主要从基础设施、文化和社会差异、行业结构、企业政策四个方面详尽地分析了中西方社会 B2B 电子商务发展的差异和可能影响中国 B2B 电子商务发展的因素，并提出了中国企业开展 B2B 时要考虑的问题，即西方的 B2B 经营思想和运作模式要与中国的实际情况相结合，以此来指导我国企业建立和发展 B2B 电子商务，逐步形成有中国特色的 B2B 商业模式。

1.1　Covisint 打造供应链的 B2B 平台

1.1.1　行业背景

1）世界汽车产业发展近况

自 20 世纪 90 年代初以来，世界汽车产业经历了近 10 年的持续增长，年平均增长速度约为 7%，成为推动全球经济增长的重要动力。但进入 2000 年以后，全球汽车产业的增长速度开始趋缓，主要原因是以美国为主的工业发达国家汽车工业增长减速，作为汽车销售市场主体的发达国家的市场需求出现饱和，生产能力开始相对过剩。同时，随着全球经济一体化进程迅速加快，市场竞争日益剧烈，如何更有效地把握市场机遇，降低采购成本、运营成本，制造出消费者喜欢的汽车，成为新世纪全球汽车企业共同的关注点。

近年来，全球汽车业的巨大的变化主要表现在汽车工业市场的全球化与制造的全球化，包括原有设备制造商（OEM）的技术转移、全球化的生产加工和材料采购、世界范围的分销渠道，同时由于客户需求直接并强烈地驱动着产品的开发、生产、销售与服务的全过程，因此更加注重客户关系管理（CRM），注重客户对产品的越来越趋于多样化、复杂化和个性化的需求。因此，汽车制造企业的管理已突破了单一企业的范围，将客户、营销网络和供应商等的相关资源纳入了管理的范围，利用 Internet/Intranet/Extranet 建立虚拟公司的扩展供应链，即全球网络供应链的集成管理，以信息的形态及时反映物流活动和相应的资金状况，真正实现物流、资金流、信息流的实时、集成、同步的控制，从而保证“增值”的实现。

世界三大汽车公司面临市场需求疲软和库存过多的压力，都进行了不同程度的调整。在激烈的价格竞争面前，众多国际汽车厂商一方面不断加大开发投资，开辟新的市场；另一方面开始采用先进信息技术，广泛运用电子商务，以降低成本、提高效率、改善服务、增强自身的竞争力为目标。无论是汽车整车厂商还是汽车零部件厂商，发展电子商务的热情颇为高涨，所产生的成效也较为显著。

2）电子商务在汽车产业的应用

（1）网上车展

向客户提供汽车展示是实现销售的第一步，而在传统方式下，一方面需要投入较多的人力、物力和场地，另一方面，展示信息和辐射面都极为有限，而网上车展在很大程度上克服了传统展示的不足，它是在网上模拟车展的形式，为汽车企业提供一个展示自己企业形象、产品特色的信息渠道。网上车展因为其信息量大、展示形式多样、展示费用低廉以及可以实现交互等优点，已为越来越多的企业和客户所认同。

（2）网上零部件采购

在传统采购方式下，由于采购的对象数量有限，又受到地域限制，采购的效率和采购成本都很难达到较为理想的水平。实施零部件的电子商务采购能够大大缩短采购周期，提高采购的准确性和效率，降低采购成本，扩大采购范围，减少无效库存，保证库存的合理性。

（3）提供高水平的客户服务

通过网络可以实现向客户提供全方位的产品和信息服务、提供知识服务、提供网上订购服务等。

（4）提高内部管理水平

汽车企业内部管理极为复杂，内部电子商务的实施可以起到强化内部管理、规范经营管理模式等作用，促进组织体系各个组成部分实施规范化管理。

（5）加快新产品的开发和生产

利用互联网丰富的信息渠道寻求技术支持，合作开发项目、解决技术难题，协同开发满足市场需求、灵活多变的产品，已成为众多企业提高新产品开发能力的重要思路。

（6）提高物流配送的效率

物流配送在汽车行业占有极其重要的地位，实施物流配送的电子商务解决方案可以全方位完成配送任务，显著提高配送效率，大幅度降低配送成本，而且还可大大降低库存。

（7）为汽车零部件企业提供直接交易平台

互联网为汽车零部件企业提供了开发新市场、赢得新客户的有效手段，使他们直接参与到与大企业的竞争中去，拥有更为广阔的市场空间。

1.1.2 Covisint 的创立与发展

1）Covisint 的创立

在激烈竞争和巨大赢利的驱动下，汽车行业从高层管理机构到汽车生产厂，层层都在推广应用电子商务。从供消费者使用的汽车电子零售站点，到供公司员工使用的 Web 门户，主要汽车制造商都在以极快的速度推出电子商务的应用方案。其中最具代表性的一个应用方案是由戴姆勒·克莱斯勒、福特和通用汽车公司创立的在线供应商市场 Covisint。

从 1999 年 12 月份开始，通用汽车公司和福特汽车公司就已经着手研发自己的供应链解决方案，即福特的 Auto-Xchange、通用的 Trade-Xchange。其中 Trade-Xchange 关注于在线报价，而 Auto-Xchange 关注于供应链内部开发工作。但是更广泛的、协作的解决方案才是汽车行业最佳的解决方案，因此，针锋相对已久的竞争对手通用汽车公司和福特汽车公司终于开始就这一事宜展开讨论。

2000 年 2 月 25 日，通用、福特、戴姆勒·克莱斯勒汽车联合宣布，终止各自的零部件网络采购计划，转向共同建立零部件采购的电子商务网站——www. covisint. com，各发起公司的纷纷注资使其一夜间成为世界上最大的行业内在线交易市场。“Covisint”（发音为 ko-vis-int）是一个组合词，表示了交易所之所以形成的主要思想：字母“co”表示连通性、协作和通信；“vis”表示互联网提供的可见性以及将来供应链管理的远景；“int”表示新型企业提供的集成化解决方案和电子交易所的国际性范围。

2000 年 4 月，雷诺、雪铁龙和日产宣布加入 Covisint，2000 年 12 月 11 日，Covisint 成为独立法人并且在特拉华州（美国）成立了 Covisint 股份有限公司。2001 年 5 月，Covisint 欧洲 BV 在阿姆斯特丹（荷兰）开始行动，一个月以后，Covisint 亚太在东京（日本）开张，同时，欧洲委员会给 Covisint 颁发了正式许可。2001 年 4 月，Kevin English 被任命为首席执行官，在这之前，他负责瑞士信贷集团在波士顿的电子商务业务。

Covisint 采用与传统竞争对手合作的战略，利用主要的技术合作伙伴来构建 Covisint 这个全球共享汽车工业供应链的 B2B 信息交换平台，力求妥善处理汽车制造商和供应商之间的交易，使不同的供应商和他们的客户可以在一个统一的平台上共享信息，进行数据交换，消除供应链中的多个不必要环节，从而简化整个供应链。通过整合和合作来消除冗余的供应环节，以获得更低的价格、经营的便利和行业效率。此外，将整个交易流程向在线转移，还可以简化采购环节，降低成本，缩短和精简产品开发周期，以过去所不敢设想的方式交换内部信息，连接制造商和供应商，从订单到交付，整个流程中的每个阶段几乎都大幅度缩短，成本将显著降低。Covisint 旨在为原材料采购提供一套安全和功能强大的共享应用系统，共同打造一个全球汽车工业的公共信息交换平台。对于其他希望参与汽车行业采购服务的第三方独立在线交易市场提供商来说，Covisint 就成为了他们必须面对的一个强大的竞争对手。

2）Covisint 初期的发展

（1）初期设想

在 Covisint 建立初期，Covisint 预计全球总交易量约为 13 000 亿美元，每年的直接与间接供给品的采购额将达到 2 400 亿美元，汽车生产商的采购与产品研发成本会减少 16%，每辆车的供应链总成本会减少 1 064 美元，其中 OEM 厂商能够节省 368 美元，供应商节省 695 美元。对于供应商来说，成本的节省是从减少废料和返工（147 美元）、找到低成本供应商（94 美元）、规范提高采购流程（84 美元）、提高生产率（187 美元）、批量折扣（70 美元）、降低库存成本（67 美元）以及更详细的零件规格（46 美元）而来。对于OEM厂商来说，成本节约来自于生产率的提高（115美元）、减少废料和返工（91美元）、规范提高采购流程（76美元）、对汽车的较少保修（50美元）以及降低库存成本（36美元）而来。而每辆车的销售价也将因此减少1 000美元。Covisint承诺将为世界汽车生产节省数十亿美元的成本，同时还将为汽车的生产带来革命性的影响。

据福特公司副总裁兼消费者联络部总裁Brian Kelley介绍，汽车行业有5万多家汽车供应商，交易处理的平均成本约为每宗100～150美元，如果将Covisint和互联网应用到交易处理中，上述成本将平均降低到每宗不到5美元。Covisint致力于为参加合作的汽车制造商提供解决方案，而这些制造商的年度采购额在3 000亿美元以上；如果汽车供应链上的其他制造商也加入合作，采购额将能够很轻松地达到5 000亿美元；此外，该解决方案有望大幅度降低成本，使消费者受益匪浅。"据分析师估计，一部车的购买价估计将降低1 200～3 500美元，"Kelley说，"但是这完全由实施的情况决定，如果Covisint的实施良好，那么节约的费用可能将会是极为可观的"。

然而，这并不是供应链中唯一可以节约成本的情况，请设想这样一种情况，Covisint向一个零部件制造商发出通知，告知其客户福特刚刚完成了引擎支架的工程改造，那么不但这一通知可以即刻发出，而且供应商可以立即在自己的供应链上向其他工程师发出通知，做出相应的改造，从而可以节省所有参与公司的时间及成本，据Kelley称，对于以前需要花费两周时间处理的流程，在将来通过在线处理只需1～2天即可完成。

同时各界对Covisint的发展持积极的态度。"我认为不会有谁能够超越Covisint，"Booz-Allen & Hamilton顾问公司的副总裁兼合作人Laseter说，"众所周知，供应链问题已困扰整个汽车行业好几年，交换平台中采购商和供应商的关系应该得到平衡，而我个人认为Covisint在某种程度上已经实现了这一点，"他补充说，"供应商认为平衡的采购商和供应商的关系将成为汽车行业的基本架构"。"您或许开始疑惑为什么其他的交换平台不合并，"Covisint交换平台的临时共同首席执行官Alice Miles说，"这的确是由于人为的原因造成的，即您如何将多种企业文化融合在一起，使人们为了一个共同的事业而万众一心，携手并进，就许多方面而言，Covisint圆满地回答了这个问题：这是一项伟大的成就，尽管它还未最终统治整个电子市场，虽然要获得巨大的成功还有种种挑战及壁垒，Covisint看起来在技术和商业上最具有潜力，为未来的互联网市场构建最佳模式"。

（2）Covisint的发展优势

图1-1a表示汽车制造商的传统供应链。一个汽车制造商主要从一个供应商那里购买零部件，供应商又从供应商的供应商（二级供应商）那里采购，二级供应商又从其他供应商（三级供应商）那里采购。在这种传统的线性供应链中，汽车制造商只和最高一层（一级）供应商进行通信。设想一下，汽车制造商拥有几百条类似的供应链，每一条对应一个供应商；同时，处于各个层级的许多供应商都同时为几家制造商生产产品。这种情况下的信息流（如图所示的连接线）将十分复杂，这种复杂性就导致了通信效率低，而且对供应商来说，为满足需求而制订产品计划的工作也变得十分困难，这就导致了供应链问

题的产生。

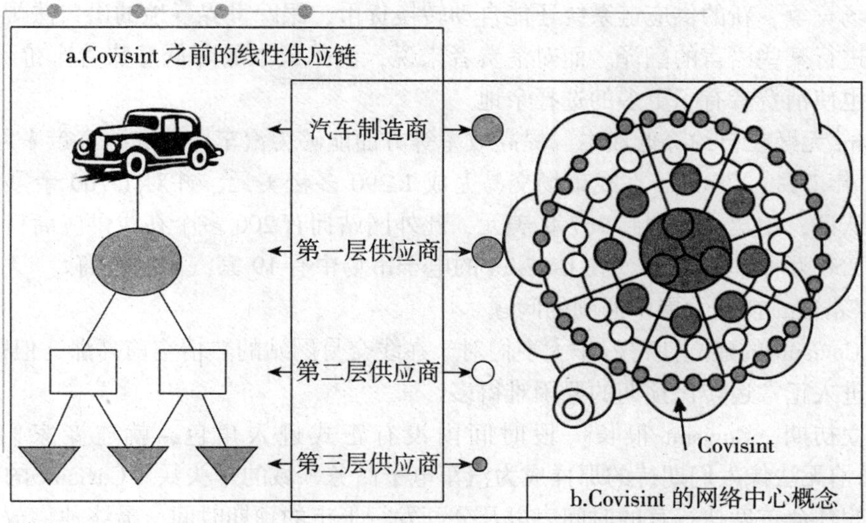

图 1-1　Covisint 与传统供应链的比较

Covisint 所构建的电子市场大大改变了汽车行业供应链的通信。电子市场的连通性是将采购商和销售商集成到一个专一网络中，可见性是提供实时信息，这种提供方式可以加快决策制定，以便供应链的各个层次不论在世界上的任何地方都可以进行通信。利用 Web，制造商的生产计划以及随后的任何变化都可以同步即时地传送到整个供应链。这样取得的效果就是在供应链的所有层次都减少了增加成本的库存，并增加了对市场变化做出快速反应的能力，通过这种方式，每一单的管理费用可以节约 40%，采购成本平均节约 20%~30%。

现在，汽车制造商被安置在“轮辐和轮子”的中央（如图 1-1b 所示），而在该行业传统的供应链中，汽车制造商是处于金字塔的顶端。Covisint 强化了同二、三线供应商之间的合作，在与汽车制造商的共同努力之下，降低产品采购与研发成本。Covisint 供应链中的集成技术能够实现电子采购，并为采购商和供应商提供广阔的市场，同时获取供应链中从采购到产品开发的专门技术和经验。Covisint 已经创建了贸易中心，在该中心中，任何一家汽车制造商和不同的供应商以及二级供应商都可以直接和其他任何一方进行通信。

由于采用传统供应链的汽车制造商要从数千家供应商那里订购零部件，新车往往需要经过 1~2 个月才能交到顾客手中。而新的供应链系统使汽车公司很容易处理对车型、内部配置和颜色有特别要求的客户的订货，同时大大缩短采购零部件的时间。这样，产品在 10~20 天内就可以出厂。

对全球供应商来说，网上采购将意味着更多的竞争机会，通过互联网这个开放市场，他们不再局限于与一家公司谈买卖，他们可以同时与三大公司做生意。新系统建成后，有关的工程资料将在网上进行交换，世界各地的供应商都可参与对任何一项合同的投标，从而增加市场竞争。新的供应链系统还能自动转换货币，跟踪世界各地的出口法规，甚至可以对标书进行某些语言的翻译。而对消费者来说，汽车成本的降低意味着车价不会上涨，网上售车也使消费者有了更多的选择余地。

Covisint 无疑在节约降低成本、提高效率等方面能够为汽车企业和顾客带来巨大利润。截至 2001 年 7 月，Covisint 在线市场交易完成 1 290 多亿美元，并对 1 700 余家供应商进行了资格认证，拍卖收入达到 367 亿美元，此外网站拥有 200 多个在线供应商目录，商品总数超过 250 万种。2004 年，在 Covisint 的电子市场中有 19 家汽车制造商。

（3）Covisint 初期发展中遇到的问题

虽然 Covisint 的建立使得汽车大亨们对于在线交易网站的热情空前高涨，但是 Covisint 的起步和进入正常运转比预期的要困难得多。

在建立初期，Covisint 很长一段时间内没有正式进入角色，就连专家们也承认，Covisint 恐怕无法像人们期待的那样成为汽车电子商务领域的排头兵。Covisint 的官员总是不停地更改任命首席执行官的时间表以及公开发行上市的预期时间，最终他们放弃了预测的努力。259 个成员的原装部件供应商联盟的董事长 Neil De Koker 称：“每个人都期待 Covisint 能迅速改变汽车行业的现状，但事实是我们没能达到去年的既定目标。”

最初，Covisint 的目标还仅仅是集中在在线采购和销售这样的问题上，例如在线拍卖，这尚不需要满足完全融入供应链的要求，但即使这样的目标也不是那么容易就可以达成的。

除技术方面的问题外，Covisint 这种由行业发起的在线交易市场还要面临着很多买家和卖家之间多年建立起来的默契的挑战。说服买家和卖家使用在线交易市场是 Covisint 所面临的最严峻的考验。这些在线交易市场最大的不同在于当他们面临着现实中存在的问题时，所采取的反应会不尽相同。有些会适度地调整策略，而有些会无动于衷。而 Covisint 显然属于后者。另一方面，Covisint 还面临着来自内部的竞争压力。福特、通用汽车和戴姆勒·克莱斯勒都各自建立了自己的在线采购系统，而这些系统都会同 Covisint 产生直接的竞争。标致—雪铁龙宣布其与供应商关系的唯一切入点是自己的在线采购系统 PX2001. com，而并非 Covisint。Garretson 称：“汽车制造商和供应商可能最终会选择 Covisint，但也可能不会。可以肯定的是，Covisint 进入角色越慢，这些公司便越可能侧重于自己的在线交易市场。”

汽车制造商已经与第一层零部件供应商实现了很好的结合，这些供应商负责提供大量类似仪表板这样的部件。Covisint 遇到的挑战是如何与第二层和第三层供应商有效而迅速地连接起来，这些供应商主要生产比较小的部件和原材料。目前它们勉强使用电话和传真来进行工作，根本不适应 Internet 的速度。因此要将它们纳入 Internet 环境，这不是一项简单的工作。

2002 年网络泡沫经济爆发后，各个企业对 Covisint 的远景期望也开始破灭。该平台不能在整个供应链中很好地发挥作用，技术和文化理念也没有贯穿其中。存着对反向拍卖的一线生机，在 2004 年初，Covisint 也开始出售自己的股份。它已经在 2003 年卖掉了自己的在线竞标业务并关闭了部分电子目录。仅存的业务在实质上变成了一个新的为机动车制造商传播电子信息的服务性网站。

1.1.3　Covisint 发展现状

1）Covisint 被 Compuware 收购

（1）Compuware 公司简介

1973 年，Peter Karmanos Jr.、Thomas Thewes 和 Allen B. Cutting 共同创建了 Compuware 公司。Compuware 旨在成为全球最佳供应商并为客户提供高品质软件产品和服务，帮助客户提高其生产效率，通过不断升级现有解决方案，不但最大限度地满足客户需求，更力求提供超过客户期望值的产品服务。Compuware 作为世界五大独立软件供应商之一，为全球计算机用户的应用系统提供从开发、集成、测试、运行、管理到维护的全方位保障和服务。2000 年，Compuware 软件公司全球销售额达 22 亿美元，排名独立软件供应商第 4 位（《财富》2000 年 4 月）、应用管理软件供应商第 1 位。

Compuware 的合作伙伴均为全球最顶尖的技术公司、咨询公司、系统集成商、应用公司、转售商和分销商。而正是通过这些合作伙伴关系，他们的 IT 服务管理、IT 项目组合管理和大型主机解决方案才得以满足当今不断发展的业务需求，实现持续增值并成功解决客户的各种问题。

Compuware 公司全球雇员超过 15 000 人，在全世界 70 多个国家和地区设有分支机构，其中 9 500 名专家在从事新产品的研发。Compuware 公司有 8 个系列 130 余种软件产品，每年公司的软件更新率为 97%。Compuware 的解决方案已帮助全球 14 000 家优秀企业提高了关键业务的核心竞争力。“财富 500 强”中 80% 是 Compuware 公司的用户。至今 Compuware 已连续 3 年销售额增长率超过 30%，多次入选“发展最快的 100 家 IT 公司”（《财富》），“全美最佳雇主”（《财富》）。

据 Gartner 报道，Compuware 保持其在大型主机工具市场的统治地位，增长速度冠绝整个市场。根据 Gartner 的 Dataquest 报告，2008 年 Compuware 以 5.4% 的增速占据了大型主机测试市场年度增长的头把交椅，而第二名的增速仅为 0.9%。此外，2008 年 Compuware 还占据了 54.4% 的市场份额，紧随其后的竞争对手的市场份额仅为 22.1%。

2009 年，Compuware 凭借对通用汽车全球产品和业绩成就做出的巨大贡献而荣获“通用汽车 2008 年度供应商”大奖，这是 Compuware 连续第二年获得该奖项。该奖项是由来自全球的采购、工程、制造和物流执行层管理人员团队，根据供应商在质量、服务、技术和价格方面的卓越表现而评选出来的。截止到 2010 年 3 月，Compuware 的年收入增长率达到 0.8%。

（2）Covisint 在 Compuware 的发展

2004 年 2 月，Compuware 收购 Covisint 的产品及技术，其卓越的解决方案使全球汽车行业实现了广泛联系。年内，Covisint 共推出两项新服务——Covisint 身份管理和低成本版 Covisint Communicate。它们将帮助公司与客户和供应商之间以安全的方式共享信息和业务流程。Covisint 还宣布已与通用汽车达成协议，将为后者提供 Covisint Connect 数据消息服务。根据该协议，将有超过 6 000 个通用汽车供应商生产地点采用 Covisint Connect。

2005 年，Compuware Covisint 和密歇根州的“蓝十字与蓝盾协会”达成战略合作伙伴关系，并将共同建立一个面向整个全密歇根州的医疗门户，从而使医疗专家、团队、代理机构和各成员能有效改善常规业务实践的自动化水平，并能通过互联网共享信息。此外，Covisint 还宣布已与福特汽车续签 Covisint Communicate 门户服务合同。Covisint 还宣布计划在中国上海开设办事处，为其在亚洲不断增长的业务提供支持。

2006 年，Compuware Covisint 宣布了一份与上海通用汽车及其遍布亚洲、北美、欧洲和拉美各地的数百家供应商签署的提供消息和集成服务的 3 年期合约。通用汽车还将 Covisint 评定为其 2006 IT 资源计划中的 1 级服务提供商。此外，Covisint 还赢得 Gartner 医疗保健峰会“最佳价值实现/投资回报”的 IT 管理人员选择奖。

2008 年，Covisint 公司在“医疗保健 IT 峰会 2008”中第三次蝉联“最佳价值实现/投资回报”创新大奖。Compuware 收购了位于美国密歇根州门罗市的私营公司 Hilgraeve, Inc.。此次收购使得 Compuware Covisint 成为全球最大的实验室和处方数据共享的按需协作平台。同时，Compuware 还宣布了 Covisint 与位于美国明尼苏达州的公私联营公司 Minnesota Health Information Exchange 之间达成的旨在打造全美最大的电子医疗信息交换中心之一的一项协议。公司还与密歇根州 Thumb Health Information System, THIS 达成了一项类似协议。此外，Compuware 还宣布 Covisint 将通过密歇根州医疗协会并以电子方式连接全密歇根州的医生。

2）经营策略

Covisint 的早期目标是发展成为全球共享的以互联网为基础的汽车行业 B2B 交易平台，它认为对于汽车行业的企业来说，全球性的融入互联网是至关重要的。通过连接参与者的供应链，管理组织间的信息流，Covisint 希望通过一些商务活动的自动化来消除非增值业务，通过整合和合作来消除冗余的供应环节，以获得更低的价格、经营的便利和行业效率。

Covisint 被 Compuware 公司收购后在经营策略上发生了一些变化。Compuware Covisint 总裁兼首席运营官 Bob Paul 在接受记者采访时用一句话来概括 Covisint 的价值取向，就是希望能够提供安全、可靠的互操作性，使各个企业能够和它们的合资企业、供应商和客户以及合作伙伴开展协作。他解释道，Covisint 所提供的平台是作为一种服务来提供的。Covisint 帮助全球各地、各种规模、各种技术条件下的公司安全地共享其贸易伙伴网络上任何的关键业务信息、应用和流程。作为领先的互操作解决方案和服务提供商，Covisint

能够使用户加速决策的定制、降低成本并改善响应速度。对客户来说，一方面可使系统的协作性尽快实现价值，另一方面又可以降低管理复杂性系统所带来的运营成本。世界各地目前已有 3 万多家公司在日常运营中都用到了 Covisint 的协作平台。除了协作平台本身之外，Covisint 所体现出来的另外一个价值是能够为整个供应链的平顺运转提供一种高层级的服务。

3）产品与服务

Covisint 公司为 86 个国家 30 000 家公司 260 000 个用户打造了全球最大的汽车供应链，提供对汽车生产线乃至整个供应链关键的信息和应用程序，支持全球采购、工程、设计、生产、材料管理、物流和财务流程。凭借在全球汽车市场的巨大成功，Covisint 为合作伙伴、客户和供应商提供整合商业信息和流程的系统，为汽车行业、金融服务机构、政府和医疗机构的客户提供量身定制的产品与服务。Covisint 是公认的唯一能够安全地使医疗行业联系与协作的组织。由 Covisint 网站的首页（如图 1－2 所示）可以看出，目前 Covisint 为全球客户提供 4 种解决方案，分别是：医疗保健解决方案（Healthcare Solutions）、制造业解决方案（Manufacturing Solution）、雇员解决方案（Employee Solutions）以及其他行业的解决方案（Other Industries）。

图 1－2　Covisint 网站首页

（1）医疗保健解决方案

Covisint 为医院卫生系统、州政府以及医生提供医疗保健解决方案，其方法是通过包含保健医生、专家和诊所在内的网络，使医护人员和医护信息相联系，其目标是通过采用新技术或方法来简化流程、促进机构间合作和提高医疗护理质量，从而降低运营成本。Covisint 所提供的医疗保健解决方案依赖于 ExchangeLink™平台和 AppCloud（一个第三方应用市场）。ExchangeLink™平台能够为客户提供最适合他们的技术，能够提高信息传递效率，保障跨地域的安全沟通，提供所有配套服务的无缝连接，允许客户在节省资源和时间的基础上扩大组织以提高竞争力。ExchangeLink™平台致力于快速、高效地获取临床数据和管理信息，从而提高护理效果。Covisint 的解决方案能够为医院卫生系统、州政府以及医生带来如下好处：①改善对病人的护理；②提高病人满意度；③协调各地区，简化临床流程，加强与供应商联系；④加强协调服务；⑤采取行之有效的方法，为客户提供最适合他们的技术；⑥通过及时获得准确信息来提高安全性和效率；⑦加强个人医疗信息的隐私性和安全性；⑧安全、省力的跨省连接；⑨加强不同地域之间、医生之间、医生与患者之间信息的流通等。

（2）制造业解决方案

Covisint 能够为制造业提供如下服务：连接 OEM 与供应商、促成 OEM 与供应商合作和电子数据交换（EDI）。

①连接 OEM 与供应商

制造商和供应商长期以来一直为促进全球客户沟通而不断寻找可供管理的软件、硬件、标准以及协议。在过去，许多供应商选择使用昂贵的专用网络服务来解决与不同客户的不同系统之间的连接，现在这种昂贵和低效的连接方式不再被采用。Covisint 的“连接 OEM 与供应商”服务能够为每一个 OEM 和供应商提供符合行业标准的完整解决方案。Covisint 的此项服务能够帮助全球的制造商和供应商实现如下好处：A. 降低成本，将资源应用于增值活动；B. 依赖于单一的合作伙伴，就可以与世界各地的所有贸易伙伴进行联系；C. 提高生产率，降低延迟率；D. 采用更加开放、灵活、安全的连接方案；E. 提供随时随地的支持，体验业界领先的服务水平。

②促成 OEM 与供应商合作

Covisint 的“促成 OEM 与供应商合作”能够为不同规模的组织提供基于云计算的按需连接和通信。行业内领先的制造商与供应商依赖 Covisint 的此项服务所提供的数据交换、身份验证和门户交付等来降低信息共享所带来的高成本、复杂性和风险。Covisint 的此项服务能够帮助全球的制造商和供应商实现如下好处：A. 降低成本和内外管理的复杂性；B. 使用防火墙安全地与外部利益相关者共享信息；C. 以符合标准和法规的方式进行信息交换以降低风险性；D. 可以进行个性化访问和显示关键业务信息；E. 确保核心竞争力；F. 能够对合作伙伴的商务需求做出快速响应；G. 享受全球随时随地的服务支持。

③电子数据交换

Covisint 为不同规模和不同技术要求的公司提供文件传输管理（大文件交换）和基于 Web 的电子数据交换。在汽车供应链网络中，电子数据交换是一种用于处理好 OEM 和供应商、供应商和供应商，以及整个供应链的商业和金融交易的框架。Covisint 的此项服务能够帮助全球的制造商和供应商实现如下好处：A. 与全球合作伙伴实现无缝连接，节约成本；B. 关注核心竞争力；C. 能够对合作伙伴的商务需求做出快速响应；D. 增强实时的洞察力和对供应链的关键活动的决策支持能力。

（3）雇员解决方案

Covisint 的雇员解决方案已经转化为企业中主要的沟通工具。通过 ExchangeLink™ 平台，能够使员工全面连接和接触，同时为组织带来如下好处：A. 降低成本和复杂性；B. 确保安全性；C. 减少合作障碍；D. 促进自主创新；E. 保护知识产权；F. 改进标准。

（4）其他行业的解决方案

Covisint 为其他行业的组织及其员工、客户、合作伙伴和世界各地的其他利益相关者提供身份验证服务、数据交换服务和协作门户服务，以期提高组织效率、降低成本。

1.1.4　Covisint 的优势及在中国的发展

Covisint 能够帮助全球各地、各种规模、各种技术条件下的公司安全地共享其贸易伙伴网络上所有的关键业务信息、应用和流程，能够使用户加速决策的制定、降低成本并改善响应速度。正如 Compuware Covisint 总裁兼首席运营官 Bob Paul 先生所说："在帮助不同的实体实现强大的协作方面，Compuware Covisint 无人能及。" Covisint 在激烈的国际竞争中拥有如下优势：

（1）业务范围广泛

Covisint 的业务范围涉及汽车行业、金融服务机构、政府和医疗机构等等。当前，Covisint 不仅能够支持传统的电子数据交换（EDI）以及其他门户网站的系统，同时也能为不同行业的客户提供量身定制的产品与服务。

（2）拥有协作平台

Covisint 基于 ExchangeLink™、AppCloud 等所建立的协作平台，为不同规模的组织提供基于云计算的按需连接和通信，能够为客户提供最适合他们的技术，提高信息传递效率，保障跨地域的安全沟通，提供所有配套服务的无缝连接，允许客户在节省资源和时间的基础上扩大组织以提高竞争力。

（3）拥有固定的客户群

目前世界各地已有 3 万多家公司在日常运营中都用到了 Covisint 的协作平台，这些平台使用户加速决策的制定、降低成本并改善响应速度。

（4）提供高层级服务

除了协作平台本身之外，Covisint 所体现出来的另外一个价值是能够为整个供应链的平顺运转提供一种高层级的服务。因为 Covisint 是在汽车行业当中成长起来的，所以在支持能力当中，不仅能够支持传统的电子数据交换（EDI），以及其他门户网站的系统，同时也能使汽车公司围绕更多的业务流程来开展协作，比如说财务信息、工程设计信息、产品生命周期信息和质量信息。

（5）Covisint 在中国的发展

2005 年，Covisint 宣布计划在中国上海开设办事处，为其在亚洲不断增长的业务提供支持。Compuware Covisint 总裁兼首席执行官 Bob Paul 表示："中国是发展最快的汽车市场之一。正当汽车公司快速设立亚洲部门以满足需求时，拥有一个亚洲本地存在是业务发展的必要条件。上海办事处是康博亚太地区影响力的战略拓展——这一战略拓展始于日本，这也表明了我们通过本地支持提供全球工作能力的一贯承诺。"

2006 年，美国汽车工业行动集团（AIAG）选择 Compuware Covisint 提供电子数据交换系统（EDI）培训，以满足中国汽车行业的技术需求。在此次培训中，Covisint 将对中国供应商进行评估，以期改善 4 个关键领域，即质量、管理、制造、材料管理。专家团队确定汽车零部件企业所提供的产品和服务与国际原始设备制造商（OEM）所需求的产品和服务之间的差距。

对于在中国市场的目标，Compuware Covisint 总裁兼首席执行官 Bob Paul 表示希望把 Covisint 平台建设成为在中国汽车供应链行业中处于主导性的、无处不在的主流标准。他认为，中国是增长最快的市场，Covisint 在中国的发展目标有双重意义：第一是要帮助中国国内的汽车公司在更高的水平上实现协作；第二是要帮助世界上其他地方，例如北美、欧洲、印度、韩国等地区的汽车厂商，与中国的汽车供应商或者与他们在中国成立的合资企业开展协作。

1.2 阿里巴巴 B2B 的成功之路

1.2.1 阿里巴巴的发展历程

1）阿里巴巴的创立

1995 年，马云在美国首次接触互联网，并被其深深吸引，敏感的马云意识到：互联网必将改变世界！1995 年 4 月，马云的"海博网络公司"开张了，网站取名"中国黄页"，成为中国最早的互联网公司之一。

1999 年初，开阔了宏观视野的马云返回杭州，进行二次创业，他决定介入电子商务领域。1999 年 9 月，包括马云在内的 18 个创始人用刚刚凑到的 50 万元，成立了阿里巴巴。就这样，马云的阿里巴巴网站横空出世。当时国内正是互联网热潮涌动的时刻，但无论是投资商还是公众，注意力始终放在门户网站上。马云在这个时候建立电子商务网站，在国内是一个逆势而为的举动，在整个互联网界开创了一种崭新的模式，被国际媒体称为继雅虎、亚马逊、eBay之后的第四种互联网模式。1999年底，阿里巴巴获得软银3 500万美元的投资。

当全球互联网所做的电子商务都在为全球顶尖的15%大企业服务时，阿里巴巴选择做中小企业的生意，为中小企业提供一个平台，将全球中小企业的进出口信息汇集起来，立志成为中小企业敲开财富之门的引路人。正如马云所说："如果把企业也分成富人穷人，那么互联网就是穷人的世界。因为大企业有自己专门的信息渠道，有巨额广告费，小企业什么都没有，他们才是最需要互联网的人。而我就是要领导穷人起来闹革命。"阿里巴巴为中小型制造商提供了一个销售产品的贸易平台，让全球的中小企业透过互联网寻求潜在贸易伙伴，并且彼此沟通和达成交易。

创业当年，阿里巴巴的会员就达到8.9万个，在2001年互联网的严冬季节，阿里巴巴成为最早宣布赢利的.com之一，实现了百万会员的目标，并成为全球首家拥有超过百万会员的商务网站。截至2012年上半年，阿里巴巴的注册用户超过7 600万名，其中，中国交易市场5 081.51万名，近5年来年均增长率22%。

2）阿里巴巴近年来的发展

阿里巴巴起步后就飞速奔跑：2000年推出"中国供应商"服务，促进出口贸易；2001年推出国际站"诚信通"会员；2002年推出中国站"诚信通"会员；2003年5月，推出个人网上交易平台"淘宝网"，打造全球最大的个人交易网站；2003年10月，创建"支付宝"，现已成为全国最大的独立第三方电子支付平台；2004年2月，获得8 200万美元的战略投资；2005年8月，收购雅虎在华资产，借助雅虎在全球搜索引擎的老大地位和庞大的注册客户群体，阿里巴巴成功地实现华丽转身，开始走出国门、迈向世界；2007年，阿里巴巴网络有限公司在香港证券交易所成功上市，当日市值超过200亿美元，成为当时中国市值最高的互联网公司、当年全球IPO融资第二，仅次于2004年谷歌在美国纳斯达克上市时所创下的首次公开发售纪录；2008年4月，阿里巴巴在中国推出"Winport旺铺"服务，为中小企业提供建站业务，帮助中小企业开展网上生意；2008年6月，"诚信通"个人会员服务正式上线，帮助企业发展国内贸易；2008年8月，推出"出口到中国（ETC）"服务，帮助国外中小企业出口到中国；2008年11月，推出新一代出口产品"出口通"；2009年3月，推出按效果付费的关键字竞价系统——网销宝；2009年5月，推出小单外贸平台，标志阿里巴巴开始涉足第二代B2B电子商务领域；2010年11月，淘宝商城启动独立域名；2011年6月，阿里巴巴集团将淘宝网分拆为三个独立的公司：淘宝网、淘宝商城和一淘，以更精准和有效地服务客户；2012年7月，阿里巴巴集团宣布将现有子公司的业务升级为阿里国际业务、阿里小企业业务、淘宝网、天猫、聚划算、一淘和阿里云7个事业群；2013年1月10日，阿里巴巴宣布对集团现有业务架构和组织将进行相应调整，成立25个事业部，具体事业部的业务发展将由各事业部总裁（总经理）负责。从战略到运营层面为阿里巴巴集团的健康、稳定和可持续发展提供保障。

阿里巴巴近年来的成功有目共睹，阿里巴巴的商业模式得到多方面的认可与推崇：阿里巴巴两次入选哈佛大学商学院 MBA 案例，在美国学术界掀起研究热潮；连续 5 次被美国权威财经杂志《福布斯》选为全球最佳 B2B 站点之一；多次被相关机构评为全球最受欢迎的 B2B 网站、中国最佳贸易网；被国内外媒体、硅谷和国外风险投资家誉为与 Yahoo、Amazon、eBay、AOL 比肩的五大互联网商务流派代表之一；WTO 第一任总干事萨瑟兰出任阿里巴巴顾问；全球著名检测权威网站 Alexa. com 针对全球商务及贸易类网站进行排名调查，阿里巴巴网站位列第一；美国商务部、日本经济产业省、欧洲中小企业联合会等政府和民间机构均向本地企业推荐阿里巴巴。良好的定位、稳固的构成、优秀的服务，使阿里巴巴成为全球商务的第一网站，被商人们评为“最受欢迎的企业间网站”。

1.2.2 阿里巴巴 B2B 平台的商业模式

1）企业定位

在成立之初，阿里巴巴就清晰地界定了它的目标客户——中小企业，平台定位于满足中小企业需求，帮助中国企业实现全球采购，为全球中小企业搭建全球贸易平台。阿里巴巴相关人士认为，自从有了电子商务，世界就是平的，而所带来的诸多效应已经在各个领域充分显现，大公司不再独享信息垄断、渠道垄断的优势，在全球信息对称、机会均等的基础上，中小企业无疑将拥有更多的介入机会和发展动力，依靠自身机动灵活的优势获得更大成长空间。这个科学而准确的定位是阿里巴巴商业模式的基石。阿里巴巴正是在不断坚持、改进这一定位的过程中，使众多中小企业获得了规模的扩大、效率的改善以及资源整合能力的提升。

2）战略分析

（1）品牌战略

全球每 4 分钟便有一个新的网站诞生，如何在众多网站中脱颖而出，赢得网民的青睐变得至关重要。诺贝尔经济学奖获得者赫伯特·西蒙曾说过：随着互联网的发展，有价值的不再是信息，而是注意力。公众的注意力是网站的最大资源，谁能吸引更多的关注谁就能拥有更大的价值，吸引更多的投资。

马云深切明白这其中的道理，多年来阿里巴巴一直致力于品牌价值的培养，重视宣传，不断造势，提高公众的注意力，成为电子商务市场的领导者。例如，让成功的“诚信通”会员现身说法；马云不断接受中央电视台等相关媒体的采访和到各地演讲，通过各种媒体宣传企业的理念，借助央视二套相关栏目赞助大学生创业大赛和一些公益性的节目；通过福布斯评选，提升阿里巴巴的品牌价值和融资能力；邀请世界贸易组织前任总干事、现任高盛国际集团主席兼总裁彼得·萨瑟兰担任阿里巴巴的特别顾问；成功推出“阿里认证”，使得“阿里巴巴”的品牌在潜在客户（在校生）心中根深蒂固；成功开办了 22 期阿里巴巴电子商务认证师资培训班，近 1 300 名高校老师接受了阿里巴巴实战课程，集全国近 2/3 的高校老师和近 90% 的学生的力量为其宣传；继 2008 年首届中国大学生明日网商挑战赛成功举办后，又于 2009 年 3 月 25 日正式开始第二届中国大学生明日网商挑战赛。通过各类成功的宣传运作和不断造势，阿里巴巴不仅多次被选为全球最佳 B2B 站点之一，也为阿里巴巴成为电子商务市场的领导者打下良好的基础。

（2）经营战略

自成立以来，阿里巴巴的经营战略其实一直在进行调整，从“为中小型制造商提供一个销售产品的贸易平台”，到“成为主要的网上交易市场，让全球的中小企业透过互联网寻求潜在贸易伙伴，并且彼此沟通和达成交易”，再到现在“专注于为来自中国和全世界的中小企业买家和卖家提供高效、可信赖的贸易平台”。每一次的战略调整都伴随着经营重点的转移、经营方式的改变，但阿里巴巴一直秉承着“倾听客户的声音，满足客户的需求”并将之作为生存与发展的根基。

3）盈利模式

（1）收取会员费

收取会员费是阿里巴巴初始的盈利途径，也是主要的盈利途径。它先通过低价甚至免费吸收大量的会员，之后通过提高收费标准剔除大量低效益会员和一些恶意用户，从而牢牢地掌握了通过缴纳会员费获取收益的老会员，之后通过品牌效应、口口相传不断发展新会员，会员费的增长是阿里巴巴目前营业收入的主要组成。自 2004 年以来，阿里巴巴付费会员增长幅度都在 60% 以上。据阿里巴巴公布的有关财务报表显示，2012 年一季度，阿里巴巴注册用户规模达到 7 978. 7 万，其中国际用户同比增长 38. 6%，国内用户同比增长 15. 7%；付费会员规模 75. 4 万，付费会员占注册用户的比例不足 1%，降到 0. 94%。图 1-3 和图 1-4 分别表示近两年阿里巴巴的营业收入规模和付费用户占注册用户的比例情况。

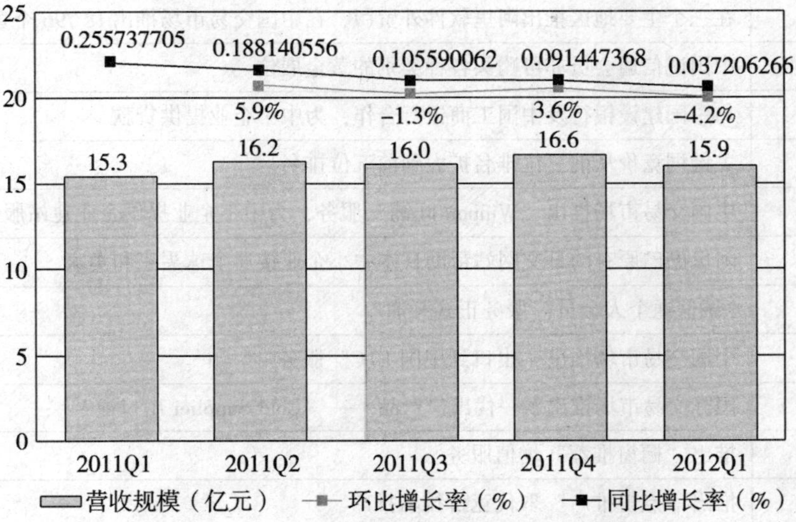

图 1-3　2011Q1—2012Q1 阿里巴巴营业收入规模

	2011Q1	2011Q2	2011Q3	2011Q4	2012Q1
注册用户数（万人）	6 503.4	6 890.0	7 277.7	7 633.2	7 978.7
付费用户数（万人）	83.2	81.5	78.8	76.5	75.4
付费用户占注册用户比例（%）	1.28%	1.18%	1.08%	1.00%	0.94%

图 1-4　2011Q1-2012Q1 阿里巴巴付费用户占注册用户的比例

（2）不断创新的增值服务

阿里巴巴自 1999 年 9 月成立以来就为买家和卖家不断推出增值服务（详见表 1-1）。正是这一系列的增值服务，造就了今天阿里巴巴 B2B 电子商务王国。

表 1-1　**阿里巴巴增值服务**

2000 年 10 月	推出“中国供应商”服务以促进中国卖家出口贸易
2001 年 8 月	为国际买家推出国际站“诚信通”会员服务
2002 年 3 月	为从事中国国内贸易的卖家和买家推出中国站“诚信通”服务
2002 年 7 月	国际交易市场推出“关键词”服务
2003 年 11 月	推出通讯软件“贸易通”，让买方和卖方通过网络进行实时通信
2005 年 3 月	中国交易市场推出“关键词竞价”服务
2006 年 4 月	推出“阿里认证”
2007 年 3 月	中国交易市场推出客户品牌推广展位服务
2007 年 9 月	在三个主要地区推出阿里软件外贸版，在中国交易市场推出 18 796 个黄金展位服务
2007 年下半年	中国诚信通会员亦可购买各种类别的黄金展位
2007 年 10 月	与中国建设银行及中国工商银行合作，为中小企业提供贷款
2007 年 11 月	关键词竞价从前三位排名扩大到前五位排名
2008 年 4 月	中国交易市场推出“Winport 旺铺”服务，为中小企业提供企业建站服务
2008 年 5 月	阿里巴巴原有的日文网站帮助日本中小企业接通全球买家和卖家
2008 年 6 月	“诚信通个人会员”服务正式开通
2008 年 8 月	中国交易市场推出“出口到中国 ETC”服务
2008 年 11 月	国际交易市场推出新一代出口产品——“Gold Supplier 出口通”
2008 年 12 月	推出“橱窗推荐”增值服务
2009 年 3 月	推出“点击推广”取代竞价排名推广
2009 年 3 月	推出三大全新增值服务：（1）移动版诚信通；（2）旺铺 2.0；（3）商机参谋，定期提供营销效果分析、营销建议、买家分析、同行分析等报告

除了会员费，网站竞价排名、阿里软件服务、支付宝、阿里贷款、旗下所有的网站广告推广、贸易培训、阿里商学院教育产业和物流等都成为了阿里巴巴的利润来源。

由于付费会员数量的强劲增长以及增值服务收入的不断增加，阿里巴巴 2012 年一季度的营业收入为 15.9 亿元人民币，实际净利润达到 3.4 亿元，同比增长 22.6%。

4）业务范围

阿里巴巴集团现有 12 家旗下公司，分别是：阿里巴巴 B2B、淘宝网、天猫、支付宝、口碑网、阿里云、中国雅虎、一淘网、中国万网、聚划算、CNZZ、一达通。其中，阿里巴巴 B2B 业务主要针对企业与企业以及与上下游协作厂商之间的资讯整合，协助世界各地数以百万计的买家和供货商从事网上交易。

阿里巴巴 B2B 共有三个网上交易市场，包括：集中服务全球进出口商的国际交易市场（www.alibaba.com）、集中服务国内贸易的中国交易市场（www.1688.com）以及促进日本外销及内销的日本交易市场（www.alibaba.co.jp）。这三个交易市场形成一个拥有来自 240 多个国家和地区超过 5 340 万名注册用户的网上社区。阿里巴巴通过旗下这三个交易市场协助世界各地数以千万计的买家和供应商从事网上生意，以海量信息满足商家需求，提高商家效率以及资源整合能力。

5）企业价值观

阿里巴巴的企业价值观被称做“六脉神剑”，是阿里巴巴企业文化的精髓，其内容包括：（1）客户第一：客户是衣食父母；（2）团队合作：共享共担，平凡人做非凡事；（3）拥抱变化：迎接变化，勇于创新；（4）诚信：诚实正直，言行坦荡；（5）激情：乐观向上，永不放弃；（6）敬业：专业执著，精益求精。马云认为：一家公司为了赚钱而存在是没有意义的，中国的公司所缺乏的不是这个，而是文化、管理和领导力。因此，他坚持认为：客户第一，员工第二，股东第三。从最初 18 名创业者开始直到成长为拥有超过数千名雇员的公司，阿里巴巴强大的价值观体系已成为阿里巴巴集团及其子公司发展的基石。

1.2.3 阿里巴巴 B2B 平台的功能与贡献

1）B2B 平台功能

（1）市场应用方面

① 发布信息。阿里巴巴网站作为商业信息的提供者，既提供最新的宏观的行业信息，也提供大量的微观信息，如产品库、公司库以及供应、求购、代理、合作、投资融资、招聘等，以帮助客户找到有用的商业资讯，做出正确的决策。

② 提供商铺。阿里巴巴为商家提供商铺，商家在商铺发布、集成买卖信息。

③ 支付管理。阿里巴巴网站为客户提供在线支付服务，解决了交易双方的支付问题，促进交易的进行。

④ 客户管理系统。客户管理系统是阿里巴巴为中小企业提供的客户管理工具，帮助

企业开拓网上贸易，全程跟踪客户，最后获得订单。

⑤ 竞价排名。竞价排名服务是阿里巴巴为诚信通会员在关键字搜索结果首页开辟的特别推荐位，使企业在搜索结果中排在前面醒目的位置，有效提高成交机会。

⑥ 诚信通档案。诚信通档案可以显示商家的信誉问题，防止客户上当受骗。

⑦ 在线拍卖。拍卖产品明码标价能吸引更多买家，但是要升级成为诚信通会员，才可享有此功能。

⑧ 在线商机快递。商家为尽快找到自己所需的产品信息，可以免费订阅商机快递，第一时间掌握最新的商机。

（2）社区应用方面

① 视频。网络给人的感觉是虚拟、不真实的，但视频能够让人感觉到阿里巴巴的真实性。它有在线直播功能，可以让商家第一时间看到想看的节目，掌握最新咨询。商家既可以订阅阿里巴巴里面的视频节目，也可以自己上传视频，与别人一起分享。

② 论坛。阿里巴巴的论坛是商家学习和交流的地方，论坛的会员数、原创帖子数、人流量等方面都是很高的，无论是从论坛的模式和管理团队还是从论坛与会员之间所培养的感情来看，阿里巴巴的论坛绝对是一个很不错的论坛。

③ 博客。通过博客交流，商家可以聚集与自己相关的人或者企业，交流自己的观点、爱好、心得、发现等等。

④ 商友。商友里面有很多商友圈，商友圈是会员创建的一个圈子，商家可以加入感兴趣的圈子，进入圈子里可以发起一个话题，与圈里的人交流，对问题进行讨论。

⑤ 资讯。阿里巴巴的资讯提供了最新的有关贸易、采购、会展、生活等信息，里面的内容十分丰富，可以随时了解各个行业的最新动态。

2）B2B 平台贡献

阿里巴巴的 B2B 平台是跨越时空限制、打破语言隔阂、实时沟通有无的网上批发零售市场，是一个 24 小时营业、不受地理气候条件限制、无需高额租金、实现即时沟通的巨大贸易平台。阿里巴巴的 B2B 平台目标客户定位于中小企业，竭尽所能为中小企业服务。凭借强大的信息发布、更新速度，良好的市场口碑，以及推陈出新的增值服务，阿里巴巴的 B2B 平台越来越为人们所接受，现在只要一提起电子商务，人们首先想到的就是阿里巴巴。据 IDC 发布的《电子商务服务业及阿里巴巴商业生态的社会经济影响》白皮书显示，2008 年，阿里巴巴 B2B 平台上的中小企业中，25.04% 的企业在该平台上每投入 1 元钱，可带来 234 元的交易回报，53.84% 的中小企业获得平均 163 倍的交易额回报。2011 年，IDC 估算，网络零售服务业每收入 1 元，可支撑网购交易额增长 9.65 元。IDC 还指出，阿里巴巴 B2B 平台也在拉近企业贸易中的空间距离，相比于传统贸易，因距离而产生的成本降低了 80%。

阿里巴巴的成功在于它专注于采用信息时代全新的商业理念和先进网络技术服务网商，帮助他们解决了生存、成长甚至是资金的问题。而在帮助他们发展的过程中，阿里巴巴和中小企业群形成了共生共荣的特殊关系。

1.2.4　阿里巴巴新近发展状况

1）“1688. com”正式上线

2010 年 3 月份，原阿里巴巴中国站（www. alibaba. com. cn）全新改版，推出定位于工厂、品牌商、一级批发商的网上采购批发大市场 www. 1688. com，利用全新的平台接通零售商，开拓市场前景广阔的批发市场。阿里巴巴中国站全新改版的原因不只是单纯的对网站的重新升级，其网上采购批发市场的重新定位也预示着阿里巴巴阶段性的成果及战略重心的扩张。

2）全球速卖通

2010 年 4 月，阿里巴巴斥资 1 亿美元打造了国内最大小单外贸在线交易市场——全球速卖通。全球速卖通是阿里巴巴帮助国内供应商直接对接全球终端零售商，小批量多批次快速销售，融合订单、支付、物流于一体的外贸小单在线交易市场。该市场的推出将更好地满足“后经济危机”时期小企业的需求，提供全球小批量订单即时网上交易和保障买卖双方利益的第三方信用担保服务。全球速卖通上线后，又与海外最大的第三方支付公司 Paypal 及国际物流企业 UPS 合作，为小单外贸提供便利。目前，全球速卖通平台已有 40 多个类别的 500 多万种产品上架，活跃的海外买家已经超过了 4 000 万。

3）“淘日本”正式上线

2010 年 6 月，“淘日本”平台正式上线。“淘日本”是阿里巴巴之前推出的“Export to China”（ETC）项目的延续，此项目是向竞争相对不充分的蓝海市场前进的重要一步，有可能成为阿里巴巴未来业绩的主要增长点。

4）全球收购计划

（1）海外收购

2010 年 6 月，阿里巴巴进行了首宗海外收购，收购了美国 B2C 电子商务平台 Vendio，通过此次收购，阿里巴巴将直接获得美国市场 8 万网店买家客户。8 月，阿里巴巴收购了美国电子商务公司 Auctiva，收购 Auctiva 之后，阿里巴巴将这家美国的子公司整合到现有的“速卖通”平台中，而 Auctiva 现有的 17 万活跃卖家，也直接为“速卖通”平台带来更旺盛的采购人气。正如阿里巴巴的 CEO 卫哲所说：“这些客户将可以通过阿里巴巴及全球‘速卖通’平台，获得每年高达 10 亿美元的采购商机，吸引快速增长的美国买家到我们的全球‘速卖通’批发交易平台，这不但有利于那些美国小商户，也同时帮助到我们在中国、印度和土耳其等地的付费会员。”

（2）国内收购

2010 年 11 月 15 日，阿里巴巴宣布以 5. 6 亿控股 B2B 外贸出口服务商“一达通”，并将其小企业出口配套服务整合进“2011 版出口通”，构成阿里巴巴“Work at alibaba”外贸平台。通过“一达通”可掌握中小企业的第一手真实外贸数据，有助于阿里的信用体系建设和金融内控。并购“一达通”标志阿里巴巴将进一步切入中小企业的线下运营，有助于提升用户黏性。

5）分拆淘宝网

2011年6月，阿里巴巴集团将淘宝网分拆为三个独立的公司：淘宝网、淘宝商城和一淘，以更精准和有效地服务客户。其中，淘宝网（taobao. com）沿袭原C2C业务，淘宝商城（tmall. com）提供平台型B2C电子商务服务，一淘网（etao. com）运用搜索引擎进行比价实现了一站式购物。

6）淘花网

2010年6月淘花网正式成立，由华数淘宝数字科技有限公司（简称华数淘宝）创办，其使命是“做中国领先的数字内容交易平台”。淘花网数字内容种类主要包括视频、文档、电子书、网络小说、音乐和图片等形式，以满足不同客户的需要。

1.2.5　阿里巴巴面临的问题与未来发展

虽然近年来阿里巴巴发展迅速，以领先的地位服务于中小企业，但在表面的繁荣背后却隐藏着深刻的问题。

1）B2B平台问题

（1）过度依赖搜索引擎

马云在提及慧聪等同类竞争对手的时候，是相当的自信自大，但是一旦谈及百度、谷歌这些搜索引擎巨头的时候他会马上变得小心翼翼，说话谨慎不敢得罪，因为他自己最明白阿里巴巴的命脉控制在搜索引擎的手里。阿里巴巴每年都会投入大量资金做搜索引擎竞价排名和网站优化，只有在搜索引擎上面获得好的排名才能确保效果。

（2）内部同质化竞争严重

数量众多的供应商在阿里巴巴的内部构成了激烈的同质化竞争。一个产品的搜索结果有几十页甚至上百页，真正能出效果的也就是排在前面几页的供应商，排在十页之后的供应商连被买家看到的机会都很少。

2）客户忠诚度问题

网站的任务不仅仅是吸引商家注意力，而且还需要把注意力保持住，也就需要培育浏览者对网站的忠诚度。如今阿里巴巴发展得越来越快，拥有的客户数量巨大。其中一部分客户在阿里巴巴的平台做得非常好，对阿里巴巴的赞誉度也很高，但是也有一部分客户却没有得到非常明显的收益，如果阿里巴巴不能及时把握住这些客户，那么阿里巴巴将会失去很大的市场。

3）激烈的行业竞争

现在国内知名的B2B网站有慧聪商务网、环球资源网、中国制造网等，随着这些网站的快速发展，竞争越来越激烈，可供商家选择的范围更加广泛。但是面对这么多的竞争对手，阿里巴巴想保住“老大”的位置是件不容易的事情。如果没有良好的应对措施，它也将会被人们淘汰。

4）阿里巴巴未来的发展

在谈到对未来经济展望的时候，阿里巴巴的 CEO 卫哲说："我们对全球经济及小企业的发展前景继续持审慎的态度，预计出口增长将会在未来几个季度放缓。然而，电子商务始终具有不可逆转之势，而且是能有效帮助小企业创造商机及成长的门路，所以我们对于电子商务和我们公司本身的前景依然保持乐观并充满信心。"

在过去的十多年中，阿里巴巴致力于担当中小企业的信息化助推器，而在未来的十年中阿里巴巴的一个重大使命就是发挥领军企业的作用，将庞大而分散的商业网络与顾客联结起来，实现"天下不再有难做的生意"。

1.3　中外 B2B 电子商务比较与中国 B2B 电子商务的发展

1.3.1　中外 B2B 电子商务发展环境的比较

目前，我国 B2B 电子商务坚持从国情出发，坚持稳健务实的政策，保持了良好的发展势头，但我们也清醒地看到，我国发展 B2B 电子商务的环境还不完善，与发达国家相比还存在很大的差距。下面将从基础设施、文化和社会差异、行业结构、企业政策四个方面分析我国 B2B 电子商务环境。

1）基础设施

世界各国信息基础设施的发展极不平衡，发达国家的信息基础设施已经达到较完善的程度，但发展中国家信息基础设施的建设还在起步阶段。目前，我国由于经济实力和技术方面等原因，发展电子商务的各项基础设施都落后于西方，但改善很快。

（1）互联网应用现状

2008 年 6 月，中国网民规模超过美国，成为全球第一。2012 年，全国网民数比上一年净增 0.51 亿人，达到 5.64 亿人。网络购物用户净增 0.48 亿户，总规模达到 2.42 亿户。微博用户净增 0.59 亿户，总规模达到 3.09 亿户。互联网普及率达到 42.1%，比上年末提高 3.8 个百分点。但是，中国互联网普及率和个人计算机普及率仍低于大多数发达国家，中国互联网总体应用状况远落后于美国。图 1-5 是截至 2012 年，中国的网民数和互联网普及率。

虽然中国互联网用户的数量逐年猛增，但最近的调查显示，到 2012 年为止，我国广大互联网用户上网的主要目的仍然是获取信息与休闲娱乐，而开展商务活动的比重仍然偏低（如表 1-2 所示）。

尽管中国互联网企业抓住了网络娱乐和交流互动的互联网应用，从而成功开创了独特

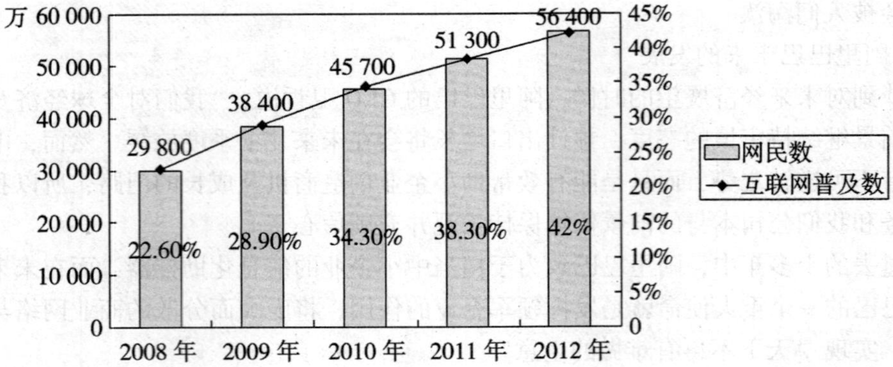

资料来源　中商情报网。

图 1-5　中国的网民数和互联网普及率

表 1-2　**2011—2012 年各类网络应用使用率**

应用	2012 年 6 月		2011 年 12 月		半年增长率
	用户规模（万）	网民使用率	用户规模（万）	网民使用率	
即时通信	44 514.9	82.8%	41 509.8	80.9%	7.2%
搜索引擎	42 860.5	79.7%	40 740.1	79.4%	5.2%
网络音乐	41 060.0	76.4%	38 585.1	75.2%	6.4%
网络新闻	39 231.7	73.0%	36 686.7	71.5%	6.9%
博客/个人空间	35 331.3	65.7%	31 863.5	62.1%	10.9%
网络视频	34 999.5	65.1%	32 530.5	63.4%	7.6%
网络游戏	33 105.3	61.6%	32 427.9	63.2%	2.1%
微博	27 364.5	50.9%	24 988.0	48.7%	9.5%
电子邮件	25 842.8	48.1%	24 577.5	47.9%	5.1%
社交网站	25 051.0	46.6%	24 423.6	47.6%	2.6%
网络购物	20 989.2	39.0%	19 395.2	37.8%	8.2%
网络文学	19 457.4	36.2%	20 267.5	39.5%	-4.0%
网上银行	19 077.2	35.5%	16 624.4	32.4%	14.8%
网上支付	18 722.2	34.8%	16 675.8	32.5%	12.3%
论坛/BBS	15 586.0	29.0%	14 469.4	23.2%	7.7%
团购	6 181.4	11.5%	6 465.1	12.6%	-4.4%
旅行预订	4 257.5	7.9	4 207.4	8.2%	1.2%
网络炒股	3 780.6	7.0%	4 002.2	7.9%	-5.5%

的互联网赢利模式，但是，就长期和根本趋势而言，网上消费和商务交易会逐渐像现实社会一样成为主流形态。未来，在中国互联网市场的主角必定是 B2B 电子商务企业。

（2）企业信息化程度

B2B 电子商务模式提供了一个虚拟的网上交易平台。进入网上交易的企业要具备一定的资格，这个资格就是企业内部必须有一套合格的电子化生产管理系统，且这套系统能与外部信息流无缝对接，以实现企业生产、采购、销售全过程的信息化。

企业信息化是时代的要求，是国民经济信息化的基础。现代信息技术的飞速发展和迅速普及，使企业生存和竞争环境发生了根本变化，信息化已成为企业获取竞争优势的最佳选择。我国企业信息化建设已有 20 多年的历史，并取得了一定成效。在发展过程中，既有成功的经验，也有失败的教训。从总体上看，随着企业管理体制改革的推进，信息化发展的势头良好，但与西方主要发达国家相比，我国企业信息化规模、层次和水平都存在很大差距。

①发达国家的情况

20 世纪 70 年代以来，美国、日本等国家先后开始有计划地推进企业的信息化战略，并取得了一定的成绩。日本先后制定了"IT 立国"、"IT 基本战略"、"e-Japan 战略"和"u-Japan"战略等，加强和完善了以促进信息产业发展为中心的产业政策，为企业信息化创造了有利的外部环境，有力推动了日本企业信息化的全面发展。美国将"信息高速公路"建设作为政府的施政纲领，多家企业制定了企业信息化发展战略，并早在 1993 年就已有 2.4 万家企业使用电子数据交换（EDI）。随后，经过几年的发展，美国所有的大公司都实现了办公自动化，一些跨国公司还实现了虚拟办公室。美国企业的信息化建设已经进入了比较高级的阶段：60% 的小企业、80% 的中型企业、90% 以上的大企业已借助互联网广泛开展电子商务活动。

以美国思科（CISCO）公司为例，思科是互联网设备和应用方案的提供商，是一个非常地道的"传统企业"，但是，思科却把管理和运营成功地迁移到了互联网上。思科公司为其全部产品（路由器、交换机和其他网络互联设备）建立了虚拟的订货系统，这样只需要很少的现货产品。该公司建立虚拟订货系统之前，订购一个产品的过程十分复杂。通常，客户公司的一位工程师首先要了解客户需要的产品类型和配置，然后，这位工程师再把这些信息传送到其公司的采购部门，采购部门再通过电话、传真把订单传给思科公司。思科公司的客户服务管理员再把订单输入到思科公司的系统中。订单一旦通过系统认可，生产计划就会在 24 小时之内排定。目前，思科在全球范围内 80% 以上的订单通过网络来处理。如果通过传统的方式来下订单，出现错误的频率高，经常导致重新发货。不仅自己和合作伙伴的成本上升，同时用户的满意度还会下降。而通过互联网下订单，在提交时就会得到自动检查，保证了每一张订单都是正确的。合作伙伴和用户还可以在网络上跟踪订单的处理过程，这样，双方的成本都得到了控制，也提高了客户满意度。

思科是电子商务的倡导者和成功的实践者，并从电子商务的应用中获益匪浅。通过成功应用电子商务，思科每年节省8亿美元的经营成本，使客户的满意度大幅上升。正是因为成功地应用了电子商务，思科获得了很强的市场竞争能力。

②中国企业信息化的发展

相比之下，中国企业信息化整体水平还比较低。但近年来各大企业集团日益重视信息化建设，信息化应用水平不断提高，与发达国家之间的差距正在逐渐缩小。截至2007年底，在我国2 926家企业集团①中，成立信息化建设机构的占全部企业集团的81.48%，其中，成立专职机构的占已成立信息化建设机构企业集团的63.67%；企业集团实现财务管理信息化的占全部企业集团的84.62%，其中，可以与企业其他信息系统实现互联互通的占55.25%，已在全部企业集团实现互联互通的占44.59%；企业集团实现办公自动化的占全部企业集团的80.62%；实现企业资源计划信息化的占49.25%；实现人力资源管理信息化的占55.37%；实现客户关系管理信息化的占40.33%；应用电子商务信息化管理系统的占41.63%②。2007年中国企业集团信息化建设情况如图1-6所示。

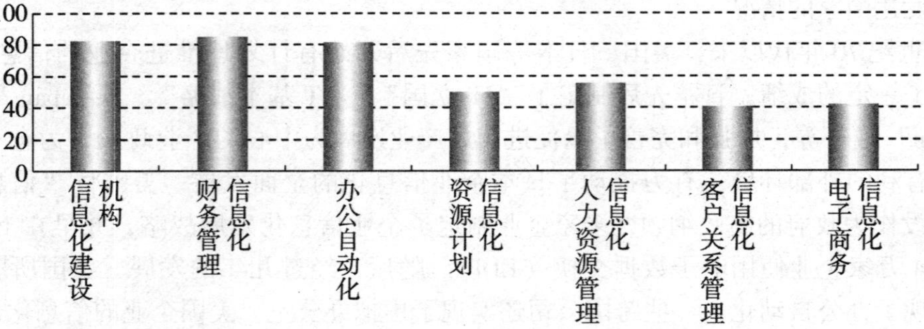

图1-6 2007年中国企业集团信息化建设情况

另外，近年来，许多中小企业积极开展信息化基础设施建设，非常迅速地加快管理信息化步伐。2006年“中小企业管理调查”数据显示，75.53%的中小企业已经实行了会计电算化，57.57%的中小企业已经实行了采购、生产、库存和销售的信息化，58.89%的中小企业已经建立了公司网站③。

但是我国企业信息化建设中也存在着严重问题，主要是企业缺乏整体规划，没有统一的标准，造成管理内容、数据定义不统一，低水平重复开发现象严重，形成了越来越多的信息孤岛，系统间集成困难，没有形成规模，整体效益的优势、潜力没有得到很好发挥。另外，企业在信息化应用方面能力还不强，在内部管理系统的整合上，更多的企业还仅局限于一般管理系统的开发。而以ERP为平台，整合企业内部各项系统，来实施综合管理的典型企业案例还不多。

① 包括中央企业（集团）、国务院批准的国家试点企业集团、国务院主管部门批准的企业集团、省级人民政府及省级人民政府主管部门批准的企业集团以及年营业收入和年末资产总计均在5亿元及以上的各类企业集团。

② 中国企业管理年鉴编委会．中国企业管理年鉴2008［M］．北京：企业管理出版社，2008：162.

③ 中国企业联合会．中国企业发展报告（2006）［M］．北京：企业管理出版社，2006：36.

(3) 物流配送

近年来，B2B 电子商务的发展，扩大了企业的销售范围，改变了企业传统的销售方式以及消费者的购物方式，使得送货上门等物流服务成为必然，物流需求规模进一步扩大，物流业增加值较快增长，社会物流总费用增速加快，行业发展显现出许多新特点，也凸显出我国物流业与发达国家的差距。

①中国的物流费用

表 1-3 是我国近年来社会物流总费用与各单项费用占 GDP 的比例。

表 1-3　社会物流总费用占 GDP 的比例（%）

年份	运输费用	保管费用	管理费用	社会物流总费用
2012	9.5	6.3	2.2	18
2011	9.4	6.2	2.2	17.8
2010	9.6	6	2.2	17.8
2009	9.84	5.84	2.16	17.84

从全国社会物流总费用构成来看，保管费用增长最快，运输费用仍占总费用的一半以上（如表 1-4 所示）。

表 1-4　我国社会物流总费用结构分析（%）

年份	运输费用	保管费用	管理费用	社会物流总费用
2012	52.5	35.2	12.3	100
2011	53	34.9	12.1	100
2010	54	33.9	12.1	100
2009	55.3	32.8	11.9	100

从表 1-4 可以看出，我国物流保管费用比例逐年递增，由 2009 年的 32.8% 增至 2012 年的 35.2%。我国仓储保管成本很高，且逐年上升，究其主要原因：一是我国存货数量多，导致资金占用过高；二是存储设备技术落后，且存储企业分布不合理；三是仓储场地利用率低，大量的闲置仓库造成了资源的浪费。虽然我国物流运输成本比例是逐年递减的，由 2009 年的 55.3% 降至 2012 年的 52.5%，但我国物流运输成本仍占总费用的一半以上。我国物流管理费用比例变动不大，由 2009 年的 11.9% 变化至 2012 年的 12.3%。总体来说，我国物流管理水平仍然很低，导致物流管理成本居高不下。同时也可以看出，我国还有很大的成本降低空间。总体来说，我国物流总成本占 GDP 比例是逐年递减的态势，2012 年中国社会物流总成本占 GDP 比重达 18% 左右，发达国家还不到 10%。

②美国的物流成本

美国的物流成本包括三个部分，即物流仓储保管费用、物流运输费用和物流管理费用，并且各自都有其测算的办法。仓储保管费用除了包括仓储残损、人工费用及保险和税收费用外，还包括库存占压资金利息。将库存占压的资金利息加入物流成本，这是现代物流与传统物流费用计算的最大区别，只有这样，降低物流成本和加速资金周转速度才能从根本利益上统一起来。运输费用包括公路运输、铁路运输等其他运输形式的经济费用。近10年来，美国的物流运输费用占GDP均在6%左右，物流管理费用占GDP的比例一直在4%左右。

降低物流成本是提高企业效益的重要战略措施。现代物流就是要把目标锁定在加速资金周转、降低库存水平上，因此发达国家普遍把减少库存支出作为降低物流成本的重要手段。比如，美国每年10万亿元的经济规模，若降低1%的成本就相当于多产出1 000亿美元的效益。我国现在是1万亿美元的经济规模，若降低1%的物流成本就等于增加了100亿美元的效益。业内专家普遍认为我国物流成本下降的空间应该在10个百分点或更多，这样也就相当于多增加1 000亿美元的效益，可见这是一笔巨大的利润源泉①。

③中国物流业的主要问题

与发达国家相比，我国物流业发展水平还有很大差距。

A. 成本高。高昂的油费和路桥费、难以避免的超载超限罚款、不同环节的重复纳税、仓储难与仓库租金不断上涨等问题一直阻碍着中国物流业的快速发展。有数据显示，2012年中国社会物流总成本占GDP比重达18%左右，美国物流成本占GDP的比重为8.3%。

B. 周转慢。2000年我国工业企业流动资金的周转速度为1.62次，而同期日本制造业的平均周转速度为15～18次，一些知名跨国公司如沃尔玛、家乐福等已经达到20～30次。

C. 库存大。据统计，2000年底，我国库存商品沉淀的资金高达4万亿元，占全年GDP的近50%。在目前世界公认的库存商品与GDP的比例中，发达国家一般不超过1%，发展中国家也不过5%。中国仓储协会的一项调查显示，货物在仓库中贮存的时间，我国是35～45天，发达国家则少于10天。例如，我国华为公司的库存周转率为3.6次/年，同类国际领先公司为9.4次/年②。

D. 效率低。一个国家的物流效率，是指社会物流成本与GDP的比率，这个比率越小，物流效率就越高。目前发达国家的物流效率平均在10%左右，而我国则高达18%，比发达国家几乎要低一半。有关专家估算，我国仅汽车空驶率就高达37%，相当于150万辆载重汽车来回空跑，一件商品从生产出来到消费者手中，要经过十几次的搬动、装卸、长时间的储存、保管，因此，每年全国物资损耗约为3 000亿元以上。其中，因包装问题而造成的货物损失每年达150亿元人民币，货物运输损失每年有500亿元人民币。

E. 传统流通方式仍然占有相当大的比例。在美国，企业拥有现代物流观念，物流市

---

① 吴安南. 中美物流成本现状及其比较分析［J］. 物流科技，2008（4）.
② 刘霞，李建明. 我国大企业供应链管理的现状［J］. 企业研究参考，2007（8）.

场分工合理、细致，形成了综合的第三方物流服务商以及专业的运输、仓储服务商和区域性配送服务商分工合作的产业形态。近年来，美国使用第三方物流服务的比例约为 56%，日本约为 80%，欧洲约为 76%，而且其需求仍在增长，欧洲 24% 和美国 33% 的非第三方物流服务用户正积极考虑使用第三方物流服务，全球第三方物流市场正快速发展。

在我国，随着第三方物流的不断发展，我国越来越多的企业也开始将物流业务外包出去。自中国加入世贸组织以来，第三方物流企业数量迅速增加，营业额成倍增长。据 2004 年的统计，第三方物流市场规模已近 800 亿元人民币，比上年增长 20% 以上。同期调查显示，工商企业物流业务外包的比例为 35%，在实现了物流外包的企业中，有 22.9% 的工商企业将物流业务的 70% 实行了外包。

物流配送是电子商务的一个重要环节。在 B2B 电子商务的物流配送中，除极少数可通过网络直接传送的数据产品外，绝大多数商品需要网下配送。配送问题不解决，无法形成完整的商务活动，B2B 电子商务将大打折扣。

要解决我国物流配送问题，需要政府和社会通力合作。邮政、铁路、公路、河运、海运、航空、专业递送公司等应打破地区和部门之间的封锁，建成多功能、全方位的物流配送网络。同时，从事 B2B 电子商务的企业应着力研究适应自身业务特点的配送系统，真正做到物流配送快速、有效，并实现低成本配送。

2）文化和社会差异

（1）文化差异

由于在 B2B 电子商务交易中，买卖双方往往不能直接见面，而要凭借第三方（权威方）发放的证明（CA），在网上向对方说明自己的身份，买卖双方或多方都是“背靠背”的方式。

中国人更喜欢面对面的交流，也乐于依靠长期建立在信任、家庭亲情或历史基础上的商业关系来进行交易。这往往是因为中国传统的商业环境中，缺乏对陌生方的信用了解，法律保护机制也不完善。因此，关系就成为开展生意的必要条件。尤其是做一些大一点的生意，不见面，不吃饭，不送礼，是很难做事情的，而这一套商务惯例很难移植到网上进行。

然而，当今无论是网络科技还是商业经济都处于领先地位的美国，其独特的民族文化为 B2B 电子商务的迅速普及提供了良好的条件。美国人敢于冒险，具有不断尝试新机会的民族个性，因此，他们往往不为条条框框所束缚，敢于创新并乐于接受新生事物。面对 B2B 电子商务带来的新的商机，他们不是怀疑，而是用热忱的态度去实践。

（2）社会差异

美国 B2B 电子商务的目的是为了让企业降低成本，加快流转速度，进而为企业增加利润，这一点与中国的 B2B 是一致的。但是，由于中美社会类型的差异，使得中美发展 B2B 的道路注定不一致。

根据 Aberdeen Group① 的报告，美国产品的价格包括 22.8% 的直接成本、13.6% 的间接成本、21.7% 的人员成本、21.3% 的税收、20.6% 的利润。根据其估计，通过使用 B2B 的模式，可以降低 15% 的直接成本以及 70% 的间接成本。具体地说，对一个订单的平均处理成本，如果使用手工模式需要 107 美元，而使用 B2B 模式自动进行仅需要 30 美元。另外，通过使用 B2B，采购周期可以缩短 50% ~70%。基于上面的考虑，美国采用 B2B 模式可以达到降低成本等目的。

但是，中国的经济状况和美国大不相同，美国是典型的"人贵物廉"的社会，通过自动处理可以减少人员成本，而中国人员成本相对较低，通过使用 B2B 的模式固然也可以减少一般处理人员，但需要增加更为昂贵的专业人员，同时还需要维持通讯、设备等正常运行，总的成本未必能够降低，可能还会提高。

所以，中国 B2B 电子商务的发展不应盲目照搬照抄美国，而应结合我国的国情寻求适合自己的发展之路。

3）行业结构

电子商务给不同行业所带来的机会大不相同，不仅向各个产业渗透的顺序不一样，而且各产业所获得的收益也不尽相同。近年来的统计数据表明，计算机和通信设备生产厂商特别适合采用电子商务，同时，计算机和通信设备、食品和饮料、汽车以及配件、制造业设备和原材料、建筑物和房地产等五大行业将是未来运用电子商务的重点行业。

（1）美国各行业的电子商务

由于美国的 B2B 电子商务起步比中国要早，现已在各行业蓬勃发展起来（见表 1-5）。

表 1-5 **美国各行业加入 B2B 的时间**

时间	行　业
1997	计算机行业
1998	图书、音乐、影视、旅游
1999	金融业、航空业、国防
2000	汽车业、公共事业
2001	石化工业、仓储业、造船业
2002	医药行业
2003	食品业、重型工业
2004	消费品业、工业设备、建筑业、造纸业、办公用品

① Aberdeen Group 是世界著名的两大预测分析公司之一，另一个是 Forrester Research。

（2）中国电子商务行业环境

2007 年，中国规模以上工业企业按行业分部分企业单位数如表 1–6[①] 所示。其中，企业集团[②]共计 2 926 家，按主营行业分企业集团个数总计如表 1–7 所示[③]，另外，有建筑业企业 62 074 个，房地产开发企业 62 518 个。

表 1–6　**2007 年全国规模以上工业企业按行业分部分企业单位数**　单位：个

总计	计算机和通信设备	食品和饮料	汽车以及配件	制造业设备和原材料
336 768	11 220	11 066	14 091	63 147

表 1–7　**2007 年全国企业集团按行业分企业集团个数**　单位：个

企业集团类别	企业集团个数
农、林、牧、渔业	32
采矿业	107
制造业	1 638
电力、燃气及水的生产和供应业	88
建筑业	236
交通运输、仓储和邮政业	107
信息传输、计算机服务和软件业	15
批发和零售业	357
住宿和餐饮业	29
金融业	13
房地产业	177
其他	127

与美国相比，中国的行业结构对其开展 B2B 网上交易有许多不利因素：

①中国的大多数企业属于制造业，而且，他们的交易产品多是直接商品（原材料），这些商品不太容易特征化，它们往往是某个业务过程的中间产物，将这些产品转移到网上进行交易就比较困难。因此，中国开展网上交易最好的产品可能是化学用品、橡胶、纺织、鞋、皮革等容易在网上交易目录中定性的产品。

---

① 中华人民共和国国家统计局．中国统计年鉴 2008［M］．北京：中国统计出版社，2008：485.

② 包括中央企业（集团）、国务院批准的国家试点企业集团、国务院主管部门批准的企业集团、省级人民政府及省级人民政府主管部门批准的企业集团以及年营业收入和年末资产总计均在 5 亿元及以上的各类企业集团。

③ 中国企业管理年鉴编委会．中国企业管理年鉴 2008［M］．北京：企业管理出版社，2008：158.

②中国的第三产业不发达，第三产业的企业，如航空公司、银行建立的卖方主导的B2B电子商务网站发展潜力不是很大。他们难以单个地从开展的电子商务中获益。因此，在这些行业中，由第三方建立行业网站或联合起来共同开展电子商务更能提高行业生产率、增加收益。近几年，我国不断涌现出第三产业的企业联合开展的电子商务。例如，截至2009年4月，包括6大国有银行在内的50多家银行均与国内最大的第三方支付平台支付宝有合作，客户只要开通各大银行的网上银行业务，便可以通过支付宝完成网上购物、出游、网上付费等服务，可以实现多领域付款。推动网银业务的发展不仅是互联网和电子商务发展的要求，也是发展现代银行业的必然选择。

③在中国的许多行业中，存在着行业壁垒低、竞争过度等问题，这将在某种程度上刺激电子商务的发展。比如，家电行业竞争十分激烈，为了进一步取得经营优势，他们将采取一切手段来提高效率，包括电子商务。目前，中国的主要家电厂商都已触网，开展了B2B交易。

④中国经济发展的突出问题，是传统产业过于粗放，行业中的交易成本偏高。电子商务最大的特点，就是可以将粗放的过程集约化。在美国，企业通过先进的信息技术和供应链管理技术的应用，使其内部实行一体化的物流管理、外部与供应商和客户形成一体化供应链伙伴，实现供应链伙伴之间的协同商务，降低了供应链的物流总成本，以提高供应链的整体竞争力。

实施B2B电子商务能通过电子订单、自动化交易、合作管理库存、协同计划等方式消除重复劳动，减少无效中间商，提高供应链的运作效率。但问题是，B2B的实施要想获得进一步的成功，就需对传统不合理业务流程进行优化，业务流程的改革经常会涉及人事制度的改革，中国现行体制中的许多因素会阻碍这种改革，从而减缓B2B的发展。

4）企业内在因素

B2B电子商务以其优异的功能特点和难以回避的诱惑，受到了中外企业的青睐。但是我国许多企业的管理处于主观、随意的经验管理阶段，不能适应市场经济的要求，这大大影响了B2B在我国的发展，主要表现在：

（1）企业规模不大

美国在各个细分的市场几乎都已经形成了几个主要的大型垄断企业存在的格局，这些企业规模都比较大，而且都已经在内部实现了完整的ERP系统。因此，美国的B2B核心不在两边的B上面，而是在中间的to上面，最终实现的效果是两边的ERP系统可以直接通过B2B实现互操作。

中国中小企业广布的特性和市场发展的规律决定了网络中的任何一个产业都不可能是一家垄断，中国企业规模一般都比较小，信息化应用层次差异较大，虽然国内中小企业上升到整个供应链信息化的企业很少，但我国中小企业的信息化建设的步伐正在加快，中小企业的B2B贸易也逐年递增。根据《2006年国民经济和社会发展报告》所述，截至2005年底，我国中小企业和非公有制企业数已经达到4 242万户，占全国企业总数的99.6%，其创造的最终产品和服务的价值占国内生产总值的 58.9%①。许多中小企业积极开展信息化基础设施建设，非常迅速地加快管理信息化步伐。“中小企业管理调查”数据显示，75.53%的中小企业已经实行了会计电算化，57.57%的中小企业已经实行了采购、生产、库存和销售的信息化，58.89%的中小企业已经建立了公司网站②。

据国家统计局统计，2007 年我国中小企业产值占全国的 60%左右，其中中小企业 B2B 贸易占总体贸易额比例达到 57.8%。据艾瑞咨询统计，中国 2007 年底拥有独立网站的中小企业共计 82.5 万家，而美国小商业协会统计数据表明 2007 年美国中小企业数量达到 812 万家，其中拥有独立网站的共计 720 万家，相比之下，中国中小企业的网站建设市场仍然处于起步阶段。

根据企业电子商务应用程度和实现功能不同，企业电子商务发展基本可以分成从低到高的三个层次，即初级阶段、中级阶段和高级阶段。图 1-7 表示 2007 年中国中小企业电子商务发展的阶段划分。

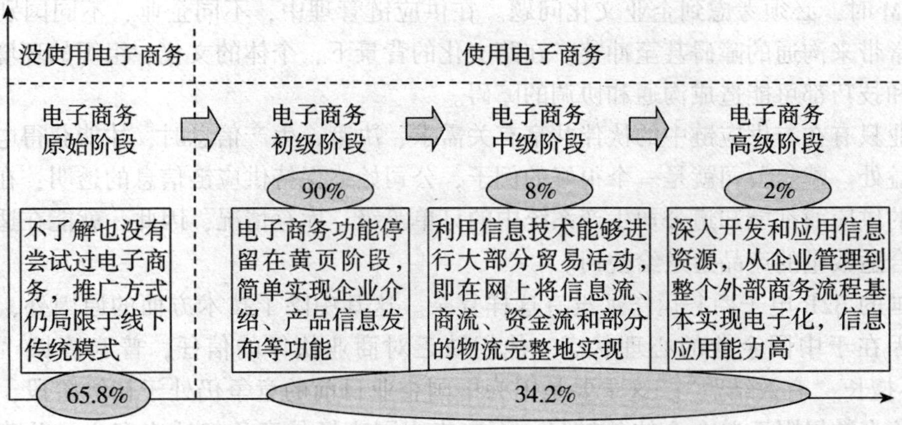

图 1-7　2007 年中国中小企业电子商务的三个发展阶段

（2）企业业务流程不规范

中国的大部分企业内部责任划分不明确，业务流程也不规范。但是为了从电子商务中获益，公司必须将某些流程自动化，建立起明确的授权程序。

比如，一家大型制造商想把办公用品及计算机设备的采购放到网上进行：

①在西方，SAP、Oracle 公司就会为该公司安装一套采购软件系统，它定义了一系列的“用户特征”。每个用户可以根据系统规定的权限，在一定的金额范围内，无需上司批准，直接在网上下订单，或在金额超过授权范围的情况下，从领导那获得电子批复，再进行网上交易。以上这种系统的成功实施需要把员工明确分为特定的类别，并制定清楚的程序。

① 中国中小企业发展年鉴编委会．中国中小企业发展年鉴（2006）[M]．北京：中国大地出版社，2007：81.
② 中国企业联合会．中国企业发展报告（2006）[M]．北京：企业管理出版社，2006：36.

②而在中国的许多企业中，人们往往对这种正式定义的程序有抵制，认为它缺乏“人性”。正是由于这个原因，在中国也很难成功实施 ERP 项目，电子商务解决方案提供商的日子也不大好过。

（3）企业之间缺乏信息共享

①在技术方面。调查数据显示，虽然我国有 30% 的企业有计划地对信息系统进行投资，但信息技术水平仍然落后，即使有部分企业已经建立起公司的互联网站和管理信息系统，也普遍没有很好地整合信息流，信息严重不透明，企业之间很难实现实时、无缝的信息共享。另外，许多企业建立起自己的商品信息库，但数据库字段、类型和长度都不一致，形成了一个个“信息孤岛”，这些不一致的数据也导致信息的交换和共享无法实现。

②在非技术方面。首先，合作伙伴互相不信任。由于供应链节点企业是具有不同经济利益的实体，相互间存在着利益上的冲突，常常会导致各节点企业间对抗行为的产生，从而无法对供应链中的各项活动实行有效的整合和协调。其次，企业文化相互冲突。当企业实施 SCM 时，必须考虑到企业文化问题。在供应链管理中，不同企业、不同国别的文化差异常常带来沟通的障碍甚至冲突。在跨文化的背景下，个体的文化、组织的环境、管理的风格和技巧都可能造成沟通和协调的障碍。

企业只有在与供应链中的伙伴共享有关需求、决策、生产信息时，才能获得电子商务的全部益处。戴尔公司就是一个很好的例子，公司始终保持供应链信息的透明：在每一时刻，它的供应商都能知道公司生产系统中的订单等级、库存情况，因此，就能在适当的时候，将合适数量的产品运送给公司。

中国的 B2B 电子商务运作远没有这样复杂。这其中除了技术方面的原因外，更深层次的原因在于中国企业的心理状态。他们缺乏对商业伙伴的信任，普遍擅长“单打独斗”，不擅长“有效结盟”。这主要是因为中国企业目前的竞争仍处于初级阶段，企业之间的竞争多数局限于单个个体的较量。而未来中国市场的竞争将适应客户日益苛刻的要求，升级到企业所在的供应链之间的竞争，这将迫使企业学会共享供应链运作中的信息。

1.3.2 中国 B2B 电子商务发展前景展望

1）中国 B2B 电子商务发展阶段分析

企业信息化进程的加快，为中国 B2B 电子商务市场的培育和发展创造了条件。我们将在此基础上形成的中国 B2B 电子商务市场的发展分为如图 1–8 所示的 4 个阶段。

（1）培育阶段。中国于 1993 年成立国民经济信息化联席会议办公室。1995 年，中国的互联网公司开始兴起。1996 年 1 月，国务院国家信息化工作领导小组成立，20 多个部委参加，统一领导组织我国信息化建设。1997 年 4 月，中国商品订货系统（CGOS）开始运行。在这一阶段，服务商依赖成熟的上网环境逐渐建立起了各自的服务体系，包括信用体系以及人气规模，使 B2B 市场服务开始见效。

（2）成长阶段。1998 年 3 月，我国第一笔互联网 B2B 网上交易成功。由此，中国

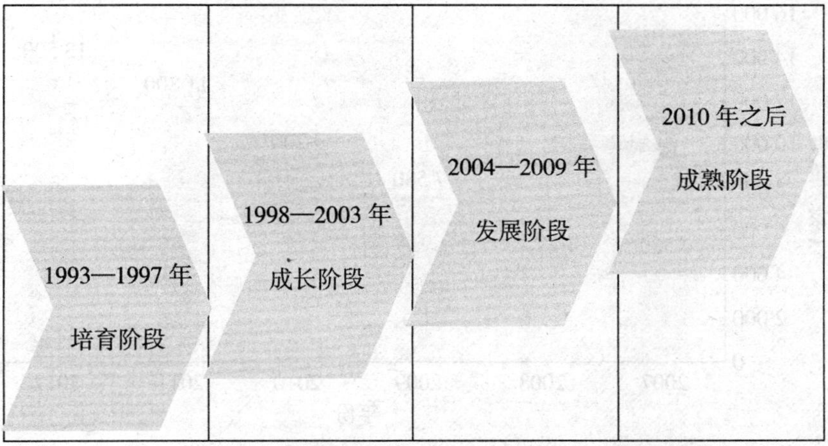

图 1–8　中国 B2B 电子商务发展阶段图

B2B 电子商务市场开始进入了成长阶段。多次被相关机构评为全球最受欢迎的 B2B 网站的阿里巴巴被世人瞩目。随着外贸经济的发展和国家的大力扶持，中国 B2B 电子商务市场迅速成长。

（3）发展阶段。从 2004 年开始，中国 B2B 获得了空前的发展，国际风险投资对于中国 B2B 行业开始大力注资，国际资本开始向中国市场涌动。这一阶段应当是 B2B 服务由基础规模向更宽泛的功能过渡的阶段，在这一阶段中，应用 B2B 电子商务平台的网商数量骤增，部分服务商为了扩大平台效果而将 B2B、B2C 和 C2C 系统进行整合，并将电子签名、网上支付等融入了自己的服务体系当中。目前国内的 B2B 服务正处于该阶段。

（4）成熟阶段。从 2010 年开始，中国 B2B 电子商务市场将迎来成熟阶段。面向未来，B2B 的服务商需要进一步整合更多的内容来丰富产品功能，依靠一些互补的服务来提升用户价值，比如为销售方整合 CRM 管理模块，为采购方整合 SCM 管理模块等。在这一过程中，经整合形成的功能虽然未必强大，但却能够帮助中小企业大大提升用户体验。同时这一整合也完全符合像用友、Intel 这样的服务商的发展战略。我们也把这一阶段称之为纵向整合阶段。

2）中国 B2B 电子商务规模展望

（1）企业规模

当前，电子商务正以前所未有的速度持续发展，改变着传统的经营管理模式、生产组织形态，影响着产业结构调整、资源优化配置，作为现代流通方式，已广泛渗透到生产、流通、消费等各个领域，对促进我国经济的发展起着越来越重要的作用。据最新数据显示，我国 B2B 电子商务服务企业已达到 9 200 家（如图 1–9 所示），同比增长 21. 3%，具有明显的增长态势。

（2）用户规模

国内互联网的快速发展在一定程度上促进了电子商务的发展，在金融危机的影响下，

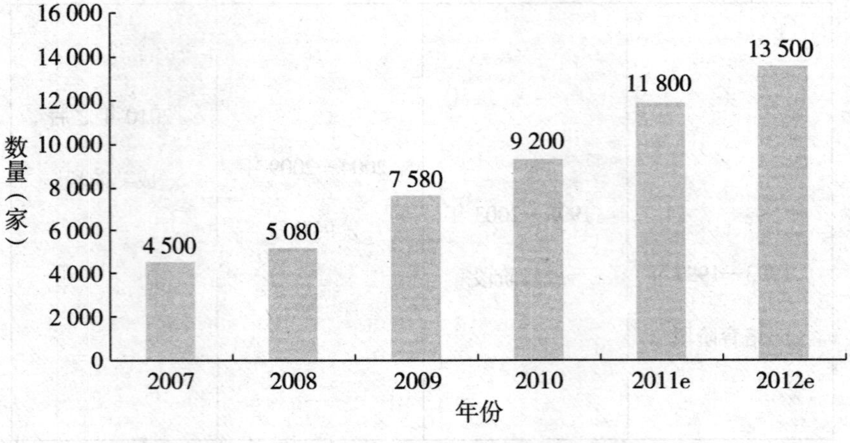

图 1-9 2007—2012 年 B2B 电子商务企业规模

资料来源 中国电子商务研究中心。

更多的企业对电子商务的认识得以提升，越来越多的中小企业选择电子商务网站来帮助其拓宽销售渠道、降低成本，加之政府的扶持政策等外部因素的促进，从而加快了企业应用电子商务的步伐。目前，我国少数骨干企业实现了在线交易一体化集成应用，越来越多的中小企业开始利用电子商务获取新的商务机会，截止到 2010 年底，国内使用第三方电子商务平台的中小企业用户规模已经突破 1 400 万（如图 1-10 所示），行业电子商务平台的数据和资料都有了大幅度的提高。

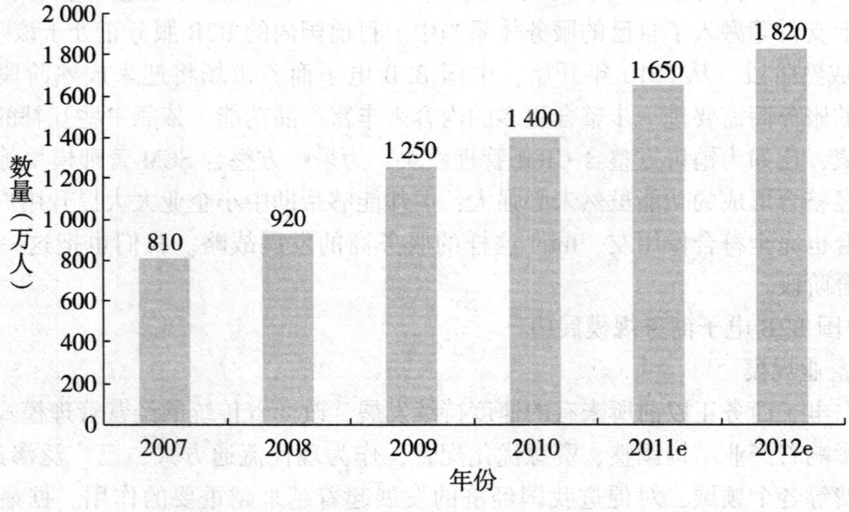

图 1-10 2007—2012 年使用第三方电子商务平台的中小企业用户规模

资料来源 中国电子商务研究中心。

（3）交易规模

据有关数据显示，截止到 2010 年 12 月，中国 B2B 电子商务交易额达到 3.8 万亿元

（如图 1-11 所示），同比增长 15.8%，整体保持稳定的发展态势，其中中小企业 B2B 电子商务交易规模达 2.53 万亿元（如图 1-12 所示），同比增长 36.4%，较 2009 年有了较大幅度的提升，B2B 电子商务企业营业收入达到 95.5 亿，同比增长 35%，相比上一年同期，B2B 企业营业收入规模有明显的增长态势。

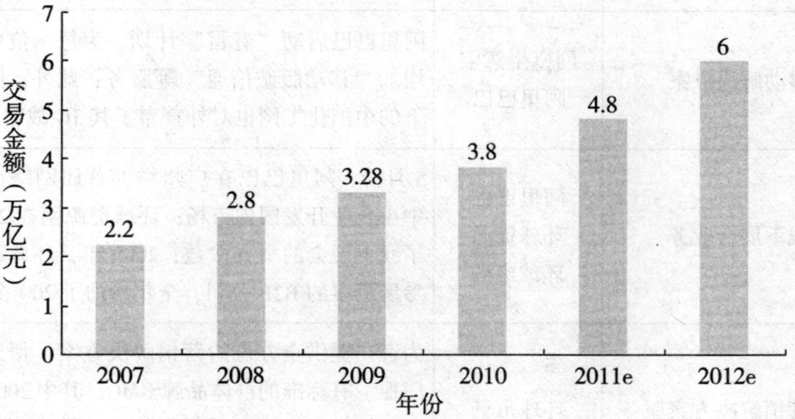

图 1-11　2007—2012 年中国 B2B 市场交易规模

资料来源　中国电子商务研究中心。

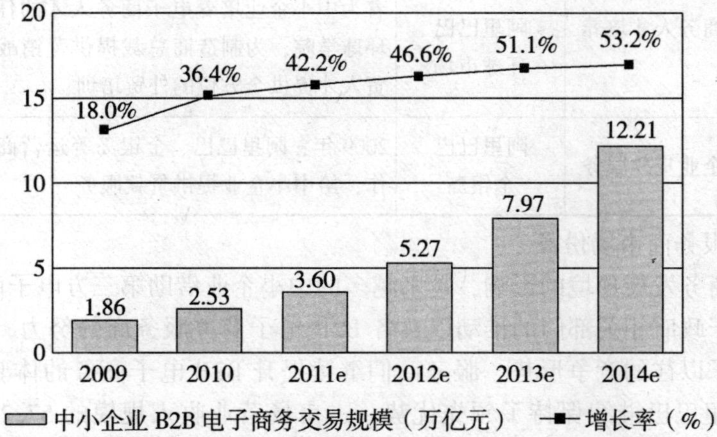

图 1-12　2009—2014 年中国中小企业 B2B 电子商务交易规模

资料来源　艾瑞咨询。

（4）提供的服务

中国的中小企业拥有很大的发展空间，而金融危机也让更多的中小企业认识到电子商务在减少企业成本、扩展营销渠道方面的优势。2009 年，B2B 核心运营商们均推出了多项服务（如表 1-8 所示），以支持中小企业的快速发展。

表 1-8　　2009 年 B2B 电子商务运营商新推服务一览表

服务类别	具体服务内容	代表企业	具体事件
网站服务	SNS 服务	网盛生意宝 阿里巴巴	网盛生意宝、阿里巴巴均正式推出了自己的 SNS 业务“生意人脉圈”和“人脉通”
	移动解决方案	网盛生意宝 阿里巴巴	阿里巴巴启动“春雷”计划，为每一位中小企业用户增加“移动版诚信通”等服务；此外，网盛生意宝旗下的中国化工网也对外宣布了其 3G 战略
营销服务	线下展会业务	阿里巴巴 环球资源 环球市场	5 月份，阿里巴巴在广州举办首届网络交易会，帮助中小企业开发国内市场；环球资源网在 2009 年也加大了线下展会的举办次数；2009 年，环球市场成为全球参展最多的 B2B 公司，全年参加了 200 多个国际商展
	营销解决方案服务	环球市场	为客户提供全方位的营销解决方案，帮助客户建立有门槛、有标准的群体品牌 GMC，其中 2009 年仅为买卖双方提供网络视频见面会的次数就达到了 1 万场，营销效果显著
人才培养	电子商务人才培养	敦煌网 阿里巴巴 环球市场	敦煌网的义乌商学院、阿里巴巴的阿里学院，都承担着为中小企业培养电子商务人才的任务。环球市场的环球学院，为制造商总裁提供营销战略培训以及为外贸人才提供全方位的外贸培训
资金服务	中小企业贷款服务	阿里巴巴 金银岛	2009 年，阿里巴巴、金银岛等运营商均与银行加强合作，给中小企业提供贷款服务

（5）B2B 服务商市场份额

由于电子商务发展环境的影响，越来越多的中小企业借助第三方电子商务平台开拓市场，同时，由于政府相关部门的推动以及各 B2B 电子商务服务商的努力，中国 B2B 电子商务行业延续了以往的竞争形势，服务商们继续提升 B2B 电子商务的体验，提高服务质量。2010 年阿里巴巴继续保持了领先优势，占市场营业收入规模的 57.2%，环球资源、慧聪网、中国制造网、环球市场分别占到市场规模的 9.9%、3.8%、3.3% 和 3.2%，其他 B2B 电子商务企业也实现了稳定的增长（如图 1-13 所示）。

阿里巴巴 B2B 电子商务平台多年来都独占鳌头，相比其他 B2B 平台具有绝对的领先优势，由此看来，作为 B2B 电子商务的领军企业，阿里巴巴的市场地位在短时间内是难以撼动的。对阿里巴巴 B2B 平台进行深入研究，可以从中了解到阿里巴巴的 B2B 商业模式、平台功能与优势、面临的问题与竞争等等，并为其他 B2B 平台的发展提供借鉴。

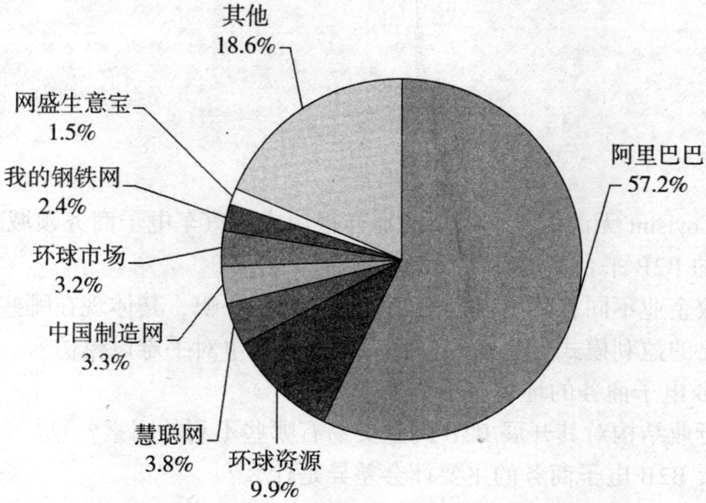

图 1-13　2010 年中国主要 B2B 电子商务运营商营业收入规模市场份额

资料来源　艾瑞咨询。

本章小结

B2B 是企业对企业的一种电子商务交易模式。B2B 电子商务以其较大的交易数额、较规范和成熟的交易条件代表着电子商务发展的主流方向。本章介绍了两个发生在不同时期和不同地域的 B2B 电子商务案例，首先介绍了成立于美国的汽车行业的 B2B 平台 Covisint，它的成立背景、发展现状及优势；接着介绍了中国最大的 B2B 电子商务平台阿里巴巴，它的发展历程、商业模式、面临的问题以及未来的发展；并在最后对中外 B2B 电子商务的发展进行了比较，从基础设施、文化和社会差异、行业结构、企业政策等几个方面详尽地分析了中西方社会 B2B 电子商务发展的差异和可能影响中国 B2B 电子商务发展的因素，并提出了中国企业开展 B2B 时要考虑的问题。

参考网站

1. www. covisint. com.
2. www. alibaba. com.

思考题

1. 为什么 Covisint 无法像人们期待的那样很快成为汽车电子商务领域的排头兵?
2. Covisint 的 B2B 平台具有什么优势?
3. 与大多数企业不同，阿里巴巴的经营理念独树一帜，其体现在哪些方面?
4. 阿里巴巴的盈利模式是怎样的? 它为什么让竞争对手难以模仿?
5. 发展 B2B 电子商务的环境包括哪几个方面?
6. 中国的行业结构对其开展 B2B 网上交易有哪些不利的因素?
7. 中美发展 B2B 电子商务的主要社会差异是什么?
8. 请解释企业信息化程度高低的主要标志。

参考文献

[1] 杰拉希，恩德斯．电子商务战略：概念与案例 [M]．李洪心，译．大连：东北财经大学出版社，2006.

[2] 肖卫兵．由 Covisint 所想到的 [J]．电子知识产权，2001 (4).

[3] 黄芳．基于供应链的汽车制造企业生产物流运作模式研究 [D]．武汉：武汉理工大学，2010.

[4] 佚名．汽车在线市场面对挑战 [EB/OL]．[2000-12-08]．http://it. sohu. com/06/09/article15050906. shtml.

[5] 鲁岩．汽车 B2B 网站 Covisint 起步艰难 [EB/OL]．[2001-06-06]．http://tech. sina. com. cn/i/w/69978. shtml.

[6] 鲁岩．可望不可即的 Covisint [EB/OL]．[2001-03-01]．http://www. enet. com. cn/article/2001/0310/A20010310012350. shtml.

[7] 王艳．典型电子商务 B2B 解决方案及其实现 [D]．南京：南京工业大学，2003.

[8] 杜生鸣．电子商场中第三方中介的演化研究 [D]．武汉：华中科技大学，2009.

[9] 佚名．汽车制造业的供应链管理 [EB/OL]．[2005-10-21]．http://www. dianliang. com/manage/200510/manage_ 24413. html.

[10] 孙世杰．值得注意的一个电子商务发展方向 [J]．硬质合金，2001 (4).

[11] 杨超 . 电子商务先从标准起步——Compuware Covisint 总裁 Bob Paul 谈中国汽车行业策略 [N] . 每周电脑报，2006 (46) .

[12] 忻文 . 最大赢家将是懂得因特网游戏规则的老牌公司 [J] . 汽车与配件，2000 (35) .

[13] 吴勇 . 电子商务：我国汽车工业发展的“助燃剂” [J] . 汽车与社会，2002 (12) .

[14] 周冰 . 实时协作的新选择 [J] . 微型机与应用，2006 (12) .

[15] 钟师 . 全球采购吉凶双伏 [J] . 汽车与配件，2001 (12) .

[16] Pinkham, Myra. Covisint: Big Three Go B2B [J] . Metal Center News，2000 (9) .

[17] Katarina Arbin, Ulf Essler. Covisint in Europe: Analysing the B2B Auto e-marketplace [J] . International Journal of Automotive Technology and Management，2005 (5) .

[18] John Fontana. Covisint Drives ahead with ID mgmt [J] . Network World，2005 (22) .

[19] David Shaw. Covisint Sells itself to the Supply Chain [J] . European Rubber Journal，2001 (183) .

[20] Navigating the “Cloud” in Healthcare. Covisint's white paper. 2010.

[21] Securing the Healthcare Enterprise for Compliance With Cloud-based Identity Management. Covisint's white paper. 2010.

[22] The State of EDI in the Automotive Supply Network and Future Directions. Covisint's white paper. 2010.

[23] Analysis: Two Models of Electronic Health Records. Covisint's white paper. 2010.

[24] 陈德人 . 中国电子商务案例精选 [M] . 北京：高等教育出版社，2007.

[25] 曹锟 . 中小型 B2B 网站商业模式研究 [D] . 杭州：浙江工业大学，2009.

[26] 邢颖 . 我国第三方 B2B 电子商务效率评价——应用 DEA 方法 [D] . 北京：首都经济贸易大学，2009.

[27] 冷莎莎 . 电子商务背景下企业信用评估的研究 [D] . 淄博：山东理工大学，2010.

[28] 付佳璐 . 阿里巴巴——一个真实的神话 [J] . 经贸天地，2010 (2) .

[29] 张晓洁 . B2B 的“三流”时代 [J] . 新疆界，2010 (4) .

[30] 张震，王尧 . 从阿里巴巴谈中小企业流通渠道拓展 [J] . 商场现代化，2010 (6) .

[31] 李欣，刘湘宁 . 电子商务生态系统构建之领导种群研究 [J] . 企业研究，2010 (8) .

[32] 赵翼，殷国鹏 . 电子商务与中介服务模式研究——电子商务中介分类 [J] . 中

国信息界，2010（6）.

[33] 王潇明，王成龙，王青．企业文化初探——以阿里巴巴为例［J］．商场现代化，2010（1）.

[34] 郑炎林．电子商务时代的 B2B 与 B2C 商务模式探索与研究［J］．科技，2010（23）.

[35] 李光斗．明星化和大众化：B2B 品牌的升位和重塑［J］．经贸天地，2010（9）.

[36] 朱晓荣，邓新．我国 B2B 电子商务现状分析及发展建议［J］．经济论丛，2009（10）.

[37] 梁金月．我国电子商务 B2B 现状及趋势［J］．中国流通经济，2000（S1）.

[38] 杜慧．第三方 B2B 电子商务平台发展现状及策略研究［J］．企业技术开发，2009（5）.

[39] 陈晓明，刘录敬．B2B 电子商务发展存在的问题及对策分析［J］．中国高新技术企业，2007（6）.

[40] 王珩．阿里巴巴的盈利战略［J］．大经贸，2008（6）.

[41] 杨安怀，钱明慧．阿里巴巴的 B2B 商业模式研究及启示［J］．消费导刊，2009（5）.

[42] 王沛．阿里巴巴：专注于为客户提供增值服务［J］．进出口经理人，2010（9）.

[43] 易单．B2B 电子商务模式盈利能力研究［J］．企业家天地，2010（4）.

[44] 刘佳．阿里巴巴：挑战新商业文明［J］．互联网周刊，2010（4）.

[45] 洪思成．阿里巴巴何以领跑电子商务［J］．企业改革与管理，2009（12）.

[46] 王勇．阿里巴巴商业模式分析及借鉴［J］．价格理论与实践，2009（15）.

[47] 中国物流与采购联合会．中国物流年鉴 2008［M］．北京：中国物资出版社，2009.

[48] 吴安南．中美物流成本现状及其比较分析［J］．物流科技，2008（4）.

[49] 李爱民．电子商务物流模式比较研究［D］．天津：河北工业大学，2008.

[50] 刘霞，李建明．我国大企业供应链管理的现状［J］．企业研究参考，2007（8）.

[51] 宋玉萍．中、美电子商务发展环境比较研究［J］．国际经济观察，2008（7）.

[52] 吴爱军．我国企业供应链管理的现状及对策浅析［J］．黑龙江对外经贸，2005（2）.

[53] 赛迪顾问．中国 B2B 应用现状与发展趋势［EB/OL］．［2006-12-22］．http：//www. ccidconsult. com.

[54] 艾瑞咨询．2008—2009 年中国 B2B 电子商务行业发展报告简版［EB/OL］.

[2009-09-28]. www. iresearch. com. cn.

[55] 李洪心，刘丽丽．中外B2B电子商务比较［J］．信息化建设，2005（7）．

[56] 许瑞，柴兴文．B2B电子商务中西方发展存在的差异［J］．贵阳金筑大学学报，2004（4）．

[57] 程艳玲．B2B告别独角戏［J］．电子商务，2005（4）．

[58] 罗汉洋．B2B电子商务模式分析与思考［J］．商业研究，2004（15）．

[59] 赵晓鸿．B2B：未来电子商务的主要模式［J］．西南民族学院学报：哲学社会科学版，2001（11）．

[60] 北京大学网络经济研究中心．B2B电子商务：中国企业准备好了吗？［EB/OL］．[2001-09-27]．http：//www. c114. net/hottopic/ZZHtml _ 2001/H20019270001436 -1. shtml.

第2章

国外B2C电子商务的案例

学习目标

学习目标

了解亚马逊的业务方向；掌握亚马逊的制胜法宝；熟悉Tesco.com购物流程；分析Tesco.com的商业模式。

B2C 即企业通过互联网为消费者提供一个新型的购物环境——网上商店，消费者通过网络在网上购物、在网上支付。这种模式拓展了客户和企业交易的时间和空间，大大提高了交易效率，特别对于工作忙碌的上班族，这种模式可以为其节省宝贵的时间。B2C 网站是网络深入人们生活的必然趋势。未来是信息和网络高速发展的世界，在地球上任何角落的人，只要拥有计算机、浏览器、互联网连接和信用卡，就能通过网络平台完成各种商品的选购，同时还能享受到完善的服务。本章将介绍两个发生在不同地点、不同背景的成功的 B2C 电子商务案例。

1）美国的亚马逊

亚马逊公司是典型的面向消费者的零售网站，总部位于美国华盛顿州的西雅图。它创立于 1995 年，最初是家网上书店，目前已成为全球商品品种最多的网上零售商和全球第二大互联网公司。亚马逊及其他销售商为客户提供数百万种独特的全新、翻新及二手商品，如图书、影视、音乐和游戏、数码下载、电子和电脑、家居园艺用品、玩具、婴幼儿用品、食品、服饰、鞋类和珠宝、健康和个人护理用品、体育及户外用品、汽车以及工业产品。

2）英国的 Tesco

Tesco 公司成立于 1932 年，是英国最大的零售公司，也是世界三大零售商之一。总部位于英国赫特福德郡，口号是：Every Little Helps（点滴皆有助益）。Tesco 除了在英国本土的 691 家大型购物中心以外，该公司 42% 的店铺分布于中欧与东南亚各国，是个国际化的超市巨人。Tesco 作为英国最大、全球第三大零售商，年收入为 676 亿英镑（2011 年数据）。Tesco 客户忠诚度方面领先同行，活跃持卡人已超过 1 400 万。而由乐购开发的 Tesco. com 是英国最受欢迎的食品零售业网站。Tesco. com 为客户提供良好的购物体验和优质的送货服务；它实现了传统零售业的创新，将食品、杂货、其他日用百货和各类服务逐一在互联网安家，为 Tesco 集团提供了新的快速增长点，为传统零售业提供了电子商务的典范，证明“鼠标”+“水泥”的电子商务走得更稳健。

2. 1　亚马逊：电子商务传奇

2. 1. 1　亚马逊的传奇历程

1994 年，29 岁的杰夫 · 贝佐斯（Jeffery Bezos）是华尔街上一家投资银行的高级副总裁。当了解到互联网用户每年增长 2 300% 时，他意识到了巨大商机的存在，于是他选择了辞职，转而开始选择他认为可以在网络上畅销的产品，很快他发现了图书。

在筹措了几百万美元风险资金后，亚马逊（Amazon. com）网站于 1995 年 7 月正式开通。公司选址在西雅图。贝佐斯选择西雅图作为公司所在地，并非主观臆断，而是因为西雅图具备一系列条件，为日后业务的开展奠定了坚实的基础。首先，西雅图拥有大量的软件技术人才，为其网上技术支持和服务提供了丰富的人才资源；其次，西雅图毗邻位于俄勒冈州由 INGRAM 公司所经营的世界上最大的图书仓库，它为公司采购货源提供了保障；第三，西雅图属华盛顿州，该州对邮购业务所征收的营业税较低，有利于公司降低成本，从而具有价格优势。

在随后的 16 个月里亚马逊以 34% 的月平均速度快速增长，尽管贝佐斯没有公布其销售数据，但据 The Wall Street Journal 的报道，亚马逊的年销售额超过了 500 万美元，Business Week 则估计有 1 700 万美元。而当时全球的电子商务年销售额才 32 400 万美元，平均每个在线零售商的销售额仅 3 000 美元左右。

1997 年 5 月，亚马逊在美国纳斯达克市场挂牌上市，首次公开募集资金达 5 000 万美元，1999 年 2 月再次融资 10 亿美元，注册客户 1997 年底有 100 多万，到 2000 年底突破 2 000万。快速的扩张也给亚马逊的经营带来巨大压力，虽然销售额不断地翻倍，但亏损额也在快速增加，仅 2000 年亏损就超过 14 亿美元，这也导致了风险资本的大规模撤离。

亚马逊采取了从单一美国市场向全球市场推进、改善客户服务和客户体验、精简员工等一系列措施。经过努力，公司终于在 2002 年的第四季度开始赢利，且于 2003 年实现了全年赢利，接下来对于亚马逊来说是快速扩张迅猛发展的几年。

经过十几年的发展，亚马逊已经成为电子商务的领军者，成为市值近 400 亿美元、净收入 6. 63 亿美元的电子零售帝国企业。

2. 1. 2 新世纪亚马逊的业务方向

1）商品多元化

公司成立初期选择图书作为主营商品，取得了极大成功。1998 年增加了音乐和 DVD，标志着它首次突破了单一的书籍业务。一年之后的 1999 年，它又新增了电子产品、玩具、游戏、软件等。现在的亚马逊早已不仅仅是一家网上图书和音像制品零售商，其所经营的范围已扩大到了电脑软件、户外用品、汽车零部件、电子产品、服装、家具、玩具、乐器、化妆品、杂货等等，已经俨然是一家网上“沃尔玛”。

2006 年 3 月，美国亚马逊网上书店推出一项名为“页购”的新服务，允许顾客购买网络版图书的一部分甚至一页。另外，顾客购印刷版书籍后支付一笔额外费用，便有权阅读该书的亚马逊网络版。例如一本书价值 20 美元，购书者只需再支付 1. 99 美元便有权阅读其网络版。贝佐斯说：“我们认为这能实现读者、出版商、作者的三赢。”

根据亚马逊 2009 年第一季度财报，除图书、CD 和 DVD 等传统商品营业收入增长了 7%，至 27. 2 亿美元，发展依然强劲之外，电子产品和其他日常用品的营业收入增长了近 39%，至 20. 5 亿美元。其他商品的营业收入已占到亚马逊公司营业额的 40%。打开图书以外的市场是亚马逊赢利的根本。

2）C2C平台打造

亚马逊另外一个主要的优势在于第三方交易市场。类似于网上交易平台eBay，交易市场提供场所，让顾客从新旧两类商品中进行自由选择。亚马逊充当了这样的销售平台，网站本身并不拥有货物，但它却提供了安全方便的交易环境，从中收取手续费。

对亚马逊而言，构造一个第三方平台，增加一个网上零售合作伙伴只需要在原有的技术平台上做相应的调整，新增的开支有限，无需管理库存却可以节省大量营运资本。

3）应用服务

除了传统的商品提供，亚马逊开始更加重视应用服务的提供，2007年亚马逊进入了Kindle图书等数字媒体和互联网应用服务销售领域。

数字化图书是其目标之一。贝佐斯说："图书是模拟技术的最后堡垒。"在他看来，一场数字化革命将会把这座堡垒炸得粉碎，数字化阅读将是大势所趋，亚马逊要做就要做革命的先锋。2007年亚马逊推出Kindle电子图书阅读器，从而吹响了数字图书革命的号角。2009年5月，亚马逊又推出了新版的电子图书阅读器Kindle DX。

尽管贝佐斯着眼于未来，但目前市场却很眷顾贝佐斯，没有让他漫漫等待。Kindle上市后迅速获得成功，销量明显超出公司预期。亚马逊没有公布其电子图书阅读器的销量，据花旗投资研究公司一位分析师估计，2008年销量约为50万台，比索尼的同类产品Readers多10万台。一些分析师将Kindle热捧为电子阅读器市场的"iPod"。

当然，与索尼不同的是，亚马逊的侧重点并非硬件，而是内容。Kindle的用户不仅可以非常便捷地从亚马逊的网站购买电子图书，还能通过高速无线数据连接直接购买杂志和报纸内容。至2009年，亚马逊网上书店的数字图书已达32万册。这些电子图书的目标顾客不仅针对Kindle用户，苹果的iPhone手机等其他用户也被包括在内。

除了数字化图书外，贝佐斯还把目光投向了云计算。2006年，亚马逊宣布了EC2——种能让客户在亚马逊服务器上租用空间的云计算系统。2009年3月，亚马逊再迈一步，推出了Amazon Elastic MapReduce，这是一种基于Hadoop的云计算设备。现在，其云计算业务范围已扩大到数据库、内容交付、云端（Cloud Front）内容分发网络服务、计算机对计算机信息服务（SQS）等。①

2.1.3　亚马逊的经营业绩

亚马逊的经营模式如图2-1所示。

亚马逊于2009年1月30日公布了其2008财年第四财季的业绩报告。据此财报显示，亚马逊2008年第四季度净利润为2.25亿美元，同比增长9%，收入同比增长18%，达到了67亿美元。在公布业绩后不久，亚马逊的股票价格上涨了8%。整个2008年全年，亚马逊净销售收入比前一年增长29%，至191.7亿美元，全年利润比前一年增长36%，至

① 龚伟同．骆驼亚马逊［J］．商务周刊，2009（13）．

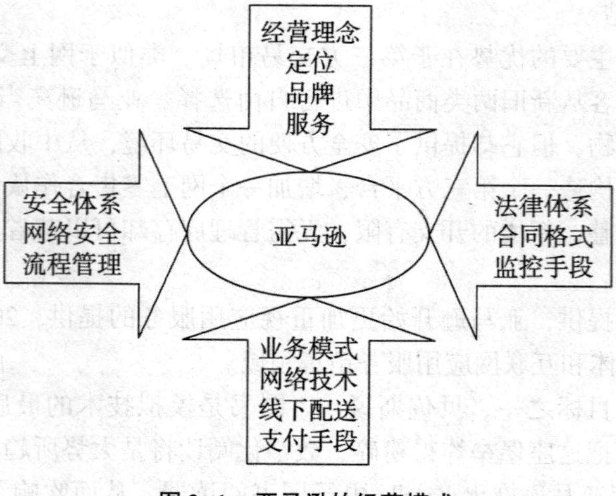

图 2-1　亚马逊的经营模式

6.45 亿美元。表 2-1 列出了亚马逊当期的经济指标。

表 2-1　亚马逊（amazon）的经济指标①　金额单位：美元

市值	398.90 亿
员工数	20700
收入增长率（TTM）	14.50%
收入（TTM）	205.09 亿
毛利率（TTM）	22.57%
扣除利息、税项、折旧及摊销前赢利（TTM）	9.43 亿
营运利润率（TTM）	3.78%
净收入（TTM）	6.83 亿
每股收益（TTM）	1.517
市盈率（TTM）	60.90
市盈率与增长比率（TTM）	2.53
市销率（TTM）	1.95

尽管遭遇金融危机，美国消费者大量削减开支，但亚马逊却迎来了最好的发展时机，在 2008 年圣诞旺季中，公司共获 870 万张订单。销售情况最好时，一天可获得超过 630 万件商品的订单；一天的发货量超过 560 万件，同比增长 44%。

此外，亚马逊在北美市场的零售额比一年前增长了 3 成。虽然金融危机使得消费者的消费信心不足，但是电子商务较强增长的趋势仍将继续。在经济寒冬中，因为价格实惠、

① TTM：Trailing Twelve Months，最近 12 个月的交易。

操作简单方便等特点让人们更乐于通过网络来进行精打细算的消费。因此在 2008 年圣诞购物季，亚马逊创造了 14 年来的销售新高，2009 年，亚马逊在资本市场的表现竟然超越了 1999 年它在巅峰时期所创造的奇迹。

金融时报投资编辑约翰·奥瑟斯通过分析亚马逊股价过去十年的走势（见图 2-2）得出结论：即使在一个泡沫的最顶峰，买进一只最泡沫的股票，也并非没有赚钱的可能。但是，要做好股价会剧烈波动的准备，要独具慧眼，还要有耐心等上十年①。

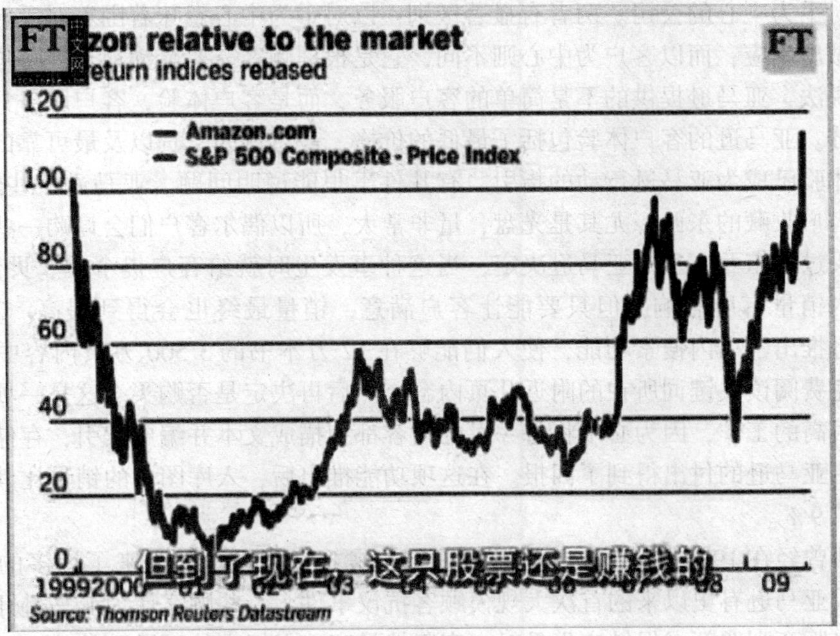

图 2-2　亚马逊股价过去十年的走势

2.1.4　制胜法宝

1）成本领先

亚马逊提供折扣价格，从而使总利润较低。它提供的折扣图书有 40 多万种，折扣率在 20%～40%，对于特别选定的书给予 40% 的折扣，精装本可打 30% 的折扣，平装本为 20%。对于音乐 CD，折扣可多达 40%，其中，亚马逊推出的前 100 种畅销 CD 给予 30% 的折扣。

亚马逊库存图书很少，只有 200 种最受欢迎的畅销书。一般情况下，亚马逊只有在顾客下订单之后才从出版社那里进货。购书者用信用卡向亚马逊支付书款，而亚马逊却在图书售出 46 天后才向出版商付款，这就使得它的资金周转比传统书店要顺畅得多。

① 奥瑟斯．亚马逊：一只泡沫股的十年历程［EB/OL］．［2009-10-27］．http：//www.ftchinese.com/ /video/532.

亚马逊根据商品类别建立不同的配送中心，不同的商品有不同的配送中心配送，有利于提高配送中心的专业化程度，降低管理和运作费用，使其商品在价格上更具竞争力。通过投资兴建现代化仓库，亚马逊的年均存货周转率约相当于沃尔玛的近3倍。①

2）顾客为中心

致力于客户体验被贝佐斯列为亚马逊六项核心价值观之一。贝佐斯宣称，希望亚马逊能成为世界上最大的以客户为中心的公司。根据贝佐斯的理解，亚马逊是以客户为中心而非以竞争对手为中心的公司。两者有显著区别：以对手为中心意味着围着对手转，并对对手的行动做出反应；而以客户为中心则不同，它是根据顾客需要能动地开展各项工作。按贝佐斯的说法，亚马逊提供的不是简单的客户服务，而是客户体验，客户服务只是客户体验的一部分。亚马逊的客户体验包括了最低的价格、最迅速的交货以及最可靠的网络。

客户体验已成为亚马逊行动的指引。有几件事很能说明问题。亚马逊一些经理发现，该公司大客户收藏的东西，尤其是光盘，量非常大，所以偶尔客户们会订购一些他们在几年前已经买过的东西。于是亚马逊决定，当这种事发生时就给客户提个醒。贝佐斯表示，尽管短期内销量有所影响，但只要能让客户满意，销量最终也会得到提高。2003年10月，亚马逊推出了书内搜索功能，使人们能够在12万本书的3 500万页内容中搜索任何词句，并免费阅读关键词所在的附近几页内容，然后再决定是否购买。这是一项非常艰巨而且耗费很高的工作，因为必须将每一页的内容都扫描成文本并编成索引，存储在数据库中。不过，亚马逊的付出得到了回报。在这项功能推出后，入库图书的销量比其他图书的销量高出了9%。

贝佐斯曾经在1998年12月想利用网页空间来刊登广告，却引来了许多的批评与质疑，并形成亚马逊有史以来的首次大规模顾客抗议事件。有些顾客认为亚马逊开放部分网页空间供出版商刊登新书促销广告是对一直坚持最高选书标准的亚马逊的玷污。贝佐斯被震动了，他马上决定亚马逊立即改正这个错误的决定，在亚马逊的图书公告网页上，一切属于其他出版商付费刊登的宣传文章都将一一注明其性质，让顾客一目了然。同时，亚马逊宣布实行所有新书不满意退款的政策。只要亚马逊推荐的图书，如果在读者中反响不好或受到严厉批评，那么该公司就无条件退书还款给消费者。亚马逊的这一举动获得了顾客的完全信任。其实，在网络上互相利用网页空间来刊登广告，以节省大笔的广告费用，并把自己的网站提供出来作为广告媒体，收取一定的“租金”，是司空见惯的事。对贝佐斯来说，获利非常重要，但与顾客比较就成次要的了。

对于在亚马逊网上销售的商家，亚马逊同样控制很严。这些商家的加盟虽然增加了顾客的选择，使亚马逊能进一步聚集人气，但控制不好也可能会成为软肋。eBay就因此而被抱怨服务太差甚至被指控欺诈。为避免这些问题的发生，亚马逊不仅像eBay那样允许顾客对商户进行评级，而且还建立了许多内部防范措施，对商户行为进行密切跟踪。比

---

① 龚伟同．骆驼亚马逊［J］．商务周刊，2009（13）．

如，商户必须使用亚马逊网上的电子邮件服务与顾客交流，这样亚马逊就能对其谈话进行监控，防止欺诈客户的事件发生。该公司还使用诸多标准来对商户进行评价，如顾客对某个商户的投诉数量、商户因缺货而取消订单的次数等。那些在执行订单过程中出现问题概率高的（如超过1%），将被踢出亚马逊“商圈”。

不过，在对商家管控的同时也提供帮助。为了提高顾客在商户那里购买时的体验，2006年亚马逊开始实施了一个名为“亚马逊帮您执行”的计划，商户只要把产品送到亚马逊的仓库，其他工作就全部由亚马逊代为完成了：从接受订单、包装、回答顾客提问到处理退货等。目前，其一个季度的处理量已达到300万件。亚马逊并不靠此赚钱，相反它为此增加了很大负担。对于一些小商户来说，亚马逊此举可是帮了大忙，因为他们不具备亚马逊那样的实力和专业技能。

3）技术创新

贝佐斯认为，经营零售店最重要在于选址，而对于网上书店的经营，最重要的是技术，只有掌握先进的技术，才能保证经营成本比其他竞争对手低，网上的商品才可能有竞争性价格优势。不断创新，就需要有卓越的技术人才，而亚马逊最自豪的就在于自己拥有世界上最优秀的网络技术人员。贝佐斯的选人条件也非常特别，他只看重人员的两个品质：卓越的才智和与众不同的性格特征。他认为只有喜欢与众不同，才有可能去创新，也只有卓越的才智，才有可能创造出先进的技术产品。比如，网上快速选择技术，在一键定购和其他强大的技术支持下，2002年亚马逊对图书的选择速度提高了15%，而对电子用品的选择速度提高超过了40%。[①]

亚马逊并不将自己看做是一家“鼠标”+“水泥”电子商务类百货公司，而更像是一家IT技术公司。

亚马逊并不被业界认为是最可能进军“云计算”业务的公司，大多数人的眼光一直放在IBM和Sun这样的厂商身上。亚马逊显然比那些技术公司动作更快。几年前，当亚马逊建设了基于自己零售体系的全球最大的IT系统后，意识到自身的服务器、数据中心等闲置的IT资源还能为其他用户所用。这些用户最初是一些个人开发者、程序员，后来发展到中小型企业、大型企业。他们租用亚马逊的存储服务器、带宽和CPU资源来开发应用和运营公司业务。[②]

亚马逊的云计算系统被称为“弹性计算云”，其注册的开发人员数量在2008年已经超过49万。亚马逊目前推出的最主要的云计算服务产品，不仅服务分类灵活、收费方式多样，而且定价方式还体现了零售企业一贯的做法。据悉，弹性云EC2服务能够同时调用亚马逊在全球的从一个到几千个服务器，这些服务还可细分为CPU处理系统、随机存储容量、硬盘空间等，根据用户的需求或者规格可以支持所有的操作系统，并安装各种各

---

① 荆林波．亚马逊经营模式剖析［J］．经济管理，2005（4）．

② 刘佳．亚马逊：从卖书到卖“云”［EB/OL］．互联网周刊．［2009-02-04］．http：//www.ciweekly.com.

样的开放性源代码或商业软件。用户甚至可以直观地看到支持某种操作时调用的全球服务器的物理地址。而EC2的报价也因此呈现多样化，租用费用从每小时0.1美元到0.8美元不等。简单存储服务S3可以提供一个字节到数GB字节的支持，整个系统里大概有520亿对象进行数据交换。S3的存储备份服务则是按照每个月的使用字节来收费，根据每天检测流量，每GB大约0.15美元/月。亚马逊最近还推出了内容分发网络服务，可以把一个内容迅速地复制到全球至少40个服务器上，以便快速地登录和获取。为了体现地域的特色，亚马逊针对欧洲用户的售价会比美国高出10%左右。

尽管亚马逊没有对外透露云计算的收入，但有分析师预测其年收入为5 000万到1亿美元。

无论是“云计算”领域还是通过技术提高运营效率、为其他公司提供外包平台的服务，以及电子图书、在线音乐商店等相关技术的开发，亚马逊都走在了竞争对手的前列。

4）战略合作及购并

1996年9月，亚马逊书店首创了网络“合伙人计划”（Associate Program），主要采用收购和策略联盟两种方式。

（1）策略联盟。亚马逊通过其“合伙人计划”，构筑一虚拟的网上零售商群体，从而吸引更多消费者访问其网址，将触角伸向每个领域。亚马逊公司清楚地认识到自己在提供某些专业性极强的书讯方面并无优势，而一些经营专业书籍的小型网上书店和书籍广告信息网址则可以向读者提供可靠、有价值的信息。因此，亚马逊公司设法与它们有偿结盟，使读者在访问这些网址时可直接进入亚马逊的相关网页。顾客一旦因此在亚马逊购物，公司向这些网址支付书款8%的佣金，这样，这些网址便成了亚马逊的“合伙人”。至1998年6月，其“合伙人计划”成员已逾6万。①

（2）购买搜索工具。1998年亚马逊宣布买下两家公司——PlanetALL和Junglee公司。PlanetALL是一家免费的“网络姓名住址目录”公司，它会主动为顾客自动更新信息，其所提供的软件功能，不仅能够对书籍信息做追踪，同时还可以提供一个电子化的日历，提醒顾客的装置服务、新闻服务。亚马逊将其发展成为“选购礼物的建议系统”。Junglee公司发展了一套虚拟的资料库技术，简单地说，它就是一个搜索引擎，它的最大功能就是可以累积网站的信息。亚马逊把它发展成为“Shop the Web”（比较购物）服务。

（3）建设礼品中心。亚马逊在其网站上成立了一家“礼品中心”，就是将其他业者的商品资源供其利用和享受。礼品中心的特色是可以提供情人节馈赠礼物的全新选择，其中包括鲜花、巧克力。礼品选择称得上是一项贴心的设计。当许多人为情人节的送礼问题头痛的时候，亚马逊成功地利用了精致细巧的区分，让任何一个有意选购礼品的人，随着指引一路漫游，找到合适的礼物。消费者只要按下亚马逊网站首页的“礼品选键”（Gift-Click），输入接受礼物者的E-mail地址，就完全由亚马逊代劳搞定。在不到10秒的时间

① 张斌．试析全球最大网上书店——亚马逊公司的经营策略［J］．江苏商论，1999（10）．

内，就可以完成选礼、包装，并送出数百万礼物中的任何一项。策略联盟是此项设计成功的关键因素。这项设计着眼于情人节的庞大购物商机。但其主流商品——鲜花、巧克力、珠宝、香水等不是亚马逊商店的销售商品。于是，在互通有无的情况下，便与 Macys. com 与 Proflowers. com 这两家专卖鲜花和礼品的顶尖网络零售商合作，并取得了成功。

（4）收购 Dragstore。1999 年 2 月，亚马逊收购了在线药店 Dragstore. com 46% 的股份。这家虚拟商店位于华盛顿的雷德蒙，提供 15 000 多种品牌的个人保健产品、广泛的保健信息和一家经过许可经营的药店。Dragstore. com 的主席兼首席执行官彼得·纽伯特相信："喜欢亚马逊的人也会喜欢在 Dragstore. com 购物，亚马逊建立了质量标准和优质服务，我们 Dragstore. com 也会承诺与其匹配的优质服务。"通过这次收购，亚马逊打算向顾客介绍在 Dragstore. com 购物的新体验。

（5）与 Pets. com 合作。1999 年 3 月，亚马逊取得了 Pets. com 约 50% 的所有权，Pets. com 是一家专营针对所有种类动物的流行而珍贵的宠物饰品、产品和食物的网上公司。贝佐斯说："Pets. com 占有市场领先地位，无论是生产一个容易找到的像白鼬吊床那样的产品，还是建造一个友好的宠物旅馆，许多顾客都热衷于它的经营管理团队。"经营所得将被用于 Pets. com 的进一步发展、开拓 Pets. com 品牌、通过合作联盟建立分销。Pets. com 的首席执行官居里·威恩莱特说："这是一场天堂上的婚礼，它确定了我们在在线领域的主导地位。"

（6）购买 LiveBid. com。1999 年 4 月，亚马逊决定购买 LiveBid. com，它是一家网上实况拍卖的提供商。LiveBid. com 总部位于西雅图，它开创了基于实况的网上拍卖，拍卖行可将其拍卖业务拓展到网上。在线出价人可以实时参与实况拍卖，和拍卖处现场的传统出价人直接竞标。贝佐斯说："这里的大赢家是世界性的传统拍卖行。估价和公证非常重要，没有人能比受认可的专业拍卖商做得更好。"

（7）与鲍德思书店合作。2001 年 4 月，亚马逊与鲍德思书店宣布合作，建立联合品牌网站，由亚马逊经营，并于该年 8 月份开通新网站，向鲍德思的顾客提供亚马逊电子商务平台的诸多核心技术。当时鲍德思书店是全美第二大超级连锁书店，地位仅次于巴诺①。2002 年，鲍德思集团和亚马逊集团联合发布两项声明，其一是亚马逊顾客可以选择到全美范围的 365 家鲍德思书店和音乐店取书、音乐 CD 盘和 DVD 盘，销售记录在鲍德思书店，亚马逊收取佣金，将来发生退货时，退货算在鲍德思账上。其二是鲍德思旗下品牌沃登书店和亚马逊共建一个新的联合品牌网站，新网站的开通将会对原沃登书店 300 多万积分制会员形成更强大的吸引力。

（8）收购卓越进军中国市场。2004 年 8 月 19 日，亚马逊宣布已签署最终协议收购注册于英属维尔京群岛的卓越有限公司，交易价值约为 7 500 万美元，涉及约 7 200 万美元现金以及员工期权。卓越有限公司通过其中国子公司及关联公司运营卓越网站

① Barnes & Noble，是美国也是全球最大的连锁书店企业，已有 130 多年的历史。

(www. joyo. com 和 www. joyo. com. cn)。卓越网发布于 2000 年 5 月，主营音像、图书、软件、游戏、礼品等流行时尚文化产品。卓越网于 2000 年 1 月由金山软件股份公司分拆，金山公司及联想投资公司共同投资组建，2003 年 9 月引入国际著名投资机构老虎基金成为第三大股东。亚马逊通过收购卓越打开了中国市场。卓越亚马逊是中国 B2C 电子商务的领导者，是目前国内最具有影响力和辐射力的电子商务网站之一。它的前身为卓越网，被亚马逊公司收购后，成为其子公司。卓越网诞生以来，凭借独创的“精选品种、全场库存、快捷配送”的卓越模式，迅速成长，赢得了超过 520 万注册用户的衷心支持，发展成为全国访问量突出、营业额领先的零售网站，并获得全国网络文明工程组委会评选的“中国优秀文化网站”称号，入选“中国 10 大互联网旗帜公司”和“最具投资价值网站 100 强”。

(9) 收购 Zappos。2009 年，亚马逊收购了线上鞋子零售商内华达州的 Zappos 公司，交易的总规模达到了 8.47 亿美元，在亚马逊的历史上，这是规模最大的一笔收购交易。创立于 1999 年的 Zappos 位于美国内华达州汉德森市，2008 年的总销售额超过了 10 亿美元，是全球最大的鞋类在线销售网站。Zappos 的奇迹得益于行业的飞速增长。根据 Forrester 的研究报告，2008 年鞋类的在线销售高达 43 亿美元，远远高于 2007 年的 33 亿美元。为了与 Zappos 竞争，亚马逊在 2007 年曾建立了一个独立的站点 Endless. com，专门在线销售鞋类和手提包。但是根据 comScore 的统计数据，2009 年 6 月份中，Zappos 的访问者达 450 万，而 Endless. com 仅 77 万。亚马逊也在自己的主站点销售鞋类，但是效果并不明显。据 Forrester 研究，网民已经形成了分别到亚马逊购买影像制品和消费电子产品，到 Zappos 购买鞋类的消费习惯。亚马逊跟 Zappos 合并后，双方的互补效应将会体现出来，Zappos 将能借助亚马逊的 IT 系统、技术以及物流渠道实现快速的扩张。

2.1.5 前景展望与挑战

亚马逊已经提前为未来开始布局。电子图书的销量目前虽然仅占亚马逊总销售额的 1%，但亚马逊却投入重兵，以维持亚马逊在电子图书和音乐出版上的领先优势。“今天还只是电子图书起始阶段。”卓越亚马逊一位人士称，亚马逊通过进军电子图书以及在线音乐等市场，可以实现在实体产品销售的同时获得更多利润，同时也能够满足个性化用户的需求。

同时，2009 年 7 月 20 日，美国的巴诺书店（Barnes & Noble）推出号称全球最大网上电子书店，藏书量逾 70 万本，而亚马逊的藏书量是 32.5 万本。巴诺推出的电子图书适合在苹果手机 iPhone、iTouch、黑莓智能手机，以及大部分个人计算机等多个平台上阅读；而亚马逊的电子图书只能在专门的阅读器 Kindle 上阅读。巴诺计划一年内将藏书量提升至 100 万册，包括搜索网站巨擘 Google 最近提供免费下载的近 50 万本图书，给亚马逊带来了巨大的挑战与压力。

在传统主营业务方面，亚马逊与 eBay 已经构成了直接竞争，两者在经营的产品类别方面极为相似，商业模式也有趋同迹象。eBay已经放弃了完全依赖拍卖的传统，实行了拍卖与固定价格销售相结合的模式。可以预见，二者的争夺将会越来越激烈。

在数字图书方面，亚马逊不仅遇到了像索尼这样的对手，Google和苹果等公司的袭击也是它不得不提防的。索尼采取了以内容拉硬件的策略，与Google合作向其电子阅读器顾客提供部分免费电子图书内容，其免费午餐的模式无疑能吸引相当一部分顾客。除此之外，亚马逊还不得不耐心说服那些顽固的旧势力——出版商。在从纸介质书到电子图书的革命中，亚马逊能否继续一马当先仍难以预料。在云计算方面，亚马逊面临的对手同样令人生畏，这包括Google、IBM等，一旦市场机会进一步凸显，将会有更多的强大对手鱼贯而入。

亚马逊从无到有，打造电子商务时代永恒的神话。知识经济时代，谁也不能预料若干年后又是一个什么状态，机遇与挑战并存。但是我们有理由相信，像亚马逊这种注重客户体验，注重创新的公司，在互联网大潮中一定可以迎风破浪。亚马逊的未来值得期待。

2.2　扩展多渠道零售业的边界——Tesco.com

拥有强大的现有品牌，拥有网络的力量，以及我们使用网络的能力，这些是我们成功的主要因素。实际上，无论是有形的商品还是无形的服务，对于我们能卖什么以及在哪里卖，都没有任何限制①。

劳拉·韦德·加里，Tesco.com首席执行官

2.2.1　Tesco——一个零售巨人的历史

1956年，第一家Tesco自助超市在一个改建后的电影院开放。20世纪50年代和60年代期间，Tesco主要通过并购实现发展。其中包括1957年收购的70家威廉姆森商店、1959年收购的200家哈罗商店、1960年收购的212个埃尔文店面和1964年收购的97家查理斯·飞利浦商店。截止到20世纪60年代，Tesco已经成为拥有600家商店的连锁店。1961年在莱斯特开张的Tesco拥有16 500平方英尺的销售面积，并作为欧洲最大的商店载入《吉尼斯世界纪录》。

随着20世纪70年代和80年代的客户开始注重质量和多样化，Tesco的“高买低卖”策略不那么成功，从而导致公司业绩极速下滑。业绩低落的主要原因是顾客对公司及其所卖的商品印象消极。由于只关注低廉的价格，商店经营困难，致使顾客面对的都是质量平平的商品和不充分的商品目录。

① 所有对劳拉、史蒂夫和丹尼尔的引用摘自于英国Tesco网的在线采访。

但是当麦克劳林于1997年上半年退休时，Tesco已经成为英国最大、最盈利的超市连锁店。他的第一步举措是将大量资金注入到新超市的建造，来吸引细分市场中的上层部分；同时，在销售和分销中引入新的系统和技术，保证了Tesco定位于大范围的商店模式和细分市场。

另外一个举措是将要改变零售业的准则：互联网的到来。虽然Tesco一直在试图满足顾客新的需求以及开发出迎合他们的业务模式，但是这并不是一件容易的任务，直到互联网为顾客提供新的通信方式，这个问题才得以解决。劳拉回忆到：

我们过去是满足客户的最基本需求。然而，当20世纪90年代早期，有顾客来到我们这儿说："如果你们可以把我购买的商品送到家就更好了"，所以我们开始用商品目录和电话订购来进行试验。这种方法使我们的经营陷入了困境，同时也是非常没有效率的。因此，对于我们来说，互联网拯救了我们，为我们带来了低成本、高效率送货方式所需的技术。

2.2.2 Tesco的传统业务

Tesco当时的首席执行官是特里·莱希，他已经为公司工作了20多年。Tesco近期的成功多数归功于他的领导才能。为了应对食品市场不断加剧的竞争和下滑的价格，Tesco大幅度地扩大了商品范围。现在，超市将40%～50%的货架空间用于非食品类商品，如衣服和家居用品。2000年，Tesco开放了一个零售电子产品的新店面，向消费者销售电视、DVD播放机以及移动电话等电子产品。

2006年，Tesco集团总销售额增长了10.9%，达到466亿英镑（合652亿欧元），税前利润增长了20.3%，达到26亿5千3百万英镑。英国部分的销售额增加了9%，达到356亿英镑，其中5.6%来源于原有的商店，3.4%来源于新商店。英国部分的利润攀升到19亿1千4百万英镑，而国际部分销售额增长了17.9%，达到110亿英镑，利润为5亿6千4百万英镑，比上一年增长了18%。Tesco在世界范围内拥有超过45万名员工。

1）四种关键策略要素

自从2000年以来，Tesco一直遵循着长期扩张策略，基于以下4种关键因素：发展本国的核心业务、拓展国际业务、将非食品领域做得和食品领域一样强、为顾客提供新的零售服务。这些关键策略是通过大量的决策来完成的：

①英国的核心业务。英国的公司包含了超过1 800家商店销售面积约5 500万平方英尺（合5 100万平方米），并占据集团销售总额的75%。大约有25万人在英国的集团公司工作。Tesco计划通过多样化的方法和现有店铺的扩张来实现增长。Tesco在英国有超过2 600万的强大消费基础，其中超过1 100万的家庭都拥有一张Tesco会员卡。

②国际业务。在英国本土以外，Tesco集团在欧洲和亚洲的12个市场运营，拥有超过800家商店。在海外市场大约有超过10万员工，为超过1 500万顾客服务。2007年Tesco进军美国市场。现在，集团大部分的销售市场在英国本土以外。

③非食品行业。仅在英国，非食品行业产品的销售额就突破68亿英镑。与Tesco在食品业的20%份额相比，Tesco在英国的非食品行业占据7%的市场份额。但是，仍然只有1/4的英国民众能在Tesco特大店买到非食品类的商品。

④零售服务。Tesco集团已经转向提供额外的服务，例如Tesco个人理财、Tesco网络服务以及Tesco电信服务。其中，Tesco的电信服务为超过150万的顾客服务，包括与手机资费公司合作的MVNO[①]服务的100万顾客。这些服务都带来了潜在价值，Tesco的个人理财服务带来了6 500万英镑的利润。

2）5种不同的商店模式

Tesco致力于为广泛的顾客群体服务，因此Tesco采取一种多样化的方法。在20世纪70年代建立最初的超市模式以后，Tesco在90年代早期将这种模式分化又形成以下几种商店模式：

①家居店。这种新的商店模式最初被引入到英国的7家商店，提供了广泛的非食品类商品种类，包括服装在内。通过每家店的购物目录服务和采集点，顾客可以买到更多的商品。这些商店拥有超过3万平方英尺的销售区域，它们在零售业内是独一无二的，同时也补充了当地的Tesco食品服务。

②特大店。这种模式是在1997年引入的，特大店代表着最大的商店模式，占地面积大约为6万~12.5万平方英尺。作为对正常超级市场产品类别的补充，这些大卖场提供非常广泛的非食品类商品。

③便捷店。这些店通常的销售面积达到3 000平方英尺。这种模式是在1994年引入的，现在包括700多家店，销售包括鲜活食品、酒类及店内面包房的面包和甜食在内的7 000多种商品。大多数这样的店都有一个汽车加油站（Tesco是英国最大的独立汽油零售商）。

④都市店。第一家都市店是在1992年开业的，将Tesco的便利带到了城镇及城市中心地区，满足主要街道的购物者及当地社区居民的需求。都市店也提供诸如熟食和三明治等特殊食品类别。

⑤超级市场。这些超市的销售面积至少为26 500平方英尺，拥有2.5万~3万个库存单位。这种模式是Tesco最早使用和最为认可的商店模式，如今在英国，有433家总销售面积达1 320万平方英尺的超市。

3）零售业的竞争

英国拥有高度稳固且竞争力很强的食品零售业。其他几个主要的零售业巨头包括阿斯达（由美国的沃尔玛公司拥有）、莫里森斯（2004年并购了萨费韦）、森宝利和萨默菲尔德（见图2-3和图2-4）。以折扣闻名的巨头，例如利德尔和阿尔迪也进入了这个市场，进一步增加了现有价格的压力。

---

① 移动虚拟网络运营商：只提供移动电话服务而非实际拥有网络基础设施的公司。

英国零售业市场总量，以十亿英镑计

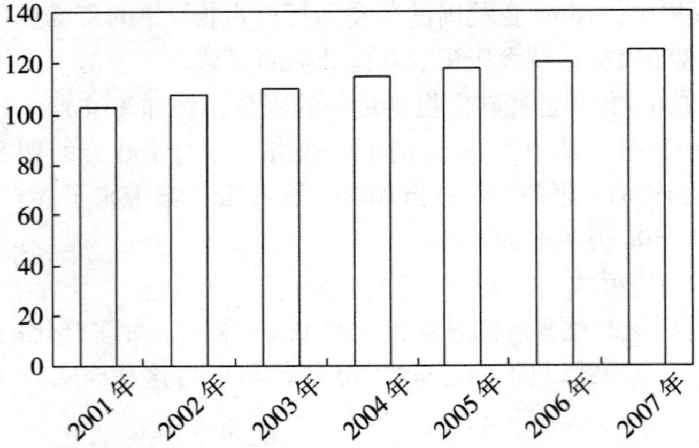

英国零售业年增长率	6.13%	2.89%	2.62%	3.53%	3.75%	3.28%

Tesco.com 销售额年增长率	50.2%	25.6%	29.1%	24.1%	31.9%	29.2%

年销售额（以百万英镑计）

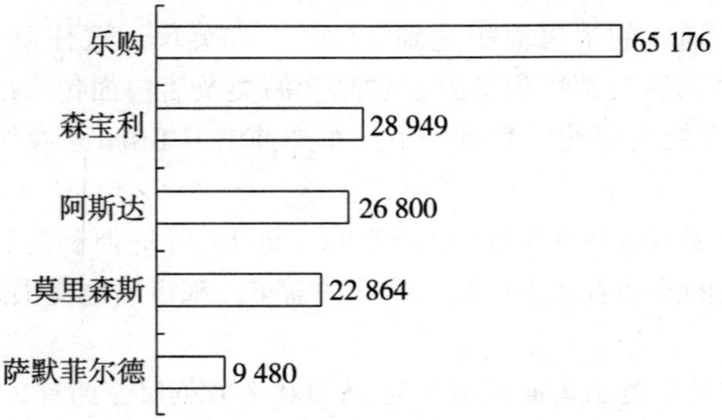

英国实体店的数量

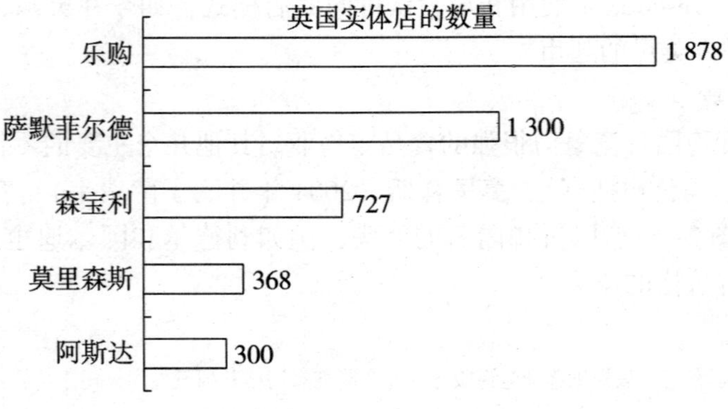

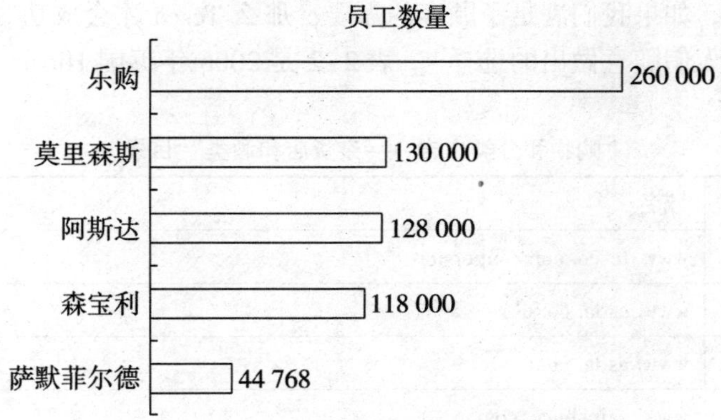

图 2-3　英国零售业及 Tesco 的发展

资料来源　2007 年 Datamonitor 公司报告。

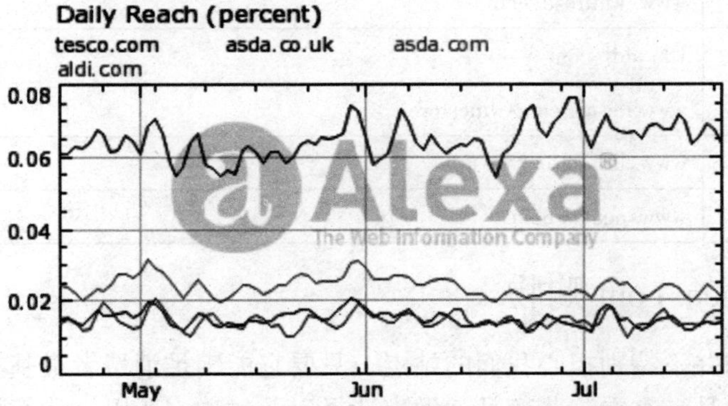

图 2-4　英国主要零售巨头网站的页面排名和每天访问量比较

资料来源　http：//www. alexa. com.

传统的街道业务模式也受到来自于 Tesco 和其他大的零售连锁巨头的压力。在饱受争议和批评下，Tesco 的主要业务来自于多方面，这引起了人们对大型超市通过其小规模、专业化的商店来取代街道购物模式的担心。有批评人士指出，未来的零售业冒着被大型连锁企业控制的风险。就像新经济①政策负责人安德鲁·西蒙斯做的比喻所暗示的那样：

连锁店成为侵略物种的代名词：饥饿的、杂乱的、有时是反社会的以及破坏性的等等。英国正被卷入美国风格的、连锁店主导的零售业的漩涡②。

当地有关当局已经控告 Tesco 使用兼并现有街道零售点的“后门策略”③ 来逃避保持其原有计划的承诺。作为回应，Tesco 最终坚持认为任何一个零售商都不会违背顾客的喜好。Tesco 执行主任露西解释说：

安德鲁·西蒙斯的攻击性言论表明他知道的有关动物系和植物系的知识远比他所了解

① 网址：http：//www. neweconomics. org/gen/.
② 引自《卫报》，2007 年 3 月 22 日。
③ 引自《赫尔每日邮报》，2007 年 2 月 20 日。

的现代零售业的多。如果我们满足了顾客的需要，那么 Tesco 才会成功。西蒙斯提出的问题在于他并不喜欢人们随意做出的选择①。表 2-2 是 2006 年英国 Hitwise 公司的网上业绩调查结果。

表 2-2 “购物和分类广告——杂货店和酒类”目录

排名	域名
1	www. tesco. com/superstore
2	www. asda. co. uk
3	www. asda. com
4	www. sainsbury. com
5	www. sainsburystoyou. co. uk
6	www. waitrose. com
7	Uk. aldi. com
8	www. tesco. com/winestore
9	www. lidl. co. uk
10	www. ocado. com

2. 2. 3 在 Tesco. com 购物

实际上，我们并不特别担心我们的站点，只要它能满足消费者最基本的购物流程：找到他们所需要的商品、查看这些商品、做出选择以及付款。所以，我们尽可能把网站做得简单明了。

劳拉 · 韦德 · 加里，Tesco. com 首席执行官

1）注册 Tesco. com

想要在 Tesco. com 上进行网上购物的用户需要注册 Tesco. com，并提供包括交货地址在内的个人数据信息。当用户进行注册时，他们会被强烈建议提供他们的 Tesco 会员卡细节信息，因为这样会使顾客很方便地查看他们以前在实体店的消费记录。以这种方式，首次进行网购的顾客不需要单独输入每一个目录就可以像往常一样购物。如果顾客没有会员卡号或者不想泄露会员卡号，那么系统会创建一个新的虚拟会员卡号来跟踪顾客的购物历史以及奖励的积分。

2）访问 Tesco. com

Tesco. com 的顾客有多种使用 Tesco 在线服务的选择。自从 2001 年起，在 Tesco. com 购物的人可以通过移动商务应用设备来进行支付。通过与微软合作，Tesco. com 推出了

① Tesco 访谈，2007 年 4 月 3 日，http：//www. tesco. com/talkingtesco/news/？page=article5.

Tesco访问服务，使掌上电脑和基于WAP[①]无线电话的使用者可以在线购物。前Tesco.com首席执行官约翰·布劳维特解释说：

自从Tesco访问服务推出，我们的顾客可以通过任何设备，无论是网络、数字电视还是袖珍计算机，随时随地购物[②]。

Tesco访问服务已经被包括进正常的Tesco.com业务里。2007年7月，Tesco.com的用户可以在Tesco.com的账户设置中直接选择他们喜欢的网站显示方式。

3）使用Tesco.com

Tesco网提供几种便利网上购物流程的功能类型。它们包括：

①便捷购物者。和正常购物流程一样，顾客可以在Tesco网站上写下购物清单。网站会从产品线中选出满足顾客需求的相关商品。顾客会很容易地选择他们想要的商品，然后继续选择清单上的下一个商品。

②午餐饭盒工具。这个工具是为那些想要预定午餐的、繁忙的父母和顾客服务的，能用它来定制自己的三明治。

③我喜爱的商品。包含顾客最近购买的所有商品列表，客户只需点击任何还想要购买的商品。

④在线食谱。包含许多食谱，顾客能浏览配料和方法，看到食谱所需的所有原料。原料分为两种：一种是家居常用的；另一种是针对特殊食谱的。

⑤有机盒子。Tesco提供预先选择的不同大小的有机食品篮子。

⑥购物建议。帮助顾客为特殊事件，如圣诞节、野餐和聚会等购买相关商品。顾客选择一份详细清单，把需要放入购物篮的商品标记出来。

虽然顾客并不会使用每一个功能，但是作为Tesco.com的常客，凯特·库克在某些场合会使用到一些功能：

我真的很喜欢“我喜爱的商品”这个功能，这样我可以在午休时间用10~15分钟来完成每两周100英镑的购物。当我邀请朋友来吃晚饭时，我会查看甜点的配方以及关于野外烧烤的建议。我的一位同事，两岁孩子的母亲，喜欢“午餐饭盒工具”，如果你全年每周有五次为孩子们做三明治，那么你的三明治做法早晚会用尽[③]。

如果顾客们对一种商品较偏爱（如他们喜欢黄色的香蕉），那么他们可以用网站上每一个商品旁边的记录工具做出标记（如图2-5所示）。如果所订购的商品脱销，Tesco.com可以根据顾客的选择提供一个替代商品或跳过这个商品。如果顾客不喜欢Tesco所选的替代商品，可以将商品退回，商品价值会重计。

每次顾客离开虚拟商店后，网站都会储存虚拟购物车，因此使得不同家庭成员在下次登录Tesco.com时可以很容易地获得以前储存的商品列表。Tesco也在设法整合在线和离

① WAP表示无线访问协议。
② 佚名．在线购物：Tesco网对WAP/PC订购开放服务［J］．金融时报，2001-07-21.
③ 引自凯特的话，摘自2007年5月20日的电话访谈。

线购物体验，如 Tesco 会员卡成员可以通过网站输入卡号，查看最近在离线商店的购物情况。

4）安排交货及付款

Tesco. com 的商品价格和商店中的一样。另外，在线顾客还可以享受折扣、促销以及特殊服务，例如"买一送一"的促销活动。如果这些特殊服务很受欢迎，那么它们也会被放到网站上。支付可以通过信用卡或借记卡，如维萨卡、万事达卡、斯威士卡、美国运通卡和 Tesco 会员卡。当完成包装时，账户会扣除货款。

图 2-5　在 Tesco. com 选择商品示意图

资料来源　Tesco. com.

在头几年里，无论订货量和交货时间多少，Tesco 的送货服务费固定为 5 英镑。现在，送货费用每天都不同，工作日的前几天费用最少，晚上或周末的送货费用更贵一些（见图 2-6）。顾客可以在早上 9 点到晚上 11 点之间任意选择 2 小时的送货时间。他们对这种送货模式感到满意，凯特·库克解释说：

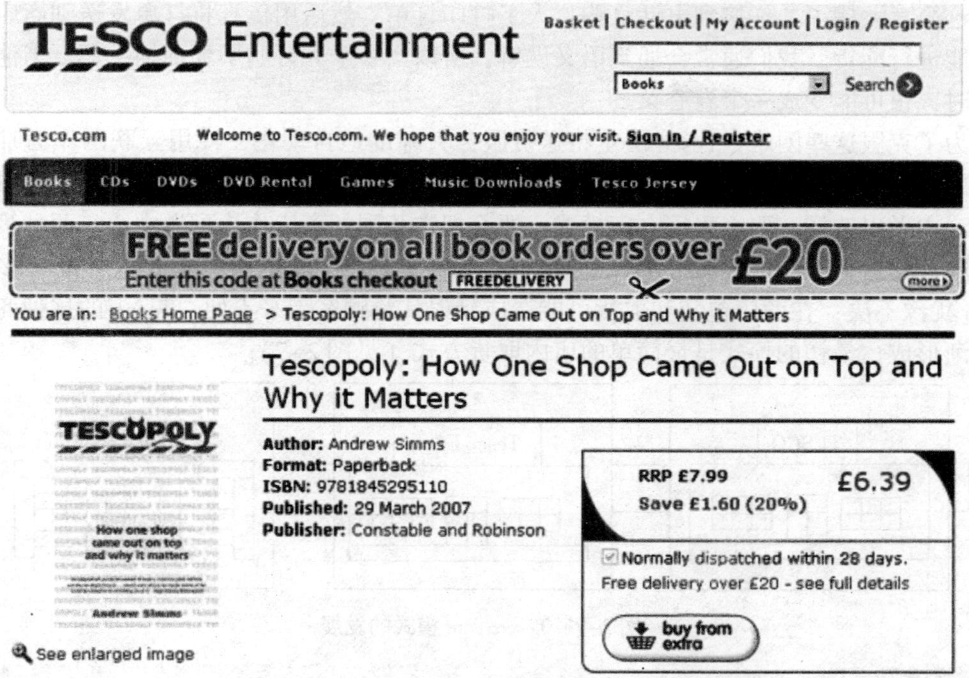

图 2-6　在 Tesco. com 上选择交货时间示意图

资料来源　Tesco. com.

他们非常守时。过去的 4 年里，我一直在 Tesco. com 购物，仅有一次交货晚了 10 分钟。司机向我道了歉，我得到了 10 英镑的补偿。实际上，很多时候他们甚至会早一点。有时我下班回家，送货卡车已经停在我房子前，司机正在等我。

商品通常是用塑料袋包裹着送过来的，还附有替代商品，方便顾客选择或者放弃替代商品。为了减少污染和废弃物，Tesco 正减少交货所使用的塑料袋。最近的一项调查表明对于网上订购的 32 种商品，Tesco 仅使用 11 个袋子（其他的零售商使用的更多）。Tesco 最近宣布一项“无塑料袋选择”的计划，商品装在可折叠的、循环使用的、塑料的托盘里，交货后由司机将托盘带走。那些不使用塑料袋的顾客还可以获得额外的会员卡忠诚积分。大约有 40% 的顾客放弃使用塑料袋。

2. 2. 4　Tesco. com 的商业模式

当 Tesco 最先开始提供送货服务的时候，客户可以通过多种设备订购商品：电话、传真以及互联网。但用手工方式处理每次的订购，订货系统太慢，而且不准确，这导致了频繁出错，为客户带来极大的不便。送货费用也很高，因为挑选系统是手工的、基于纸张的，挑选工作人员要带着订货单在商店里寻找商品，把所要求的商品从货架上取下来。劳拉详细描述了早期的商品运送情况：

这简直太糟了。你接到电话订购，人工打印订单，然后用传真将订单发送到商店，在那才能进行配货。我们通常会遇到语义误解，所以当一个人订购了葡萄柚，那么当他收到商品时，很可能变成一个卷心菜。

为了克服这些困难，Tesco 决定将送货服务大幅度地自动化，使用互联网作为唯一的订购渠道来提高效率，完善订购过程。当考虑到在线购物的送货模式时，Tesco 必须在两种方法中做出选择：要么采用仓库模式；要么把它英国的商店作为配送中心。两种策略都有风险：建造大型仓库需要花费大量资金，在一个未被证实的服务上投入如此之多，令 Tesco 犹豫不决；在商店包装和取货可能造成延误，给顾客带来不便。Tesco 的这种商业模式逐渐形成，最初的模式是最简单的店内取货方式（见图 2-7）。

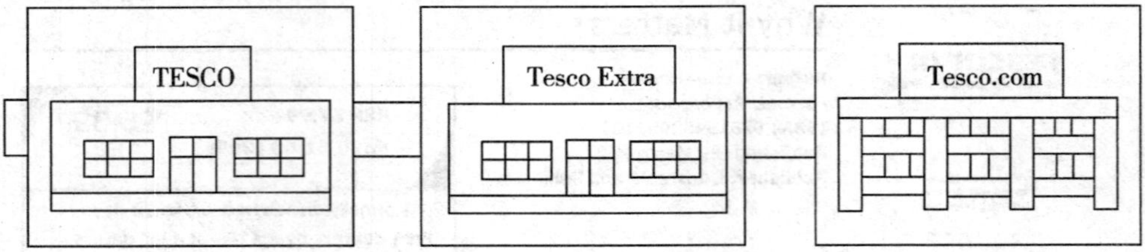

图 2-7　Tesco. com 模式的发展

资料来源　Tesco. com.

1）店内取货

Tesco. com 的首席执行官劳拉解释了最终选择店内取货模式的原因：

起初，很多人看到我们的店内取货这个想法时都说“你们疯了，这是不可能对的想法。”他们毫不犹豫地说大型仓库模式才是正确的。但是仔细考虑一下实行的成本：成本都花费在送货过程中。那样有必要使我们离消费者近一些来开展我们的业务，我们全国的超市网络就在那。所以，实际上关于那种策略性的争论比我想象的要少得多。这是我们必须做的事情。

很自然地充实顾客的传统购物经历同样会给公司带来优势。Tesco 商品目录服务总经理丹尼尔·罗伯茨补充说：

如果你在 Tesco. com 上下订单，那么我们会在实体店内收集订单。所以，我们对产品质量、可用性以及购物的其他方面经验和那些从街上进到店里的顾客的经验是一样的。事实上，Tesco. com 的购物者就是实体店里一般消费者的眼睛，在某种程度上，Tesco. com 可用性的衡量标准就是 Tesco 的衡量标准。

Tesco. com 每周从 300 家英国商店为 25 万份订购取货。从本地商店送货，路程会在 25 分钟内，因为英格兰 94% 的人口都住在距每家 Tesco 店 25 分钟行程的范围内。为了确保顾客有一个良好的购物体验，Tesco 在过去的几年中引进了店内取货的模式。取货的时间是从早上 6 点到凌晨 2 点。在一天中，随着越来越多的顾客来购物，取货人员的数量在逐渐减少。以这种方式，每天取货的高峰时间和正常的购物时间会岔开，以避免造成拥挤。使用改进的取货算法是另一种方法，这种方法是通过将购物车平均分布在店内以减少不必要的麻烦。

每天运营过程中遇到的最大挑战之一就是准确地预测进来的订单数。虽然在全国范围水平上，需求是相对比较容易预测，但是在单个店水平上的精确预测几乎是不可能的，结果会造成凌晨2点以后的超市取货。

尽管已经尽了一切努力来优化店内取货的模式，但最终商店达到了难以超越的极限。还有其他的瓶颈因素，包括商店后门以及停车场的大小，前者是用于存储即将装车的货物；后者是用于停放送货车队的。丹尼尔·罗伯茨解释说：

我们遇到的一个问题就是拥挤，尤其是在圣诞节。在一些商店内的购物楼层上有许多购物车，这也造成了顾客和其他采购人员之间的拥挤，所以我们看到了这些瓶颈因素。虽然你可能会采用变通的手法来解决，但是你仍然会遇到下一个瓶颈，也许是因为店员补货的速度赶不上顾客采购的速度，因此造成许多商品脱销。最终，你绞尽脑汁也没有好的解决方法。

2）建立配送枢纽

Tesco的订单执行活动在英国的300家店实行，这些店的面积从30 000～125 000平方英尺不等。相应地限制性因素也不同，因为一些商店仅靠2～3辆送货车来运营，然而其他拥有更大空间的大店通常拥有一支由20辆送货车组成的车队。全部的送货车数量共有1 800辆。Tesco正在通过使用零排放的、以电源作为能源的绿色送货车来解决环保问题。有15辆环保送货车已经在英国以及什鲁斯伯里的环保店运营。这些车与普通的送货车有同样的运力，并且它们最大时速达到每小时50英里（合每小时80公里），一次充电能行驶100英里（合160公里）。

Tesco在不经意间已经建成了一个比他们实际需要还大的超市。通过增加采购人员数量、送货车队数量以及建立商店后面特殊的订货处理区域，Tesco特大店已经扩展为“枢纽”。这些“枢纽”为更大的区域服务，从而缓解了超市拥挤的压力。

3）网上唯一的商店

在英国的部分地区，我们已经尽最大所能来推动实体店模式的发展。但是如果顾客需要这项服务的话，我们会寻找方法来拓展我们的网上业务。所以这就是为什么在一年之前，我们建立了我们所谓的“网上商店”。从外部来看，它就像是一个巨大的自动存储仓库，是由我们的竞争对手建立的；从内部来看，它就像是一个Tesco店。这就是它的精髓所在：一个没有顾客、现金出纳机和付款台工作人员的大型Tesco超市。

劳拉·韦德·加里，Tesco. com首席执行官

2006年2月，坐落在英国南部城市克洛伊登的一家网上商店开业了。它的规模足可以和2万～5万平方英尺的Tesco超市相比。它设计得非常实用，能将所有的店内取货经验用于Tesco网站，这些经验包括特别装备的采购车以及在实体店内改进的后勤流程诀

窍，与此同时也无需面对英国一些拥挤的 Tesco 店所遇到的时间和空间上的限制问题。“网上商店”是将店内取货的好处与大型仓库的宽阔相结合，以一种混合的方式来服务顾客。

4）将这种模式整合到现有实体店

Tesco 必须将注意力放到顾客和传统商店来，从那才能真正地获得订单。从商店经理的角度来看，将 Tesco. com 的运营模式整合到他们日常的业务中来，也许起初看起来更像是外来的猛烈入侵，同时对商店的经理们来说也是额外的一个挑战。然而这种做法对每平方英尺的销售额确有显著的影响。作为决定一个商店成功的关键衡量因素，商店的经理们非常渴望整合这项服务。Tesco. com 上业务的运营利润率和 Tesco 实体店业务的利润差不多，大约为 5. 7%。与英国实体店 9% 的销售额增长率相比，网上业务的销售额增长率高达 30%。在网上实现订购被看做是机会而不是额外的负担。劳拉解释说：

网上业务对商店经理来说确实是大量的额外工作，但是为什么他还想要在商店后台区域进行复杂且时间紧迫的运营呢？答案是，这样做会带来销售额的明显增长。作为一个零售商，他的首要事情就是销售额，不管销售额从哪里来。所以，即使网站运营仅占一个实体店销售额的 4%，但是这个比例却以每年 25% ~30% 的速度不断增长。

2. 2. 5　使网上零售商店有利可图——Tesco. com

除了工作量及其复杂性，网上活动的整合及运营带来了额外的成本，这些成本必须以一种能公平地反映双方投入的方式由 Tesco 主营业务和 Tesco. com 来分担。在过去，一些分析人士指出 Tesco. com 仅仅是依赖主要业务的成功而发展的。Tesco. com 带来了三种不同形式的成本：

①直接成本。处理订单过程中的直接成本是显而易见的：Tesco. com 考虑到了采购人员、送货车队、司机、设备以及 IT 系统等成本。

②间接成本。由网站运营所带来的额外成本，例如商店内的额外地板清理费用以及采购过程中额外的补货所带来的费用等等。

③纯粹的传统成本。例如，商店餐厅的运营费用不会以任何方式由 Tesco. com 分担。

根据劳拉所说的，当谈到将成本分摊到网上业务和传统业务时，Tesco. com 遵循着一种非常实用的方法：

我们会清楚地将我们所发生的成本分为正常的成本和额外的成本。举一个很好的例子，当我们最初开始的时候，我们在商店库房的一个狭窄的过道里工作，被一个金属屏障隔开。那么我们向自己收取大量的店内照明设备、加热设备以及资本开发成本了吗？不，我们没有。直到现在，我们拥有自己的设计标准，将网站设计成我们喜欢的样子，它有自己的冷藏库，有自己的冷却装置以及合理的空间。那将花费高达 25 万英镑，所以我们支付那些费用，因为那些费用是我们造成的，和额外的加热设备、用电、补货以及清理带来的费用一样。

2.2.6 非食品行业的发展——Tesco家居购物目录服务的推出

1997年Tesco引入了第一家Tesco特大店，同时也将非食品行业的商品加入到Tesco超市的商品类别里。这些特大型超市现有4 000种非食品类商品，其中包括一小部分的服装。一些现有的超市通过增加额外的购物区域向Tesco特大店转变，在一些空间有限的超市，它们会将底层房间腾出一些空间。不久，Tesco意识到尽管顾客想要更多的商品以及更多的送货渠道，但是将传统业务扩展到非食品行业也有其自身的局限性。

1998年，Tesco是通过与邮购公司格拉顿[①]合资的方式进入非传统非食品行业，Tesco将其高端的IT系统连同它的巨大客户群带到了合作伙伴那；订单的执行由格拉顿公司负责。合资企业一直运营到2006年。实际上，Tesco只负责将非食品的订单发送到格拉顿公司，让这个执行专家来处理订单，最后双方分享利润。但与格拉顿合作也有局限性，尤其是在制定顾客比例和税收等方面的范围和灵活性上。最终Tesco决定由它自己来开展网上非食品业务。

通过听取10年网上零售业务的专业意见，Tesco将一批有着丰富的非食品零售经验的人引入到了Tesco的团队，这其中就包括史蒂夫·罗宾逊，与此同时，在新品牌“Tesco家居目录服务”下开始研发自己的非食品开发能力。罗宾逊此前在英国最大零售商之一的阿尔戈斯[②]（见图2-8）做财务总监。2006年9月，这项服务在圣诞节购物前及时启动了，极大地增加了节日的销售额，同时也相对很容易地增加了格拉顿合资企业的订单。

2007年英国Hitwise和IMRG公司

调查的最受欢迎的商店

排名	2月7日	5月6日	名称	域名
1	1	1	英国亚马逊	www.amazon.com
2	3	4	Tesco网	www.tesco.com
3	2	3	阿尔戈斯	www.argos.com
4	4	5	酷玩网	www.play.com
5	7	6	亚马逊网	www.amazon.com
6	6	7	Expedia在线旅游网	www.expedia.co.uk
7	10	10	苹果计算机	www.apple.com
8	5	8	easyJet航空公司	www.easyjet.co.uk
9	11	9	Ryan航空公司	www.ryanair.com
10	9	11	英国航空公司	www.britishairways.co.uk

图2-8　英国主要零售巨头网站日浏览量比较

资料来源　http：//www.imrg.com，www.hitwise.com.

① 网址：http：//www.grattan.co.uk.

② 阿尔戈斯是英国最大的多渠道零售商之一，在网上及近700家的实体店，通过印刷目录来提供商品。

1）建立组织

与Tesco.com的推出不一样，Tesco家居购物目录服务被整合到现有的组织结构内。史蒂夫·罗宾逊解释说：

当我在2005年7月加入Tesco时，我说："好的，我需要400人以及一个完全独立的业务部门来建立这项业务。"我发现Tesco在传统业务中已经积累了大量的非食品行业经验，并且Tesco在网上的表现也不错。所以我们利用这些经验并且将人力投入到非食品以及网上业务以便处理额外的工作量，同时，获得我们所需要的关于这个项目的多渠道知识。

Tesco家居购物目录服务团队与主营业务的商业团队紧密合作。为传统业务工作的进货员与全球的供货商打交道创造条件并且整合不同的渠道，因为Tesco特大店内的一些商品同样也会包含在商品目录里。

2）开发合适的价值链

Tesco认为对顾客体验有显著影响的价值链的每一个环节都应由Tesco自己来执行。罗宾逊从他的多渠道零售体验中看到的重要一点是纯粹的、基于互联网的订购是不够的。他想要获得非前沿的、被零售商使用一段时间的客户体验：一种商品目录。

2006年9月，Tesco将印刷的一小部分商品目录投放市场进行试验。2007年3月，第二期Tesco家居购物目录就印了几百万份。Tesco打算在一年中春秋两季各印刷一次目录，并且是以季节性和特殊价格为特色的小传单为主，这些传单都由Tesco商店和Tesco网站来分发。传单需求量很大，仅在两周内几乎所有目录传单都分发出去了。

制作一份超过1 000页的目录带来一些严重的资源考验。在这期间，Tesco的核心竞争力并不包括高端的摄影出版业，绝大多数专注于开展网上非食品业务的人都相信商品目录的整个设计流程应该外包给出版商。但是，当罗宾逊到来时，Tesco整个团队都为之一惊：

当我们讨论这个问题时，我立刻说"没门"。如果你打算在网上通过商品目录来卖东西的话，那么你绝对应该拥有自己的摄影和流程设计技术。这和实体店不一样，在那里你可以很容易地观看和触摸商品。拥有摄影出版技术是我们需要开发的一项至关重要的能力，那就是我所做的。

罗宾逊建立了一个媒体发行中心，该中心由包括设计人员、摄影人员以及出版商在内的40位出版行业专家组成，他们以前为Argos和其他零售巨头设计目录。将他们放到一个紧邻Tesco公司的大楼里同样也会带来巨大的好处。罗宾逊解释说：

和这些人紧密地一起工作是非常重要的。如果网站设计的一位同事发现目录的摄影有不完美的地方，他会立即介入并告诉我们这样的目录印刷出来效果可能不错，但是放到网上就不行。这样，我们就会立刻修改素材并且仍然只通过拍摄一次就能达到很好的效果。这样做节省了我们大量的时间和金钱。

[redacted]

3）选择合适的商品并完成订购

罗宾逊在阿尔戈斯的工作经验使得Tesco在商品选择方面开了个好头，超过12 000个库存单位的商品目录几乎包括了从园艺设备到儿童玩具的一切商品（见图2-9）。罗宾逊并不仅仅满足于模仿其前任公司的商品目录，他还想出了一些不久被证明有效果的想法。

图2-9　Tesco. com产品类别

资料来源　Tesco. com.

在英国骑马是非常受欢迎的运动。然而，没有一个多渠道零售商的商品涉及骑马装备。但是我们做到了。我们的商品甚至包括泳池和花匠木屋。

上网同样也意味着Tesco可以做过去它一直在传统零售业中所做的事。Tesco拓展了它的“好—更好—最好”的哲学理念，不仅提供每个产品的价值或标准类别，同样也提供一些低成本和奢华的商品（见图2-10）。

图2-10　Tesco. com零售品牌

资料来源　Tesco. com.

虽然通过印刷目录或网络提供商品并不是很难的事情，但是订单的执行确实会带来挑战。当 Tesco 家居购物目录服务的运营被看做是对非食品零售业的一种自然性的拓展时，那么订单的执行可以通过被证明有效的店内取货的方法来完成。

个人的商品包含的种类很少，例如像消费性电子产品和多媒体商品，且通过集中式的配送中心来完成订购（见图 2-11）。两个人的商品，例如家具以及环保商品等，是通过物流专家使用专业的仓库系统来实现配送的。虽然储存大量的商品会带来额外的成本，但是罗宾逊认为这费用花得很值。

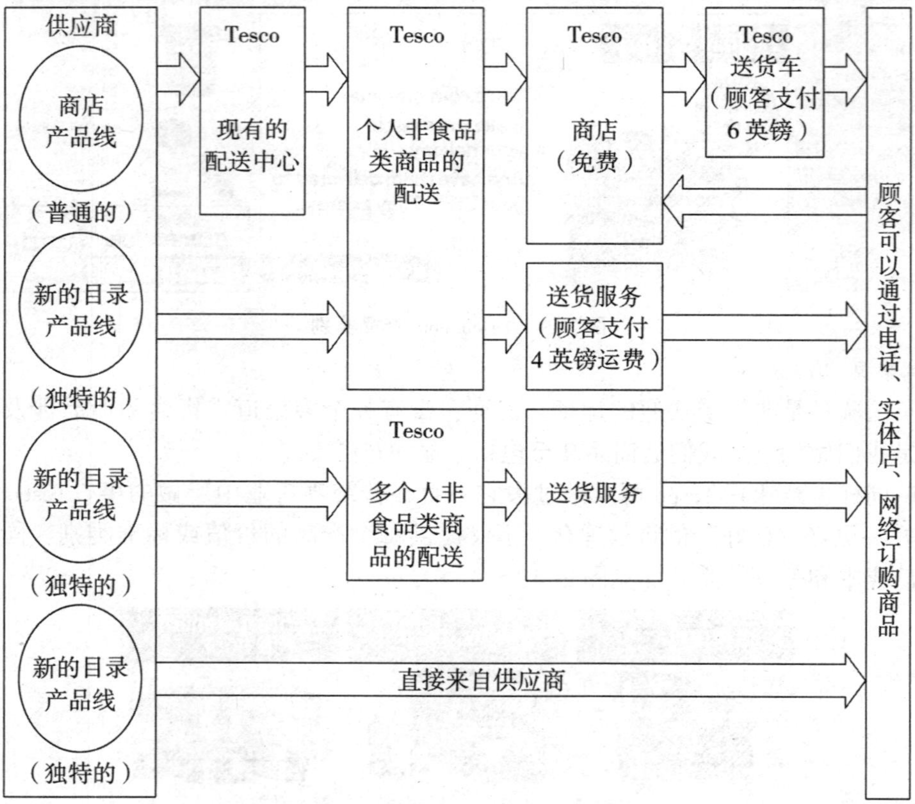

图 2-11 非食品类商品的订购选择

资料来源 Tesco. com.

英国销售的 80% 的沙发是黑色、棕色或者米色的。我们提供这些款式的沙发，并且送货的时间通常为 5 ~ 10 天，这比那些较大家具店的 60 天交货时间早得多。我们采取了一种冒险的行为，但是却改变了英国零售业的未来前景。

除了那些最大的商品，消费者可以选择 2 小时的送货时间，就像在食品零售业一样。或者消费者可以在实体店内采购商品。除了可以用现金支付以外（依旧是人们尤其是低收入者的支付方式），Tesco 还为那些繁忙的顾客提供更大的选择自由，而不是让顾客预先挑选时间等待送货且全程跟进。Tesco正努力为顾客提供另一种自由的选择，即通过电话或者Tesco大型超市里的Tesco目录服务咨询台来订购商品。罗宾逊解释说：

为消费者提供与真人互动的机会是我们与亚马逊或者eBay等互联网单一经营企业之间的不同之处。因此，对我们来说，使用我们的实体店以及让顾客自由选择他想与我们交易的方式，是非常符合逻辑的。

4）Tesco家居购物目录服务定价

定价是件困难的事情，因为不同的订购和交货渠道会带来不同的成本。然而，顾客不会愿意根据不同的送货方式来支付不同的价格。此时，除了5英镑的固定费用，每个渠道的定价都是相同的，当然这其中并不包括一些实体店季节性的清仓以及过多的备货。这些定价仅仅是成本效益的交易成果。罗宾逊解释说：

从总体上说，我们在网上提供和实体店里的商品一样的定价。然而，一些实体店会有过多的存货，例如夏季过后的庭院家具。将这些存货通过供应链运回去并不会节约成本。相反，实体店会通过低价来清仓，这些定价与网上的不一致。

其他几个竞争对手都尝试过差异化的定价模式。例如，阿尔戈斯最初为超过100英镑的订单免费送货。不久以后，订单的价值超过135英镑，然后又增加到150英镑才能免费送货，最终放弃了这种模式。很明显，对于Tesco家居购物目录服务以及顾客直接在实体店选购商品来说，这种模式有一些局限性。当这项服务给消费者带来额外的便利时，这项服务本身也会带来额外的成本，最终导致小商品类的负收益率。

2.2.7　Tesco会员卡——一项高深复杂的事情?

在1995年，Tesco引入了第一张顾客忠诚卡，这张卡在给正常的购物者带来好处的同时，也有助于Tesco分析消费者的需求。今天，Tesco已经拥有1 300万会员。

购物者的姓名、地址以及购买的商品种类被记录下来，用于直接邮寄和其他促销活动。例如，当Tesco推出宠物保险产品时，就可以向最近在在线商店购买过狗类食品和猫类用品的顾客推销。在正常的情况下，根据顾客选择的商品，Tesco会将印刷的传单连同购买的订单分发给消费者。例如，仅仅订购了素食的顾客不会收到关于野外烧烤聚会的传单。会员晚会是为固定会员卡持有者举办的免费聚会，用来宣传产品。在Tesco访问过酒类或奶酪部门的购物者可能被邀参加品酒晚会；购买过洗发剂或化妆品的顾客可能被邀参加头发护理的晚会。Tesco发言人凯伦·马歇尔解释说：

这是为在我们这购物的顾客准备的一份小小的“答谢”。主要是想更好地为我们的顾客服务。此外，我们与顾客密切联系，同时收集关于如何能更好地为他们服务的建议，这在批量销售年代是很难做到的。

Tesco还向会员卡成员发放月刊，带有食谱建议、新推出产品的详细信息和适合特殊人群的其他信息。杂志的每一个独立版面都反映出一个目标市场群体的喜好和生活方式，例如年轻家庭、学生和老人。此外，每个季度Tesco会发邮件给所有参与的家庭成员，这些邮件总共占据了英国每年邮件业务的6%。

在Tesco.com发起的头几年里，发行会员卡的构想很有价值。劳拉·韦德·加里回忆说：

尤其是在Tesco.com创办的第一年，我们收到了来自大量新顾客的意见，他们在网上找不到一些在线下能够买到的商品，也没有过多的选择余地。所以，现在如果一位首次上网的购物者已经拥有了一张会员卡，那么我们的系统会自动识别并将他经常购买的商品购物单信息加入到系统内部的数据库，使得新的顾客很容易地找到他们想要的商品。除此之外，我们可以跟踪有多少在线购物者是Tesco的顾客，以及有多少是从其他链接中吸引过来的。

在Tesco.com创办不久，大量的Tesco.com顾客在线上以及线下进行购物。当Tesco首次增加网上销售渠道时，并没有意识到这是相互排斥的迹象。劳拉将它看做是对一种商业模式的考验：

那些为全家人购物的人都知道买够一周吃的新鲜食品有多困难，所以，人们通常会买一些原料商品以及新鲜的商品，然后每周一次或两次来到Tesco店挑选新鲜的蔬菜、水果或肉类。那样做的效果非常好，有两个原因：第一个是因为它显示了Tesco的网上和网下购物体验是多么的一致；第二个是因为从总体购买量来看，这些顾客对我们来说是最有价值的。

Tesco收集的大量有关顾客消费习惯的数据引起了人们对于个人隐私以及数据安全等方面的担心（如果数据落入不法分子手里）。Tesco坚称它使用这些数据是为了更好地服务顾客。

2.2.8 未来展望

无论我们卖什么，我都想要听到来自于顾客对Tesco.com的4个评价：

（1）“我知道会卖它。”所以我们想让Tesco以无所不有而闻名。

（2）“我相信Tesco会提供我最大的价值。”所以我们必须确保我们为顾客提供最大的价值。

（3）“他们极大地方便了我的购物。”我们想为不同类型的顾客建立不同的购物渠道。

（4）“我没有必要再犹豫，它很有效率。”我们所有的流程运行的绝对流畅并且需要不断地优化和重新设计。

劳拉·韦德·加里，Tesco.com首席执行官

在2004年，Tesco与网上日常饮食公司“e-diets”① 合作并签署了一项特许技术的协议，并将该技术用于Tesco饮食服务②，一种网上测量减肥者健康状况的服务。使用者可

① 网址：http：//www.ediets.com.
② 网址：http：//www.tescodiets.com.

以获得一份关于他们以前饮食历史、饮食计划以及他们想要达到的目标的个性化记录。然后他们可以通过 Tesco. com 点击合适的购物单并选择送货到家。预定的费用为每周 2. 99 英镑，并且最低预定 10 周。

劳拉描述了这个模式给 Tesco 带来的好处：

这是一个使用互联网建立一项新业务的好例子，并且这项新业务非常贴近 Tesco 的核心业务。在低成本环境下，它运营得不错，是一项可实现的、低成本的业务。你可以在网上获得支持，也可以在论坛等地方帮助他人。现在加入这项服务的人开始在我们店内的咖啡店见面。总体来说，网上饮食业务是非常可行的，几乎不需要资本以及很低的运营成本。

回到她的办公室，劳拉仔细思考 Tesco 网络零售业发展的历程以及 Tesco 下一步将如何发展。即将到来的有关地域界线以及智能化商品的问题越来越紧要。她的目标是准备计划去实现它们。在早期采用大型仓库的模式失败以后，采用执行订单模式变得非常缓慢，几乎是犹豫不决的。但是，随着 Tesco 家居购物目录服务的引入，一个纯粹店内取货的方法已经跟不上时代了。

本章小结

B2C 是企业通过互联网向客户销售产品和提供服务的一种电子商务交易模式，这种模式拓展了客户和企业交易的时间和空间，大大提高了交易效率，方便了客户，B2C 网站是网络深入人们生活的必然趋势。本章介绍了两个发生在国外不同背景的成功的 B2C 电子商务案例，首先介绍了全球电子商务的示范者和领军者——美国的亚马逊，叙述了亚马逊的传奇经历和新世纪的业务方向，展现了它的经营业绩与制胜法宝，明确了其发展前景和面临的挑战；然后介绍了一个具有悠久历史的传统企业——英国的 Tesco，是如何利用其网站 Tesco. com 为客户提供良好的购物体验和优质的服务，为传统零售业提供了 B2C 电子商务的典范，证明“鼠标”+“水泥”经营模式的成功。

参考网站

1. www. Amazon. com.
2. www. Tesco. com.

思考题

1. 对于像亚马逊这样的公司，在不仅没盈利还带来更多亏损的商务中不断注入大量财力的做法是正确的吗？

2. 依照你的观点，你认为在未来的3～5年里，什么行业/公司会对亚马逊构成威胁？

3. 对于在线图书（和大众传媒）销售，更广泛地讲，对于电子商务业务的投放，你认为什么是最主要的成功因素？

4. 在线食品零售业中最主要的机遇和挑战是什么？

5. Tesco. com希望用什么方式从它的在线零售上获利？

6. 在线食品零售业中，物流扮演了什么角色？

7. 两种不同的订购实现方法（即店内取货和仓库模式）有什么优势和劣势？

8. 从Tesco. com案例和其他你可能注意到的网络零售商经验中，你学到了什么？对于电子零售业你有什么看法？

参考文献

[1] 杰拉希，恩德斯．电子商务战略——概念与案例［M］．李洪心，译．大连：东北财经大学出版社，2006.

[2] 缪启军．电子商务概论［M］．上海：立信会计出版社，2006.

[3] 龚伟同．骆驼亚马逊［J］．商务周刊，2009（13）．

[4] 冯祎春．贝佐斯及其亚马逊网络公司成功之道［J］．商业文化，2005（10）．

[5] 温韫辉．美国书业的在线销售模式与离线销售模式——亚马逊、巴诺书店、百万书店的财务报表分析［J］．科技与出版，2009（8）．

[6] 杨国强．图书外市场打开亚马逊盈利局面［N］．第一财经日报，2009-07-16.

[7] 王新业．亚马逊："新营销时代"的传奇［J］．中小企业管理与科技（下半月），2008（8）．

[8] 刘佳．亚马逊：从卖书到卖"云"［J］．互联网周刊，2009（2）．

[9] 王秀丽，于秀丽．亚马逊成功的背后［J］．电子商务世界，2008（11）．

[10] 贝索斯．亚马逊的客户中心型战略［N］．中国计算机报，2007-11-12.

[11] 张斌．试析全球最大网上书店——亚马逊公司的经营策略［J］．江苏商论，

1999（10）.

［12］荆林波．亚马逊经营模式剖析［J］．经济管理，2005（4）.

［13］杰拉希，恩德斯．电子商务战略——概念与案例［M］．2 版．李洪心，译．大连：东北财经大学出版社，2012.

第3章

中国B2C电子商务的案例及与国外的比较

学习目标

学习目标

掌握京东商城的经营策略；熟悉京东商城的服务模式；了解VANCL的盈利模式；掌握VANCL的营销策略；比较中美B2C互联网宏观环境。

B2C是中国电子商务最先兴起的商业模式，从总体来看，中国B2C发展分为萌芽、发展、整合、落地四个阶段。虽然在其发展过程中经历了诸多波折，但由于它是以普通网民为基础发展的，所以，其受众群远远超过了B2B，大多数用户正是通过B2C的尝试才建立起对电子商务的信心，从而成为电子商务的忠实拥护者。自2005年起，特别是最近两年，中国B2C电子商务市场得到了快速发展。

由于金融危机使不少人减少了出行和逛商场的次数，养成了精打细算的购物习惯，而B2C购物网站以其渠道短、价格低、操作简单等特点使网络购物的信息及价格成本优势进一步凸显，网络购物正越来越受到网民的青睐。对很多刚刚尝试网购的网民而言，操作门槛较低的B2C网上商城也让他们消费得更加方便和放心。所以，金融危机给中国B2C行业带来了一个前所未有的发展机遇。当当网、卓越网、淘宝B2C商城等生意异常红火，京东商城、乐淘网等各种垂直类的B2C商城的业务量也急剧扩大。各大家电连锁经营企业也看到了网络直销的优势，纷纷加盟各大网上商城，或者独立开发运营自身的电子商务网站。一场轰轰烈烈的中国B2C商业运作模式不断推陈出新的运动正在形成。

每一个B2C网站都经历过艰辛的创业历程，支撑企业走下去的唯一信念就是B2C卓越的商业模式必然会打动消费者。从海量的产品信息到传统营销渠道无可比拟的价格优势，从货到付款到上门快递服务，B2C以极其旺盛的生命力在夹缝中生存发展，成为近几年发展最快的行业。本章将介绍中国的京东商城、凡客诚品，并进行中外B2C企业营销环境的比较分析。

1）京东商城

京东商城，是中国电子商务领域最受消费者欢迎和最具影响力的电子商务网站之一。京东商城自2004年进入电子商务领域，就始终坚持以纯电子商务模式运营，缩减购物中间环节，为消费者在第一时间提供优质的产品及满意的服务，目前已经是中国B2C市场最大的3C网购专业平台。京东商城目前拥有遍及全国各地的1 500万注册用户、1 200家供应商，在线销售家电、数码通讯、电脑、家居百货、服装服饰、母婴、图书、食品等11大类数万个品牌30余万种优质商品，日订单处理量超过12万单，网站日均页面浏览量超过3 500万。现在，京东商城已占据中国网络零售市场份额35.6%，连续10个季度蝉联行业头名。

2）凡客诚品

VANCL（凡客诚品），由卓越网创始人陈年创办于2007年，国际顶尖风险投资斥巨资打造而成。VANCL运营所属之凡客诚品（北京）科技有限公司，主体运作者均系原卓越网骨干班底。2007年10月18日，VANCL正式运营，产品涵盖男装、女装、童装、鞋、家居、配饰、化妆品等七大类，支持全国1 100个城市货到付款、当面试穿、30天无条件退换货。创立4年以来，凭借极具性价比的服装服饰和完善的客户体验，VANCL已经成为网民购买服装服饰的主要选择对象。

VANCL的使命，就是平价时尚，以高性价比的自有品牌带给客户最好的用户体验。

随着产品种类的不断丰富，以及对用户体验的关注，VANCL在中国服装电子商务领域的品牌影响力与日俱增，已经成为中国网民购买服饰的第一选择。全球著名会计师事务所德勤审计后认为：过去3年，VANCL是亚太地区成长最快的品牌。艾瑞咨询《2009—2010年中国服装网络购物研究报告》显示，VANCL在自主销售式服装B2C网站中排名第一。

3）中外B2C企业营销环境分析

第三节主要根据中国互联网络信息中心（CNNIC）发布的中国互联网络发展状况统计报告，分析我国B2C企业所面临的互联网宏观环境和电子商务发展的趋势，并根据上一章案例，分析美国电子商务发展宏观环境，对中美B2C电子商务发展环境进行比较分析，从而发现目前国内B2C所面临的机遇与挑战，以及中国电子商务企业与美国在线零售业在管理和营销运作上存在的区别。

3.1 中国B2C电子商务排头兵——京东商城

3.1.1 京东商城的优势

京东商城之所以在电子商务飞速发展的今天能够成为中国B2C市场最大的3C① 网购专业平台，无论在访问量、点击率、销售量以及业内知名度和影响力上，都在国内3C网购平台中首屈一指，“京东价”已成为全国3C领域的价格风向标。这主要得益于以下几点优势：

1）企业产品：种类丰富

作为中国B2C市场最大的3C网购专业平台，相较于同类电子商务网站，京东商城拥有的商品种类更为丰富，其在线销售商品包括家用电器、手机数码、电脑商品及日用百货4大类超过4万余种商品，除此之外，京东商城图书频道、团购频道也已悄然上线，与手机数码、电脑办公商品等并列于京东产品的大分类。京东网上商城运行销售的图书商品种类涵盖了文艺、社科、经管励志、教育考试、科技、生活、少儿等7大品类39个大分类，总共超过10万种。京东商城上的注册用户均可直接参与团购，京东商城团购频道每周一至周五每天都会推出一款团购商品。对于那些非实物商品，如果已售数量达成团购数量后，消费者即会收到手机短信和邮件优惠码；而实物商品，在达成团购数量后，京东商城工作人员将会把商品直接送到消费者手中。

2）企业服务：以人为本

京东相信，对人的深入关怀和潜能的挖掘，就是对京东发展战略的彻底实践。京东商

---

① 3C是计算机（Computer）、通讯（Communication）和消费电子产品（Consumer Electronic）三类电子产品的简称。

城的商品展示更加人性化，为用户提供了灵活多样的商品展示空间，电子化手段的使用，使得消费者在查询、购物时都不再受时间和地域的限制。2009 年初，京东商城斥资成立物流公司，布局全国物流体系。目前，京东商城分布在华北、华东、华南、西南的 4 大物流中心北京、上海、广州、成都覆盖了全国的各大城市，并在武汉、沈阳、西安等 6 座城市设立二级库房，仓储总面积达到 21 万平方米，除此之外，京东商城陆续在天津、苏州、杭州、南京、深圳、宁波、无锡、济南、武汉、厦门等近 60 座重点城市建立了城市配送站，为用户提供物流配送、货到付款、移动 POS 刷卡、上门取换件等服务。

2010 年，京东商城在北京等城市率先推出“211 限时达”配送服务，在全国实现“售后 100 分”服务承诺，随后又推出“全国上门取件”、“先行赔付”、“7×24 小时客服电话”等专业服务。

这大大提高了物流的配送速度，使用户一旦在京东上下订单就可以在最短的时间内收到货物，充分利用电子商务的高效率优势，使消费者体验到更加良好的服务。

京东商城在为消费者提供正品行货、机打发票、售后服务的同时，还推出了“价格保护”、“延保服务”等举措，使得京东的服务更加人性化，京东商城通过不断完善客户服务来引领网络零售市场，率先为中国电子商务行业树立了诚信经营的标杆。

3）企业文化：先人后企

京东相信，人的潜能是无限的，京东的发展首先得益于组织中“人”的发展，是因为人的发展带动了京东的企业发展，人是京东最基本的原动力，是京东发展的核心助推器。京东商城除了秉承“以人为本”的服务理念，全程为个人用户和企业用户提供人性化的“亲情 360”全方位服务，努力为用户创造亲切、轻松和愉悦的购物环境；不断丰富产品结构和产品种类，希望可以最大化地满足消费者日趋多样的购物需求和快速高效的购物过程。京东在发展上更是秉承“先人后企、以人为本”的理念，在诚信的基础上建立与用户、供应商、投资方等多方合作者之间最为融洽的合作关系。

3.1.2　企业发展历程

目前，京东商城是中国垂直 B2C 市场最大的 3C 网购专业平台，是中国最具影响力的电子商务网站之一。然而任何一个企业的发展都不会是一帆风顺的，京东也不例外，它同样也要经历一个由小到大、由弱到强的过程。

1998 年 6 月 18 日，刘强东先生在中关村创办京东公司，主要代理销售光磁产品。2003 年，面对“非典”对传统零售业的冲击，刘强东果断放弃了全国扩张连锁店面的计划，并于 2004 年初，将京东公司带入电子商务领域，正式创办了“京东多媒体网”（京东商城的前身）。自此，京东公司进入了一个高速发展期，以年均 300% 以上的速度增长。其优秀的业绩吸引了资本市场的关注，2007 年京东商城首次获得了今日资本 1 000 万美元的注资。

从 1998 年创办到 2008 年 6 月，经过 10 年的跳跃式发展，京东商城将平板电视、空调、冰箱、洗衣机、显像管电视等大家电产品线逐一扩充完毕，完成了3C产品的全线搭建，成为名副其实的3C网购平台。

2009年初，京东商城再次获得今日资本、雄牛资本以及亚洲著名投资银行家梁伯韬先生的私人公司共计2 100万美元的联合注资。这是自金融危机爆发以来，中国电子商务企业获得的第一笔融资，这笔融资为京东商城的高速发展提供了强大的资金保障。

2009年2月，京东商城尝试出售特色上门服务，此举成为探索B2C增值服务领域的重要突破。同时，京东商城获得国家商务部发放的“家电下乡”零售商牌照，成为首个承担家电下乡任务的电子商务企业。3月，京东商城单月销售额突破2亿元，成为国内首家也是唯一一家月销量突破2亿元大关的B2C电子商务公司。

京东商城2009年第二季度销售额达8.4亿元，占据中国B2C电子商务市场28.8%的份额，其中在6月份销售额突破3.7亿元，与2007年全年销售额持平，6月18日单日销售额突破3 000万元。2009年营业额近40亿元，注册用户超过600万，并以46.7%的3C网购份额，成为中国最大的B2C电子商务企业。

至此，京东商城已连续5年保持每年300%以上的高速发展。

3.1.3 企业的经营策略

随着互联网的普及、国内网购市场呈现出普遍化、生活化的特征，网购已不再是时尚前卫的消费行为，消费者对网购商品的要求也已经不再仅仅局限于价格因素，越来越多的消费者希望能够体验到更加良好的服务，电子商务行业也已逐渐由初级阶段的价格战向服务战过渡。京东商城之所以能在众多竞争者中位于不败之地，引领B2C市场，不仅得益于中国日趋良好的电子商务大环境，更得益于在对环境深刻洞察、把握基础上的富有特色的发展理念和经营策略。

1）准确定位：垂直B2C

在中国B2C市场上有淘宝商城、卓越和当当、新蛋中国这样的巨头当道的情况下，为了提高企业的资源整合能力，使自己能够轻松上阵，京东商城在一开始便以3C作为进入市场的切入点，做垂直B2C，这不仅符合网购市场的要求，而且还可以在3C领域进一步深耕细作。

综合类B2C和垂直类B2C，区别是显而易见的。从供应链的角度而言，综合类B2C需要的百货商品种类繁多，合作对象的数量也多，招商和整合资源的难度也大，而垂直类B2C的合作对象相对单一；从运营管理的角度来看，垂直类B2C商城只需要上万种商品就可以满足大部分消费者的需求，但综合类B2C商城至少需要10万种以上商品才能满足运营需求，商品数量的增多必然带来工作难度和人员配备的增加，增加管理的难度。

但是，京东商城目前在线销售的产品，除了家用电器、手机、电脑等产品外，还有图书、日用百货类等产品。

2）商业本质：产品、价格和服务

京东商城希望将每一个到京东来浏览商品信息的潜在客户牢牢黏住，发展成为真实的客户，甚至做到客户的家人、同事和朋友的所有的3C产品消费都在京东。所以，京东商城更加关注商品的品种、价格和服务。京东商城的CEO刘强东认为，抓住商业的本质才是最有效的，即如何在保证质量的情况下持续不断地为客户提供更低价格的产品。

网上购物，消费者看重的就是便宜、快捷、方便。这对于所有的B2C公司来说，意味着网络生存的法则就是“低成本、高效率”。为此，京东首先向消费者保证了线上销售的产品都是品牌产品的正品行货，这样就保证了商品的质量；其次，京东不断地优化作业流程，提高经营效率，从而达到降低运营成本的目的；最后，京东从二级代理向一级代理，甚至从厂商直接拿货，减少了采购的中间环节，达到减少产品本身成本价格的目的，从而保证了京东商城上的商品价格最低、服务最好。

京东商城商品价格的制定从不参考同行价格，而是在商品的采购价上，加上5%的毛利，即为京东的价格。这个价格要比3C实体渠道之王的国美、苏宁便宜10%～20%，比厂商零售指导价便宜10%～30%。

京东商城又利用电子商务的另一个显著优势——短账期，提高了与供货商的议价能力，从而用低价迅速征服消费者，不断扩大销售规模。传统家电卖场的账期在100天左右，零售商严重挤占供货商现金流，让供货商苦不堪言。京东商城深知传统卖场的这一软肋，创立之初，就自建信息系统，根据消费者在网上的点击率、关注程度、过往的销售量等信息，迅速对产品销售做出预判，并对产品销售全过程——订单确认、仓储、拣货、物流、配送等环节进行信息化管理，充分利用电子商务的高效率优势，尽可能缩短账期。京东商城目前的平均库存周转只需12.6天，平均账期只有20天，其优势显而易见。通过缩短账期，在让供货商资金周转压力大大减轻的同时，又确保了京东商城可以以更低价格从上游供货商处拿货，从而加快销售，获得更多、更稳定的现金流，进而实现经营的良性循环，不断加快扩张速度。

京东商城把服务、创新和消费者价值最大化作为企业的发展目标，不断增强企业的产品信息系统、产品操作系统和物流技术三大核心竞争力，始终以“产品、价格、服务”作为企业经营发展理念的战略中心，不仅将京东商城打造成国内最具价值的B2C电子商务网站，更是成为中国3C电子商务领域的翘楚。

3）方便快捷：支付方便、配送快捷

随着中国互联网的普及程度越来越高，选择网上购物的人也会越来越多。面对庞大的市场及众多的竞争者，成熟的电子商务体系，不仅要包括网上交易和支付，还需包括完善的物流配送体系，如何做到仓储、拣货、物流、售后等环节的信息化精细管理，从而更快、更低成本地满足市场需求，才是B2C企业最核心的竞争力。

在支付方面，京东商城不仅支持支付宝、快钱等多种在线支付模式，还支持货到付款、信用卡付款、分期付款、移动POS刷卡、银行电汇、邮局汇款以及公司转账等多种付款方式，支付方便，多样化的付款方式方便用户选择。其中在线支付服务由支付宝、财付通、环迅支付和网银在线四家第三方支付服务商提供。另外，京东商城还在广州地区提供工行牡丹国际信用卡、牡丹贷记卡的有息分期付款服务。

在物流配送方面，京东也是颇下了一番工夫的。京东商城采用自建物流与第三方物流系统相结合的方式，拥有两套物流配送系统，一套是自建的物流配送系统，另一套是和第三方合作的物流配送系统。

（1）自建的物流配送系统

拥有一个属于自己的强大物流平台，就等于更进一步接近于用户。把自己的触角更贴近市场、更贴近用户、更及时了解用户的真实需求和市场的变化脉搏，以便第一时间做出调整，更好地为客户服务，最大程度赢得用户的喜爱和忠诚度。同时，在销售达到一定量级后，自营物流能保证配送的及时性和可靠性，既能整合上游资源，更好地为客户服务，也能控制相关的费用。目前，京东在北京、上海、广州和成都4地都有自己的仓库。京东之所以在北京、上海、广州和成都这4座城市都建立了自己的物流体系，是因为京东商城首要的服务对象是这些城市的客户，这些城市的客户所占的比例较大，大约有一半的份额，这些城市的客户对于物流配送速度的要求比较高，而且还需要有个性化的服务。而国内的物流配送公司，无论是配送速度还是交易过程中的人性化服务，都达不到这些要求。

（2）与第三方合作的物流配送系统

在这4座城市之外的其他城市，京东选择和当地的快递公司合作，完成产品的配送。而在配送大件商品时，则选择与厂商合作。因为厂商在各个城市均建有自己的售后服务网点，并且有自己的物流配送合作伙伴。比如，海尔在太原就有自己的仓库和合作的物流公司。京东与海尔合作，不仅能利用海尔在本地的知名度替自己扩大宣传，也较好地解决了资金流和信息流的问题。

除了与第三方的物流公司合作，京东商城还在各地招聘一些高校代理。由于高校的学生是一个比较大的消费群体，但他们的不确定因素也是最多的。产品的配送时间大都是在白天，可白天是高校学生的上课时间，他们希望快递公司在晚上把货送来，但快递公司却不提供这样的服务。于是经常发生这样的情况：配送人员到学校门口告诉学生货到了，学生却不能取货。结果双方都有意见，学生抱怨快递公司送货不及时，快递公司抱怨联系不上学生。为了解决这个问题，公司招聘一些人做高校代理。他们可以和学生约时间，比如等学生9点钟下自习后再把产品送过去，这样就能较好地解决配送时间的问题。可以说，发展高校代理是京东商城为满足特定人群需求而特殊定制的服务。

2009年至今，京东商城陆续在天津、苏州、杭州、南京、深圳、宁波、无锡、济南、武汉、厦门等40余座重点城市建立了城市配送站，为用户提供物流配送、货到付款、移动POS刷卡、上门取换件等服务。2010年4月初，京东商城在北京等城市率先推出“211限时达”配送服务。2010年5月15日在上海嘉定占地200亩的京东商城“华东物流仓储中心”内，投资上千万的自动传送带已投入使用。

4）客户服务：达“全天候”

国内电子商务行业的竞争正在经历由价格战向服务战转变的重要时期。从免运费到物流提速再到先行赔付，国内领先的电子商务企业，正在加紧服务领域的升级，以筑起更高的竞争门槛。

京东商城将 2010 年定位为“服务年”，并提出了“京东大服务战略”，实现无间隙客户服务正是其中重要的一环。2010 年，京东商城相继推出了“211 限时达”超快配送服务、“售后 100 分”服务承诺、“全国上门取件”、“先行赔付”等一系列服务新举措，全方位升级了服务能力，消费者满意度进一步提升，客户量也由年初的 600 万人迅速突破了 1 000 万人。

由于电子商务属于非面对面交易模式，客服电话便显得尤为重要。它不仅可以第一时间解决好用户的疑虑和投诉，还可以根据用户反馈的问题不断进行技术和服务的改进与提高。京东商城率先对其客服中心进行升级，推出全天候 24 小时无间断服务，进一步拉近用户和企业的距离，带给用户更高标准的购物体验。国内电子商务行业首次出现了 7×24 小时全天候电话服务，此举将电子商务行业的服务标准提升到了一个全新的高度，也为消费者提供了更加完善的网购体验。目前，京东商城拥有客服坐席 400 个，可以为全国客户提供电话、IVR 语音、人工服务、电子邮件等形式的各种服务。未来京东商城将会进一步完善全国客服中心的服务质量，并计划将客服坐席扩充至 600 个。

3.1.4　京东商城的服务模式

京东商城作为 B2C 零售企业，收入来源主要以商品零售为主，商品来源于各类产品的生产商和渠道商。其目前主要的销售渠道为 B2C 电子商务网站，客户可以通过在线订购或电话订购的方式来购买商品，并选择在线支付、货到付款和自提等方式支付货款并收到货物。

京东商城零售业务的各环节的联系和运作如图 3-1 所示，其各环节的具体工作如下：

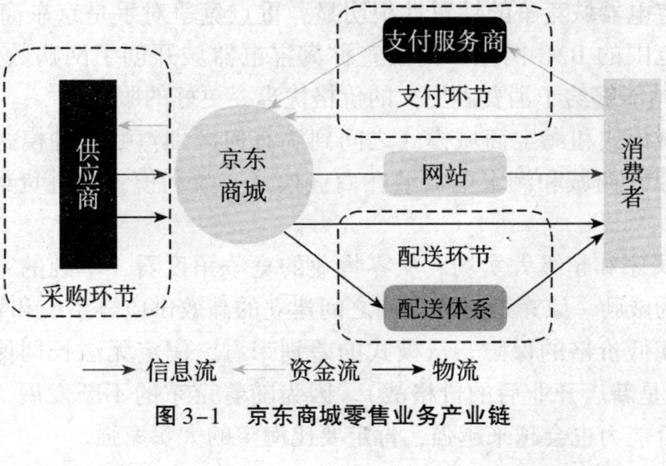

图 3-1　京东商城零售业务产业链

（1）采购环节。京东商城的供应商全部是生产商和厂商指定的代理商和经销商，所售出的产品都是通过正规进货渠道购进的正牌商品。京东商城的采购业务主要集中在北京和广州两地的采购中心。

（2）销售环节。目前，京东商城零售业务的销售环节主要依靠其 B2C 网站进行，消费者可以登录网站浏览商品并下单订购，也可以通过电话订购。京东商城在北京总部以及 2 个分公司分别建立了呼叫中心，为客户提供实时的帮助和导购服务。京东商城为所有商品提供机打发票的同时，还推出了“价格保护”、“延保服务”等举措，以保证售后服务的顺利进行。

（3）支付环节。京东商城目前提供货到现金支付、货到银行卡支付、在线支付、信用卡付款、分期付款、移动 POS 刷卡、银行电汇、邮局汇款以及公司转账等多种支付方式。其中，在线支付服务由支付宝、财付通、环迅支付和网银在线 4 家第三方支付服务商提供。另外，京东商城还在广州地区提供工行牡丹国际信用卡、牡丹贷记卡的有息分期付款服务。

（4）配送环节。京东商城提供快递运输、邮局普包、特快专递（EMS）、公路运输、中铁快运等多种配送方式。在北京、上海、广州、成都市区的配送由自己组建的配送体系来完成，其余地区由外包物流公司提供，另外还在北京、广州、上海、成都 4 地设立多处自提点，向本地用户提供自提服务。京东商城在各地高校设置校园代理，高校学生订货免费由代理在校内送货。

3.1.5 京东商城的竞争对手

京东商城是以 B2C 形式销售的电子商务平台，其主要的竞争对手是企业在淘宝或者其他电子商务平台开设的商城，例如国美电器、美的、联想等等，当当、卓越等老牌 B2C 商户也是其主要竞争对手，还有目前新兴的一些网上超市网站等等。

1）京东商城 VS 淘宝电器城

2009 年 1 月 13 日，亚洲最大网络零售商圈淘宝网宣布，酝酿数月的淘宝电器城正式上线。无疑，淘宝电器城竞争的针对性很明显，重点竞争对手是京东商城和新蛋等以 3C 产品为主要经营范围的 B2C 网站。淘宝宣称淘宝电器城开创了网购数码家电的新模板，相比自营 B2C 网站能够给予消费者更大的价格优惠、更好的服务。

那么京东商城模式和淘宝商城模式之间到底有何区别？哪一种模式最终会主导市场呢？图 3-2 针对京东商城和淘宝电器城在商业模式、盈利模式、进货渠道、员工归属等方面进行了对比。

（1）超级大买家和超级大卖场。从零售业的竞争角度看，单纯的零售价格的竞争并不会构成实质性的威胁。京东通过和厂商之间建立的高效供应链系统和管理能力所带来的竞争优势才是长期低价格的保障。从模式的差别来看，淘宝无法长期保持价格的竞争力（现在的价格更像是新店开业后的价格战）。因为随着京东的不断发展，采购规模会越来越大，京东的议价能力也会越来越强，肯定要比淘宝的大卖家强。

京东商城360buy. com	VS	淘宝电器城3c. taobao. com
超级大买家	VS	超级大卖场
以采购价和零售价之间的价差为收入	VS	以收取卖家的销售佣金或者卖家租金为收入
争取获得品牌和厂家的直接支持	VS	招募更多品牌商的经销商入住卖场
销售服务人员为京东的员工	VS	销售服务人员是卖家的员工，非淘宝员工
销售人员不会对品牌有偏好性介绍	VS	销售人员会对自己的品牌产生偏好性介绍
原则上不存在网店内部的恶性竞争	VS	卖家既要外战（和京东等），还要内战(卖家之间)
配送发货和售后服务统一负责	VS	配送发货和售后服务由卖家负责

图3-2　京东商城与淘宝电器城的对比

（2）收入模式不同。收入模式的不同使得淘宝的卖家不可能长期牺牲利润来维持淘宝电器城的低价（至少维持不了长期比京东价格低）。淘宝商城和京东商城是两种盈利模式，淘宝商城其实类似传统的卖场，淘宝卖家需要向淘宝网交纳一定的租赁费和其他额外的费用。

（3）对品牌商的态度不同。虽然当前中国的电子商务环境还无法让京东完全获得品牌商的支持，但随着国内市场的发展，品牌商找到了恰当的渠道解决方案后，一定会给予B2C电子商务支持。反过来，如果淘宝电器城获得了品牌商的支持，那么就要牺牲更多零售卖家的入住，对于渠道管理规范的品牌，越是强势的品牌，越是难以处理以上的这个矛盾。

（4）销售服务人员的归属不同。京东商城里的销售服务人员是京东自己的员工，而淘宝电器城里的销售服务人员，则是淘宝卖家自己的员工，而并非淘宝电器城的员工。

对于数码产品的消费群体，京东商城对淘宝构成了极大的威胁。实际上，对淘宝的威胁不仅仅是在数码产品领域，一些垂直类网站，曾经或正在分流淘宝的客户群。比如大家买书会去卓越亚马逊和当当，买衬衫会去VANCL，面对日益强大的威胁，淘宝所要做的事情就是，通过建立一个开放性平台，将越来越多的合作伙伴集结在淘宝周围。而淘宝从一家电子商务的交易平台下沉为电子商务基础服务提供商，为淘宝用户们提供类似于云计算的服务。

现在淘宝商城也从淘宝网里独立出来，淘宝也开始出自己独立的搜索站点，我们可以看到网络商城概念日渐壮大，淘宝在人们心目中更多的是买卖衣服，而不是手机电器，淘宝也正在转变自己的定位和立场，希望通过筛选优质的商家和供货商，以增加淘宝商城的活力和交易量。

2）京东商城VS当当网

2010年11月1日，京东商城提出“为满足用户需要”，“与时俱进”地推出图书频道，与手机数码、电脑办公商品等并列于京东产品大分类。这意味着京东商城正式向当当网、卓越两大国内在线图书零售市场霸主发起挑战。而且一贯以低价示人的京东商城进军在线图书零售市场，势必将迎来一场血腥的价格战。

京东网上商城运行销售的图书商品种类涵盖了文艺、社科、经管励志、教育考试、科技、生活、少儿等7大品类39个大分类，总共超过10万种。京东全新上线的图书类商品依旧继承了京东低价的“基因”，全国读者将会“领略到京东带来的前所未有的图书低价震撼”。京东方面也表示，人民出版社、人民文学出版社、商务印书馆、机械工业出版社、中华书局、中信出版社等国内出版巨头将拿出最好的资源鼎力支持，而且为配合图书销售，京东商城进一步扩大货到付款的范围，全国500多个城市将支持图书类商品的货到付款，未来这一范围还会进一步增加。同时，京东网上商城还会继续加速图书单品的完善，预计图书品类将迅速扩张到25万种。

京东网上商城图书频道运行之时，正值当当网上市路演关键时期。一旦当当网完成上市，竞争实力将比以前更强。当当网IPO招股书显示，截至2010年三季度，出版物在其销售收入中占据高达84%的份额。当当网经过10年的厮杀，已占据了整个图书零售市场10%以上的份额，在网上图书销售占据了统治地位。在图书市场上下游企业均很松散的市场格局中，当当网对上游出版社企业具有很强的议价实力。

2010年12月16日上午，当当网宣布从即日起斥资4 000万元推出大幅降价促销活动，涵盖图书、数码3C、美妆、母婴用品等众多产品线。其中，在图书品类上，除已经推出的图书音像全场满返活动外，还将进一步推出全场畅销书零利润让利活动；而数码3C畅销品则将进行更大幅度降价，所有畅销品价格将比其他数码类网上商城至少低50~100元；此外，美妆、母婴等品类的全线百货产品也将随时调整价格，确保全网最低，不排除部分比价品降低到零毛利或负毛利。当当网此举被外界视为矛头直指竞争对手京东商城。

而京东商城也在几个小时后随即作出反击，宣布对图书、3C、日用百货等11大类的商品将展开总金额8 000万元的年底大促销，并称“热销商品价格将保持行业最低价”。据介绍，京东商城此次总金额8 000万元的促销，不仅限于图书，还包括日用百货、食品、手机、数码、家电等11大类商品。五折、六折、清仓促销、超值抢购、品牌特卖等活动将接连登场，此外，每日还将推出多款特价商品，进行限量抢购。事实上，早在2010年12月4日，京东商城已经挑起了图书价格大战，矛头同样直指当当网，双方合计共1.2亿元的促销计划硬生生把价格战砸大，从图书打到全面开花。

按照理论上的说法，价格战是有利于顾客，不利于供应方的，长期的价格战会导致企业对产品品质、技术升级、售后服务等无力支撑。理论上的恶性价格战结局当然是毁灭，但是其前提是在一个无差异的、完全竞争的假设之上，这一假设在现实中基本不存在：现在B2C上线的商品种类与品牌，只占到全部商品种类的30%左右，即使对家电、图书这样标准化的产品，不同B2C平台的种类及供应链还是有差异的。不过，从客观上来讲，此次价格战确实不利于当当，因为当当的主要业务及利润来自图书，而京东则是家电。

目前B2C崛起的杀手锏主要是价格，京东、当当、卓越、淘宝模式，因产品种类总体还是“错位化”，直接火拼的不多，发生在图书领域的价格战也因为图书价格空间较大，不会导致出版社的大面积封堵。但随着 B2C 的竞争从产品转入客户，京东火拼当当这样的战争，还将频繁出现。从当当到卓越，从卓越到京东，从京东到当当，对于消费者来说，这不是艰难的决定，只是轻点几下鼠标而已，B2C 的注册会员并没有想象中那么“艰难”地转移成本与忠诚度。一旦进入网民争夺战，对任何一方都会变成生死之战，就像 3Q 大战一样。

京东过去的系统主要针对 3C 产品，图书是新上品种，京东的图书购物系统存在设置不够便捷、不够人性化的问题，京东如果想在未来的网上图书市场分一杯羹，需加强改进和进一步完善。在图书的下单过程中，在卓越和当当，只要图书缺货，就无法添加进购物车。但是京东则不然，虽然会在页面上以小字提醒“缺货”，但依然可以点击购买，如果用户忽视了“缺货”，进入购买流程，然后等用户选择购买、填写资料，已经一步步走到最后缴费流程，才弹出对话框提醒你缺货无法订货，十分不便。

图书的物流配送速度方面，京东的图书物流速度较慢。图书的物流之所以比不上 3C 产品的物流速度，原因有三：

第一，图书库存问题。目前只有北京、上海两地有图书库房，如果买书人不在京沪，图书到达时间就会较长。

第二，图书缺货问题。图书种类不完善，如果没有现货也需要较长时间。

第三，图书调货问题。有的图书从上海出版社调货，却是北京用户下单，从上海运至北京，这将导致时间的延长。

业内人士指出，当当网、卓越网是从图书品类起步，并依靠在图书的在线零售市场上积累的资源进而扩张到日用百货等全品类，一直位居中国 B2C 市场前列；图书单价较低，其购买频率较京东传统的 3C 产品为高，此次京东切入图书在线零售市场，将对沉寂多年的中国在线图书零售市场产生地震效应，在线图书市场的格局将会发生重大改变。

3.1.6　京东商城的未来

京东商城从 2004 年进入电子商务领域，就一直保持高速成长，连续 6 年增长率均超过 200%。京东商城始终坚持以纯电子商务模式运营，缩减中间环节，为消费者在第一时间提供优质的产品及令人满意的服务。目前已经是中国 B2C 市场最大的 3C 网购专业平台，是中国电子商务领域最受消费者欢迎和最具影响力的电子商务网站之一。“京东价”已成为全国 3C 领域的价格风向标。高速发展的京东商城获得了多项殊荣，“中国企业未来之星”、“2008 年度中国最具投资价值企业 50 强”、“2009 年度网民最喜爱的网上购物商城”、“2009 年度中国最具投资价值企业 50 强”等奖项的荣膺，不仅是对京东商城业绩的肯定，更是对未来发展前景的认可。

京东商城为网民用户提供了灵活多样的商品展示空间，消费者查询、购物都将不受时间和地域的限制。依托多年打造的庞大物流体系，消费者充分享受了“足不出户，坐享其成”的便捷。京东商城无论在访问量、点击率、销售量及行业影响力上，均在国内

B2C 网购平台中首屈一指。飞速发展和广阔前景赢得了国际著名风险投资基金的青睐。2007 年，京东商城获得了来自今日资本千万美元的融资。2008 年底，今日资本、雄牛资本以及亚洲著名投资银行家梁伯韬先生私人公司共计 2 100 万美元的联合注资，为京东商城的高速发展提供了资金保障。2010 年初，京东商城获得老虎环球基金领投的总金额超过 1.5 亿美元的第三轮融资。这是金融危机发生以来中国互联网市场金额最大的一笔融资，说明投资者对京东商业模式和出色经营业绩的认可，对于正在发展的京东商城乃至中国电子商务行业具有非常积极的意义。

京东成功了，不仅仅是因为专注和专业，更主要的还是研究互联网出身的刘强东对用户和受众的把握，对中国网络消费者的理解和分析。

3.2 中国第一服装商城 VANCL

3.2.1 企业背景

1）发展历程

VANCL 于 2007 年起步运营，其发展历程如表 3-1 所示：

表 3-1 VANCL 的发展历程

主要时间	标志性事件
2007 年 10 月 18 日	VANCL 正式上线运营
2008 年 1 月	软银赛富投资 VANCL1 000 万美元
2008 年 3 月 19 日	因用户售后服务等问题，陈年在 VANCL 网站公开发表致歉信
2008 年 7 月	软银赛富、启明创投、IDGVC 和联创策源共同投资 VANCL3 000 万美元
2008 年度	媒体报道 VANCL 年度销售业绩超 5 亿元人民币
2009 年 12 月	VANCL 曾获得“2009 德勤高科技、高成长亚太区 500 强”第一名
2010 年 2 月 16 日	VANCL 从 13 个主流业态的数千家候选企业中脱颖而出，荣膺“2010 年度北京十大商业品牌”，也是唯一获选的零售电子商务品牌
2010 年 5 月	V+（VANCL 旗下网站）正式上线
2010 年 10 月	荣获“清科 2010 年中国最具投资价值企业 50 强”
2011 年 2 月 21 日	手机 VANCL 网和手机客户端产品正式推出，正式拓展无线电子商务业务

VANCL 的发展可分为 3 个时期：诞生期、发展期与成熟期。

（1）诞生期。2007 年 10 月，陈年、雷军创办 VANCL，策源和 IDG 投资 200 万美元。

同年，电子商务最热门关键字是“PPG”衬衣。PPG衬衣直销热潮鼓动电子商务圈，VANCL以广告分成模式，将身影展现在各类中小型网站，知名度迅速打响。

（2）发展期。2008年起VANCL进入了发展成熟期，2008年1月，软银赛富投资凡客诚品1 000万美元，同月VANCL日订单达到1 000张，之后不到一个月订单就增长到2 000张。网站的迅速发展给VANCL带来了不少的压力，由于业务增长过快，导致企业运营环节，尤其是呼叫中心和物流中心的工作都受到了极大的挑战，其结果是导致太多的用户不能及时收到订购商品，并且没有办法打进销售中心电话。这是VANCL自发展以来首次面临如此重大难题，陈年因此在VANCL网站上公开发表致歉信，扭转企业的不利局面。2008年7月，软银赛富、启明创投、IDGVC和联创策源共同投资VANCL3 000万美元。10月份VANCL的日订单已经增加到5 000～6 000张。2008年媒体报道VANCL年度销售业绩超5亿元人民币，2009年VANCL获得“2009德勤高科技、高成长亚太区500强”第一名。VANCL在2008—2009年实现了企业的飞速发展，在中国服装B2C市场的地位逐渐上升。

（3）成熟期。2010年随着中国B2C电子商务技术的不断成熟，VANCL网站逐渐步入成熟期。2010年5月，VANCL旗下网站V+上线，V+不仅包括了凡客商品，而且与其他大品牌展开联盟，是VANCL的升级版，V+的上线标志着VANCL的多元化发展战略，由专门类的B2C向综合类B2C电子商务转型，扩大企业的营销范围，提升企业的知名度与实力。2011年2月，手机VANCL网和手机VANCL客户端正式上线，标志着VANCL开始拓展无线电子商务业务，进一步拓展和延伸用户范围，全面实现其跨平台服务战略。VANCL已经高举大旗全面进军电子商务领域，其发展势头迅猛，不容小觑。

2）发展现状

电子商务的迅速发展，使得全国掀起了一阵网购热潮，根据艾瑞咨询网站的最新统计数据显示，2011年中国网络购物市场中，“服装、鞋帽、箱包类”占比居首，市场份额为26.5%，排名其次的是“3C及家电类”，占比为24.2%。与2010年相比，服装、鞋帽、箱包类份额上升3.7个百分点[①]，并且服装类产品的标准化程度低，在季节变换和节假日促销的影响下，用户的显性需求与隐形需求将被有效激发，因此未来市场发展空间依然巨大。

VANCL以服装电子商务为主营业务，目前为国内最大的自有品牌服装电子商务企业。公司成立以来，业务迅速发展，在中国服装电子商务领域品牌影响力与日俱增。根据艾瑞咨询2011年的最新调查（如图3-3[②]所示）可以看出，VANCL的实力正在稳步上升。

---

① 艾瑞咨询.2011年中国网络购物交易规模达7 735.6亿元［EB/OL］.http：//ec.iresearch.cn/17/20120112/161325.shtml.

② 艾瑞咨询.2011年中国网络购物交易规模达7 735.6亿元［EB/OL］.http：//ec.iresearch.cn/17/20120112/161325.shtml.

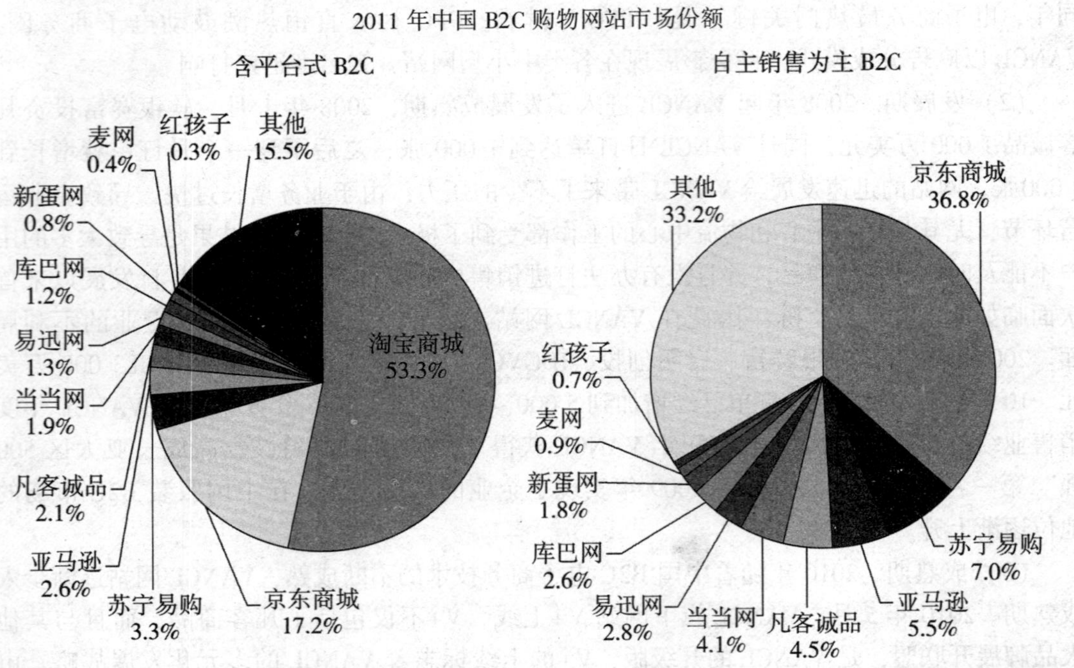

注：1. B2C 市场不包含网络代缴费（如水电费等）、旅行预订及航空客票交易额；拥有复合销售渠道的运营商规模仅统计其与网络相关的销售额；2. B2C 网站根据盈利模式不同划分为平台式 B2C 和自主式 B2C；其中，平台式 B2C 指淘宝商城此类的以佣金服务费为主要收入的网站；自主式 B2C 指京东商城此类的以商品的进销差价为主要收入的网站；3. 2011 年中国 B2C（含平台式 B2C）交易额为 1 791.1 亿元，自主销售为主 B2C 交易额为 836.1 亿元；4. 麦网和红孩子均只统计线上渠道，不包括线下及目录业务。

资料来源　根据企业公开财报、行业访谈及艾瑞统计预测模型估算，仅供参考；具体数据将在《2011–2012 年中国网络购物行业研究报告》中修正。

图 3–3　VANCL 与其他 B2C 网站占中国网购市场的比例对比图

从图 3–3 中的含平台式 B2C 的市场份额图中可以看出，VANCL（2.1%）现在的实力虽然比不上占据一半市场的淘宝商城（现改名为天猫）（53.5%）和位居第二位的京东商城（17.2%），但是其发展实力与市场份额正在稳步上升，几乎与亚马逊（2.6%）、苏宁易购（3.3%）相抗衡，甚至超过了当当网（1.9%）。而在自主销售为主的 B2C 市场调查中，因为不考虑淘宝商城（天猫），VANCL 所占据的市场份额排名位居第四位，仅仅排列在京东商城、苏宁易购和亚马逊之后。

从针对 2011 年服装网购市场进行的细分调查中可以发现，平台式 B2C 淘宝商城以 281.7 亿元的规模占据了 68.5% 的市场份额，VANCL、麦考林分别以 9.2%、3.4% 的份额排在第二、三位，麦包包、好乐买、乐淘、玛萨玛索、梦芭莎等依次位列其后（如图 3–4①所示）。

---

① 艾瑞咨询 . 2011 年中国服装网络购物行业研究报告［EB/OL］. http：//report. iresearch. cn/1642. html.

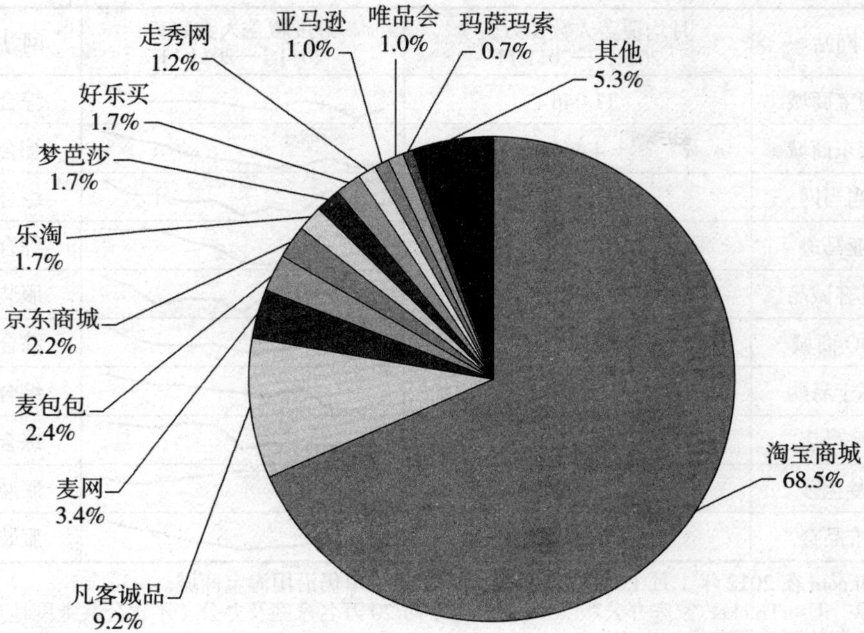

注：1. 2011 年 B2C 服装网购市场规模为 411.2 亿元；

2. B2C 服装市场既有平台式 B2C，也有自主式 B2C，既有综合百货类 B2C，也有服装垂直类 B2C。

资料来源　综合企业及专家访谈，根据艾瑞统计预测模型核算及预估数据。

图 3-4　2011 年 B2C 服装网购市场主要企业份额

将图 3-3 与图 3-4 进行对比之后我们可以发现，VANCL 在与京东商城、当当网和亚马逊等发展时间长、资金实力大的 B2C 企业相比较时的确存在一定差距，但是由于其发展时间短，依旧拥有无限的潜力等待挖掘，VANCL 正处于企业发展的上升阶段，因此目前的差距很大一部分原因是由于企业刚刚起步，正如图 3-4 中显示，2011 年 VANCL 在服装类网购市场地位仅次于淘宝商城（天猫），可见 VANCL 未来还有很大的发展空间，VANCL 正在奋力追赶，实力与市场地位正在稳步上升。

根据 2011 年中国 B2C 网站用户量排名调查①（如图 3-5 所示），VANCL 也是榜上有名并且成绩突出，VANCL 在整体实力排名中名列第五，前四名分别是淘宝商城（天猫）、京东商城、当当网和亚马逊，但是这四大 B2C 网站均为综合百货类网站，VANCL 作为自有品牌服装 B2C 电子商务企业，可以与综合百货类网站竞争，可见其实力。并且单单拿服装服饰类 B2C 网站来做比较，VANCL 以月均覆盖人数 2 722 万人位居首位，远远超过了梦芭莎和唯品会。

2011 年艾瑞咨询对 B2C 购物网站的订单量进行分析调查，分析研究 2011 年订单量增

① 艾瑞咨询 .2011 年中国 B2C 网站用户访问排名 Top10 ［EB/OL］. http：//ec. iresearch. cn/17/20120119/161922. shtml.

序号	网站	月均覆盖人数（万人）2011.1—2011.11	月度覆盖人数趋势 2011.1—2011.11	网站类别
1	淘宝商城	11 046	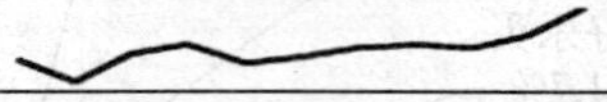	综合百货
2	京东商城	4 446		综合百货
3	当当网	3 131	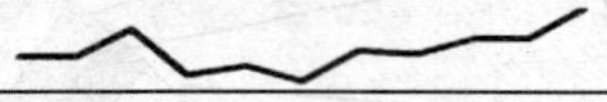	综合百货
4	亚马逊	2 981	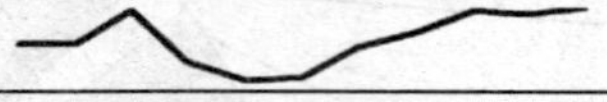	综合百货
5	凡客诚品	2 722		服装服饰
6	QQ 商城	1 578	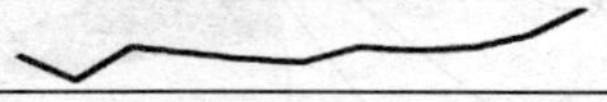	综合百货
7	苏宁易购	1 303	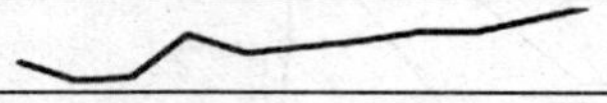	综合百货
8	一号店	1 252	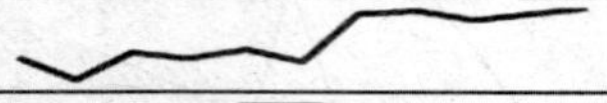	综合百货
9	梦芭莎	1 246	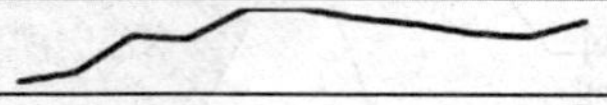	服装服饰
10	唯品会	812		服装服饰

注：tmall.com 在 2012 年 1 月 11 日更名天猫，2011 年榜单仍沿用淘宝商城。

资料来源　iUserTracker. 家庭办公版 2011.11，基于对 20 万名家庭及办公（不含公共上网地点）样本网络行为的长期监测数据获得。

图 3-5　2011 年中国 B2C 网站用户量排名 Top10

长最快的 B2C 网站前十名（如图 3-6 所示①）。

2011 年订单量增长最快的 B2C 网站 Top10

排名	网站名称	网站域名	订单量月复合增长率（%）
1	我买网	womai. com	20. 7
2	V+	vjia. com	15. 0
3	耀点 100	yaodian 100. com	14. 8
4	京东商城	360buy. com	8. 3
5	唯品会	vipshop. com	6. 2
6	淘宝网（含淘宝商城）	taobao. com/tmall. com	4. 4
7	好乐买	okbuy. com	4. 2
8	梦芭莎	moonbasa. com	2. 5
9	亚马逊	amazon. com	2. 5
10	当当网	dangdang. com	2. 5

注：1. 受监测方法所限，淘宝网与淘宝商城数据不能分拆，此次统计的为合计数据；2. 筛选条件是 2011 年 10 月份下单量 20 万以上的 B2C 网站；3. 顺序按照 2010 年 10 月到 2011 年 10 月期间网站订单量月复合增长率进行排列；4. 梦芭莎与亚马逊订单量月复合增长率均为 2. 51%，并列第八，当当网该增长率为 2. 48%。

资料来源　Ecommerceplus. 家庭办公版 2011. 10，基于对 20 万名家庭及办公（不含公共上网地点）样本网络行为的长期监测数据获得。

图 3-6　2011 年订单量增长最快的 B2C 网站 Top10

① 艾瑞咨询 . 2011 年中国热门 B2C 购物网站 Top10［EB/OL］. http：//ec. iresearch. cn/17/20111229/160464. shtml.

从图 3-6 中我们可以分析出，以京东、淘宝网（含淘宝商城）、亚马逊和当当网为代表的综合式 B2C 网站订单量保持较高增长态势。此外，垂直品类和细分市场 B2C 购物网站占据六席，表现突出。垂直或细分 B2C 购物网站中，增长最快的是主营食品类，是我买网，其月复合增长率超过 20%；定位时尚潮流等细分市场的各网站排名领先，VANCL 旗下的 V+成为了服装类 B2C 网站中订单量月复合增长率最高的网站。

2009 年 VANCL 的销售额为 6 亿元，2010 年迅速增长到了 18.5 亿元。截止至 2010 年，VANCL 的员工规模为 5 000 人，用户规模达到 1 000 多万。VANCL 为服装网购市场创造了良好的起点，为其他传统服装企业做出了优秀的表率，VANCL 的成功彰显出中国 B2C 电子商务已经步入了蓬勃发展时期，电子商务逐渐渗透百姓的日常生活，成为我们生活中必不可少的一部分。

3.2.2　VANCL 的经营模式与盈利模式

1）经营模式

作为一个成功的销售网站，VANCL 的基本模式是 B2C 项目，采用网络直销方式。服装电子商务已有 10 多年发展历史，之前一直不温不火，2007—2008 年间，中国服装电子商务步入爆发式增长时期，服装服饰也成为网购的第一大类商品，交易额跃居各类商品首位，而 VANCL 正是借着这一股“东风”迅速崛起。其实，在服装 B2C 这个行业，VANCL 并不是最先进军市场的那一家，在 VANCL 之前已有 PPG 等网站抢占先机，但是在短短两年里，VANCL 却逐渐取代了 PPG 的位置，成为了服装 B2C 行业的 NO.1。而相对 PPG，VANCL 可以说是真正的互联网企业，并且为了保证服务的质量，VANCL 将物流配送体系纳入到自己的管理范畴中，即自建物流配送体系，而不是像 PPG 一样外包给第三方。

（1）网络直销的模式

网络及目录销售，所有商品信息在网站上一目了然，方便顾客选购。省去了实体店和经销商的相关费用，降低了成本，保证了价格的优势。消费者可以在线浏览商品，注册下单购物。另外，VANCL 有 20% 的订单来自纸质目录的发放，客户可以通过呼叫中心进行电话订购。

（2）轻资产模式

VANCL 公司一无厂房，二无设备，三无门店，只是有市场部、设计部、呼叫中心及仓库。就是这样的一个公司，靠网络广告的大量投放和呼叫中心的拉动，迅速崛起。VANCL 利用轻资产的商业模式，甩掉庞大的、笨重的制造业务，专注于销售、产品品质监控和品牌建设，靠后端业务的拉动来促进公司及整个行业的发展。VANCL 公司的轻资产模式如图 3-7 所示。

从模式来看，VANCL 公司根据客户未来或潜在的市场需求，开发了各种服装产品，然后客户通过呼叫中心或网络下订单，最后通过物流公司把产品送到客户手中，收取

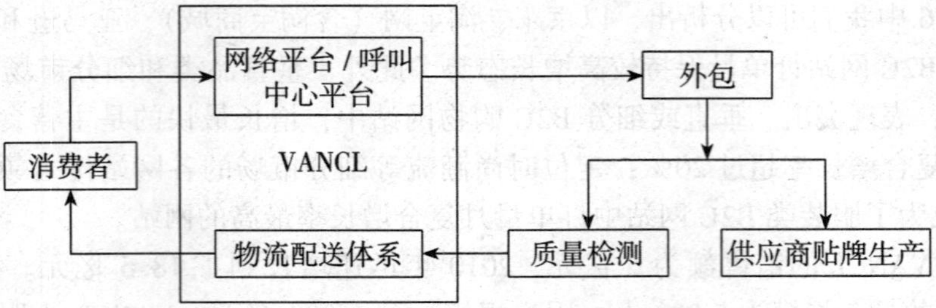

图 3-7 VANCL 的轻资产模式

货款。这样，整个过程就完成了。VANCL 公司通过将现代电子商务模式与传统零售业进行创新性融合，以区别于传统的渠道分销模式，采用更优化的直销方式。与戴尔电脑的直销模式有很大的区别，戴尔不需要库存一定的产品，基本实现零库存，直接根据客户的要求进行生产，这样导致的周期就比较长；而 VANCL 模式则有一定的库存产品，占压一定的资金，库存周期为 7 天，这样既能保证充足的产品供给，又能减少库存成本，一举两得。

(3) 供应商——保证产品质量

VANCL 生产业务全部外包，在产品设计和质量层面严格管控，这也与国际主流品牌服装市场的模式同步。随着 VANCL 的销售规模快速增长，VANCL 将逐步赢得与一流的服装生产型企业合作的机会。现阶段 VANCL 的外包生产企业包括山东鲁泰纺织、香港溢达集团、江苏海澜之家等。

鲁泰纺织是目前国内最大的高档衬衣色织面料生产厂商，同时也是国内最大的纺织服装企业。传统纺织服装企业与电子商务企业的强强联手，标志着产业链边际的模糊，也预示着产业链的和谐与共赢。在当前经济低迷的困局下，这种合作无疑对于各自企业加速成长有着积极效应。VANCL 此举无疑是为了打造更完整的产业链，避免出现业内其他企业出现的危机。

(4) 自建物流

物流对企业的成功影响是至关重要的，VANCL 在成立之初就意识到了自建物流的重要性。这样既能节省成本，又能全程控制。2008 年 4 月 15 日，VANCL 建立旗下全资自建配送公司——如风达。如风达快递在 3 年时间中，从 VANCL 附属配送部门，只开通北京、上海、广州 3 座城市的 5 个站点，发展到现今开通北京、上海、广州、武汉、成都、南京等 28 座城市的 150 余个站点。如风达不断提高用户体验，在行业内率先开展开箱试穿、上门办理现金退换货、POS 机刷卡等多项特色服务。凭借快速的配送速度、真诚的服务态度以及完善的用户体验，如风达已经成为 VANCL 品牌影响力中极为重要的一部分。

2) 盈利模式

VANCL 是以男式系列服装为核心产品，通过将现代电子商务模式与传统零售业进行创新性融合，以现代化网络平台和呼叫中心为服务核心，以先进的直效营销理念，配合卓越的供应链管理的方式及高效完善的配送系统，为消费者提供高品质的服装产品与服务保障，通过对上游生产商成本控制，自我产业链管理，以高效物流体系来销售产品，赚取利润。

（1）网上直销

销售自有品牌是VANCL盈利的核心，普通实体企业在产品出厂后，以30%的毛利尺度设置出厂价，终端以3倍的加价率卖出，而VANCL砍掉了分销商，间接把60%～70%中间费用让利给消费者，从而具有庞大的价格优势。VANCL从2007年至今，自有品牌产品在逐渐增多。从衬衫到POLO恤，再到男式内裤、休闲裤，到牛仔、卫浴用品，VANCL目前生产线已经扩充到9条，包含了衬衫、裤子、T恤和袜子等。VANCL在不断地扩展产品线，寻求其利润增长点。

（2）旗下网站拓展

VANCL公司在自增长的同时也在不断拓展销售领域，目前VANCL旗下已有VJIA（V+）、Miook、手机版VANCL3种形式帮助VANCL获得更多的利润。

①V+。2010年5月18日，VANCL旗下V+上线试运营。V+目标群体为85后，是综合类服装销售平台，由VANCL统一为品牌厂家提供从产品上线到最终销售的一整套服务，在库房、物流上均和凡客共用。最先在V+上线的合作品牌有Nike、Adidas、Lee、G-star、马克华菲、IZZUE、KAPPA、New Balance、爱慕等60余家。凡客推广V+的原因有两点：一是VANCL自身业务发展需求的推动。作为男装起家的VANCL，近两年来一直通过产品线的扩充来逐步改变其男装形象，VANCL选择推出独立的第三方平台V+，一方面满足了已有用户对时尚服饰的消费需求；另一方面又可在保持自主品牌的独立性的同时，借助第三方品牌的力量，做大做强VANCL的规模和品牌。二是传统品牌服饰厂商布局网络销售需求的推动。传统企业布局网络零售渠道是大势所趋，VANCL利用自身优势与传统企业合作资源共享、优势互补。传统品牌企业借助VANCL的平台可以更快开展网络零售业务，而VANCL借助传统品牌企业则可以充分利用自身业已构建的品牌资源和运营能力，做大销售规模及营业收入规模。

②Miook。Miook是VANCL旗下自建的化妆品品牌，2011年6月正式上线。产品宗旨是健康、纯净、自然。产品范围包括护肤、彩妆、美妆用品、健康食品。Miook从全球范围选用珍稀、天然原料并经由长期实践证明有效、安全的植物萃取精华作为原料，并应用国内一流的恒温化妆品库，严格保证产品的新鲜质量。Miook自上线以来受到了许多女性购买者的好评，而且Miook的LOGO在VANCL、V+的导航位置突出显示，将进一步吸引前往VANCL购买商品的年轻人前往Miook进行购买。Miook清新、自然的品牌定位，为VANCL吸引了大量的年轻女性用户，为VANCL带来了更多的利润。

③手机版VANCL。中国互联网络信息中心（CNNIC）发布的《第29次中国互联网络发展状况统计报告》中显示，截至2011年12月底，中国手机网民规模达到3.56亿，占

整体网民比例的69.3%，较上年底增长5 285万人。中国电子商务研究中心最新数据显示，截止至2011年6月，中国移动电子商务实物交易规模达到65亿元。手机版VANCL于2011年2月21日正式上线，手机版VANCL的上线预示着VANCL正式进军移动电子商务领域，在迅速发展的中国移动电子商务中占领有利位置，扩大市场份额，赢得更多利润。

3.2.3 VANCL的战略决策

1）品牌战略

VANCL成功的主要原因是有明确的战略目标，选择了差异化的品牌战略，作为进入中国B2C市场的突破口。VANCL坚持国际一线品质，以中产阶级合理价位销售产品。实质上，VANCL在国内的目标客户定位就是白领一族，并且从VANCL商品货架的结构来看，VANCL在起步时针对男白领。因为相对女生来说，男士的服装更加容易进行大批量标准化生产与供应，只需要提供适当的参照标准，顾客就可凭个人喜好选定商品。另一方面，男士似乎并不专注于逛街购物，他们更喜欢一种简单的生活方式，VANCL就是发现了这一个细分市场，商品货架就是以男士衬衫与POLO衫为主的，而这一切让男士买衣服变得更加简单有效。

VANCL不仅仅将品牌定位在男性身上，还将消费群体定位于年龄在25～35阶段的用户群，任何产品，只有适合目标消费群的需求、好恶才可能达到销售效果。VANCL根据这样一个细分市场，启用自己的设计师进行服装设计。在产品上，无论是PPG的牛津纺布料、还是POLO衬衫，VANCL都毫不客气地将那些为目标消费者广泛接受的优势特色照搬过来，来迎合客户群的审美、品味。

VANCL的网站设计同样根据25～35岁消费者的基本心理进行了相应的处理，力图给用户一个非常舒服的购物体验。简洁的页面、合理的布局、高雅深灰导航和那些经过专业摄影师精心拍摄的平整的服装都极大提升了用户购物体验。而这些细节元素，处处都透露出迎合固定消费群体的明确意图。

2）价格战略

VANCL目前的价格可以说是一般的消费者都能够穿得起的，并且又推出了许多的优惠活动，比如我们比较常见的一则广告“99元三件衬衫”初体验，这对VANCL迅速扩大市场份额，占领市场是极为重要的，VANCL整体策略就是先以低价格、高品质迅速占领市场，虽说以这样的价格推出，VANCL也是没亏本的，但是以这样的价格在市场上推出也是很低的，把大部分的利益空间都让利给消费者，VANCL这样做的目的是迅速扩充市场，先让消费者购买体验，这时你的数据已经进入了他们的数据库，VANCL再采取QQ、邮件或者其他方式向你追加其他产品，这就是VANCL价格战略的目标。在实施这样的战略之前，对产品的质量是有很高的要求的，VANCL在这样的问题上也解决得很好，与鲁泰纺织等其他几家国际顶级品牌的企业合作，力求使VANCL的质量为消费者满意。这样才能促进买家的信任，VANCL的价格战略才能进一步实施。

VANCL以其特有的品牌目标定位以及较低的价格，通过用户的完美体验，迅速占领国内服装B2C市场，VANCL所提倡的“简单生活”正是时下年轻人所追捧的生活态度，VANCL的出现迅速抓住了国内大部分青年消费者的目光。战略定位明确、发展准备充足，是VANCL成功的关键因素。在短短的3年期间，“凡客”以“不凡”的斐然业绩，打造了一个服装品牌网络营销的商业传奇。

3）销售战略

VANCL的销售效仿ZARA品牌的销售模式——看销量下订单。ZARA每年让设计师世界各地去采撷民间、民族的衣饰元素，将其用在设计中，如此一来，每季度都可以设计出成千上万件主题及款式的新版衣服，对这些新主题及款式的衣服逐一打版，再放到民间听反馈，好的便做量，不好的便淘汰。VANCL就是学习ZARA这种销售模式，不断研究和设计新款式的产品，每种款式仅制作出几百件，通过网站的订单数量，比较出哪些款式受大家欢迎，对受欢迎的产品VANCL才会大量生产，如此一来，VANCL可以大大减少生产与库存成本，真正做到产有所销。

此外，VANCL不仅仅通过自己来销售产品，还积极利用VANCL的会员进行产品销售，“凡客达人”就是VANCL销售战略的最好的实例。2011年3月8日，凡客推出凡客达人计划，“凡客达人”是凡客诚品推出的一个社区化分成营销平台，买家只要通过“达人”的店铺或者空间购买凡客产品，“达人”就可以获得凡客10%的销售分成。而这一切的环节，用户都无须缴纳任何的费用。简单来说，只要会员秀出自己购买的VANCL商品，会经营自己的个人空间，就可以不需成本地赚到钱。虽然同样是开网店，但凡客达人平台显然考验卖家的不再是产品，而是营销能力。而VANCL提供的“无本生意”平台对于卖家来讲也绝对是个不小的吸引力。对于VANCL自身来讲，通过无数卖家来替自己做产品营销，只需要支付10%的销售分成，是一个很成功的销售战略。

3.2.4　VANCL的营销策略

VANCL作为近年来发展较为成功的B2C电子商务网站，网络营销是其最好的营销策略。VANCL通过大量的网络广告的投入，以几乎“无孔不入”的势头迅速吸引了大量网民的眼球，并且结合搜索引擎营销、微博营销、电子邮件营销等网络营销方式，VANCL利用网络营销以较低的成本在不断扩大宣传的同时，坚持留住老客户并不断发展新客户，VANCL的营销无疑是成功的。

1）网络广告

VANCL在各大主要门户和专业网站，都可以看到VANCL大量的广告投放和链接。引导消费者到VANCL的网上销售平台去。为打造VANCL的品牌、宣传VANCL的文化也起到举足轻重的作用。门户网站像新浪、雅虎、腾讯等，专业网站像人人网这种受众群体大部分是青年群体的网站，VANCL都会投入大量的资金进行广告宣传。VANCL的广告并非是简单的展示广告，而是按照 CPS 来结算的。正是 CPS 使 VANCL 可以用 2 亿多元换取了相当于十几亿元的展示机会。CPS（Cost Per Sale，按销售情况付费），是指广告主并不根据广告展示的时间来付费，而是根据广告带来的直接销售与网站进行分账，其广告价格与每一单买卖都直接挂钩。VANCL 因为采用了大面积的网络营销，其综合营销成本也相对降低，并且营销效果和规模要远胜于传统媒体。

2）搜索引擎营销

VANCL 在百度和 Google 都做了竞价，搜索排名都是第一位。并且 VANCL 对搜索引擎进行了优化，对网站内容的关键词进行了完整的设计，因为关键词的设计关系到消费者是否能通过搜索找到 VANCL 的网站。VANCL 的搜索引擎中包含了“凡客诚品、衬衫、衬衣、全棉、百分百棉……”等一系列与服装有关的词语，大大提高了网站被搜索到的可能性。

3）微博营销

VANCL 是新浪微博的第一批用户，VANCL 开通微博之后反响热烈，为了更加规范地引导微博为企业服务，VANCL 的微博开始由专业的管理人员进行操作与维护。截止到 2012 年 5 月，VANCL 微博已经有 45 万多名粉丝，得到了广大消费者的关注。VANCL 微博营销的成功有以下两点：① 企业的高层亲自上阵。VANCL 的高管层集体注册微博，并且很多还是以统一的命名方式，扩大了 VANCL 在微博上的宣传范围。② 微博内容丰富。VANCL 的微博内容包含 VANCL 打折、VANCL 特惠、VANCL 盟友等内容，通过博友之间的博文转发，使得 VANCL 的商品信息得到大面积推广。

4）电子邮件营销

在成为了 VANCL 的会员之后，VANCL 网站会定期为用户发送产品邮件，向用户推荐新产品或者是打折信息，来留住老客户对 VANCL 的依赖度。如果用户很长一段时间没有登录 VANCL，VANCL 会向这些用户发送提醒邮件，提醒用户登录 VANCL 浏览商品，VANCL 就是借助这种电子邮件营销方法，保留住 VANCL 大批的用户，增加用户对企业的满意度与好感，保证 VANCL 的竞争实力。

互联网对 VANCL 最大的促进有三方面：① 降低了营销成本；② 大幅度提高了品牌占有市场的速度；③ 消费者通过互联网对潜在消费者进行口碑宣传。VANCL 的成功并不是偶然事件，VANCL 在其独特的品牌定位基础上，大量利用网络营销这一营销手段，以较低的成本为企业带来了较高的效益，这就是网络营销的魅力所在，VANCL 很好地利用了网络营销这一营销手段，使企业得到了彻底的宣传，拓展了产品的销路，创造了无限的商机。

3.2.5 VANCL 的技术环境与面临的难题

1）VANCL 的技术环境

据介绍，目前 VANCL 的技术研发主要针对的是前台页面展示、购物流程优化、订单处理、库房物流管理、呼叫中心管理等众多板块。各个板块通过技术改进，能有效实现产品、市场、仓储、物流、财务等公司核心部门间的统一协作，提高运营效率。

虽然VANCL成立不到两年，但目前的技术系统，已经超过了普通企业需要三四年才能完成的技术布局。2009年VANCL不仅获得了多项软件著作权，还取得了北京市高新技术企业的认证，这对于一个成立不到两年的公司来讲实属不易。此外，VANCL总裁陈年也曾多次提到，VANCL不仅仅是一家互联网公司、服装品牌公司，也是一家技术公司。VANCL似乎正在谋求通过技术实现打造“中国版亚马逊”的目标。对于VANCL来说，技术优势的储备，无疑为未来拉开和竞争对手的差距提供了足够的资本。

2）VANCL面临的难题

VANCL在迅速发展的同时同其他电子商务企业一样，都会面临许多接踵而来的问题，而随着VANCL的快速发展与迅速扩张，饱受外界争议，也的确存在着一些亟待解决的问题和潜在危机。

(1)“喜新厌旧”

VANCL在格子衬衣、箱包、内衣、轻薄羽绒服等新品类取得了一定成绩，以销售男装品牌这一市场定位迅速占领了一部分B2C市场，为了进一步扩张，VANCL同其他电子商务企业一样开始效仿亚马逊的模式——从单一货品增加至无所不包的百货，并提供第三方平台，允许别的商家在自己的平台上与自己同台竞争。2010年5月，VANCL开始了品类的急速扩张，开始做男女装、鞋子、家纺，甚至还做了化妆品、电饭锅、拖把。品种扩张自然会带来销售规模，但也带来了滞销产品的库存成本增加。T恤和帆布鞋依旧是凡客最好销的产品，但电饭锅、拖把则少人问津。由于公司鼓励创新，结果这个鼓励创新最后变成了喜新厌旧，很多东西都没有做深做好，最终导致丢了西瓜捡芝麻。VANCL“大跃进”式的发展带来的是残酷的损失与打击，如何做好品牌定位是VANCL应该仔细研究和分析的主要问题。

(2)“不盈反亏”

获得盈利是每个电子商务企业乃至每个企业所追求的根本目标，而电子商务企业实现盈利往往十分困难，VANCL也不例外。2011年，陈年为VANCL制定了一个令人瞠目的目标：业务收入从上年的20亿元猛增5倍，达到100亿元。为了实现上市目标，VANCL开始不顾一切地做大，Miook、手机版VANCL的相继上线验证了VANCL不断扩张的发展战略。尽管VANCL的业务收入冲到了45亿元，但代价是全年亏损逾6亿元。VANCL需要正视其发展过程中盈利与速度相互矛盾的严重问题，明确发展的重点与目标，不断调整发展战略，不能盲目扩张，不能为了盈利而盈利。

(3) 价格战略的负效应

VANCL以低价著称，29元的T-shirt和59元的帆布鞋是VANCL给大家的第一印象，但是低价只能作为一种短期战略，而不能作为整个VANCL的总体发展战略。VANCL的不盈利在很大程度上是因为定价过低，主要的商品大都亏本销售，尽管销售范围广、销售数量多，但盈利终归为负。此外，VANCL 的这一价格定位已经在消费者心中产生了很深的印象，VANCL 想要提高商品的价格必然会引起广大消费者的不满，会造成客户的大量流失，如何调整价格战略，是 VANCL 面临的又一难题。VANCL 需要改变在消费者心中根深蒂固的低价的产品定位，提升商品的价值，需要向消费者展示 VANCL 除了衬衫和帆布鞋产品以外，还有许多高质量的商品等待消费者购买。

（4）上市难

目前 VANCL 已经进行了 6 轮融资，第 6 轮融资时融了 2.3 亿美元，估值 30 亿美元，但现在进行 IPO，资本市场给的估值只有 10 亿美元。如果上市，VANCL 会大幅流血，蒙受巨大损失，这也是 VANCL 的投资人所不想看到的。

VANCL 曾经拥有稳健的增长模式，但后来改变了初期的模式，投入了资本的怀抱，通过巨额融资展开不计损益的扩张。VANCL 将企业的希望从用户市场转向了资本市场，一切都以上市为目的。但随着美国股市对中国企业的态度进入冷冻期，VANCL 也陷入焦灼：向用户市场盈利，已经难以回归；向资本市场盈利，不知等到何时。VANCL 的“春来”需要等到美国股市的“冬去”，但谁也不知道要等到何时。VANCL 想要通过上市获得资金为企业注入新的活力，还需要等待一段时间。

3.2.6 VANCL 的未来发展

1）加强品牌塑造，名牌变品牌

（1）用细节提高品牌忠诚度

在信息海量的今天，VANCL 做品牌更需要关注细节，因为细节更能培养目标消费群的品牌忠诚度、信任度、美誉度；在细节上的失误，更容易使目标消费群对品牌失去信心，从而对品牌产生更大的伤害。做品牌就是做细节，细节决定成败。VANCL 必须把细节精神贯穿到各个方面，不断提高客户体验。无论是衬衫上的一根小小的线头，还是网站上一个客户对 VANCL 的一句评价，都必须严谨对待。

一个品牌的诞生，是一个系统的工程，VANCL 需要从市场需求的研究、产品概念的提出、产品的定位、产品的设计研制、命名、包装、促销策略、广告宣传等每一个环节，在消费者接触品牌的每一个点，都需要精心地运作、精心地打造、反复锤炼，才会形成有内涵、有价值的品牌。VANCL 要注意用细节去感染顾客，用细节去提高顾客消费体验满意度，用细节提高品牌的忠诚度。

（2）改变营销策略，注重品牌的塑造

VANCL 充斥在互联网上的广告大都是“68 元初体验”以及最新的“原价 900 元免烫 80 支精细全棉衬衫，超值惊喜价 198 元”，大家对 VANCL 的印象只停留在低价，而没有对 VANCL 的品牌形象植入心中。VANCL 在其以后的广告投入中，不要单纯地为了增加订单，以低价的广告策略来吸引消费者。而要适当地在广告中植入品牌内涵，塑造 VANCL

这一品牌的影响力。例如，VANCL可以利用消费者对事物的自然的、美好的情感的转移而建立他们对VANCL品牌的好感。或者在广告中塑造一种感染力，传达一种非常微妙的情感，进而引发欲望，促成行动，提高购买与使用时的心理享受。

2）加强产业链整合，稳中求胜

（1）加大供应信息掌控力度，细分预测参数

VANCL在其发展中，必须注重收集各个业务部分的数据，通过对数据进行分析，做到对市场相对精准地掌握，预测出下一周期的生产规模，并且预测参数不能仅仅局限于市场的需求，必须细分到各个环节，例如，回头客的购买偏好、消费者的地域等。只有预测参数类型越详细，产业链断裂的风险就越小。

（2）加大监督力度，建立评判体系

产品质量和优质的服务是VANCL生存的根本，确保上游服装供应商所供应服装的质量，以及下游第三方物流商的配送服务质量，最有效的办法就是加强各个环节的监督力度。从布料入厂到各个生产线到订单完成等等各个环节都要有相应的监督。无论是将质量监督外包给第三方质量监控公司，还是自身建立监控队伍，都必须在从产品生产到消费者得到商品这一系列过程中，加大各个环节的监督力度。另外，VANCL可以为合作企业建立相应的诚信体系和服务质量体系，根据企业的表现，为企业的诚信体系和服务质量进行评判，择优而用，选择更适合自身发展的企业进行合作。

3）打造学习型团队，增强自身核心竞争力

团队才是VANCL占据B2C服装行业第一位的根本原因。产品不是VANCL的核心竞争力，品牌不是VANCL的核心竞争力，直销模式也不是VANCL的核心竞争力。任何一个因素都可以被其他企业模仿和超越，但是只有执行的团队是无法被模仿的。

也许，正是由于VANCL是原卓越网创始人陈年先生创立，主体运作者均系原卓越网骨干班底，这个团队对电子商务运营、管理的各个方面都有着丰富的经验，而导致VANCL在B2C服装行业飞速发展，取得了今天的成就。然而B2C行业的发展是快速的、是瞬息万变的，仅靠团队以前获得的经验并不能为VANCL以后的发展壮大提供强有力的保障。因此VANCL必须建造学习型团队，增强自身核心竞争力，让学习型的团队去管理、运营VANCL，让VANCL成为一个学习型的企业，这样才能保证VANCL在日后的竞争中立于不败之地。

VANCL在建造学习型团队过程中，要注重培养和形成有自身特色的管理队伍，注重提高团队的整体素质和学习能力。同时，也要不断引进新的人才。只有这样，VANCL才能够在变幻莫测的商业环境中适者生存，才能够在挑战对手和挑战自我中立于不败，才能够在快速“折旧”的知识更新中永葆青春。

3.3 中外 B2C 电子商务营销环境分析

在中国，目前的 B2C 电子商务最主要的制约因素并非技术支持和商务运作，也不是传统上认为的资金支持和高科技人才的维护开发，而是还没有真正满足国内市场对于商品、价格和服务的要求。由于国内外的 B2C 企业所面临的营销环境有很大不同，所以照搬国外的经验很难在中国实现真正意义上的电子商务。

B2C 企业的营销环境是指在网上营销活动之外，能够影响网络营销部门发展，并保持与网上目标顾客良好关系的能力的各种因素和力量，对于营销环境的组成部分，有许多种说法，但不外乎宏观环境与微观环境两大组成部分。本节根据 2012 年 1 月中国互联网络信息中心（CNNIC）发布的“第 29 次中国互联网络发展状况统计报告”的结果，分析我国 B2C 企业所面临的互联网宏观环境，对中外 B2C 企业的营销环境进行分析，从而发现目前国内 B2C 企业所面临的机遇与挑战，以及与国外在线零售业在营销运作上存在的区别。

3.3.1 中美 B2C 互联网宏观环境比较

1）美国电子商务宏观环境

（1）美国电子商务消费的增长

2008 年美国电子商务消费总额达到了 2 144 亿美元，比上年度增加 7 个百分点，其中，旅游电子商务消费增加了 9 个百分点，达到了 843 亿美元。

按照连续几年超过 20% 的增长率，2008 年是自 2001 年以来，零售电子商务消费增长最疲软的一年。在经历了 2007 年 20% 的增长后，2008 年增速为 12%，增速在 4 月份达到顶峰，为 15%，在之后的其余月份便是一路加速下滑。11、12 月的节日消费高峰期，增长率反而下降，11 月的在线销售额比去年同月份反而下降了。2008 年中，增长最快的在线零售类别是手持游戏机及配件，任天堂、微软 Xbox、“索尼游戏站 3”等手持游戏机在线销售高速增长，销售额比 2007 年增加了 29%。其他增速较快的类别包括家居园艺和家具类（增长率为 25%）、运动健身器材类（增长率为 25%），这两类的增长都受益于消费者日益增加的在线完成大额购买的意愿。

（2）经济和政治因素驱动下的在线行为

2008 年的在线活动反映了网民对年内重大的新闻事件，包括金融危机和总统大选的关注。招聘职位搜索类网站是 2008 年度访问量增长最快的站点，2008 年 12 月的访问量增长率达到了 51%，接近 1 900 万人次，美国人在 2008 年下半年的失业大潮中，奔向互联网寻找新的就业机会。经济衰退继续以银行倒闭、个人房产被拍卖、失业率上升、消费者的消费成本意识日渐增强，以及寻找在线方法来控制个人消费等形式表现出来。美国打折卡在线打印网站在2008年获得了46%的用户增长，用户数达到了3 150万。分类网站流量也有大幅增加，获得了27%的增长，用户数达到5 280万，美国人正尝试着通过在线购买物品和购买二手物品来省钱。分类广告的领头羊网站Craigslist. org在2008年中用户量增长了51%。

2008年巴拉克·奥巴马胜出美国总统大选，抓住了整个国家和媒体的注意力，使得政治类的网站成为用户量增长最快的类别之一，其用户量增加了43%，达到1 200万。2008年度，在通往奥巴马胜利的路上，奥巴马官方网站（Barackobama. com）的访问量是麦凯恩官方网站（JohnMcCain. com）的3倍。两位总统候选人网站的访问量在2008年10月份达到顶峰。大选最后一个月，奥巴马网站访问量达到850万，麦凯恩网站访问量达到了380万①。

（3）美国互联网网民状况

美国调研机构PIALP数据（2008年7月）显示，美国目前有约2/3的成年人使用互联网，网民数量约为2. 2亿，其中60%都是学生（18岁以上）。中国网民占中国总人口的比率远远低于69%。

另外，美国网民的60%都是学生，这表明学生群体已成为该国网民的绝对主体。中国的情况与之类似，网民中学生的人数也远远高于其他职业的从业人员。但不同的是，学生占中国网民的比率仅为31. 7%②，大大低于60%的数字。

2）中国B2C互联网宏观环境

（1）互联网用户持续大幅增长

继2008年6月中国网民规模超过美国，成为全球第一之后，截至2008年底，中国的互联网普及再次实现飞跃，中国网民规模达到2. 98亿人，互联网普及率达到22. 6%，赶上并超过了全球平均水平21. 9 %③。

据中国互联网络信息中心（CNNIC）发布的《第31次中国互联网络发展状况统计报告》的统计，截至2012年12月底，中国网民数量达到5. 64亿，全年新增网民5 090万。互联网普及率较上年底提升3. 8个百分点，达到42. 1%。网民规模持续扩大，互联网普及率平稳上升，图3-8显示了这次统计的中国大陆网民规模与互联网普及率。

同1997年10月CNNIC第一次调查结果62万上网用户人数相比，2012年的上网用户人数已是当初的900倍之多，可见我国上网用户总数增长仍比较快。自1998年到2002年，CNNIC报告中网民数量的增长率都接近100%，近几年来虽然增长率有所下降，但其绝对数量仍在大幅增加，普及率稳定增长，这表明我国网民人数已经进入到较为成熟的增长时期，我国网民规模、宽带网民数、国家顶级域名注册量三项指标已稳居世界第一。

---

①　杨晓白．美国互联网发展现状与展望报告［J］．青年记者，2009（7）．

②　数据来源：CNNIC数据，2009年7月16日。

③　数据来源：http：//www. internetworldstats. com；对比的其他国家和地区互联网普及率为2008年6月底数据。

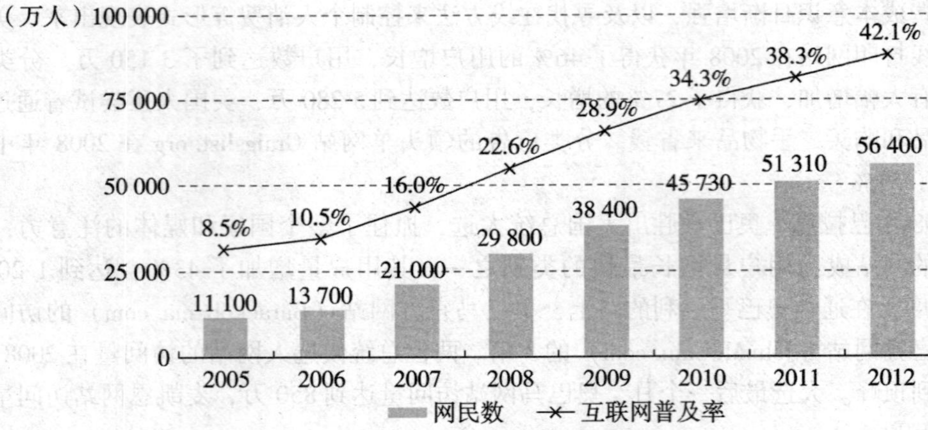

图 3-8 中国大陆网民规模与互联网普及率

受3G业务开展的影响，使用手机上网的网民达到4.56亿，同比增长18%，手机网民规模呈现迅速增长的势头。除了得益于政府和运营商的努力推动外，这种增长与手机上网本身所具有的时尚色彩以及手机上网内容的丰富也有很大关系。而乡村地区手机占有率的进一步提升，也推动了这一群体手机上网使用比例的上升。

(2) 网民所在区域分布比例与经济发展水平息息相关

CNNIC在2013年1月发布的统计报告中显示，各地区上网用户普及率以北京最高，达到72.2%；其次是上海，为68.4%；排在第3位的是广东，上网用户普及率为63.1%，排在这3个地区之后的是福建、浙江、天津、辽宁、江苏、山西、海南等省市。16个省市的上网用户普及率低于全国平均水平，其中云南的上网用户普及率最低，只有28.5%。由此可见，现阶段的中国互联网在民众中普及程度是与当地的经济发展水平密切相关的，在我国互联网接入费用还比较高的今天，经济水平对大众是否选择互联网起到了相当重要的作用。

对于B2C企业来说，在配送、支付体系仍未建立完善的情况下，目前网上营销的重点地区仍应是上网人群集中的省市。尤其是北京、上海这样上网人群集中、配送体系相对容易建立，而且支付体系已经初步完善的城市，应该是网络营销的重点区域。天津、广州、杭州、厦门等上网人数增长迅速的城市，也在逐步建立自己完善的配送体系。中国内地的B2C行业将由大城市向省会城市向中小城市再向乡村逐步推进。

(3) 现阶段网民特征及未来发展趋势对B2C的影响

①网民性别比例变化——女性网民数量增长迅速

随着互联网在我国的发展和普及，网民的特征结构也发生了相应的变化。从1997年到2011年，网民性别比例日趋接近，男性网民的比例从1997年的87.7%下降到2012年的55.8%，女性网民的比例则从1997年的12.3%上升到2012年的44.2%。

由于更多女性网民的参与，B2C商品的品种也从早期的书籍、唱片、通讯小家电扩展到更多适合女性特点的商品，如香水、时装、化妆品等。根据女性的消费习惯来分析，在以后的几年时间里，网上购物的女性人数即将超过男性，主导网上购物市场。另外，因为女性有意乎寻常的消费能力和购物热情，传统店铺式商场正开始逐渐将商场搬到网上，以期迎合女性的网上购物新时尚。最近的一项研究表明，女性控制着75%的家庭消费资金，而且家庭80%的消费计划也都是由女性说了算，因此，从我国网上男女比例发展趋势上看，B2C对于女性消费者来说，具有极大的发展空间。

②网民年龄特点——虽仍处低龄化态势，但中老年网民人数也在不断增长

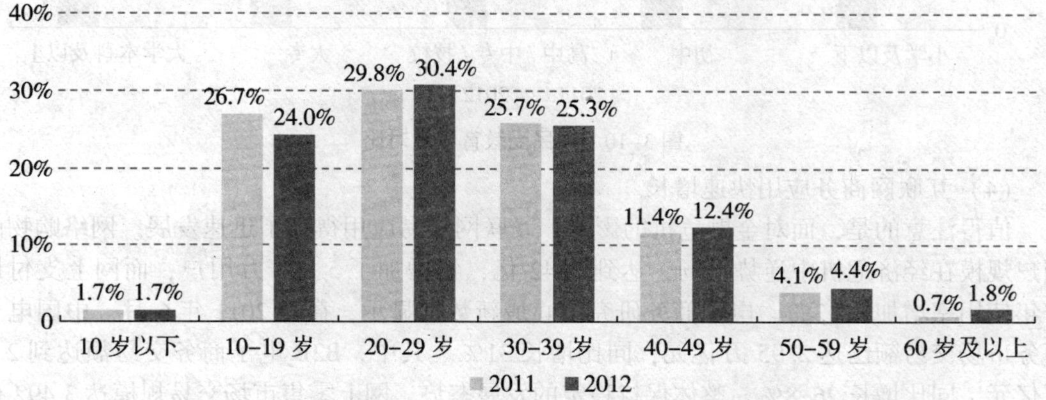

图3-9　1年内网民年龄结构对比

据CNNIC调查结果显示（如图3-9所示），2012年网民中20~29岁年轻人所占比例最高，达到30.4%，其次是30~39岁的网民（25.3%）和10~19岁以下的网民（24.0%）。从整体上看，39岁及以下的网民占81.4%，40岁以上的网民占18.6%，网民在结构上仍然呈现低龄化的态势，但39岁以下的网民所占比例比1年前略有减少。

虽然目前的互联网仍然是年轻人的世界，但在未来几年内，有较强支付能力的中老年网民也可能会逐渐参加到在线购物这一领域中来，因此对于中国B2C行业，这一调查信息实际上暗示其在商品营销策略中，应把时尚的商品，如书籍、唱片、通讯产品、新潮小家电等仍作为营销中的重点，但也应辅助一些中老年人感兴趣的商品。

③网民受教育程度——本科以下学历占主导

第31次CNNIC调查结果显示（如图3-10所示），网民中受教育程度为初中（中专）的比例最高，占到35.6%，其次是高中（32.3%）和大学本科及以上（11.3%）。本科以下受教育程度的网民比例达到了88.7%。本科以下受教育程度的网民占据大多数，其增长速度要高于受教育程度为大学本科及以上的网民。

综上所述，目前我国的网民仍然以男性、40岁及以下的年轻人为主体，但与往年相比，女性网民、40岁以上的中老年人数量已有较大增长，网民中所占比例都有所上升；受教育程度为本科以下的仍然占据网民的大多数，并且多年来，这一比例一直上升；学生仍然比其他职业的人要多，并且在网民总体中所占比例在上升。

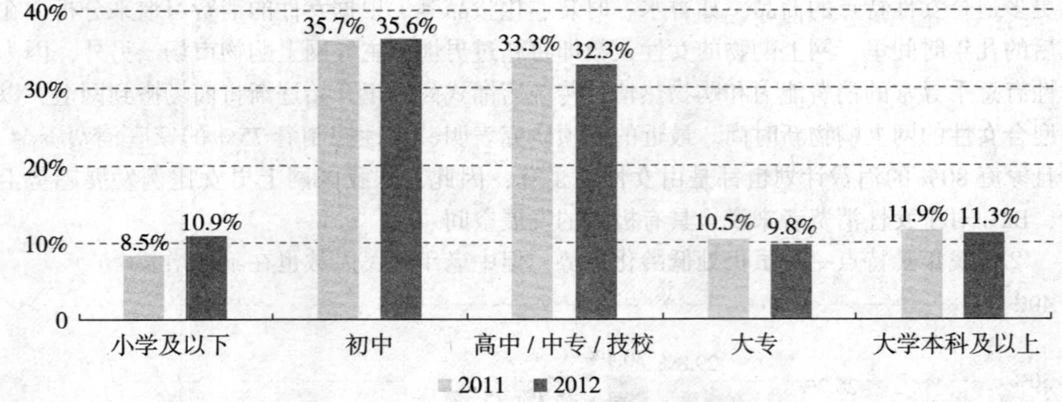

图 3-10 网民受教育程度对比

（4）互联网商务应用快速增长

值得注意的是，面对金融危机的影响，互联网交易应用得到了迅速发展。网络购物的用户规模在经济危机中逆势上扬，达到 2.42 亿，年增加了 5 873 万用户，而网上支付用户年使用率增加 32.3%。电子商务研究中心最新数据显示，截至 2011 年 6 月，中国电子商务市场交易额已达 2.95 万亿元，同比增长 31%。其中，B2B 电子商务交易额达到 2.6 万亿元，同比增长 26.8%，整体保持稳定的发展态势。网上零售市场交易规模达 3 492 亿元，同比增长 74.6%。其中，B2B 市场仍是总交易额的构成主体，B2C 与 C2C 网购交易也在快速发展。分析人士指出，金融危机使互联网平台高性价比的优势凸显出来，吸引了大量的网购人群，这也是交易类应用迅速增长的原因。不过交易类网络应用水平仍然较低，相对滞后。

从总体来看，整个互联网宏观环境对国内 B2C 电子商务的发展是相当有利的，随着网民数量的增长，B2C 的市场规模也将随之扩大，从而形成规模效益。但如何建立一套行之有效的盈利模式，一直是 B2C 企业所面临的难题。B2C 将成为网购市场增长新引擎，这一点从图 3-11 中可以看出。

3.3.2 中美 B2C 电子商务发展的比较分析

1）电子商务市场规模

首先，从电子商务占全球交易规模的比重来看，2002 年至 2006 年间，美国始终占据全球 B2B 电子商务市场份额的 50% 以上，中国也由 2002 年占全球比重的不足 10% 增长到 2006 年的接近 20%。与 B2B 的发展相似，同期美国 B2C 电子商务一直占据全球市场份额的 35% 以上，而中国 B2C 的规模虽在不断扩大，但始终未能突破 5%。其次，从市场规模的绝对量上比较，美国的电子商务交易规模也一直领先于中国，但这种差距正在不断缩小。从网络接入方式、上网设施和网民对电子商务行业整体认知程度等基础条件来看，中国电子商务的发展环境正在日趋好转。

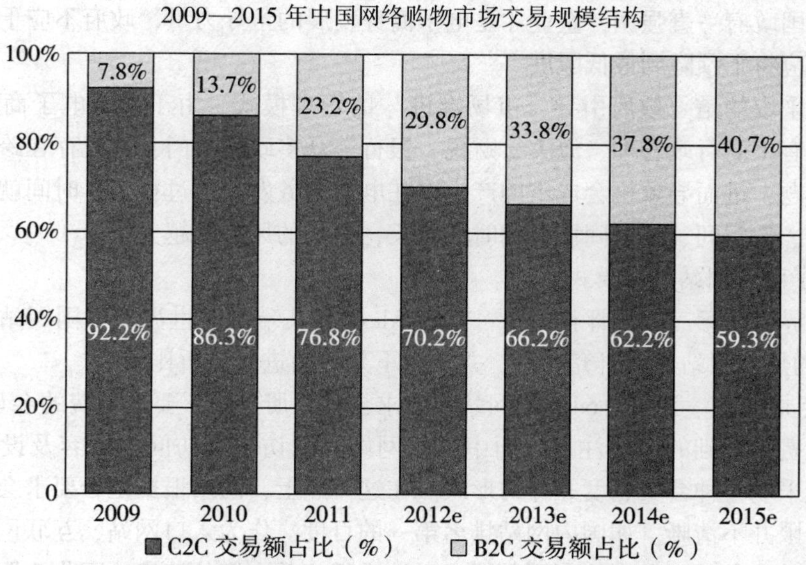

注：2011 年中国网络购物市场交易规模为 7 735.6 亿元，其中 C2C 为 5 944.5 亿元，B2C（含平台式 B2C）为 1 791.1 亿元。

资料来源　根据企业公开财报、行业访谈及艾瑞统计预测模型估算，仅供参考；具体数据将在《2011—2012 年中国网络购物行业研究报告》中修正。

图 3-11　中国网络购物市场交易规模结构预测

2011 年中国电子商务总量是美国的 63%，但增速是美国的 6 倍；2011 年美国电子商务占美国商品零售总额的 4.6%，占比 2011 年增长了 5 倍，而 2011 年中国占比为 4.2%，3 年增长了 4 倍；2000—2011 年，美国电子商务市场扩大了 7 倍，年均增速 19.7%，而中国国内市场 6 年扩大 29 倍，年均增速为 367%；近 5 年，美国电子商务市场平均增速为 11.3%，而中国国内增速是其 6 倍，按照目前的增速，中国国内的电子商务市场规模将在 2 年内超过美国。①

2）电子商务管理机制比较

在电子商务管理的具体机制上，各国往往会根据国情采取不同的管理模式。其中比较典型的有市场导向型管理模式（Market-oriented Model）和政府控制型模式（Government-control Model）。

美国政府采取的是市场导向型管理模式，主张“让市场自由发展，只有当其必要性非常清楚时才采取必要的行动”。政府所做的只是推动信息化建设，制定电子商务市场框架，建立商业法律环境，以保护消费者权益、知识产权、个人隐私和自由竞争。但同时为了促使电子商务市场走向成熟，美国政府还主张商品通过网络进行交易，采取自下而上的以企业自律和市场驱动为主、提倡自由放任主义的发展电子商务的模式，即市场导向型管

① 佚名. 2011 年中美电子商务市场规模与增长对比分析［EB/OL］. http：//www.askci.com/news/201205/15/1515405427833.shtml.

理模式。美国政府一直强调，企业才是电子商务发展的主导力量，政府不应干预，即使必须干预，也应将干预降到最低限度。

而中国采取的是“政府引导，市场推进”的管理模式。由于参与电子商务的除了交易双方，还有工商行政管理、海关、财税、银行等众多政府部门，这就存在跨部门、跨地区的协调问题，进而导致机会成本的产生。在电子商务发展的过程中，时间就是成本，时间就是机遇，部门间、地区间协调的时间越长，面临的风险就越大。

3）电子商务网站经营模式比较

根据世界著名第三方测评机构——美国 Alexa 和艾瑞网对世界及中国网站的排名，选取前 50 名的热门网站作为研究对象，并从以下几方面进行分析比较。

（1）会员要求。美国约 64% 的网站不要求会员注册，28% 要求免费的会员注册，8% 要求以会员费为基础的会员注册。而中国的网站根据访问者访问的内容及设立权限的不同，往往会采取 3 种会员制度并存的形式。在这一点上，网站根据是否要求会员注册而进行分类的界限并不清晰。如国内网站排名第一的百度，作为入口网站，互联网用户不需注册任何形式的会员就可以直接利用其搜索引擎进行相关内容的搜索；而作为服务网站，则要求用户注册免费的或付费的会员；作为销售网站，则需要用户注册为付费会员。

（2）支付方式。在美国，利用信用卡进行在线购买是最普遍的方式，任何人都能通过访问电子商务网站对所有在线商品进行信用卡购买，甚至大部分美国销售网站仅提供信用卡支付方式。而中国电子商务网站基本采取传统支付和在线支付同时开通的形式，根据消费者自身的消费心理和文化习惯，选择不同的支付方法。

（3）广告数量。在美国的热门网站中，出现在首页的广告的平均数是 1. 3 条，而在中国网站排名前 50 名中，广告的平均数为 4. 6 条，较美国要高。且 IT 类、地产类和游戏类网站的首页广告载入量都高于 10 条，而一些比较成熟的入口网站，如百度、Google. cn 等，广告的平均载入数量都不超过 1 条。

4）电子商务应用功能使用情况比较

电子商务应用功能是互联网功能的进一步延伸，可以给网民带来更多的便利。一些代表性功能包括：网上求职、网上教育、网络购物、网络销售、网上旅行预订、网上银行和网上炒股等。如图 3-12 所示，2008 年，中国仅有 15% 的网民通过网络找工作，美国已接近一半（46%）；网络购物方面，中国只有 26. 0% 的网民使用网络购物，而在美国，网络购物已经成为网民的普遍行为；网上旅行预订，中国网民仅有 4. 1% 的人进行网上旅行预订，而已有超过 6 成的美国网民充分利用网络进行网上旅行预订。由此可见，目前中国网民对这些功能的应用比较浅，使用率不高，互联网还没有深入到大多数中国网民生活的方方面面。在各种应用中，中国网上炒股的比例与互联网普及率高的美国相当①。

---

① 中国互联网信息中心．中国互联网发展状况统计报告［EB/OL］．［2009 - 07 - 16］. http: // cache. baiducontent. com.

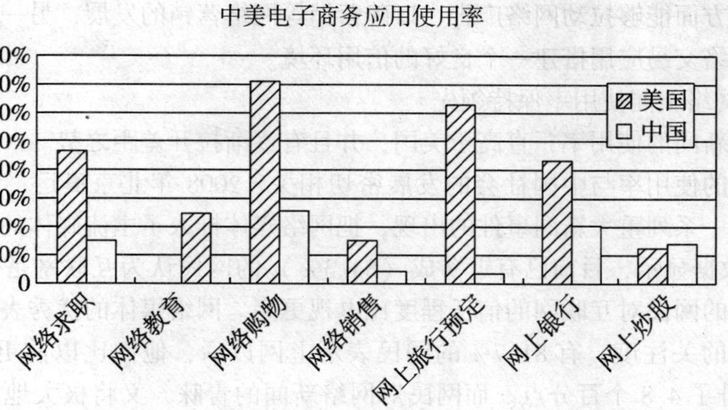

图 3-12　中美电子商务应用功能使用率比较

5）中国网民上网娱乐，美国网民上网消费

根据 2013 年 1 月 CNNIC 的调查，中国网民更喜欢在互联网上娱乐，听音乐、打游戏、看网络视频等娱乐性应用的使用率均在 60% 以上，明显高于美国。而美国网民更喜欢在网上购物或消费，网上购物和旅游预定的使用率远远高于中国。

然而，互联网的娱乐性并不足以使互联网成为推动社会经济发展的力量，具有商业价值的应用更能体现互联网的价值和发展水平，这也是中美互联网发展水平的主要差距。造成该现象的原因，一方面是中美两国网民性别和年龄结构上的差异。以网络游戏为例，其在中国青少年（25 岁以下）中的普及率达 67.4%，而青少年网民占中国整体网民的 51.8%；它在各年龄段的普及率均在 60% 以上；而在美国，网络游戏的高普及率仅出现在 12 ~ 17 岁的网民中（78%），而这部分网民仅占美国全体网民的 30%。并且它在其他年龄段网民中的普及率均低于 50%。网络游戏和网络视频也存在类似现象。

另一方面，中国电子商务的发展，无论是客观环境——行业政策、信用体系、支付渠道的建设，还是主观意愿——网民对网络交易的信任和认可，均和美国存在较大差距。CNNIC 的调查数据显示，中国网民的网络交易信任水平偏低，仅有 29.2% 的网民认为网上交易是安全的。在美国，虽然个人信息和信用卡安全同样是网民担心的问题，但网民对网络交易的认可度很高，有 78% 的美国网民认为网上购物十分方便，68% 的网民认为网上购物节省了他们的时间。提升网络交易类应用的价值，是推动中国互联网经济发展的重要突破口之一。

6）中国网民更热衷于网上社交

虽然电子邮件以 91% 的使用率高居美国互联网应用之首，但及时通信、博客等社交类应用的使用率却明显低于中国。中国网民对电子邮件的依赖性不太强烈，并且随着各种即时信息和视频、音频聊天工具的应用，对电子邮件的应用处于逐年下降趋势。但博客、即时通信、论坛/BBS 等社交类应用的用户规模仍在不断增长，近两年盛行的 SNS 应用也受到了众多中国网民的青睐。中国网民的网络社交应用正趋于多元化。网络社交应用的发展和优化，一方面能够拉动网络广告、口碑营销等网络营销的发展，另一方面也有利于为电子商务等网络交易应用搭建一个良好的信用环境。

7）中国网络新闻使用率保持领先

中国网络新闻的使用率一直高于美国，并且有逐渐拉开差距之势。

网络新闻的使用率与中国社会的发展密切相关，2008 年北京奥运、汶川地震、近两年全国两会等一系列重大新闻事件的出现，把网络媒体推入了主流媒体的行列。2009 年 7 月 CNNIC 的数据显示，目前已有近 9 成（84.3%）的网民认为互联网是他们最重要的信息渠道，48% 的网民对互联网的信任程度比电视更高。网络媒体的优秀表现甚至提升了网民对社会事件的关注度，有 81.7% 的网民表示上网以后，他们比以前更关注社会事件，较 2008 年提升了 4.8 个百分点。而网民对网络新闻的青睐，又将极大地发挥出网络媒体的商业价值。大规模的用户意味着一大批潜在的网络广告受众。同时，随着用户自创新闻、传统媒体与网络媒体的有机结合，也有可能带动整个网络媒体产业链的价值提升。

当然，美国作为网络新闻业最先兴起的国家，其对网络新闻的创新从来没有停止过。近年来更是通过线上媒体和传统媒体的有机结合，以期对抗经济危机和网络新媒体对传统媒体的冲击，而通过网络新闻本身来盈利，是一个令人期待的尝试。

3.3.3 中国 B2C 企业发展前景

1）网络企业盈利模式的多样化

中国 B2C 行业经历了几年的发展，随着国内网民数量的大幅提升，市场规模也逐渐扩大，竞争更趋激烈。任何公司都是以盈利为目标，互联网企业也不例外。对于众多的中国网络企业，不论有多少不利的机制因素的制约，如何最终实现盈利？走什么样的模式实现盈利目标？应该在多长时间内盈利等问题，将决定他们的生死存亡。B2C 企业应该在全盘考虑营销环境的基础上，做出相应的营销决策，以期在市场竞争中处于有利的地位。

随着 B2C 企业不断产生的盈利难题，越来越多的网络企业已不再将 B2C 作为其单独经营范围，而是将 B2C 融合方式贯穿到发展策略中。以亚马逊为例，它致力于扩大其商品种类，允许个人在亚马逊各类商品网页上出售类似商品，比如二手以及新的书籍、音乐等。另外，亚马逊公司悄然开始让小型商户在其网站上出售亚马逊本身没有的商品，亚马逊每月向这些商户收取一定费用。自 2004 年 1 月份以来，小型商户通过这一方式提供了数以万计的商品，包括手工喷漆的儿童用大便坐椅、摩托车模型以及邮票等各种商品。所以亚马逊也已经在其平台上建立了 eBay 的 C2C 模式。而且亚马逊向第三方在网站销售方面收取的佣金构成了其利润的大部分。B2C 的发展不是一两个企业所能掌控的，在未来的时间里，B2C 模式将会逐渐深入到人们生活中，尤其在我国，虽然起步较晚，也存在着许多不利于 B2C 发展的因素，但通过这几年的发展，我们可以看到 B2C 的前景非常广阔，这不仅需要众多企业的参与和努力，同时也需要社会宏观环境的逐渐融合，因此，我国电子商务B2C模式的发展，还需要克服许多困难，才会逐渐地成熟和完善。

2）传统企业的商务创新

传统企业必须提高对电子商务的认识。电子商务为企业提供了大量新的市场机会，促使企业资源高效配置，企业应当加快信息化进程，以促进自身电子商务的发展。要在技术创新和应用的基础上，实现管理创新和制度创新的有机结合，探索和建立行之有效的电子商务运行机制与商务模式。美国企业就是凭借这一经营理念，大胆进行信息技术创新，不仅成功创造了网上虚拟商店（Amazon）、网上拍卖（eBay），还在传统制造业改造的基础上推出网上直销（Dell）、电子集市（GM、福特与克莱斯勒）等多种电子商务模式，推动美国的电子商务在世界领跑。

电子商务是信息经济时代的必然趋势，它不仅改变了传统交易方式，还影响着人类的生活方式和价值观念，成为所有经济体都不得不面对的经济发展环境的一部分。电子商务带来的优势把企业的经营方式推上了一个新的平台。尽管由于种种原因，目前我国电子商务的客户数量还只是网民中的少数，同时，电子商务还需要很多网下的工作配合，中国的具有商业价值的网络应用和美国还存在差距，但中国网民的互联网应用已经明显呈现出多元化、理性化、实用化的趋势，加之日益壮大的网民队伍和互联网技术革新，以及近年来不断优化出台的互联网政策，中国B2C电子商务的发展将具有美好远景。

一种新生事物从出现到成熟需要不断地研究、探索和实践，才会逐渐被人们所接受，正如B2C电子商务的发展，对早已习惯传统商务模式的消费者和经验较少的企业来说，接受这种新生的在线购物模式，还要经历一段渐渐调和的过程。纵观我国的B2C营销环境，存在着众多可以对B2C发展产生影响的因素，在本文中提到的仅是一小部分。我国B2C企业发展电子商务营销要根据自己的行业特点、目标市场消费者的行为特征、本企业的经济实力、营销环境状况等因素来制定本企业营销目标，选择适合上网交易的产品，利用网络工具进行营销策划，选择合适的营销金融中介开展网上交易，并利用网上工具进行数据统计和评估，及时调整策略，赢得市场主导地位。在现阶段，结合国情、跟踪技术、踏实试点、推广发展，同时保护市场资源和民族文化，走可持续发展道路，这是发展的根本。

本章小结

B2C是中国电子商务最先兴起的商业模式，大多数网民正是通过对B2C的尝试才建立起对电子商务的信心，从而成为电子商务的忠实拥护者。近年来，中国B2C电子商务市场得到了快速发展。本章介绍了中国本土的两个成功的B2C企业，一个是成立于2004年的京东商城，本章从它的发展历程、经营策略、服务模式、竞争对手及未来发展展望等几方面展现了京东商城的发展战略与优势；另一个是于 2007 年正式运营的凡客诚品，本章介绍了它的企业背景、经营模式与盈利模式、战略决策与营销策略、技术环境与面临的难题；最后从中美 B2C 互联网宏观环境、中美 B2C 电子商务发展现状和中国 B2C 企业发展前景等方面对中外 B2C 电子商务营销环境进行了比较分析。

参考网站

1. www. jd. com.
2. www. vancl. com.

思考题

1. 京东商城的运营策略与盈利模式有哪些特色？
2. 京东商城成立以来的发展历程是怎样的？它的经营目标发生了哪些改变？
3. 如何解决京东商城与淘宝网之间的竞争？它们如何摆脱目前的状况？
4. 中外 B2C 企业所面临营销环境的主要区别是什么？
5. 试述我国 B2C 企业所面临的机遇和挑战。

参考文献

[1] 陈娜，曹芳华．京东商城：垂直电子商务的胜利［J］．销售与市场：评论版，2010（5）．

[2] 王晓先．“服务京东商城”抢占快递市场［J］．中国邮政，2010（12）．

[3] 佚名．VANCL、京东商城 VS 大淘宝［J］．中国新通信，2009（14）．

[4] 单之卉．访董事局主席刘强东［J］．数据，2010（2）．

[5] 吕文龙．京东商城的行商哲学［J］．互联网周刊，2010（22）．

[6] 佚名．B2C 电子商务物流——两大模式谁更适合？［J］．物流科技，2009（7）．

[7] 佚名．物流施压京东商城［J］．中国物流与采购，2009（10）．

[8] 达瓦拉．京东商城：危险的钢丝秀［J］．当代经理人，2010（9）．

[9] 王友海. 京东商城：360 度成长 [J]. 当代经理人，2009 (6).

[10] 佚名. 美国互联网发展现状与展望报告 [EB/OL]. [2009-04-07]，人民网：传媒频道.

[11] 史金平，李娟. 中美电子商务发展比较分析 [J]. 经济导刊，2008 (7).

[12] 赵向农. 我国传统企业如何发展网络营销 [J]. 市场营销导刊，2004 (2).

[13] 佚名. 全球电子商务的发展趋势及对我们的启示 [EB/OL]. [2005-01-10]. http：//bbs. xml. org. cn/printpage. asp？BoardID=36&id=13433.

[14] 郑吉昌. 网络经济环境下企业经营模式与营销渠道变革 [J]. 北京工商大学学报，2003 (1).

[15] 佚名. 2011 年中美电子商务市场规模与增长对比分析 [EB/OL]. [2012-05-15]. http：//www. askci. com/news/201205/15/1515405427833. shtml.

第4章

C2C电子商务的案例

学习目标

了解eBay的网上交易模式；理解eBay全球化战略实施内容；了解淘宝网的商业模式；理解淘宝的价格优势；比较淘宝与易趣的营销策略。

C2C交易指消费者与消费者之间的互动交易行为，这种交易方式是多变的。消费者可以在各类网站交易平台上自由发布信息，查询信息，进行交易。消费者也可以在某一竞标网站或拍卖网站中，共同在线上出价而由价高者得标。或由消费者自行在网络新闻论坛或BBS上张贴布告以出售二手货品，甚至是新品。诸如此类因消费者间的互动而完成的交易，就是C2C的交易。凭借着第三方支付平台、诚信体系的建立及灵活自由的购物模式，C2C在全球发展很快，在中国的发展也备受瞩目。

最早的C2C网站是1995年诞生在美国的拍卖网站——eBay。随着互联网在中国的不断普及，越来越多的人选择网络购物这一新型的购物模式。根据艾瑞市场咨询公司的调查显示，我国网络购物总体交易额从2003年的39.6亿元增长到2012年的13 040亿元，9年增长300多倍；而C2C总体交易额占网络购物交易额的比例则由2003年的29.3%增长到2012年的74.8%。表4-1列示了2003—2012年国内网络购物及C2C市场交易情况，从中可以看出，我国的C2C网络购物市场正处于飞速发展时期，其市场前景十分广阔[①]。

表4-1　2003—2012年国内网络购物及C2C市场交易情况

年份	网购交易总额（亿元）	C2C市场交易规模（亿元）	C2C占市场份额（%）
2003	39.6	11.6	29.3
2004	80.9	38.8	48.0
2005	193.1	137.1	71.0
2006	312.0	230.0	73.7
2007	561.0	468.0	83.4
2008	1 299.6	1 281.9	98.6
2009	2 630	2 424.9	92.2
2010	4 980	4 297.7	86.3
2011	7 735.6	5 940.9	76.8
2012	13 040	9 753.9	74.8

我国C2C网络交易平台有淘宝网、易趣网、拍拍网等，经过互联网泡沫与金融危机，一些电子商务企业逐渐衰退，一些电子商务网站相继关闭，淘宝等C2C交易平台网站异军突起，占据大部分中国网络交易份额，淘宝网在2011年以90.4%的市场份额居于垄断地位。

本章首先介绍全球C2C领头羊eBay的发展历程以及他的国际化扩张策略，然后介绍中国C2C的成功典范淘宝网，最后对淘宝与易趣在中国的经营模式、营销特点，以及二

① 佚名．探索C2C电子商务网站盈利之路［EB/OL］．［2009-07-20］．http：//www.admin5.com/article/20090720/167231.shtml.

者的竞争从多个角度进行比较、评价和分析。

1）美国的 eBay

2003 年 5 月，《金融时报》发表了一篇文章，描述了 eBay 如何引导着在线服务的复苏：互联网泡沫破裂以后，随着少量的幸存者从废墟中挣扎出来，eBay，这个互联网上的跳蚤市场，其股票价格已经回升到它在 .com 繁荣期的顶峰。它的市值再一次与 Sears、The Gap 和联邦百货店的总和一样多。eBay 的收入已经从 2 亿美元（1.28 亿英镑）上升到了 12 亿美元，而利润却从 0.1 亿美元跳跃到 2.5 亿美元。同时它抓住互联网经济复苏的有利时机，将美国 eBay 的模式成功面向海外输出，并在征服世界的旅途中，eBay 的国际收入狂涨①。

2）中国的淘宝

淘宝网自 2003 年成立以来经过几年发展，已经成为了中国最有前途的电子商务网站，根据 2011 年第三方权威机构艾瑞调查机构调研，淘宝网占有中国网购市场大部分的市场份额，C2C 市场占据了 90.4% 以上的市场份额，已经成为中国最大的 C2C 交易市场。截至 2010 年 12 月 31 日，淘宝网注册会员超过 3.7 亿人，覆盖了中国绝大部分网购人群；2011 年交易额为 6 100.8 亿元，占中国网购市场 80% 的份额，比 2010 年增长 66%。2012 年 11 月 11 日，淘宝单日交易额 191 亿元。淘宝网及其赖以生存的电子商务生态圈，使数百万的网络卖家感受到中国网络购物用户的急速增长②。

3）易趣网

1999 年 8 月，易趣（EachNet）在上海创立。2003 年，eBay 购并易趣，更名为 eBay 易趣，并迅速发展成国内最大的在线交易社区。秉承帮助几乎任何人在任何地方能实现任何交易的宗旨，eBay 易趣不仅为卖家提供了一个网上创业、实现自我价值的舞台和品种繁多、价廉物美的商品资源，也给广大买家带来了全新的购物体验。2006 年，eBay 与 TOM 在线合作，凭借 eBay 在中国的子公司 eBay 易趣在电子商务领域的全球经验以及国内活跃的庞大交易社区与 TOM 在线对本地市场的深刻理解，两家公司推出为中国市场定制的在线交易平台，带给国内买家和卖家更多的在线与移动商机，并促进 eBay 在中国市场的纵深发展。

4.1 eBay 与它的全球化

1995 年 9 月，eBay 正式诞生。eBay 是全球最大的网络交易市场，在网络上提供国际

① Waters. eBay leads online revival as net hits the refresh button［J］. Financial Times，2003.

② 中国互联网络信息中心 . 2008 年中国网络购物调查研究报告［EB/OL］.［2008－07－01］. http://www.cnnic.cn/gywm/xwzx/rdxw/2008nrd/201207/t20120710_31587.htm.

化的交易平台和各式服务。其方便灵活的交易方式立即吸引了大量用户，在此后1年多的时间里，它处理的交易量超过20万笔。每天 eBay 的待拍数量达50万件之多，分别属于从古董到体育用品再到儿童玩具1 000个不同的物品目录，几乎任何人在那里都可以买卖任何东西。这也是 eBay 创始人差不多在10年前开始的梦想和一直在努力实现的承诺。超过9 500万来自世界各个角落的 eBay 会员，在这里形成了一个多元化的社区，他们买卖上亿种商品，从电器到电脑，到家居用品，到各种独一无二的收藏品。

《今日美国》说："eBay 已经成为一种潮流，它改变了人们对于'废物利用'的定义。也因为 eBay，人们逐渐相信在互联网上陌生人之间可以建立信任。而且 eBay 已经变成乐趣的源泉。"

4.1.1　成功的网上交易模式

1）eBay 的起源与发展

eBay 于1995年9月4日由 Pierre Omidyar 以 Auctionweb 的名称创立于加利福尼亚州圣荷西。Omidyar 第一件贩卖的物品是一只坏掉的雷射指示器，以14.83美元成交。他惊讶地询问得标者："您难道不知道这玩意坏了吗?" Omidyar 接到了以下的回复信："我是个专门收集坏掉的雷射指示器玩家。"（更常被传颂的故事则是一则1997年一位公关经理向媒体所杜撰的故事：eBay 的创立是为了帮助 Omidyar 的未婚妻交换一些 PEZ Candy 的玩具。该故事后来在2002年在亚当斯·科汉的书中被揭露并经 eBay 官方确认）

杰夫·史科尔（Jeff Skoll）在1996年被聘雇为该公司首任总裁及全职员工。1997年9月该公司正式更名为 eBay。起初该网站属于 Omidyar 的顾问公司 Echo Bay Technology Group。Omidyar 曾经尝试注册一个 EchoBay. com 的网址，却发现该网址已被 Echo Bay 矿业注册了，所以他将 EchoBay. com 改成他的第二备案：Ebay. comeBay。

eBay 推出后，反响强烈，在开始的第一年内，上万人列出他们打算出卖的商品或购买的商品。风险投资家们发现这是一个好机会，促使 eBay 转向商业化市场。与其他网络公司（诸如亚马逊）不同，eBay 的模式简单而且取得了不可思议的成功。在 eBay，顾客自己决定商品的价格；自己选择卖什么，打算多长时间卖出去；自主上传或下载图片，以便更好地描述商品。如果一个交易成交，卖家负责包装、邮寄，并确保商品准时到达买家，买家只要核实商品，然后付费即可。更重要的是，顾客通过给他们的交易伙伴评级来互相监督，系统自行监管。eBay 本身既不占有商品，也不实际拥有货物、金钱和文件。因此，eBay 的经营模式实现了真正意义上的可扩展。

eBay 监督并最优化整个交易和准备过程，使商品列表和相关图片上传简单易行，使搜索更加直观准确。eBay 的管理者根据人们的想法和浏览方式创建了分类目录（运用它可列出特色商品）。eBay 还使拍卖出价和通知既有趣，又不失效率；使反馈与评级既简便，又能保证商品的价值。而且，eBay 与它的"竞争"对手合作（如 iPix、Lloyds 和

Billpoint)，使图片上传更方便，交易、付款更保险。如果出现问题，eBay 将介入，查找和解决问题。在提供高效，可信和有效的交易服务的同时，eBay 收取适当的列表和交易费用（例如，一辆小汽车的交易总费用大约 50 美元）。

2）eBay 提供的物品与服务

每天都有数以百万的家具、收藏品、电脑、车辆在 eBay 上被刊登、贩售、卖出。有些物品稀有且珍贵，然而大部分的物品可能只是个满布灰尘、看起来毫不起眼的小玩意。这些物品常被他人给忽略，但如果能在全球性的大市场贩售，那么其身价就有可能水涨船高。只要物品不违反法律或是在 eBay 的禁止贩售清单之内，即可以在 eBay 刊登贩售。服务及虚拟物品也在可贩售物品的范围之内。可以公允地说，eBay 推翻了以往那种规模较小的跳蚤市场，将买家与卖家拉在一起，创造一个永不休息的市场。大型的跨国公司，像是 IBM，会利用 eBay 的固定价或竞价拍卖来销售他们的新产品或服务。资料库的区域搜寻使得运送更加迅捷或是便宜。软件工程师们借着加入 eBay Developers Program，得以使用 eBay API，创造许多与 eBay 相整合的软件。

在 eBay 上也不时会有一些具争议性且违反道德标准的拍卖。1999 年，有人看中了庞大（但却违法）的器官移植市场，在 eBay 刊登一则肾脏的拍卖，想借此获利。只要 eBay 接获检举，这些拍卖就会立即被关闭。因为 eBay 不允许任何违反其政策的拍卖项目。然而，eBay 也是一个无耻之徒可以任意刊登虚假拍卖布告的地方。因为这个缘故，对新手而言，如果没有详读一切讯息的话，很容易陷入被诈骗的陷阱。

3）eBay 的商业模式

（1）建立网上交易市场

eBay 利用一种前所未有的以网络为基础的服务——网上拍卖，利用网上交易创造了电子商务世界中最成功的商业模式。从某种意义上说，eBay 是虚拟的：它本身不生产商品，不提供商品，也没有现实生活中的零售店。eBay 把传统的拍卖形式搬到了网上，它赋予拍卖新的含义、新的形式，使拍卖商的商品超越时间和空间的限制，能够在极短的时间里接触到来自全世界的诸多潜在顾客。

eBay 在建立这种商业模式的初始就显示出和 B2C 公司不同的地方，它并不是把传统的商店放在了网上，而是专注于“平台”建设，即建立起规范模式化的交易平台，不参与交易行为，不赚取商品利润，只以管理费和交易费作为收益。这是一条相当圆滑和灵活的规则，它使得 eBay 不用承担传统 B2C 业务中商品积压、物流渠道、供货商关系、购买者习惯等带来的压力，而是处于网民自愿交易行为的辅助者、指导者、管理者的角度，牢牢抓住了单项交易收益额小但成交宗数多的普通网民市场。

eBay 的“平台”建设模式使得它不专注于把店开得很大很全而在于它在网上提供了一块虚拟场所，吸引人气，使得购买者和出售者同时在此聚集，产生交易行为。人数聚集的越多就会让人有更大的选择余地，才会产生海量的交易行为。eBay 正是从这种海量交易中赚取交易费来盈利。

（2）解决支付问题

尽管 eBay 的商业模式是一个完美的模式，但是网上交易和现实交易有太大的区别，主要存在两个问题：信用问题和付款问题。由于网上交易的双方不能见面，很容易出现弄虚作假的情况，eBay 的解决办法是让买卖双方互相给对方评估打分，利用买卖双方保留下来的交易记录和评价等级来保证交易的真实性，从而让消费者放心地进行网上交易。

接下来 eBay 必须解决网上付款的问题。以前的主要支付方式是现金、支票和信用卡，由于买卖双方无法见面，这 3 种方式对于 eBay 的交易双方都不合适。信用卡本来是较好的在线支付方式，但是，个人和很多小商家无法接收信用卡支付。另一方面，顾客普遍不太放心将信用卡信息交给不认识的小商家。这样 eBay 就需要一种专门针对网上交易的支付方式，于是它花高价收购了 Paypal 公司，解决了这个问题。

（3）创新盈利模式

eBay 要想获得较大的利益，单靠旧货市场交易显然不能维持持续指数增长。没有人能每天把自家的旧货拿到 eBay 上拍卖。因此，eBay 渐渐地从网上跳蚤市场转变成了网上自由市场。eBay 开始帮助电子商务的小商家通过 eBay 开设自己的商店。eBay 为它们提供了一个不需要花钱为自己的网站做广告就能接触到全球消费者的场所，而这些小商家将一部分销售所得作为交给 eBay 的提成。这种商业模式实际上是对传统的零售商业模式的一种颠覆。在传统的商业模式中，商家主要是利用广告来获取消费者，这也是商业成本的一部分，eBay 的网上商店模式，开店的商家感到 eBay 的广告效用是在为自己服务，为其自己降低商业成本，因此大量的从事电子商务的公司和个人都到 eBay 上去卖东西。现在在 eBay 商城里出卖的不仅是旧货，还有这些商家的商品。当然，大量个人在 eBay 上的买卖行为为 eBay 贡献了足够的人气。eBay 从此搭上了电子商务的快车。

（4）从交易服务中获利

eBay 从以下项目获利：

向每笔拍卖收取刊登费（费用从 0.25 ~ 80 美元不等）。

向每笔已成交的拍卖再收取一笔成交费（成交价的 2% ~ 5% 不等）。

由于 eBay 另外拥有 PayPal，所以也从此处产生利益。

受益于 Marketplaces 业务和 PayPal 支付服务的增长，eBay 季度业绩超过市场预期，因此多家券商纷纷上调对该公司的目标股价。受此刺激，eBay 股价盘中涨幅一度高达 10%。eBay 股价最高升至 44.44 美元，创上市以来的新高。

作为 C2C 的经营模式，eBay 电子拍卖网可以说是虚拟中的虚拟，它不须存放存货，不用为货物的可靠性负责，但它向客户提供了多种货品种类的选择（超过 4 000 种之多）。消费者只要在网页内，把打算出售的货品输入，电脑就会自动处理交易，拍卖者也可把竞价自动化，让电脑自动处理磋商过程。eBay 则对成交的买卖收取登录费和不同百分比佣金，由于运作非常电子化，eBay 可以说是坐着等收钱。收钱的多少取决于流量的多少以及与顾客的关系，这也是 eBay 成功的关键所在。

（5）规范管理

当然，eBay 的运作并非十全十美，其中，不干涉物件交易的政策，便容易出现诈骗案，出售货品有否违法也不能忽视。于是，监察拍卖品有否违法花了 eBay 不少工夫。“曾经有一对芝加哥夫妇想把自己的婴儿放在 eBay 网站内拍卖，亦有人想拍卖自己的肾。”Kevin 说。对于这些违反用户协议的货品，eBay 毫不犹豫便中断交易者的网址。

但这都是治标不治本的方法。为了彻底解决问题，eBay 便与用户社区合作，寻求新措施。数月前，eBay 便要求所有打算在网站内出售物件的用户，提供信用卡资料。eBay 相信这可威慑企图在网站诈骗和搞恶作剧的不法之徒。不法之徒如坚持恶行，eBay 便可利用信用卡资料，与法律执行组织合作对当事人进行处理。

eBay 有许多老顾客，包括买方和卖方，这意味着它已成功地建立起一个自律的虚拟市场。eBay 虽不介入拍卖的交易过程，但是它却在网站上公开买方对每一个卖方的评价，供买方在购买前作参考。受负面评价的卖方自然交易机会就少，这种顾客反馈形成网站信息的可信度，使人们对 eBay 比传统分类广告更有信心。而顾客的忠诚度就建立在这种信心之上。

（6）成功的启示

从上面的模式中我们可以得到以下几点启示：

①eBay 的 C2C 拍卖模式无疑取得了巨大的成功。在进入电子商务的道路中捷足先登，选择了一条极为吸引人的方式，因此，eBay 模式被纷纷效仿。

②eBay 的成功之处在于它选择了一个很好的电子商务切入点——网上拍卖。网上拍卖对互联网公司来说，运作相对简单，完全电子化的交易只需公司提供一个交易的平台和完备的服务，即可“坐着收钱”。且在网上拍卖极具市场潜力，消费者的心理得到极大满足，将贵族化的传统拍卖形式平民化，消费者乐得自己当一回“国王”，满足自己的购物心理。

③eBay 创造出的这个好的经营模式并非一劳永逸。网络企业需要一个自律的虚拟市场，以保证拍卖交易过程的公平与透明。同时，还面临着一个技术上的改进与升级的问题。

eBay 独特的商业模式使它走上与众不同的商业轨道，把公司和其他专靠广告收入的商业网站区分开来。像雅虎这样的公司，90% 的收入来自于广告，失去广告，雅虎将面临严峻的生存问题；而 eBay 则不同，它的广告收入只占总收入的 5%。2003 年，电子港湾 21.5% 的营业额来自明码标价的商品。如今 eBay 在美国的网上拍卖市场独霸一方，占据了 85% 的市场份额。

4.1.2 全球化战略实施

1）eBay 走向全球

到 1998 年，eBay 每天能够从加拿大居民那里得到成百上千的商品列表。但是，电子交易主要的国际市场正在向德国和英国转移。因为，交易在一个广阔的市场远比在狭小的市场成功的可能性更大，人们倾向于访问那些点击率高的站点。如果 eBay 不想被关在市场大门之外，必须加入国际市场。

因此，1999 年，eBay 开始在英国、澳大利亚和德国进行风险投资；2000 年，又在日本、法国和加拿大开设网站。eBay 的海外扩张历程从 1999 年开始。

1999 年 5 月，eBay 合并线上付款服务公司 Billpoint。该公司于 eBay 购并 PayPal 后结束营业。

1999 年，eBay 先后合并了 Butterfield & Butterfield 和 Alando。后者被合并在 eBay 德国之下。

2000 年，eBay 合并了 Half. com 和 Mercado Libre、Lokau 及 iBazar 等 3 家拉丁美洲的拍卖网站。

2002 年 2 月，eBay 购并台湾最大的拍卖网站 ubid. com. tw（力传资讯），并改成 eBay 台湾。之后 eBay 又以价值 15 亿元的股票并购了 PayPal。

2003 年 7 月 11 日，eBay 以 1.5 亿美元合并了中国的电子商务公司 EachNet（易趣），并推出联名拍卖网站“eBay 易趣”。

2004 年，eBay 并购印度拍卖网站 Baazee. com，不久又取得 craigslist. org 公司 25% 的股权。同年 9 月，eBay 取得其在韩国的对手 Internet Auction Co. （IAC）公司近 300 万的股权。11 月，eBay 购并荷兰的 Marktplaats. nl 公司。

2005 年 5 月，eBay 合并 Gumtree 和 Shopping. com。之后，eBay 又以 26 亿元现金及股票购并 VoIP 业者 Skype。

2006 年 6 月 5 日，eBay 与台湾 PChome Online 网路家庭宣布进行合作投资，推出联名拍卖网站“露天拍卖”。合资成立“露天市集国际资讯股份有限公司”（PChome eBay Co.，Ltd.），eBay 台湾随之关闭。

2006 年 12 月，eBay 宣布与中国 Tom. com 成立合资公司，在新的合资公司中，Tom. com 占 51% 的股份，eBay 占 49%，并将继续易趣国内交易，另成立新公司 CBT 负责跨国交易部分的业务。

2012 年 4 月，易趣不再是 eBay 在中国的相关网站，易趣为 Tom 集团的全资子公司，易趣网站提供的各项服务均不受影响。

2012 年 9 月 6 日，eBay 宣布已收购了只有 6 名员工的社交购物推荐平台 Svpply。eBay 表示，这笔收购将帮助该公司获得人才，改进在线购物平台，尤其是平台的个性化体验和营销方式。

2）eBay 在中国的本土化发展

eBay 最初通过收购易趣的方式进入中国大陆市场，成为其实现本土化的一个重要切入口。但之后在与淘宝的竞争中落败，最终以与 TOM 合资成立“新易趣”的方式退出大陆市场。

自 eBay 进入中国以来，对中国化的互联网发展始终有些水土不服：从最初小心翼翼的合资到之后大刀阔斧的独资，如今再度回到合资——对中国用户缺乏足够的了解、对淘宝免费策略的摇摆不定等等因素使得 eBay 每一次的亮相都让业内人士翘首企盼，却又草草收场，eBay 在中国市场的表现远不如它在全球尤其是美国市场表现抢眼。

2002 年 3 月 18 日，eBay 投资 3 000 万美元，获得易趣 33% 的股份，并借此进入中国互联网市场。突如其来的消息，震惊了业界。正如一业内人士所说：中国 C2C 市场上担心已久的事情终于发生了。

对于此次合作，双方公司都表示很满意。eBay 首席执行官兼总裁梅格·惠特曼女士表示："我们与易趣此次的合作是 eBay 国际化战略的极重要的一步。在今后的三四年中，中国电子商务将会增长 12 倍，达到 160 亿美元。我们将帮助易趣拓展这个潜力无穷的市场，并在将来共同建立一个全球性的交易市场。"

易趣首席执行官邵亦波也指出："易趣在国内的成功运作经验与 eBay 丰富的国际经验会促使我们的业务更快地发展，从而给易趣网上的买家、卖家带来更多、更好的交易机会。"然而，事态的发展并不一定都尽如人意。

eBay 在中国和进入其他国家一样也遭遇了中国本土化电子商务网站淘宝的抵抗，而且淘宝在中国已经有了深入人心的地位。当 eBay 被淘宝挤兑得很快就没有了优势地位时，退出中国市场是一个不得已的方法，面对中国这么大的一个市场，eBay 下一步还会采取什么行动呢？

为了不放弃中国这个巨大的互联网市场，2006 年 12 月 20 日，eBay 与中国领先的门户网站、无线互联网公司 TOM 在线突破性合作，两家公司共同携手组建一家合资公司，为中国快速增长的电子商务和移动商务市场步入新阶段奠定基础。

eBay 总裁兼 CEO 梅格·惠特曼表示："我们在观察本地的市场之后，发现如果和 TOM 在线合作的话会在中国更为成功。"TOM 在线 CEO 王雷雷更是踌躇满志："利用 TOM 在无线互联网竞争中的优势与 eBay 合作，我相信未来利用电视、电波、媒体的渠道，以互联网为依托，必能整合为更多的用户群体提供更多的入口。同时利用不同的、多媒体的平台吸引更多的商家，参与到 eBay 的电子商务平台。"不出意外，新的交易平台将带给中国国内买家和卖家更多的在线与移动商机。

对 eBay 来说，TOM 在线肯定是个好的合作对象，只不过是全球最大的在线拍卖业务商 eBay 要退居到一个小小的 TOM 在线之后，而 TOM 在线去年总共营业收入也不过是 1.73 亿美元。eBay 此举无疑再次证明了其在中国市场日益降低的地位，此前 eBay 已经在中国投入了近 3 亿美元。

从表面来看，放弃中国业务的控股权对于 eBay 而言是一个失败。但是，如果继续独立运营，eBay 还需要在中国投入资金，而且并不能保证未来可以获得成功。从这一角度来看，尽管放弃中国业务是一个痛苦的选择，但从长期来看，这的确是更好的战略。这并不是 eBay 第一次选择退出，早在 2002 年，该公司就因无法同雅虎抗衡而退出了日本市场。原因是该公司在日本落后于市场领军企业雅虎，没能在日本市场上占据一席之地。

3）跨国界交易和全球化模式

虽然 eBay 在中国和其他几个国家在本土化进程中出现了很大的纰漏，但是它的这种跨国界交易和全球化的模式却是任何一个互联网公司都应该学习的。尽管跨国界的个人对个人的交易在背后还存在着问题，但它的发展必然依靠互联网，至少在搜索潜在交易伙伴方面，互联网充分地缩短了距离。毕竟当地的个人对个人市场，在某种程度上正在被 eBay 所倡导和努力完善的电子化市场所取代，但是，这种电子化市场还具有地区性和国家性。建立更远距离的，尤其是跨国的电子市场，会使“套汇”交易有更多的机会。

这种跨国界的个人对个人交易市场的前景深深地触动了 eBay 欧洲分公司的领导层。毕竟，欧洲是一个国家间一体化程度越来越高的地区，他们将考虑开发这种跨国交易的潜能。某些商品（如邮票）在这个地区已经证实了这种分析。粗略估计显示，在 eBay 的跨国交易占总体活动的 10% 左右。还有一个问题是大量的资源必须投入这项工程，一些人已经花费了大半生精力关注并促进跨国界的交易。但是，对 eBay 欧洲分公司来说，最重要的问题是 eBay 应该和能做些什么，才能积极推动全球化贸易？eBay 应该作为一个开拓者，鼓励热心全球化交易的人去策划如何跨国交易和交易什么，或者帮助这些人解决靠他们自身难以应付的困难。

当然，跨国贸易的可行性还将依赖于跨越多种多样的 eBay 市场的技术平台的兼容性。eBay 负责国际业务的总裁马特·班尼克认为，如果 eBay 能够做到内部全球化但外部当地化，那将十分理想。确实，在全球许多地方，eBay 都拥有当地的站点，能用当地的货币和在当地的分类目录中列出交易品。在那些小的和新的市场（像澳大利亚和新西兰），eBay 运用简易版本，凭借美国的网站建立一个当地的站点。在这些网站中，商品无法用当地的货币和分类目录列出。要是交易量增加，eBay 将开发一个完整的网站（像它在英国和德国做过的那样）。但是，在所有的网站中，站点必须建立在同样的全球化平台上。

2008 年，尽管美国经济的发展速度正在减慢，eBay 在其公布的第一季度收入同比增长仍达到 24%。其业绩之所以能够实现增长，主要是因为海外市场对美国商品的需求不断增长以及 eBay 国际网站的销售活动持续旺盛。eBay 购物网站 54% 的销售收入和 Paypal 支付业务 43% 的收入来自美国以外的市场。

eBay 公司于 2013 年 1 月 17 日凌晨发布了 2012 财年第四季度财报和全年业绩：公司第四季度收入 39.9 亿美元，比去年同期增长 18%；利润 7.5 亿美元，下滑 62%。2012 全年收入 140.7 亿美元，同比增长 20.8%；利润 26.1 亿美元，同比 2011 年的 32.3 亿美元下降 19.2%。尽管 eBay 的利润下滑，但 eBay 网络拍卖业务的销售额仍出现强劲增长，而旗下 PayPal 支付业务部门处理的交易量也在稳定增长，整体财务指标略好于主流分析师预期，eBay 的股价依然呈现出较好的势头。目前，eBay 股价是 2009 年最低点的 5 倍以上。多年来，eBay 网络拍卖业务的增长一直落后于亚马逊。但在 CEO 约翰·多纳霍（John Donahoe）的领导下，eBay 斥资升级搜索功能，鼓励卖家提供免费送货等更多服务，以进一步提升购买体验。在过去一年，由于手机购物以及热门手机购物应用的爆发式增长，eBay 的网络拍卖业务新增用户数 10 万人。目前，eBay 整体活跃用户达 1.12 亿，同比增长 12%。

4.1.3 eBay 面临的问题

1）技术故障

eBay 主要是消费者对消费者的商业模式，这给它带来了 84% 的毛利率。然而，它无法向想拍卖产品给消费者的企业提供服务，而且 eBay 也面临着技术上的挑战。曾经在仅一个月中，eBay 网站出现 4 次中断故障。Jupiter Communication 的分析师 Ken Allard 估计有 30% 的流量高达每天 100 万人次的网站出现过技术困难的问题，如何在这种时刻仍然保证对顾客的承诺和支持是很重要的，所有的网站都应该有应付网站故障的对策。

2）信誉危机

目前的拍卖网站都面临着“Shilling”的危机，也就是一个假的买者与卖者串通来操纵拍卖过程，把竞价抬高。目前网上拍卖者都没有对这种假买方（称为 Shill 或 Shield）进行有效的遏制，这也是网上拍卖发展的绊脚石。eBay 面临的最大问题是如何能最有效地防止网上交易的欺诈行为。尽管 eBay 一直在不遗余力地和欺诈行为做斗争，但是一直没有能彻底制止这种现象。首先，一些不法商家，利用 eBay 出售伪造的名牌商品、盗版书籍和音像制品，坑害了许多消费者，并且直接伤害到 eBay 的信誉。这些不法商家不仅很难跟踪，而且即使抓住，也赔不出多少钱，因此一些名牌厂家和消费者转而状告 eBay。2007 年英国《泰晤士报》报道，哈利波特的作者状告 eBay 卖盗版书，同年路易威登状告 eBay 销售假冒 LV 品牌的商品，向 eBay 索赔 3 700 万欧元，而此前著名首饰商蒂凡尼（Tiffany）也向法庭提起过类似的诉讼。

还有一些欺诈团伙，利用 eBay 的交易反馈（评论）系统的漏洞，先以很便宜的价钱卖掉一些几块钱的小商品，获取很高的正面反馈比例，然后卖几百几千美元的大件商品，收了钱就逃之夭夭了。更有甚者，这些人还会以别人的地址注册 eBay 的商店，当联邦调查局的人按照 eBay 上的地址找到这些居民时，他们才发现自己的个人信息和家庭地址被犯罪团伙盗用了。这些问题严重影响了 eBay 以及 eBay 上很多商家的声誉，使得很多顾客即使觉得 eBay 上的商品价格便宜也不敢去买。虽然 eBay 采用了 Paypal 支付系统后，靠 Paypal 的地址确认方式杜绝了一些欺诈行为，但是，各种各样的欺诈在 eBay 上仍然层出不穷。

eBay 商业模式的根本缺陷在于，它无法控制买卖双方的资金流动，因此很难根治网上商业欺诈。从 2005 年以后，在 eBay 上买东西越来越不让人放心，eBay 的成长呈现出饱和的态势。在一些季度里，它除去在线支付部门 Paypal 的收入后，营业额的增长只比通货膨胀率高一点。而在电子商务领域挑战 eBay 的是亚马逊。

4.2　中国互联网交易的典范——淘宝网

“电子商务一定缺不了五样东西，这是未来淘宝一定会全力发展的。第一，电子商务一定要有诚信体系，现实社会很难建立诚信体系，但是电子商务方面，阿里巴巴有机会建立一个诚信体系；第二，电子商务一定要创造交易市场；第三，电子商务希望要有搜索引擎，我们购买了雅虎；第四，电子商务必须要有支付体系，阿里巴巴自己创造一个支付体系；第五，软件。”

——马云语录

4.2.1　淘宝网简介

淘宝网（www. taobao. com），亚太最大网络零售商圈，由阿里巴巴公司在2003年5月10日投资4.5亿元创立。淘宝网现在业务包括C2C（消费者对消费者）、B2C（商家对消费者）两大部分。遵循“没有淘不到的宝贝，没有卖不出的宝贝”的使命，淘宝网提倡诚信、活跃、快速的网络交易文化，坚持“宝可不淘，信不能弃”的信念。创立不到两个月，同年7月4日，淘宝网站就已拥有会员1.7万，上网商品6.2万件，日平均网页浏览量达到30万，日平均访问人次2.5万，日新增商品达2 000多件。2005年，淘宝网每日在线商品数量超过1 200万件、网页日浏览量突破1亿、注册会员数突破1 500万，成交额突破89亿元，淘宝网改变了中国电子商务的格局。

在为淘宝会员打造更安全高效的网络交易平台的同时，淘宝网也全力营造和倡导互帮互助、轻松活泼的家庭式氛围。每位在淘宝网进行交易的人，不但交易更迅速高效，而且交到更多朋友。现在，淘宝网已成为广大网民网上创业和以商会友的首选。2005年10月，淘宝网宣布：在未来5年，为社会创造100万个工作机会，帮助更多网民在淘宝网上就业，甚至于创业。到2007年，淘宝网已经为社会创造超过20万的直接就业岗位。特别是在2008年的金融危机中，通过淘宝网进行的消费，无论是数量还是交易额都在逆势上升。而在2009年之后淘宝网相继推出天猫商城、聚划算等，更加完善淘宝的商业模式，使淘宝在C2C网站中占据了主导地位。

4.2.2　淘宝网的服务

1）愉快的购物体验

淘宝网是C2C（消费者对消费者）的个人交易网上平台，各个方面都有其独特的地方，拥有名目众多的商品服务、文化特色，又有适合商家交易的支付宝和淘宝旺旺，最主要的是淘宝网引入了买卖双方评价系统，让消费者放心在淘宝网购买商品。

在商品方面，淘宝的商品数目由开始的几件二手商品到现在的名目众多的各种各样的品种，从汽车、电脑到服饰、家居用品，分类齐全，更是设置了网络游戏装备交易区。和其他的拍卖网站相比，淘宝突出的优点是，如果商品的剩余时间在 1 小时以内，时间的显示是动态的，并且准确显示到了秒。

为了让会员在交易过程中有一种欢愉的心情，淘宝网一开始就显示出和其他电子商务网站不同之处，它让会员在交易过程中感觉到轻松活泼的家庭式文化氛围。“淘宝旺旺”的推出便是一个例子，会员注册之后，淘宝网和淘宝旺旺的会员名将通用，如果用户进入某一店铺，正好店主也在线的话，会出现“掌柜在线”的图标，可与店主在线交换信息。“淘宝旺旺”具备了查看交易历史、了解对方信用情况等个人信息、头像、多方聊天等一般即时聊天工具所具备的功能。

2）淘宝的信用评价体系

淘宝网十分注重诚信安全方面的建设，引入了实名认证制，并区分了个人用户与商家用户认证，两种认证需要提交的资料是不一样的，个人用户认证只需提供身份证明，商家认证还需提供营业执照，且一个人不能同时申请两种认证。这方面可以看出淘宝在规范商家方面所作出的努力。

淘宝同样引入了信用评价体系，把信用分为买家和卖家信用，这两种信用会分别显示，并且在显示的同时还会出现买家好评率和卖家好评率，以此促使买卖双方放心交易。为了防止信用诈骗，淘宝网把虚拟商品信用和实物商品信用分开来计算，增强了交易的防欺骗性。对于买卖双方在支付环节上的交易安全问题，淘宝推出了“支付宝”，以此来降低交易的风险。在淘宝使用支付宝目前是免费的，当用户支付商品货款的时候，通过淘宝的银行接口付款，用户不用负担汇费。购物尤其在购买大件商品的时候，注意看卖家是否同意使用支付宝，如果同意，那么保险系数更大一些。

4.2.3 淘宝网的商业模式①

淘宝网的成功是中国互联网业的一个奇迹。淘宝网在众多的个人拍卖网站中脱颖而出，并很快取得制胜的核心竞争力，得益于其独特的商业模式。

1）具有担保功能的网上支付工具“支付宝”

支付和诚信问题，一直是困扰电子商务发展的核心难题。为了解决网上支付困难和消除买卖双方不敢网上交易的问题，淘宝和中国最大的国有商业银行中国工商银行合作，于 2003 年 10 月 18 日在淘宝网推出具有第三方担保功能的网上结算工具“支付宝”。在此后的一年时间内，支付宝成为淘宝网不可缺少的支付方式，深受淘宝会员喜爱，引起业界高度的关注。

2005 年 2 月 2 日，阿里巴巴公司在北京宣布全面升级网络交易支付工具——“支付

① 张小争．“狂飙者”淘宝网的商业模式［J］．经理人，2006（4）：93-95.

宝”，同时www. alipay. com正式上线。作为国内先进的网上支付平台，支付宝体系的实质是以支付宝为信用中介，在买家确认收到商品前，由支付宝替买卖双方暂时保管货款的一种增值服务。通过与工商银行、建设银行、农业银行和招商银行联手，长期困扰中国电子商务发展的安全支付瓶颈获得实质性突破，中国电子商务因此成为真正安全的电子商务，并进入突飞猛进的发展阶段。支付宝服务是互联网企业的一个创举，是电子商务发展的一个里程碑。

此外，阿里巴巴宣布“支付宝”推出“全额赔付”制度，对于使用“支付宝”而受骗遭受损失的用户，支付宝将全部赔偿其损失。“你敢用，我就敢赔”，主动全额赔付以保障用户利益，目前在国内电子商务网站尚属首例。这一制度显示了阿里巴巴解决电子商务支付问题的决心，以及对“支付宝”产品的绝对信心，也因此成为更多网民转为“网商”的坚实保障。

在此基础上，淘宝还在网站内建立了第三方信用认证体系。这个体系是将所有会员的信用记录公开，会员在交易前可以查看对方的信用记录。

2）符合中国商业习惯的即时通信工具

中国人的交易习惯一般是在交易之前进行商谈，为此淘宝网推出了即时聊天工具——淘宝旺旺，它不但具有聊天和沟通功能，更重要的是使网络交易有了更好的沟通渠道，使中国的即时聊天工具出现了第一次市场细分，而避免了与QQ的正面竞争。

淘宝网总经理孙彤宇说，中国人做生意并不仅在意钱的多少，他们也很在意感觉。淘宝在为会员打造更安全高效的商品交易平台的同时，也全心营造和倡导了互帮互助，轻松活泼的家庭式文化氛围，让每位在淘宝网进行交易的人，交易更迅速高效，并在交易的同时，交到更多朋友，淘宝成为更多网民网上创业和以商会友的优先选择。

3）在竞争中占领先机

为获得巨大的流量和旺盛的人气，淘宝网采取网站联盟和搜索竞价的策略，迅速在电子商务关键指标上超越对手，在竞争中占到了先机。

（1）网站联盟。2003年7月，eBay易趣凭借3 000万元巨资在与新浪、搜狐、网易等门户网站签署的广告合同中要求，如果这些网站与淘宝、雅宝、酷必得及雅虎拍卖等同类拍卖网站发生宣传方面的任何合作时，易趣要对合作的网站进行高额罚款。被排挤出三大门户的广告平台，对初生的淘宝无疑是个沉重的打击。不得已，淘宝的策略是以较低的成本，与小网站联盟，在成百上千个小网站上投放淘宝网的广告，正是这些不起眼的小网站成就了淘宝网的“名声远扬”。

（2）搜索竞价。包括搜索排名、网络实名等形式在内的网络营销已经成为企业在互联网时代行之有效的营销方式。淘宝网一开始就和3721合作，后来又与Yahoo合作，采用Yahoo的搜索竞价，一次性投入了2万个关键词。仅仅是上线的当天，从Yahoo搜索来的流量就高达4万。淘宝网的目标是做中国第一大C2C拍卖网站，又把关键词追加到3万个，而流量激增到了6万，而且二次点击率和实际成交率都非常高。

4）淘宝会员的免费模式

淘宝网在2003年创立之初，曾承诺不向用户收取任何费用，一度成为其打败竞争对手的重要工具，并渐渐赢得了用户的欢迎。但在其近年的发展时间里，淘宝似乎并没有放弃一次又一次地尝试"变相收费"。而几乎每一次的尝试，都会激起部分卖家的反对，甚至几度引发规模抗议。

（1）免费3年政策

2003年5月，马云曾经公开承诺"淘宝网3年不收费"。2005年10月，淘宝公司在北京宣布，淘宝网将继续免费3年。同时阿里巴巴公司宣布，对淘宝网追加10亿元人民币的投资，进一步带动中国电子商务的迅猛发展，并在未来3年通过淘宝网的个人网上交易，给中国社会创造100万个就业机会。

（2）2006年，"招财进宝"，淘宝收费试水

2006年5月10日，淘宝宣布了新的增值服务计划：招财进宝。这个举措试图让一直免费的淘宝从网上40多万个店铺中挖掘出现实的收入，被当时的媒体称为淘宝网向"真正的商业模式"迈进的第一步。

"招财进宝"实际上是搜索引擎常用的一种竞价排名服务。网上的卖家为了更好地凸现自己的店铺，自愿出钱购买所售商品关键词，这样，使用"招财进宝"服务的卖家将在买家的搜索结果中按照出钱多少优先显示。

然而，由于部分卖家在使用这项服务后并没有得到预期效果，也有人开始公开指责马云撕毁"再免费3年"的承诺。在接下来的1个月里，这项计划开始被指"变相收费"，一些卖家也开始在淘宝社区中高声反对"招财进宝"服务。2006年5月末，矛盾激化，部分卖家甚至开始组织策划"六一罢市"活动以抵制该计划。最终，面对群体聚集的力量，淘宝在实行网络投票后取消了此项服务。

期间马云曾一再向用户道歉，声称"我们不能、决不会，也没必要破坏自己的承诺"，表示免费3年的承诺没变，并称一定会找到公平合理的收费模式，"我们希望实现让愿意付费的人付费、不愿付费的人永远免费的理想模式"。

（3）2007年，"可选的增值服务"

2007年4月，淘宝网再次宣布，将对2006年新开辟的商城卖家（B2C）提供可选的增值服务。

"为了保证消费者权益，我们向商户收取一定的保证金。"在淘宝发给商户的协议中，将店铺保证金按照A、B、C 3类店铺划分：A类店铺保证金3 000元；B类店铺保证金5 000元；C类店铺保证金需面议。不过淘宝没有在协议中透露划分各类店铺的标准。

根据协议，保证金缴存于支付宝公司，且冻结于商户支付宝账户内。除此之外，商户还需向第三方支付一笔198元的信息确认费，用于核对用户的身份信息。

消息传出，卖家质疑声再次四起。

面对当时一些卖家对收费行为的不满，淘宝网新闻发言人说，这项增值服务仅面向商

城（B2C），也就是淘宝网上少量品牌经销商，不面向淘宝C2C部分的集市、二手的卖家。他强调，淘宝2005年10月25日宣布的“继续免费3年”的承诺不变，对C2C卖家的服务和支持力度保持不变，并且B2C业务的卖家也完全可以根据自身的需求取舍，淘宝并没有违背承诺。

（4）2010年，修改商品搜索排序规则

2010年7月8日，淘宝更改商品搜索排序规则，通过搜索规则的调整，在被系统认定为重复货铺后，原来一些同样的商品将不会再出现在搜索结果的前几页中。淘宝方面声称调整后的新规将更重视对卖家诚信度及服务质量的要求，以捍卫消费者的利益。当时媒体报道，一些中小卖家反映，搜索新规导致店铺浏览量和交易量下降，而“淘宝修改规则其实就是为了多赚卖家的广告费，所以大家团结起来表示不满”。于是受新规影响的中小卖家开始组建QQ群，号召恶意点击淘宝商品搜索结果页面右侧广告“淘宝直通车”，并于8月下旬到9月初多次赴杭州淘宝总部示威。淘宝方面则强硬回复。马云在后来的一封《为理想而生存！》的公开信中说：“我们是否应该放弃自己促进新商业文明的使命而回到仅仅是一家普普通通的赚钱公司？……我们宁可关掉自己的公司也不会放弃自己的原则！”此次冲突以淘宝坚持调整搜索规则结束。

4.2.4 淘宝网的盈利模式①

1）网络广告盈利

淘宝网自2007年7月开始正式启动网络广告业务，将网站中重要的Banner广告位和搜索结果的右侧广告位对外销售。网络广告服务是淘宝官方正式宣布的首个盈利模式，主要指开拓网络营销渠道，包括品牌旗舰店建设，代理商招募等方式。比如提供帮助广告客户提升品牌、帮助客户促进销售等服务。另外，淘宝网还向广告客户推出了增值的服务计划，包括品牌推广、市场研究、消费者研究和社区活动等。

2）支付宝盈利

支付宝这个第三方支付平台的建立是淘宝网取得成功的关键因素之一，支付宝的担保交易模式为C2C买卖双方提供了安全保障。支付宝解决了网上支付欺骗的困扰，让淘宝网从一个信息平台变成了一个高效的交易平台，两者相互依存成为了一个统一的整体。另外也有许多其他电子商务网站用支付宝作为支付手段，支付宝在中国的网上支付已经占据了很大的份额。

根据《淘宝网2009年上半年业绩报告》显示，淘宝实现交易额809亿元，逼近了上一年全年999.6亿元的成交额。对比国家统计局公布的上半年社会消费品零售总额58 711亿元，在淘宝网上实现的交易额占比1.4%，较上一年年底上升了0.4个百分点。而绝大

① 李冰．淘宝网盈利模式浅析［J］．电子商务，2008（8）：61. 胡书君，黄娟．淘宝网盈利模式研究［J］．现代商业，2008（17）：171.

多数的交易都是通过支付宝这个第三方支付平台进行的，因此在支付宝中就沉淀了大量的资金。淘宝网利用这些沉淀资金可以赚取大量的利润。

3）开发购物平台收取服务费盈利

淘宝网从一开始就采用了免费策略，吸引了大量的注册会员，接着又推出其 B2C 购物平台——淘宝商城。淘宝商城为商家提供了一个便利开店的机会，同时淘宝网也为商家提供了一个便利交易的环境。例如：消费者保障、7 天无理由退货服务和购物返积分等活动吸引网络高端消费者。但是加入淘宝商城和使用淘宝商城的商家服务需要付出一定的成本。首先商户加入淘宝商城需向第三方支付一笔 198 元的信息确认费，用于核对用户的身份信息。其次根据店铺所使用的服务与级别，支付不同的服务费和保证金。其中淘宝商城的商户被分为 3 类，每一类所享受的服务不同，所支付的服务费用也相应不同。淘宝网按照 A、B、C3 类店铺各自收取不同金额的保证金，见表 4-2。

表 4-2 **保证金收费表**

类别	保证金额度（元人民币）
A 类店铺保证金	3 000
B 类店铺保证金	5 000
C 类店铺保证金	双方协商

尽管在淘宝开店是免费的，但是如果要想获得特殊的服务，要想使得自己的店铺能够有更好的宣传力度和营销效果，就需要购买淘宝提供的店铺服务，店铺服务具体收费见表 4-3。

表 4-3 **淘宝网店铺服务收费标准**

服务类别	服务项目	收费标准
一类店铺	旺铺、橱窗宝贝推荐位增加 30 个、阿里旺旺子账户功能 5 个	600 元/季度
二类店铺	旺铺、橱窗宝贝推荐位增加 50 个、阿里旺旺子账户功能 5 个	1 200 元/季度
三类店铺	旺铺、橱窗宝贝推荐位增加 80 个、阿里旺旺子账户功能 5 个	1 800 元/季度
二级域名服务		200 元/年

据调查数据显示，2011 年中国第三方互联网支付市场交易规模较 2010 年翻了一番，达到 2.16 万亿元；而 2012 年第三季度第三方互联网支付市场交易规模已达到 9 764 亿元，当年前三季度累计交易规模已超过上一年全年。

4.2.5 淘宝的价格优势

淘宝网的东西之所以便宜有多方面的原因：

（1）经营成本低。网上商店因为没有开实体店，可以省去店面的租金或商场里收取的租营业场地的费用；网上开店，人员需求少，从而降低人员成本。

（2）网络购物省略了销售的中间环节。淘宝卖家商品的进货渠道通常来自原厂，很多店铺都是直接从厂商拿货，直接销售给顾客。而且淘宝上的所有的价格都是透明公开的，如果你的价格没有优势，没有人会买你的商品。

（3）有些淘宝卖家直接从国外进货，如果进的是水货，自然也比较便宜。

（4）对于要求较高的进口产品，经常会筛选出一些毛病并不大的不合格品。这些东西有些淘宝卖家就会收留起来，一样是真品，但价格也便宜很多。

网上的东西如果不便宜会有人买吗？人们总是习惯于购买打折商品。网上购物之所以会成为一种潮流，自有它的道理。

首先，淘宝上的东西并不全是特别便宜的，如果和现实差别很大的话，很有可能是假的、仿的，质量无法保证。

其次，网上很多东西要比实际便宜10%～30%左右（但并不是所有的东西都适合在网上销售的），主要有以下几种类型的产品：

第一类产品：利用某些物品的地区差价（比如鞋、衣服等，其产地的价格要稍低）。

第二类产品：主要是电子产品，通过避税来降低价格（手机、数码相机等电子产品通过香港运送，利用关税差价，这些产品往往是不开发票的）。

4.2.6　全新淘宝的发展

1）全新就业模式

相关数据显示，2009年7月6日支付宝用户数达到2亿，淘宝网用户数也达到1.45亿，淘宝卖家达到100多万①。淘宝网的成立带给网民一种全新的就业方式，淘宝网在2005年就给自己定下一个“创造100万就业机会”的目标。2008年淘宝网为社会创造了57万个直接就业岗位。

2）营造网商生态

不仅个人能在淘宝上实现梦想，企业也可以。

从2006年开始，就有很多厂商在淘宝网上开店，其中有宝洁、摩托罗拉、阿迪达斯这样的国际大牌，也包括联想、爱国者、李宁等国内知名品牌，还有从不触网的中华老字号也蜂拥上网，但最多的是那些支撑起中国经济的中小企业，快速反应的他们占据了上网淘金企业群体的80%。在这些中小品牌触网成功的后面是给社会创造越来越多的就业机会。

3）全新网购体验

新生代市场监测机构的调查结果显示，淘宝网每天有900万人在“逛街”，像沃尔玛、家乐福这种大型卖场，一个门店一天的平均客流量也不会高于1.5万人。这意味着，淘宝网一天的客流量相当于近600个大卖场的客流量。而600个大卖场的数字相当于沃尔玛、

---

① 罗丽艳．中国电子商务发展比肩发达国家［EB/OL］．［2009－10－21］．http：//news. ctocio. com. cn/138/9242638. shtml.

家乐福等所有外资零售商门店的总和。很多都市中的白领，中午、傍晚下班后已经不再去周边的商厦逛街购物，而是习惯上网"逛街"。同时，人们相信并乐意在网上购买日常生活用品，这些商品已经占到网购总量的30%。

根据艾瑞咨询统计数据，2008年下半年网购市场交易规模达750.8亿元，较上半年增长41.4%，同比2007下半年增长113%。整体来看，2008年网络购物交易额规模突破千亿元大关，达到1281.8亿，相比2007年增长128.5%。排除掉住房、汽车等大宗消费，网购已经占到网民们日常消费的相当部分。如图4-1所示，中国网络购物占社会消费品零售额比例逐年增大，人们已经越来越离不开网上购物。

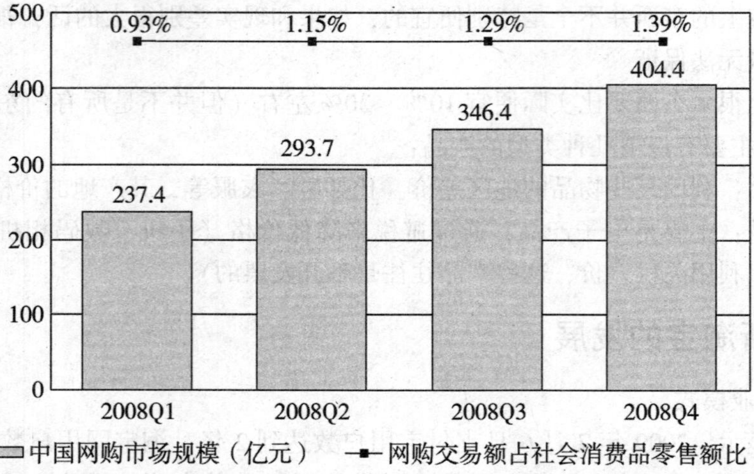

图4-1 2008年各季度中国网络购物规模以及占社会消费品零售额比例

艾瑞分析认为，2008年是网络购物爆发式增长的一年，网购成为网络经济中增长最快的行业之一。突发性事件基本没影响网购的增长，包括上半年雪灾、地震等自然灾害，特别是下半年逐渐蔓延的金融危机，对网购市场的负面影响较小，金融危机反而成为网络购物发展的新契机。艾瑞研究认为，网络购物已经成为传统零售市场强有力的补充，网上购物已成为年轻一代主流的购物方式。①

4）全新公益模式

2008年5月12日下午两点汶川大地震爆发，12个小时后，淘宝就在全国第一个开通网络捐款通道——即使在凌晨，一分钟内也有1 900位网友捐款，10 000元善款即时到账。最高峰时，一分钟就募得捐款过10万元，不到10天就募得捐款2 000万元。

为什么淘宝网一个购物网站上能如此高效地把网商们藏在心里的公益意识转化成真正的公益行动？最关键的是淘宝已经成为一个规范的社区，拥有一套高质量的诚信体系。这套体系由许多的网商建立，又反过来规范千千万万的网商。可以毫不夸张地说，淘宝网上

① 艾瑞咨询．2008年中国网络购物市场发展数据报告［EB/OL］．［2009-02-12］．http：//report.iresearch.cn/1240.html.

的商业诚信远远高于线下社会的商业诚信。

而这种诚信体系在公益事业中收到了出乎意料的效果。人们在淘宝上的一言一行都会影响到个人的诚信，都会影响个体的生意。因此当你出来号召、募捐的时候，大部分人都会持相信、认同的态度，慷慨解囊；如果你骗了别人一次，以后就基本上没人会和你做生意，因为你的污点永远记录在案，而且所有人都可以看到。

4.2.7　淘宝网的明天

随着人民币升值压力和宏观经济短期内不确定性的增加，大量的中小型企业面临着生产成本和销售成本双向增加的压力，2008 年淘宝网重点推出了 B2C 商城，帮助中小型企业运用电子商务这种新经济手段降低销售成本，增加竞争能力。这些中小企业的健康发展将会决定着中国就业市场、经济成长速度以及消费增长能力，这种新突破必然要从淘宝网之类的成长性公司中获得空间。这种生态链式的架构正是马云的初衷——在一个健康的经济体中，产品型企业的稳定成长能够解决宏观经济运行压力，而造就的经济增长力则推动个人消费社会的形成，这正是淘宝网自诞生以来遵循的脉络。

2009 年刚刚开始，互联网上便出现了让人们耳目一新的返还行业。以返还网为例，会员通过返还网到淘宝、当当等网站购物后，返还网会额外返还给会员 5% ~25% 的现金，而这些现金就是淘宝的卖家或者当当提供的。

淘宝已经是 C2C 业界的大佬，这已毫无疑问，而由此滋生出来的中间行业——返还，又是无论是 B2C 还是 C2C 都适用的行业。淘宝瞄准了代推广这一市场，在成立了阿里妈妈之后，大力施行淘宝的淘客计划。这一方式使得返还行业新兴起来，淘宝网与返还网的合作可以说标志着马云又带起了一个行业！

淘宝网是中国互联网的一个传奇，它的出现不仅使中国互联网应用发生了翻天覆地的变化，也使中国电子商务有了自己全新的商业模式和盈利模式，同时改变了人们的购物方式和生活方式。2009 年，在金融危机持续过程中，淘宝网的命运究竟会如何，在中国互联网经济发展日益完善的过程中，淘宝网究竟会走到那个方向？这些都将成为人们关心的话题。而 2012 年双 11 节那天淘宝网一天营业额 191 亿元的业绩，足以说明中国的网络购物热潮方兴未艾。

4.3　淘宝与易趣之争

4.3.1　发展历程

1）淘宝网的发展历程

中国市场这块大蛋糕，早已让 eBay 眼红，只是苦于在中国没有渠道。阿里巴巴是当时国内唯一的一家经营 B2B 电子商务的网站。于是，从一开始，这就注定将是一场“蚂蚁对大象”的战争。而这场战争的关键要素就是马云的“倒立者赢”。据说，在淘宝，人人要会倒立，这是加盟淘宝的最基本要求。通过这个规则，我们也会发现：淘宝擅长超常规战，淘宝就是在这样的背景下建立并迅速成长起来的。

表 4-4 列出了淘宝网的发展历程。2003 年“非典”期间，阿里巴巴的用户会感觉比较奇怪，有时拨打服务电话，会传来老人的声音：“喂，这是阿里巴巴。”因为，阿里巴巴有人感染了 SARS，公司 600 多名员工都被隔离在家，电话也都转到了家里。当时，只有八九个人免于被隔离，这是因为他们事先已经秘密开进了马云湖畔花园的家。3 月的一天，他们被叫进了马云的办公室，桌上有一沓厚厚的英文合同。马云说如果签了这个合同，就要立即“从这个公司消失”，另有事情要去做，但这件事不能跟任何人透露，甚至跟父母也不能讲。当然，有谁不愿意的话现在就可以离开。说完，马云递给他们一人一份合同，是英文的，并如实地告诉他们：只要你签下你的名字，就必须保证 10 个月以内你不能漏出一点点风声，而且你签了合同就意味着你离开了我们公司，关于新公司的一切也不能告诉别人。在粗粗看完英文合同后，一一都签了字，心思缜密的马云选择秘密创造淘宝网，当时的八九个人，包括孙彤宇、王帅等人。

表 4-4 **淘宝网的发展历程**

时间	淘宝网
2003 年 7 月	淘宝网成立，宣布全站免费
2003 年 10 月	推出“支付宝”
2004 年 4 月	淘宝网与 21CN 结盟，在频道、邮箱、短信、市场活动等 4 个方面全力合作
2004 年 7 月	阿里巴巴投资 3.5 亿元
2005 年 4 月	与搜狐宣布结成战略同盟
2005 年 5 月	成为 MSN 中国拍卖频道的合作伙伴
2005 年 10 月	淘宝网宣布将继续免费 3 年
2006 年 5 月	推出全新 B2C 业务——淘宝商城，并同时推出竞价排名服务“招财进宝”
2006 年 12 月	推出 EMS 电子商务经济速递——e 邮宝
2008 年初	支付宝与中国建设银行合作推出支付宝卖家信贷服务
2008 年 4 月	淘宝 B2C 平台正式上线，并对“品牌/商城”业务收费
2008 年 9 月	中国最大的网络广告交易平台阿里妈妈与淘宝合并
2010 年	在南京建立呼叫中心

资料来源 淘宝网“关于淘宝”栏目。

淘宝网刚成立的时候，网上没有产品，为造人气，马云等人只好自己人凑产品，然后就在网上你买我的东西我买你的东西。过了一段时间，阿里巴巴内部网页上出现一篇文章，是内部一名员工写的，他呼吁公司高层要高度注意一家新成立的小公司，它可能会成为我们日后的对手，它是淘宝网，这家名叫淘宝的公司虽然小，但是它很有威力，想法很奇特，而且它的构思跟我们阿里巴巴很像。淘宝的阿里巴巴的工作人员开始跟帖，说已经注意到这家公司了。后来又有人发帖说，他们已经通过 IP 地址测试到这家公司就在杭州，就在我们阿里巴巴的附近。7 月 10 日，马云宣布，淘宝网是我们自己的，这让大家欢呼不已。

这就是淘宝的倒立者风格。这个风格也体现在营销策略上，即针对易趣的收费方法，采取继续免费的策略。在 2005 年 10 月 19 日，马云再次宣布“淘宝网将继续免费 3 年”。这个宣布是需要勇气的，分析人士认为，初步预估，淘宝每年需要烧掉至少 3 亿元。雅虎中国前 CEO 谢文也曾透露，雅虎中国每年需要烧掉 2.7 亿元，淘宝每年花掉的钱超过雅虎中国。两者相加，接近 6 亿元。毫无疑问，这是一个巨大的压力，尽管免费是对市场的一种巨大投入，对于淘宝的发展过程而言，免费为其后来居上发挥了至关重要的作用。

2）易趣网的发展历程

表 4-5 列出了易趣网的发展历程。1999 年成立的易趣经历了中国网络经济的疯狂与寂静，占据着 70% 的市场份额，而且拥有良好的品牌优势和用户基础，eBay 易趣曾由此在中国网络卖场中占据了绝对优势。然而新生的淘宝凭借着“免费”与“支付宝”两颗利齿，不断蚕食易趣的份额，最终彻底打败 eBay 易趣，这期间的本土智慧与美国思维之交锋，是极其耐人寻味的。

表 4-5　**易趣网的发展历程**

时间	易趣网事件
1999 年 8 月	易趣网成立
2001 年	开始对卖家登录物品收取登录费
2002 年 3 月	eBay 注资 3 000 万美元，与易趣结成战略合作伙伴
2002 年 9 月	易趣开始对卖家网上商品成交后收取商品交易服务费
2003 年 6 月	以 1.5 亿美元收购了易趣公司剩余 67% 的股份，更名为 eBay 易趣
2004 年 2 月	易趣正式调低了自己的商品登录费用
2004 年 10 月	eBay 与盛大结成战略合作伙伴
2005 年 1 月	成立“中国客户服务中心”
2005 年 5 月	易趣网再次宣布登录费、月租费下调
2005 年 7 月	贝宝（PayPal China）中国网站开通
2005 年 12 月	推出免费开店、减少商品登录费等价格调整计划
2006 年 1 月	网络语音沟通工具 Skype 实现全面对接

续表

时间	易趣网事件
2006年3月	与麦当劳、永乐家电达成战略合作
2006年5月	"品牌旗舰专区"正式上线
2006年6月	与TOM在线合作，推出国内首个基于WAP技术的手机购物平台
2006年12月	与TOM在线组建一家合资公司，改名为"TOM易趣网"
2007年7月	全新交易平台——易趣正式上线启用
2008年4月	推出"易趣卖家共成长计划"
2008年5月	易趣终身免收包括高级店铺和超级店铺在内的店铺费，并免收商品登录费、店铺使用费等传统收费项目
2010年2月	易趣正式推出海外代购业务，为买家提供代购美国购物网站商品的服务
2012年4月	易趣不再是eBay在中国的相关网站，易趣为TOM集团的全资子公司，易趣网站提供的各项服务均不受影响

2002年，中国互联网尚未走出寒冬，唯易趣独占辉煌，其电脑与网络产品的月平均交易额超过1 000万元人民币，分布于全国各地的买家人数累计超过10万人。在当时，邵亦波激情满怀："我希望在接下来的3～5年里，我们能够把易趣做成中国最大的'商业街'，当易趣交易量与王府井、南京路相当时，易趣就成功了。"

为敦实知名度，易趣先后动用重金在新浪、搜狐、百度、Google上投放大量广告，依靠着巨额的广告和市场投放，易趣网发展了大量客户。然而，这种用资金换取知名度的做法与网络泡沫时代的烧钱方式如出一辙，大量资金内耗导致易趣的资本运作出现了严重内伤。

窘境中，邵亦波无力拒绝eBay抛来的橄榄枝。2002年3月，eBay投资3 000万美元现金获得易趣33%的股份。2003年6月，eBay完成了对易趣的全资收购，涉及金额高达1.8亿美元。与此同时，邵亦波退出，新的掌门人吴世雄上任，eBay易趣与Skype实现全面对接，但是吴世雄在能力上并没有超越邵亦波。虽然吴世雄在上任的5个月后就宣布实施"安全支付"计划，即eBay旗下的金融品牌——安付通正式成为交易的付款方式。但是eBay易趣无论在即时通讯、网上支付，还是进入B2C等策略上都慢淘宝一步。eBay的中国之行并没有获得预想的成功，最终，不堪重负的eBay决定金蝉脱壳。

2006年12月，TOM在线与eBay易趣一起对外宣布成立合资公司，新公司中文名为TOM易趣，由王雷雷担任CEO。王雷雷豪言曰："要在半年的时间内找到可行的盈利模式。"但王雷雷的梦想并未成真：2008年3月底公布的TOM集团（02383.HK）2007年业绩显示，公司5年来首次亏损，亏损额为2.974亿港元。

3）淘宝网与易趣网的营业情况比较

易趣网是第一个进入中国 C2C 市场的在线交易平台，但淘宝网进入中国 C2C 市场之后，在短短一年时间里异军突起，接下来的几年里，不断超越，成为当今中国 C2C 市场的领军者。可以说淘宝是中国的网络市场中的一个模仿比较成功的例子，淘宝短时间里在网站建设、网站管理、会员管理、网站的运营、网站推广策略和市场战略等方面取得的成功，是它在模仿基础上的创新，是自己对市场的了解和把握，是对市场认真的分析和调研，是完全了解中国网民的心理特点和实际需求，同时是在别人的缺点和弱点上进行创新。

2004 年到 2012 年，淘宝网交易额从 20 亿元快速增长到 13 040 亿元。根据艾瑞网最新数据，截至 2010 年 12 月 31 日，淘宝网注册会员超 3.7 亿人，占全体中国网民数的 61.7%。根据 CNNIC 发布的《2008 年中国网络购物调查研究报告》显示，淘宝网的网络购物渗透率已经达到 81.5%，居第一位。位列第二、三位的当当网、卓越亚马逊网的网络购物渗透率分别为 16.6% 和 13.6%。另外两家 C2C 网站——TOM 易趣网和拍拍网的网络购物渗透率占据第三梯队，分别为 8.4% 和 7.2%。总体上，淘宝网比排名第二的网站的用户渗透率高近 65 个百分点，淘宝网已经形成一定的规模效应，短期内其第一的地位很难被超越。

中国 C2C 电子商务市场竞争非常激烈，目前，平台式购物网站有淘宝网、TOM 易趣、拍拍网和百度有啊。根据易观国际发布的数据显示，2008 年中国网上零售市场整体销售规模达到 1 220.1 亿元。其中，C2C 网上零售市场交易规模达到 1 138.86 亿元，较 2007 年增长 143.3%，占据整个网上零售市场的份额继续提升，达到 93.3%。在 C2C 网上零售市场中，淘宝网的领先优势依然明显，份额达到 86%，拍拍网和易趣网的份额分别为 7.2% 和 6.6%。百度有啊于 2008 年 10 月底上线，由于其上线时间短，在 2008 年全年份额中不做具体体现。图 4-2 列示了从 2003 年至 2008 年淘宝网与易趣网的交易额比较。

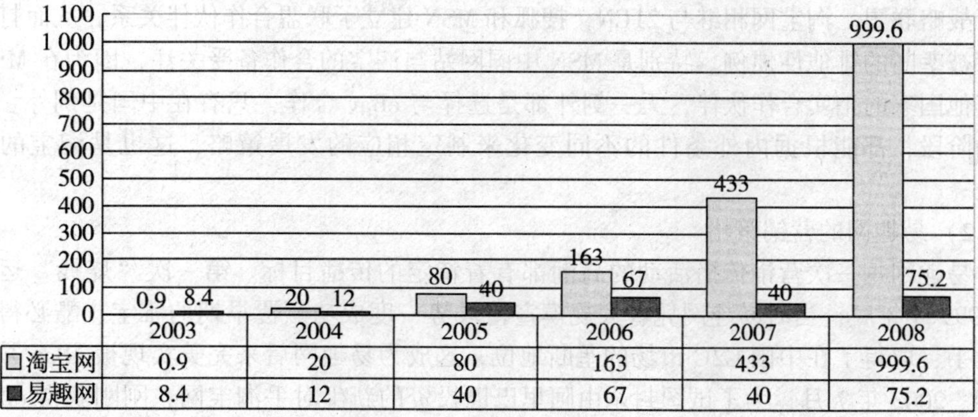

	2003	2004	2005	2006	2007	2008
□淘宝网	0.9	20	80	163	433	999.6
■易趣网	8.4	12	40	67	40	75.2

图 4-2　淘宝网与易趣网的交易额比较

4.3.2 营销策略比较

1）淘宝网的分阶段推广策略

淘宝网在短短三四年内从无到有，从弱到强，彻底打败 eBay 易趣网，成就了一个以弱胜强的经典营销案例，也说明只要有好的营销策略，互联网是穷人也可以成功的商业地盘。

淘宝的营销推广可以分为 3 个阶段①：

第一阶段，淘宝网成立之前，易趣网不仅以压倒优势占有 C2C 网站市场份额，而且，易趣还和几乎所有的主流大型门户签署了排他性独家广告投放权，就是说，以新浪、搜狐等为代表的大型门户网站，是不能做任何与易趣同类型网站的网络广告的。这就使淘宝在进入市场时，无法在任何具有大型探照灯效果的门户上进行广告投放，这一传统主流的营销传播渠道被彻底堵住了。因此，在迫于无奈之下，淘宝头一年的传播推广，几乎全部是在无数的论坛和中小型网站上进行的。淘宝也因地制宜，进行了以口碑和族群传播为主的营销传播，通过发动各个论坛有影响的发言者为淘宝进行介绍，不断创造各种话题讨论、各种小型活动，源源不断地引导网民注册。于是，淘宝与最早的一大批用户建立了非常忠诚的关系，因为这种关系来自于口碑，来源于与已存在的各个小论坛发言者深入的关系，因此，其坚固性远远大于易趣通过门户广告拉来的用户。

第二个阶段，是所谓的“农村包围城市”。在积累了一批稳定和热情的早期用户后，淘宝在走入大众传播视野时，也没有通过大型传统广告，而是通过植入营销的手法，相继赞助了《天下无贼》等电影，将淘宝网的讯息巧妙植入其中，与娱乐内容结合，使传播内容更具体验化。通过这种被普遍称为娱乐行销的手段，淘宝网在不知不觉中，被更大规模的社会民众所熟知，并津津乐道。

第三个阶段，业界对淘宝的看法已经发生了很大的转变，因此淘宝也抓住契机，开始进行战略联盟。淘宝网相继与 21CN、搜狐和 MSN 建立了联盟合作伙伴关系，从而打破了一度被垄断的排他性惯例。特别是 MSN 中国网站与淘宝的合作备受关注，因为在 MSN 全球其他国家的拍卖合作伙伴，无一例外都是选择与 eBay 合作，只有在中国是例外。在不同的阶段，都能根据内外条件的不同变化来制定相应的发展策略，这也是淘宝的成功之处。

2）易趣网的营销策略

易趣网每一次营销传播活动的高潮都有着特定的传播目标。第一次“烧钱”运动始于 1999 年年底，当时易趣网凭着大规模宣传攻势一度成功颠覆早期的雅宝、酷必得等竞争对手，取得了在中国 C2C 市场的垄断地位，这成为易趣网后来完美实现被 eBay 并购的基础。2003 年 7 月，为了试图封杀由阿里巴巴投资的新生对手淘宝网，刚刚获得 eBay 巨

---

① 王静一．从淘宝网的竞争策略看 C2C 市场发展［J］．商业时代，2006（14）：70.

资投入的易趣网第二次启动大规模广告战略，在付出了比正常广告高出一倍的金钱代价后，最终得以与新浪、搜狐、网易等门户网站达成攻守同盟，在这些网站界面上实行了排他性广告，一度使竞争者淘宝网疏离于门户网站之外，举步维艰，被迫转向电视、路牌、地铁等并不完全符合网络营销需要的传统广告。不过此后雅虎与新浪合资的一拍网借势杀入，进一步消解了易趣网的传播优势，被瓜分的市场使易趣网的盈利预期一再延后。

2004年，淘宝网逐渐冲破了易趣网在广告途径上设置的重重阻挠，在很多二线网站和传统媒体上展露锋芒，并组织专门力量对易趣网进行进攻性宣传，易趣网再度被逼到“悬崖边缘”。好在对背靠国际资本的易趣网来说没有资金的后顾之忧，在经历了高层变动和网站整合的过渡期后，易趣网突然在网络媒体和传统媒体上发力，腾讯网站的鼎力支持使易趣网如虎添翼，受淘宝网大规模投放路牌及电视广告的启发，易趣网也在原先并不看好的传统广告领域全面抢滩，尤其是在作为主战场和大本营的上海集中推出电视广告，其业务推广广告甚至登上央视，在春节晚会前昂贵如金的广告时段出现，使易趣网的形象再度活跃在公众面前。如果说易趣的第一次“烧钱”旨在拉开与早期竞争者的差距，以便顺利套现，而第二度“烧钱”旨在将新生的竞争对手扼杀在摇篮里，而第三轮“烧钱”的目的则是在急于盈利但还无法盈利的眼下维系已有的市场份额，争取客户增量。不过，大规模的广告投放对占据市场虽然会起到一定作用，却并非唯一法宝。实际上，易趣巨额的广告投入除了增加了流量外，由于缺乏其他有效营销手段的配合，并没有直接体现在营业收入数字中。易趣的广告投放甚至可能帮了对手的忙，因为易趣网越是强化广告投放力度和封杀对手，成本也就越大，为规避其收费而转移到对手阵营的用户比例也就越多，盈利之日就更显遥遥无期。

4.3.3 定价策略比较

淘宝网和易趣网的市场定位都是C2C电子商务交易网站和第三方平台运营商，二者不直接参与交易过程或提供物流配送、售后服务等传统商家的市场功能，他们提供的是电子商务服务这种特殊的无形产品，其产品定价策略不同于有形产品。

淘宝网自诞生之日就宣布为客户免费提供C2C网上交易平台，马云经常讲：“如果一个人脑子里想着人民币，眼睛看到的是美元，嘴巴吐出来的是英镑，那这样的人是永远不会真正把客户的需求放在第一位的”。马云经常强调，只有在淘宝网的绝大多数会员真正赚到钱的时候，才是淘宝网大规模盈利的时候。淘宝从诞生之日，就以一个市场培育者的姿态出现，得到了广大网民的欢迎和支持。

2005年10月，淘宝网宣布继续免费3年，这是继2003年淘宝成立并宣布免费后，又一次重大的市场举措。而淘宝一而再的免费态度，甚至号召全行业免费的呼声，让易趣越发陷入被动，并最终也宣布走上免费之路。

淘宝网凭借免费迅速切入市场，免费是淘宝直接针对eBay易趣而实施的非常强有力的竞争利器。淘宝网从一开始就实行免费策略，而在eBay易趣是要收取服务费用的。淘宝网认为“过早的收费只能桎梏和妨碍中国个人电子商务的正常发展态势和速度”，并且在得到10亿元资金注入后宣布将继续免费3年，此举使无奈的eBay易趣也只好逐步减少自己的服务费用，向免费靠拢。

易趣网完全照搬了eBay在C2C领域已经相对成熟的收费模式。自2001年开始对用户收取店铺租金，商品发布费和交易费用。在淘宝的步步紧逼下，2005年12月19日，eBay易趣才宣布推出“免费开店”等价格调整计划，为网上卖家开辟一条“零成本销售渠道”。eBay易趣此次调价计划从12月20日开始实施，调整内容包括：任何经过认证的用户都可以免费在eBay易趣开店；以仓储式登录店铺商品将无须支付任何登录费用；所有仓储式商品将与竞价商品和定价商品一样，在eBay易趣的主搜索结果中显示；所有定价商品的登录费下调至和竞价商品相同，最低至每个商品一毛钱登录费。此外，eBay易趣还针对出售闲置物品卖家的需求，免收用户每月前3条商品的登录费，而通过“安付通”及“贝宝”付款则免收成交后的交易费。值得注意的是，2007年淘宝网的支付平台支付宝宣布收费，但是对淘宝网和阿里巴巴用户继续免费。而易趣在引入Paypal之后，用户交易完成，通过Paypal提取现金还需要手续费，无疑增加了用户的交易成本。

易趣网原先的收费模式本来无可厚非，因为互联网经济毕竟不是公益事业，收费是大势所趋。但是当声称“3年内不考虑盈利问题，前10万名注册用户终身免费”的淘宝网出现以后，易趣网原有的模式马上在对手廉价策略的进攻下岌岌可危。淘宝网用巨大的资金投入换取的是一种“商气”，目的是短期内迅速集聚人气，加大访问量，这是市场挑战者的惯用策略。这实际上是市场地位不同的两个市场进入者之间在盈利模式上的对决。易趣网一方面不能倒退到免费的时代，一方面又必须尽快阻击淘宝网迅猛的势头，由此陷入了一种摇摆和尴尬的境地中。

淘宝凭借免费这把利器，迅速切入了原本为易趣垄断的市场，并且在两年多时间里，夺下了超过60%的市场份额。毫无疑问，免费是对市场的一种巨大的投入，或许未来免费未必是最好的策略选择，但至少对于淘宝的发展过程而言，免费为其后来居上发挥了至关重要的作用①。

4.3.4 支付手段比较

1）淘宝网推出支付宝

淘宝网的真正雪崩式增长，来源于一个极为重要的创新，即推出支付宝。因为淘宝网发现，阻碍大量网民使用C2C电子商务的主要原因，是支付手段的不完善，中国用户不像国外用户，已经习惯于使用信用卡或网上直接支付。因此，当支付宝这一极富中国特色的在线支付平台推出，就真正解决了网民的心结，从而实现了淘宝网的用户量和交易量的极大增长。

① 王静一．从淘宝网的竞争策略看C2C市场发展［J］．商业时代，2006（14）：70.

支付宝（中国）网络技术有限公司是国内最大的第三方支付平台，由阿里巴巴集团创办。支付宝（www. alipay. com）致力于为中国电子商务提供简单、安全、快速的在线支付解决方案。支付宝公司从2004年建立开始，始终以信任作为产品和服务的核心。不仅从产品上确保用户在线支付的安全，同时让用户通过支付宝在网络间建立起相互的信任，为建立纯净的互联网环境迈出了非常有意义的一步。

支付宝提出的建立信任，化繁为简，以技术的创新带动信用体系完善的理念，深得人心。短短3年时间，用户覆盖了整个C2C、B2C以及B2B领域。支付宝创新的产品技术、独特的理念及庞大的用户群吸引越来越多的互联网商家主动选择支付宝作为其在线支付体系。2013年，支付宝的注册用户数已经达到7亿，日交易额达到45亿元。与此同时，支付宝目前站外合作商家达到45万家，日交易额达到3 369万元。

2）易趣网推出安付通

安付通是由易趣联合中国工商银行、中国建设银行、招商银行和银联电子支付服务有限公司提供的一种促进网上安全交易的支付手段。由于电子商务最大的问题在于诚信体系，安付通的推出就是希望通过以银行为现金流平台的安付通服务，给用户的在线交易创造更加高效、安全的交易环境。网上买家可以通过安付通放心地付钱给素未谋面的网络卖家，因为易趣在交易过程中自始至终充当值得信赖的第三方并且控制付款流程。卖家收到付款确认通知后，向买家发货。买家收到物品后检验并认可物品，决定是否将货款支付给卖家，然后通过网络通知易趣，而易趣会严格遵照买家意愿和安付通的流程规定实施放款。为了减轻卖家的后顾之忧，易趣还为卖家推出了单笔最高限额3 000元的安付通保障基金。

易趣网投入重兵开发支付产品安付通是在eBay完全掌控易趣网之后，鉴于其国际经验和对中国市场的观察做出的重大决策。作为全球领先的在线拍卖网站，eBay在海外市场采用的Paypal收费模式极为成功，因为eBay所在的美国有成熟的二手交易跳蚤市场和信用体系，eBay所做的只是将它搬到网上并做适当的延伸；美国信用卡支付方式也非常普遍，网站大都采用将信用卡的信用记录和网上交易通用，他们的网络交易还可以通过保险理赔确保交易安全。相比之下，中国金融环境、信用制度等与国外有很大不同，使得这个付费交易处理系统迟迟未能登陆中国。安付通借鉴了Paypal的思路，在企业自身力量范围内尽最大可能提供网络安全交易保障服务，但无法全盘沿用eBay在海外的成功模式。

3）支付宝掣肘安付通

安付通的推广使用并非一帆风顺。安付通推出将近半年的时间内，尽管易趣网斥巨资使出各种招数为其铺路，但使用这项服务的卖家仍然不足40%，卖家们纷纷怨声载道的原因仍然是资费问题——佣金抽得太厉害了。安付通服务会向卖家收取1%的交易额提成，最低4元，最高100元，而买家在交易环节中的异地汇款，甚至异地不同银行汇款支付的汇兑成本仍然存在。高昂的交易成本和易趣网不顾中国互联网实际的“一刀切”的做法仍然未能获得许多卖家和买家的认同。安付通这项资质优秀的服务遇到了实践的考验。

而在安付通推出的同时，易趣网的冤家对头淘宝网同样不甘示弱地推出了交易结算产品支付宝。与安付通通过易趣网内部走账不同，支付宝的全部款项都通过银行走账，购物平台作为第三方的身份直接跟交易过程发生关系，替买卖双方暂时保管货款。为此专门成立的支付宝公司独立于淘宝网之外，以便将来为该网之外的其他公司或个人解决网络支付问题。更重要的是，支付宝仍然是免费的，在淘宝网有超过 80% 的卖家建议客户使用这个手段，支付宝的风头已经远远超过安付通的光彩。在交易结算环节上，易趣网又输了一步棋。

4.3.5 整体支持策略

1）即时通讯工具

淘宝网的淘宝旺旺，集成了即时的文字、语音、视频沟通以及交易提醒、快捷通道、最新商讯等功能，是网上交易必备的工具。最新版本已经和阿里巴巴贸易通合并成为阿里旺旺（淘宝版），在淘宝交易过程中起到了沟通联系以及交易提醒等作用。淘宝旺旺是完全以淘宝网为生存场景开发的 MI[①] 个人网店专用工具，它整合了特色的动画表情、强大的聊天记录、即时信息、交易管理和支付宝等功能，使中国的 MI 工具出现首次的市场细分，满足了网上交易的需求。

在淘宝旺旺出现之前，eBay 易趣为了更好地控制商务流程，促使用户线上交易，采取了站内信息、留言和电子邮件等方式管理买卖双方的沟通过程。2005 年 9 月，eBay 高价收购了国际性网络语音沟通工具 Skype，以解决网上交易的沟通困难、提高成交率和促进跨国贸易。2005 年 11 月，eBay 易趣推出了 Skype 免费下载的网络广告。

淘宝旺旺和 Skype 两款 MI 工具都可通过复合型手段双向交流，省时省钱。Skype 的最大优势在于能廉价快捷地拨打国际长途电话，但其 P2P 技术突破了网络聊天的限制，对传统电信运营商构成威胁，可能遭到封杀。而淘宝旺旺的 MI 实力和人气较 Skype 更强大[②]。

2）物流联盟

物流业是网货经济生态链中非常重要的一环。但由于快递行业在我国属于新兴行业，各方面举措尚待完善，物流导致的网购纠纷一直是网购纠纷的主体。2009 年 3 月 10 日，淘宝网宣布与国内外 10 余家物流企业联合推出“网货物流推荐指数”。作为衡量物流公司服务的行业指标，“指数”为物流公司挂上了“信用度”，这一信用度将和淘宝网创造的卖家、买家信用度等共同组成交易信用评价体系。

根据咨询机构 IDC 的调研显示：2008 年淘宝网给中国物流业带来 30. 66 亿元年收入，

---

① Manufacturing Institute（or Instruction），直译为制作指示，实际上称其为“生产前准备及流程制作指示”更为恰当。

② 鲁瑛 . eBay 易趣与淘宝网的 C2C 营销策略之比较［J］. 福建工程学院学报，2007（2）：121–124.

占中国宅配市场 30% 的市场比例，随着网购的快速增长，这个比例在 2012 年已达到 60%。

目前与淘宝有合作的推荐物流有邮政速递服务公司（网上 EMS 和 e 邮宝两种服务产品）、申通 E 物流、圆通速递、中通速递、天天快递、宅急送、韵达快递、风火天地（上海同城）等 10 余家国内外物流企业，覆盖了中国全部消费区域。淘宝方面称，“指数”的推出是淘宝网开展的又一个产业优化举措。在此之前，淘宝网联手物流公司陆续推出了限时物流、货到付款等新业务，以改善网购中的物流服务质量①。

易趣与 5291. com、快马速递、齐讯速递等物流企业等合作，提供面向个人用户的物流解决方案，主要采用易趣推荐速递的形式。

本章小结

C2C 交易指消费者与消费者之间通过互联网进行的互动交易行为，凭借着第三方支付平台、诚信体系的建立及灵活自由的购物模式，C2C 在全球发展很快，在中国的发展也备受瞩目。本章首先介绍了全球 C2C 领头羊美国 eBay 的发展历程、它的国际化扩张策略以及 eBay 在发展中面临的问题；然后介绍了中国 C2C 的成功典范淘宝网，展现了淘宝网的全新服务、它的商业模式、盈利模式、价格优势，以及全新淘宝的发展；最后对淘宝与易趣在中国的经营模式、营销特点，以及二者的竞争从多个角度进行了比较、评价和分析。

参考网站

1. beta. ebay. cn.
2. www. taobao. com.
3. pro. taobao. com.
4. www. eachnet. com.

① 佚名. 淘宝网将物流企业纳入交易信用评价体系［EB/OL］.［2009-03-10］. http://tech. 163. com/09/0310/18/542JHS13000915BF. html.

思考题

1. 用规模经济的概念，解释 eBay 的商业模式与其他的在线零售商（如亚马逊）有何不同？

2. 在中国，eBay 应该怎么做？是直接与淘宝竞争还是完全撤离中国？请阐述并支持你的观点。

3. eBay 的盈利模式是怎样的？它是否存在缺陷？你认为它该怎么样去改进？

4. 淘宝网的商业模式怎样？它和其他的电子商务网站有什么不同？试举例说明。

5. 淘宝网购物流程怎样的？试用自己在淘宝网的购物经历说明。

6. 和其他电子商务网站相比，淘宝网是怎样盈利的？它有什么独到之处？

7. 淘宝网的未来会怎么样？请从不同的角度阐述自己的观点。

8. 与易趣相比，淘宝网的优势体现在哪里？

参考文献

[1] 杰拉希，恩德斯．电子商务战略——概念与案例［M］．李洪心，译．大连：东北财经大学出版社，2006.

[2] 佚名．eBay、TOM 组建全新在线交易平台［J］，电子商务，2007（1）．

[3] 张楠．eBay10 年成功三要素［J］．IT 时代周刊，2005（15）．

[4] 郭开森．对 eBay 的第 28 次考验［J］．IT 经理世界，2004（10）．

[5] 卞嵋君．eBay——世界上最大的网上市场［J］．广告大观：综合版，2006（3）．

[6] 张小争．“狂飙者”淘宝网的商业模式［J］．经理人，2006（4）．

[7] 李冰．淘宝网盈利模式浅析［J］．电子商务，2008（8）．

[8] 胡书君，黄娟．淘宝网盈利模式研究［J］．现代商业，2008（17）．

[9] 杨安怀，钱明慧．中国 C2C 电子商务模式研究：以淘宝网为例［J］．电子商务，2009（4）．

[10] 艾瑞咨询．2008 年中国网络购物市场发展数据报告［EB/OL］．［2012-11-13］．www. iresearch. com. cn.

[11] 陆弘彦．中国网络零售业未来走向研究——从“当当”网、“淘宝”网的经营模式比较分析谈起［J］．广西经济管理干部学院学报，2007（2）．

［12］王静一．从淘宝网的竞争策略看 C2C 市场发展［J］．商业时代，2006（14）．

［13］迅蕾．eBay 易趣市场运营策略研究［D］．长春：吉林大学，2005.

［14］陈冰．淘宝网的营销策略研究［D］．厦门：厦门大学，2009.

［15］鲁瑛．eBay 易趣与淘宝网的 C2C 营销策略之比较［J］．福建工程学院学报，2007（2）．

［16］佚名．淘宝网将物流企业纳入交易信用评价体系［EB/OL］．［2009-03-10］．http：//tech. 163. com/09/0310/18/542JHS13000915BF. html.

第 5 章

银行电子商务的案例

学习目标

熟悉民生银行的电子商务之路；了解民生电子银行的产品服务体系；熟悉招商银行的电子商务模式；理解招商银行面临的机遇与挑战。

在电子商务发展的今天，传统银行业作为社会资金的中枢部门，面临着新的发展机遇，呈现出新的发展趋势。与其他行业不同，银行业所开展的业务一般只涉及信息和资金的流动，而几乎不牵涉到所谓物流的瓶颈问题。正是由于这样的特点，银行业开展电子商务、实现电子商务化，具有其他行业所不具备的先天优势，银行+电子商务成为银行新的发展着力点。

银行电子商务是银行电子化进程的第四个阶段①，主要是指银行利用互联网技术，通过互联网向客户提供开户、销户、查询、对账、行内转账、跨行转账、信贷、网上证券、投资理财等传统服务项目，使客户可以足不出户就能够安全便捷地管理活期和定期存款、支票、信用卡及个人投资等。

从1995年第一家网络银行诞生到今天，十几年的实践证明，任何银行无论资金多么雄厚、实力多么强大，如果忽视银行电子商务的发展，那它们都将在数字经济时代受到惩罚。相反，如果能充分利用这次机遇，将自身优势与网络银行相结合，那么也将迎来前所未有的发展空间。我国作为一个正在崛起的经济大国，在这场机遇中究竟该怎么做才能走向世界的顶端呢？本章通过对中国民生银行和招商银行进行分析与探索，希望能得到一些启发。

1）中国民生银行

中国民生银行作为一个年轻的银行，走在现代金融业的最前沿，拥有个人银行、企业银行及电子银行等多种业务。民生银行与多家电子商务企业合作，其电子银行发展的速度很快，取得的成效也很显著。本节主要引导读者了解中国民生银行的电子商务业务的概况与具体内容，及其电子银行的创新点，在发展中遇到的问题和提供的建议。

2）中国招商银行

电子商务正在改变着银行的业务流程和发展理念，同时中国电子商务也以银行网上支付系统的成长壮大为依托，飞速发展，日新月异。成立23年来，招商银行伴随着中国经济的快速增长，从当初的一家小银行，发展成为资本净额超过1 500亿元、资产总额突破2.2万亿元、机构网点近780家、员工4万余人的全国性股份制商业银行，并跻身全球前100家大银行之列。特别是，招商银行率先在国内全面启动网上银行服务，建立了由网上企业银行、网上个人银行、网上证券、网上商城、网上支付等部分组成的较为完善的网络银行服务体系，不仅给自己带来了丰厚的回报，同时，也带动了电子商务领域的快速发展。

E时代的到来正推动电子银行发展步入深耕期，中国电子银行已走过14年的历程，作为一种服务渠道，电子银行越来越得到客户的认可。在信息及网络技术快速发展的环境下，现代金融业的发展为电子商务业的发展提供有力的支持，电子商务业的发展也为现代

---

① 银行的电子化进程主要经历了四个阶段：手工操作转为计算机处理，提供自助银行服务，提供金融信息服务，最后就是提供网上银行服务，也就是今天我们所说的银行电子商务。

金融业的发展起到促进作用，电子商务业与现代金融业同时作为现代服务业的两大重点行业，在相互作用下共同发展。民生银行与招商银行都是股份制银行，民生银行属民营性质，招商银行国有股占有一定比例。在电子银行方面，民生银行比招商银行相对年轻。本章就两者的电子银行业务进行探讨并分析国内电子银行的发展态势。

5.1 中国银行业改革的试验田——民生银行

中国民生银行于1996年1月12日在北京正式成立，是中国首家主要由非公有制企业入股的全国性股份制商业银行。中国民生银行有别于国有银行和其他商业银行，它是严格按照《公司法》和《商业银行法》建立的规范的股份制金融企业。多种经济成分涉足民生银行并实行规范的现代企业制度，为国内外经济界、金融界所关注。作为中国银行业改革的试验田，民生银行14年来锐意改革、积极进取，业务不断地拓展，规模不断地扩大，效益逐年递增，保持了快速健康的发展势头，为推动中国银行业的改革创新做出了积极贡献。截止至2012年6月30日，民生银行资产总额2.59万亿元，贷款和垫款总额13 032.57亿元，吸收存款总额18 109.63亿元，净利息收入378.71亿元，不良率不到0.1%，保持国内领先水平。

5.1.1 民生银行的电子商务之路

1999年，民生银行以分行为单位推出电话银行服务。

2001年，中国民生银行推出网上银行服务，将网银安全作为业务发展第一要点，着力产品、服务、管理、渠道创新，积极培养核心竞争力，逐步凸显出高效率、低成本、数字化的电子渠道优势。

2002年10月，民生银行整合电话银行成立客户服务中心，开通全国统一客户服务号码95568，为客户提供金融咨询、业务办理等全天候标准化服务。

2004年8月，中国民生银行电子银行部深圳运营中心成立，主要经营网上银行、电话银行、手机银行三大电子渠道业务，通过运用先进的计算机通讯技术，实现在线金融交易和客户服务，向中国民生银行客户提供全天候、全方位的“3A”式电子金融产品和服务。

2005年3月，民生银行在客户服务中心的基础上，融合网上银行、电话银行、手机银行三大电子渠道，以创造客户价值为导向，成立电子银行部。自成立以来，民生银行电子银行部始终秉持“深化服务、强化营销、着力创新”的发展理念，积极探索，致力产品、服务和渠道创新，开辟了一条快速、稳健的电子银行发展之路。

2008年4月，民生银行充分利用网络技术，推出金融行业首家全功能在线客服

——“E线通”，整合了在线咨询、电话回呼、网上电话、邮件回复、短信回复、论坛回复等多种方式，使客户在浏览民生网页或使用民生网上银行时可随时获得在线帮助，开创了银行服务的全新渠道，成就了银行业全功能、最人性化、最贴心的客户服务系统。

2008 年北京奥运会期间，在中文服务的基础上，开通了英语、粤语、法语、德语、西班牙语、日语、韩语、俄语等外语与地区方言人工服务，打造了国际水准的客户服务中心。

2009 年 5 月，民生银行又推出了“4006895568”企业客户服务专线，由专业的客户服务人员受理企业客户来电，提供更专业的个性化服务，服务质量全面提高。

2009 年 6 月 15 日，民生银行联手合作伙伴开通网上商城，陈列万余种商品供客户选购，同时还为企业和团体客户提供礼品采购与团购服务。

2010 年 6 月，民生银行推出小微金融服务专线“4008695568”，专门针对小微企业客户开辟一条快捷、人性化的空中专属服务通道，为客户提供融资、结算、支付、理财、信用卡、客户关怀、到期提醒、最新活动通告等多种服务，进一步拓展了服务渠道，持续提升了服务能力和服务质量，节约了客户时间，带给了客户全新体验，民生银行也成为国内首家专门针对小微企业客户推出服务专线的商业银行，领先同业。截至 11 月底，小微金融服务专线受理人工来电达到 5.7 万次，在线生成销售线索 2 774 笔，意向贷款金额达到 62 亿元。

2012 年民生银行网上银行凭借强大的功能、丰富的特色服务和费用优惠等方面的突出表现，荣获“卓越级网上银行奖”。

5.1.2 民生银行运营模式

1）事业部制

2008 年，民生银行成为国内金融界第一个实行事业部制的银行。该行设立了八大事业部：贸易金融部、金融市场部、投资银行部三个产品事业部和能源、交通、冶金、房地产四个行业事业部以及工商企业部（即中小企业部）。

事业部完全是按公司化运作的商业模式，独立核算、自担风险、自负盈亏设立的。这种模式将过去以分行为单元的利润中心转向以事业部为单元的利润中心。在组织架构上是体制决定机制，完全实现了专业化的管理，从而实现了在专业化管理之下的专业化销售，为客户提供专业化的产品和服务。

事业部的设立使民生银行的公司业务整体实力得到提高；同时，由于可以在全国范围内有效配置资产和加大专业化运营实力，所以可放心进入中度风险区，获得较高的金融服务附加值，大大提高收益率。例如，对每一笔拆迁款的检查核实，土地从办证一直到以后按揭销售，这是一种专业化的金融服务，需要专业人士全方位地参与和管理这个项目。如果没有对房地产行业的业务流程很深理解的团队很难做成。这种业务有一定的技术难度，只有事业部才能做好，因为有专业的团队、专业化的业务流程、专业化的理念、专业化的运作模式，所以才能形成获得超高利润的平台。

2）流程银行

进入20世纪90年代中期，世界排名前100家的大多数银行都开展了流程再造活动，目前国际知名银行大都属于流程银行的运营模式。而自2000年，民生银行就强化了总行经营力度，做的大量改革都是按照流程银行的标准操作的。民生银行从2007年已经在一些分行和部门进行了流程银行试点，取得非常好的效果；2008年下半年在全行推进流程银行的运营模式 。完成了事业部制，民生银行就将从以前的部门银行演变为非常完美的流程银行，调整提升的战略布局就可以基本实现，核心竞争力、特色银行的布局就将基本形成。

（1）流程银行的主要特点

①客户中心理念是流程银行架构的基础

金融机构的多元化、金融工具的证券化、金融机构业务的综合化以及信息披露的日益完善化使得在银行和客户的博弈关系中，客户的弱势地位已经发生根本转变。客户服务需求的日益多元化、个性化，选择空间的日益弹性化，使得客户营销失败或流失风险越来越高。所以，流程银行的架构应首先从根本上摆脱传统银行模式中过于精细的劳动分工羁绊，从生产或产品导向彻底走向消费者导向和服务导向，时刻围绕顾客价值考虑“客户想买什么”，而不是“银行要卖什么”。以客户为中心再造业务流程，进而以业务流程为中心再造组织流程、管理流程和决策流程，从而最终在市场末端和决策高端架设起为客户“量体裁衣”，且“一票直达”的业务和服务流程。

②业务流程重塑是构建流程银行的切入点

正如前述，流程银行的构建是以流程重塑为“核心”的，而业务流程的再造则是构建这个“核心”的切入点，以此来引发组织流程和管理流程的再造。其中的机理在于流程银行是以客户为导向的，在此种导向下，业务流程是与客户最贴近也最敏感的环节，只有从这里切入，才能真正了解客户的口味和偏好，并制作出客户满意的“饭菜”。而传统银行则是正好相反，这不可避免地导致官僚主义作风滋生和“忽悠”客户的事情发生。

③业务流程的再造是一项浩大的工程

第一步是将每个产品“端到端”流程中相似的流程步骤进行组合，着重根据业务范围和性质进行流程组合。第二步是对于组合好的流程步骤，对其共同性程度进行评定。这些流程在产品线范围内的相似度如何？在渠道内怎样？在“端到端”流程内又如何？第三步是对于共同性业务进行标准化处理。对于这些业务存在的不同之处要仔细推敲。很多情况下是主观决定或缺乏商业判断才造成了这些不同。第四步是将流程步骤组结合，形成流程模块。对于每个流程模块的输入、输出和处理过程都进行清晰地界定。第五步是评价模块之间的战略相关性和运作相关性。该模块应该独立运作还是应该和外部商业伙伴进行整合？该模块是否只属于设施性服务而与竞争优势无关？第六步是深入了解银行在信息系统、法律和监管方面所受的限制。第七步是为每个流程模块设计特定的信息系统工具。

④业务流程的构建包括两个要点

其一是突出核心业务流程。即根据各业务流程对客户价值贡献度的大小，区分核心业务流程和边缘业务流程并予以不同的解决办法。所谓核心业务流程即那些最能体现一个银行竞争优势，能够产生高附加值的业务流程，诸如零售业务或零售业务中的理财业务、高端客户业务、微小贷款业务、产品研发和创新、独特的服务手段等等。业务流程的再造应将这些业务流程的重构作为重点。

其二是突出业务流程的多样化。传统银行模式由于过分注重业务流程的标准化，越来越难以应付多样化、个性化的客户需求。流程银行的业务流程则具有多样化的特点，根据不同客户群的需要，推出具有差异化的业务流程。如根据客户的收入水平，分别设计出针对高收入客户、中等收入客户、低收入客户的业务流程。根据客户的信用水平，设计出分别针对高风险客户、中等风险客户和低风险客户的业务流程等等。

⑤组织和管理流程的重构紧紧围绕业务流程进行

传统银行的组织管理特征是"科层制、多级分行制"，整个结构呈金字塔形。这种结构因为管理层次过多、信息传递周期过长、部门间职能交叉重叠、业务审批环节过多等原因，导致官僚主义、相互扯皮、重复劳动、交易成本高、运行效率低和服务功能差等弊端，如一项贷款业务从客户提出申请到拿到贷款再到贷款收回，需要十多个环节；一张信用卡的申领也得用六个左右的环节，而且往往是越是优质客户、大客户，审批环节越多，周期越长，效率越低。此种状况已经难以适应客户和竞争的需要。流程银行的组织和管理流程则是配合业务流程重塑推行扁平化的组织结构和矩阵式的业务管理结构，实现资源集成和组织扁平化，形成高效率的模块化结构。

⑥模块化（modulization）

模块化是时下诸多解释流程银行的人士的"流行语"。此概念是从高新技术尤其是计算机软硬件、网络技术领域借用过来的。按照日本经济学家青木的解释，模块化是指半自律的子系统，按照一定的规则与其他同样的子系统相互联系而构成的更加复杂的系统或过程。我们可以将流程银行视为一种模块化结构，这个结构如同一个生态系统，其中各个模块都是个性和统一性的有机统一。每个模块遵守决策者设定的共同界面，以保证整体发展的方向和战略，同时各模块可以不依赖主系统而自动独立运行，内部竞争、研发和创新并形成"1+1>2"的整体效用，保证系统适应不断变化的挑战，成为持久不衰的"百年老店"。

⑦流程银行的建构离不开计算机技术和信息技术

流程银行的建构离不开不断创新的计算机技术和信息技术的支持。流程银行对传统银行的颠覆性改造是借助现代计算机技术和信息技术将传统银行的业务、组织和管理流程进行"根本性"再造，并把新的模块化的业务、组织和管理流程虚拟化，以此"获取在成本、质量、反应速度等绩效方面巨大改变"。离开了计算机技术和信息技术的支持，流程银行的建构是无法想象的。

(2) 民生银行的核心业务

民生银行按照流程银行的模式，把“做民营企业的银行、小微企业的银行、高端客户的银行”作为其核心业务。

①做民营企业的银行

民营企业面临着贷款难、起步难的问题，各大国有银行都不愿意为民营企业提供贷款服务，认为民营企业很难保证信用，而中国民生银行由于其本身就是民营企业，因此对这种现象感同身受，所以中国民生银行致力于为广大民营企业提供贷款服务。

②做小微企业的银行

从业人员 20 人及以上，300 人以下，且营业收入 300 万元及以上的为小型企业；从业人员 20 人以下或营业收入 300 万元以下的为微型企业。中国民生银行把向小微企业提供贷款作为重中之重，“商贷通”则是专为小微企业设计的，提供快速融通资金、安全管理资金、提高资金效率等全方位的金融服务产品 。

③做高端客户的银行

客户在中国民生银行的金融资产分别达到 10 万元，50 万元，100 万元以上 ，则可申请贵宾卡，相对应的分别为银卡、金卡和钻石卡。持有贵宾卡的客户享有特殊的服务、优惠和殊荣待遇。贵宾专享服务包括机场贵宾服务、医疗健康通道服务、高尔夫贵宾服务和汽车道路救援服务。贵宾专享优惠包括手续费减免和超值特惠。贵宾特殊待遇包括优先服务、情感关怀和理财规划服务。

3）走向金融产业集团

民生银行有两条“线路图”。第一是国际化路线图。有两种走法，一种到海外去发展分支机构，一种通过兼并收购。首先选择的是兼并和收购，然后实现国际化。民生银行选择的是美国，原因在于美国是市场经济最成熟的国家，它的风险比新兴市场的风险要小得多。美国作为最成熟的市场国家之一，对银行自身的品牌和资质的提升可以发挥极大的作用。第二是综合化的战略部署路线图。民生银行的租赁公司已经成立，基金管理公司也成立了。加上其信用卡公司以及收购陕国投等，目标就是打造综合化的平台，紧紧围绕金融服务业做强做大，将来形成既是统一体、又是专业化分工的大型综合服务集团。

5.1.3 民生电子银行的产品服务体系

1）民生电子银行业务

中国电子银行已走过十几年的历程，作为一种服务渠道，电子银行越来越得到客户的认可。长期以来，中国民生银行顺应现代信息技术快速发展潮流，大力发展电子银行业务，提供绿色金融服务，并通过紧抓电子银行普及推广工作，使电子银行业务获得了迅猛发展，实现了社会、客户和银行的互利共赢。

民生银行始终高度重视电子银行业务发展，加大产品研发力度，持续优化创新产品服务，为客户打造了融个人网银、企业网银、手机银行、电话银行、自助银行、自助缴费、民生财富管家、在线杀毒、网上商城、民生E线通、民生论坛等多元化服务于一体的全面系统的电子银行服务体系，使客户足不出户即可办理各种业务，充分满足了客户的多种金融需求。

（1）个人网银

个人网银包括个人大众版网银和个人贵宾版网银。个人贵宾版网银包括证书版和U宝版。U宝是中国民生银行推出的新一代个人网上银行移动证书存储器，使用者将U宝插入电脑，即可轻松体验民生银行网上银行的优质服务。

民生银行电子网银实现了查询、缴费、结算、理财、投资、贷款、申请等多项服务，基本上涵盖了柜台除存取现金以外的大部分功能，而且采用先进的多重加密、电子签名、CFCA数字证书、防伪站信息认证、附加码、软键盘、限额控制、错误次数控制等安全防范措施，为客户打造全方位的资金安全保障。

客户可通过个人网银贵宾版自助开通，当账户发生存取款、汇款、支付等余额变动时，可收到手机短信提示。最多可以设定5部接收信息的手机，并可设定账户资金信息变动的通知条件，让客户随时随地掌握您账户资金的及时变动情况。推出了多种个性化服务，如页面风格、功能定制、别名、互动服务、提醒服务等，并针对贵宾卡客户进行全面的手续费减免优惠服务。

（2）企业网银

企业网上银行是中国民生银行顺应现代企业以及企业集团的发展与普遍需求，隆重推出的优势卓越的网上银行服务。民生网通过互联网将客户的电脑与银行主机相连，架起客户与银行间的安全快速通道，使客户在任意时间和地点，足不出户就可以享受到民生银行安全、高效、快捷的金融服务。表5-1列出了民生银行企业网银的详细业务。

表5-1　**民生银行企业网银的详细业务**

信息查询	各类账户余额、明细查询
转账支付	本行、他行的同城转账、异地汇款
综合理财	定活互转、通知存款、开放式基金
集团服务	集团各类账户查询、集团内资金调拨、集团账户对外支付
零余额服务	5种收支模式，集团内部融资，打造企业专有银行。帮助企业实现各个收支账户或多家分公司（含子公司、下同）账户资金的真实集中，并统一运筹管理
票据管理	民生银行对持票人持有的未到期商业汇票以代保管为基础进行综合管理。分基本业务和衍生业务。基本业务包括：存票、取票、通存、通兑、贴现、委托收款及质押项下表内外资产业务；衍生业务是指民生银行在企业票据管理额度内锁定还款来源的前提下，为持票人提供的表内外资产业务

续表

电子票据	依托网上银行和银行内部票据系统，实现商业汇票即有功能的电子化处理过程。包括银行承兑汇票和商业承兑汇票，以电子数据取代票据实物进行签发、流转，以电子签章取代纸质印鉴
虚拟子账户	企业在银行柜面开立一个实账户的同时，可在网银平台为其子公司或内设部门开立多个虚拟子账户，实现对虚拟子账户的查询、管理及转账功能。集中统一的财务管理体制，企业内部的资金统一调控，实现对资金的集中管理和实时监控
B2B 电子商务	企业对企业的电子商务。B2B 在线支付业务是指企业（卖方）与企业（买方）在互联网上开展电子商务活动的过程中，民生银行为其提供网上资金结算服务的一种业务
电子回单	以电子化方式查询、打印回单。实现对客户下所有转账功能回单数据的查询操作
电子对账单	通过网络来传递电子对账信息，取代传统的纸质对账，拓展了对账渠道，降低了对账成本，提高了银企对账的时效性和便利性
网上开证服务	依托银行强大的综合业务系统，基于网上银行的技术平台，为用户提供的集进出口业务操作、查询、管理和银行通知为一体的国际贸易结算网上综合服务
行业信息服务	行业分析报告、行业动态信息
企业网银查询版	企业的高层人员通过互联网，随时登录民生银行网站（www. cmbc. com. cn），使用账户信息查询、网上开证业务查询及行业分析报告等增值服务的网上银行产品
网上委托贷款	委托贷款的电子化处理，客户通过网上银行可以办理委托放款、借款确认、还款等业务
银企直联	将企业财务（ERP）系统与民生银行企业网上银行相连接，企业无需登录民生银行的网上银行，直接通过财务系统的界面就可以进行账户信息查询下载、转账支付等，并可根据客户的需要自行在其财务系统中定制更多的个性化功能
白名单设置	根据客户要求对其出款账号进行控制，实现客户通过网上银行操作某一账号对指定的一个或多个账号进项划款
特殊用户企网转账限额设置	客户经常性地通过企业网银进行转账，且金额巨大，超过所在分行企业网银交易限额，对该类客户设置单笔和当日累计转账限额（不受分行网银交易限额控制）

（3）电话银行

中国民生银行 95568 电话银行是面向个人客户，集查询、转账、结算于一体的电话服务系统。客户可以通过 95568 电话银行享受账户信息查询、转账汇款、自助缴费等多样化金融服务（如图 5-1 所示）。

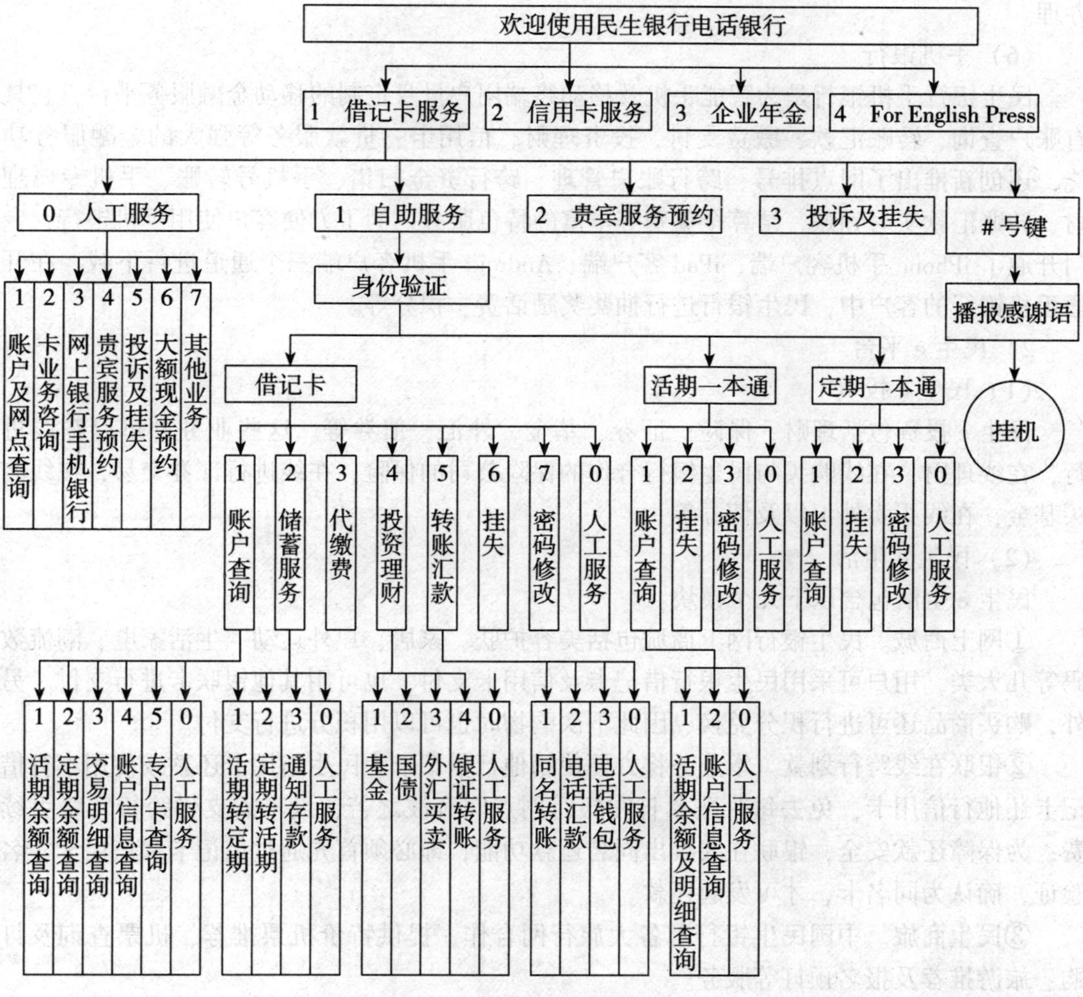

图5-1　电话银行的操作指南

资料来源　民生银行官方网站，http：//www. cmbc. com. cn。

(4) 自助银行

自助银行包括自动存款机、自动取款机、自动查询机、销售点终端机、现金循环机、外币兑换机。自助银行一般包括自动取款机（ATM）、自动存款机、循环自动柜员机（CRS）、自助查询机、自助缴费机等银行自助服务设备，有的自助银行还有IC卡圈存机、自助金库、存折打印机等。这些设备由客户直接操作，它们能为客户提供各种传统的柜台服务、创新的金融服务及增值的金融服务。

(5) 自助缴费

提供北京、上海、深圳、大连等13个城市的联通固定电话费、移动全球通手机话费、自来水费、电信电话费和供暖费等缴费服务。只要开通民生网银贵宾版的客户即可办理。

(6) 手机银行

民生银行手机银行是为智能手机及移动终端用户量身定制的移动金融服务平台，它具有账户查询、转账汇款、缴费支付、投资理财、信用卡、贷款服务等强大的金融服务功能，还创新推出了网点排号、跨行账户管理、跨行资金归集、手机号转账、手机专属理财、转账汇款实时到账、结算全免费等丰富的特色服务。为了方便客户使用手机银行，专门开通了 iPhone 手机客户端、iPad 客户端、Android 手机客户端三个通道进行下载。在开通手机银行的客户中，民生银行进行抽奖奖励话费、积分等。

2) 民生 e 平台

(1) 民生 e 投资

民生 e 投资包括理财、保险、证券、基金、外汇、债券等。这些业务都可以在线进行，在线理财，在线购买与民生银行合作的保险公司的保险，在线进行证券交易，在线购买基金，在线买卖外汇以及债券等。

(2) 民生 e 生活

民生 e 生活包含以下几个模块：

①网上商城。民生银行网上商城包括美容护肤、家居、户外运动、生活家电、潮流数码等几大类，用户可采用民生银行借记卡及信用卡支付，也可用其他银联卡进行支付。另外，购买商品还可进行积分兑换，因此下次购物时也可以用积分进行支付。

②银联在线跨行划款。本业务将方便使用他行借记卡为民生信用卡还款或使用本行借记卡还他行信用卡，免去每月账单日在银行网点间奔波之苦，且不需支付跨行转账手续费；为保障还款安全，银联在线推出同名还款功能，即必须首先通过借记卡和信用卡实名验证，确认为同名卡，才可发起还款。

③民生商旅。中国民生银行与各大旅行网合作，提供特价机票推荐、机票查询及订购、旅游推荐及报名预订等服务。

④网上缴费。中国民生银行提供北京、上海、深圳、大连等 13 个城市的联通固定电话费、移动全球通手机话费、自来水费、电信电话费和供暖费等缴费服务；中国民生银行与多家手机充值平台合作，提供全国各地的中国移动、中国联通及中国电信的手机缴费服务，可以直接用民生卡通过手机充值平台进行手机缴费。

(3) 民生 e 服务

利用互联网可以随时随地为顾客提供以下服务：

①咨询与投诉。中国民生银行提供网上咨询与投诉的服务，用户只需要通过咨询页面输入所要咨询的问题，将会有专门的人工客服进行解答。

②网上通话。用户可以通过中国民生银行网站下载通话客户端软件，通过电脑话筒、耳机等设备与电子座机进行通话。

③给我回复。当人工客服不在线时，用户可以进入“给我回复”模块，将需要询问

的问题输入，并留下电话号码或电子邮件地址，选择通过电话回复、短信回复或者电子邮件回复等方式，客服将会对所提问题进行回复。

④自助答疑。自助答疑模块是对人工智能的运用，即客户输入一个问题时，将由计算机系统自动给出答案，如果系统中没有该问题的答案时，系统将会提示一些其他相关问题供客户来选择，然后给出答案。

（4）民生 e 眼清

民生 e 眼清提供了各种业务的资费标准、贷款利率、营业网点、自助设备、企业年金、客户备付金等的在线查询功能。

3）网上支付系统

要使用民生银行的网上支付系统，商家需要在民生银行开立一账户以接受消费者付款，消费者也需申请网上专用账户。在网上消费时，只需输入专用账户的号码和密码即可实现在线付款。

该系统对安全性作了较多考虑，其特点有：

（1）使用专用账户交易。网上支付专用账户有自己的号码和密码，且密码与一卡通的查询密码和转账密码都不相同。消费者可以在任何时间通过因特网或电话把“一卡通”中的资金转入网上支付专用账户中。

（2）网上消费金额限制。网上银行大众版日累计限额 300 元。网上银行贵宾版浏览器证书网上支付最高额单笔 5 000 元，日累计 5 000 元。贵宾版 U 宝证书单笔限额 50 万元，日累计 50 万元，另外，可申请特殊网上支付限额单笔最高 50 万元，单日最高 200 万元。

（3）持卡支付信息直达银行。消费者在民生银行网页输入网上的支付卡信息直接传到银行，不经商家转发，确保了持卡人账户信息的安全保密。

（4）网上传输采用 SSL 加密。所有交易数据均加密后传输，确保传输信息不会被窃取。

（5）错误登录次数限制。消费者在一天内登录次数达到一定值，银行当天拒绝为之服务。

（6）商家只从银行接受客户的订货信息，避免了消费者篡改已被银行确认的订单。

5.1.4　民生银行的竞争优势及改进之处

1）民生银行竞争优势

民生银行持续的产品和服务创新，使电子银行服务质量全面提升，赢得了客户的持久信赖和大力支持，电子银行开户和交易火爆。目前，企业网上银行客户近 12 万户，个人网上银行客户超过 300 万，民生 U 宝客户已超 80 万；企网和个网客户覆盖率均超 50%；网上银行交易笔数已超过柜台，企网和个网柜面交易替代率都在 65% 以上。

（1）民生银行的特色自我定位

面向未来，民生银行二次转型，客户战略定位在民营企业的银行、小微企业的银行、高端客户的银行。民生银行作为一家中型银行，必然与中小、民营和高科技企业具有更多的联系，大型客户不是不做，而是要保持稳定，同时要有前瞻性。如果以好银行、特色银行、可持续银行和高回报银行作为民生的目标，就一定要有自己的客户群和发展特色，这是发展中小业务和私人银行的根本原则。

（2）电子银行业务功能齐全

无论是个人网上银行、企业网上银行还是电话银行，都具有齐全的服务功能。个人网上银行实现了查询、缴费、结算、理财、投资、贷款、申请7大类210个子功能，基本上涵盖了柜台除存取现金以外的全部功能。企业网上银行具有查询、转账支付、综合理财、集团服务、零余额服务、电子票据、虚拟子账户、行业信息服务、网上委托贷款等10大类200余项子功能，为企业提供了全面优质的网上银行服务。电话银行除提供挂失、错账报备、账户查询、信息咨询等服务内容外，还推出了特色业务和客户关怀项目，如账户转账、通知存款、电话汇款、外汇买卖、基金交易、银行理财产品、企业年金等业务，服务于贵宾客户的机场贵宾通道、挂号及医疗贵宾室、高尔夫预约等特色业务。服务种类多样，充分满足了客户的各种金融服务需求。

大多数的电子商务企业，比如我们经常使用的淘宝网、各类团购网都与民生银行建立了合作关系，可以用民生银行的借记卡或信用卡进行支付。各类第三方支付平台如支付宝、百付宝、财付通、快钱等都与民生银行建立合作关系，用户可以使用民生卡在第三方支付平台对所购商品或服务进行支付。

（3）安全可靠

对于客户最关心的网银安全性问题，民生银行始终给予高度重视，把网银安全作为业务发展第一要务，全面提升网上银行安全性。技术上，一直采用先进的多重加密、电子签名、中国金融认证中心（CFCA）的数字证书、防伪站信息认证、附加码、软键盘、限额控制等安全措施，为客户打造全方位的资金安全保障体系。风险防范上，加大网上银行产品创新力度，提供安全性能更好的产品和服务。2008年初，民生银行推出了个人网银民生U宝，采用数字认证证书，并将其存储在硬件设备上，有效避免了数字证书的被复制、篡改、盗用；2008年9月，民生银行又在第一代U宝的基础上研发出免驱型U宝，客户在柜台办理U宝后，无需在电脑上安装驱动程序，只要下载证书即可登录使用网银，节省了客户时间；2009年，又将数字证书预先下载到U宝中，减少了客户操作网银的中间环节，U宝的安全性全面提升。此外，还推出“钓鱼网站”主动搜索服务、电子银行风险交易监控系统、网上银行在线杀毒功能，大大改善了网上银行交易环境，打造了全方位安全放心的网银体系。客户安全教育上，开创网银安全频道，聘请网银安全专家为客户开展网银安全讲座，大力普及网银安全知识；配置网银服务机，现场提供一对一的网银操作指导，提高客户安全操作技能。民生银行全面立体的网银安全措施，大大提升了网银安全性，赢得了客户和第三方安全认证机构的一致好评。

（4）费用优惠

为节省客户交易成本，2009 年，民生银行下调了网上汇款手续费收费标准，与柜台汇款相比优惠明显。以个人网上银行汇款为例，同城本行汇款免费；用大小额实时支付汇路进行同城他行汇款每笔只需支付 2 元，网银手续费不及柜台手续费的 4 折；个人普通卡客户使用网银进行异地本行汇款，按汇款金额的 1‰缴纳，汇款 1 000 元只需 1 元，而在柜台办理异地本行汇款，每笔不低于 5 元；如果用大小额实时支付汇路进行异地他行汇款，享受人民银行电汇标准的 8 折优惠，汇款 1 万元仅需 4.4 元手续费，100 万元只付 16.4 元，大大降低了交易成本；银卡、金卡、钻石卡客户还能在此基础上享受更多优惠。民生银行网上银行手续费的下调，降低了客户成本，带给了客户更多实惠，赢得了第三方权威机构的好评，在和讯网组织的第五期“中国网上银行测评”活动中，荣获“最佳用户价值奖”。

（5）简单易用

民生银行电子银行具有良好的易用性，客户可在任何接入互联网的电脑上在线开通享用个人网上银行大众版服务，浏览器证书版用户在银行网点柜台开通网上银行服务时可获得授权码、参考号，输入授权码和参考号完成一次性下载证书后，即可方便快捷登录网上银行；开通了 U 宝的用户只需将 U 宝插入电脑 USB 接口，输入 U 宝口令即可办理网上银行业务。

2）民生电子银行的改进之处

民生银行作为金融改革先行者，机遇与挑战并存。

首先，电子银行业务建立在虚拟的网络技术上，省去与柜台业务员或客户经理面对面的繁琐，但也降低了柜台交易白纸黑字的稳妥，带来安全性的担忧。银行也在加强电子银行安全性控制，如电子密令、USBKEY 的使用以及多环节的身份验证，从技术上来讲，也无可厚非，但并没有解决根本的问题。2011 年，电子银行安全案件主要集中在网银“钓鱼网站”和借记卡、信用卡盗刷两项中，这些案件的根本原因都是信息泄露导致客户网银、借记卡、信用卡信息被复制，然后再被盗刷。电子银行安全问题是防止信息泄露，银行卡信息太容易被复制；手机支付无需密码值得银行未雨绸缪；值得银行重视的还有客户信息的泄露。更重要的还是加强客户对电子银行安全性的教育和引导。目前，我国还没有具体的法律对一些造成危害较轻的网络犯罪进行惩治，这也是需要完善的地方。

其次，尽管很多银行家都认为，在目前电子银行蓬勃发展的阶段，银行与第三方支付合作多于竞争，在发展之后，电子银行由谁主导，银行还是第三方支付，抑或是通信运营商，这似乎是行业模式问题。

民生银行作为一个年轻的银行，不足之处在所难免，漫漫之路，还需要长时间的探索。

5.1.5　民生银行创新产品——网络收银机

网络收银机是一个基于互联网的收付款平台系统，集成了商用收银机、银行卡刷卡机、进销存管理、电子商务服务和网关支付等多种功能，为商户提供安全、快速、方便的资金结算服务。表 5-2 和图 5-2 分别展示了网络收银机与传统直连 POS 机的联系及不同之处。

表 5-2 网络收银机与传统直连 POS 机的区别

网络收银机	传统直连 POS 机
收银一体化	简单 POS 机收银
互联网传输	电话线路
交易数据翔实	数据单一，由银联提供
清算模式多样化	银联提供商户一对一清算
可实现与商户系统无缝对接	只能独立操作

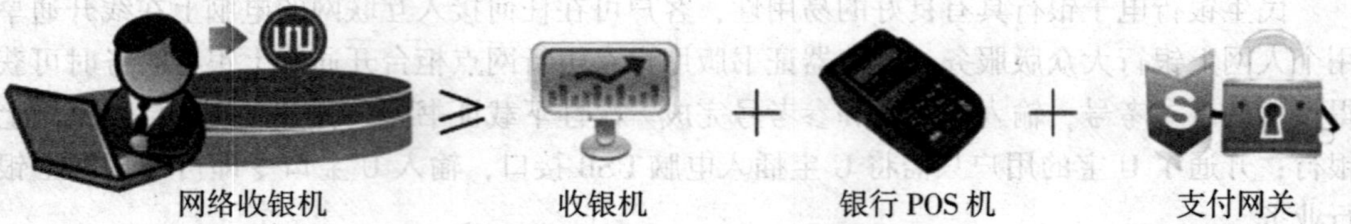

图 5-2 网络收银机与银行 POS 机的联系及不同

在 2011 年民生银行的工作会议上，通过认真分析产品、灵活运用产品助力分行提高客户综合收益，实现与第三方市场的资源共享，支付平台创新产品项目的全面启动，以“网络收银机”为重点推进，这对提升客户综合价值有很大帮助。

5.2 做技术领先型银行——招商银行

5.2.1 招商银行的发展历程

招商银行成立于 1987 年 4 月 8 日，是我国第一家完全由企业法人持股的股份制商业银行，总行设在深圳。

1995 年 7 月 3 日，招商银行在深圳发行了“一卡通”银行借记卡。作为具有信用和借贷等多种功能的货币工具，该卡支持一卡多户（包括人民币和外币）、自动转账、通存通兑、ATM 自动提款、电话查询、商户消费（POS）、贷款融资等多种功能。“储蓄一卡通”采用了 VISA 互联转账卡的标准和技术，并于 1995 年广泛发行。

1998 年 3 月 28 日，为了发展和扩大业务，顺应网络化生存的潮流，招商银行推出了面向公司客户的“一网通”网上银行业务——企业银行。招商银行的金融电子服务从此进入了"一网通"时代。

1998年4月6日，招商银行又推出了面向个人客户的网上银行服务——"一网通——网上支付"业务，从而成为国内首家提供互联网网上支付服务的银行。

1999年9月6日，招商银行全面启动"网上银行"业务，并宣布网上"企业银行"已在招商银行所有网点全线开通。次年，招商银行网上企业银行用户突破10 000户，交易额达到1 000亿元。招商银行的"一网通"作为中国电子商务和网上银行的代表，于2003年6月登上了被誉为国际信息技术应用领域奥斯卡的CHP大奖的领奖台，这是中国企业首次获此殊荣。

2005年9月15日，招商银行在上海高调推出全新的"一网通4+3"电子商务综合解决方案，再次领跑国内网络银行电子商务支付结算市场。

2006年推出财资管理平台，并成功研发网上企业银行中小企业版，满足了大型集团企业及中小型企业客户的需求。同年，招商银行与腾讯公司在全国首推变革性的网上支付新模式"直付通"，使网上购物的消费者可以更加方便地进行网上支付。到目前为止，已经应用于腾讯、盛大、支付宝和众多基金公司等商户的网上支付业务中，并且应用范围仍在不断扩大。

2007年推出跨银行现金管理平台CBS，使得更多集团客户实现了跨银行资金集中管理的梦想。2008年招商银行网上企业银行以"U-BANK"的崭新品牌面貌出现，打造全面、综合化的网上业务平台。次年破界而立，推出招商银行网上企业银行超级网银和CBS统一版，开创了网上企业银行发展的新局面。

2010年4月6日正式推出"i理财"，这是零售银行新服务品牌，其主要面向互联网时代不断壮大的"宅男"、"宅女"群体，是国内首家网络互动银行。同年推出的网上企业银行U-BANK7，使"智慧的网上企业银行"理念成为招商银行与企业客户携手共赢的新起点。

5.2.2　招商银行的电子商务模式

1）招商银行电子商务系统的组成

招商银行致力于打造"技术领先型"银行，以此为目标，在全国各大银行中，率先推出了电子商务服务。从1997年开始，招商银行开始进行基于互联网的业务模型探讨，将互联网与自己在电子化特别是在内部信息顺畅流动的优势相结合，推出了自己的网站——"一网通"，将"一卡通"的账务查询功能以及银企对账和股票信息查询功能搬上了互联网，由此开始了"E-Bank"在中国的发展探索。1998年4月，招商银行正式在网上推出"网上企业银行"1.0版系统，"网上企业银行"的问世，是网上银行在中国的真正开始，彻底改变了国内银行的传统业务，也标志着招商银行正式向电子商务进军。如图5-3所示，招商银行的电子商务系统已包含了五大模块：网上企业银行、网上个人银行、网上证券、网上商城、网上支付。

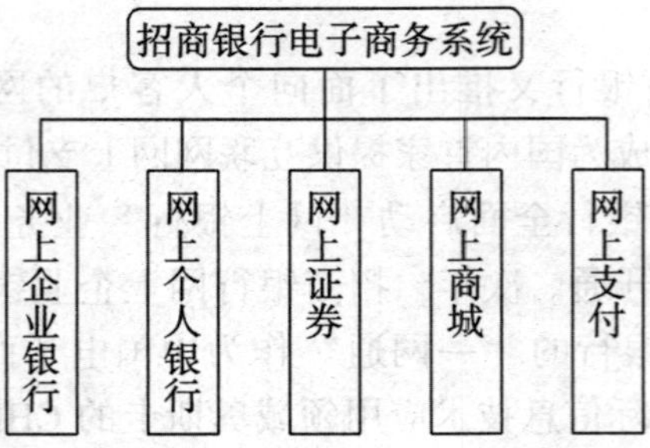

图 5-3 招商银行电子商务系统构成

(1) 网上企业银行

“网上企业银行 U-BANK”是招商银行网上银行——“一网通”的重要组成部分，它是通过互联网或其他公用信息网，将客户的电脑终端连接至银行主机，实现将银行服务直接送到客户办公室、家中或出差地点的银行对公服务系统，使客户足不出户就可以享受到招商银行的服务。

最新推出的企业银行 U-BANK7，采用“云计算”的核心技术、“绿色低碳”的财资运营理念，拥有全面智能化的用户应用体验、全球化的金融掌控能力以及移动的商务运营服务。它汇集了 70 余项银行产品和 100 多项业务功能，推出网银互联、人民币国际结算、自动透支、ECD 电子票据、离岸金融、自助结汇、代理清算等十余项全新产品，并整体升级了网上结算、电子商务、业务自助申请等多项网络金融服务，更建成了专业售后服务团队、电话客服专线、客户端在线咨询、网络社区等多方位、立体化的网上企业银行专属售后服务体系，为企业在新经济时代下的发展注入崭新活力。

(2) 网上个人银行

网上个人银行是招商银行为个人客户提供的网上银行，分为大众版和专业版。

大众版是招商银行基于互联网平台开发的、通过互联网为广大客户提供全天候银行金融服务的自助理财系统。通过网上个人银行大众版可办理如下自助业务：查询账户余额和交易明细、转账、修改密码等，另外，用户还可以通过网上个人银行大众版申请网上支付卡、自助充值和缴费、投资国债、申请个人消费贷款等。

专业版是招商银行基于互联网平台开发的网上个人银行理财软件，该软件建立在严格的客户身份认证基础上，对参与交易的客户发放证书，交易时验证证书。持有招商银行卡，可通过互联网使用网上个人银行专业版进行资金调拨、全方位理财。

(3) 网上证券

用户可以通过招商银行网上证券系统，注册后进行实时（及盘后）行情查询，交易查询，委托（包括买入、卖出、撤单功能）、转账（提供“一卡通”或存折活期账户与证券专户之间的双向转账）、智能配股信息（系统将根据用户目前拥有的股票自动判断是否有配股权，并列示详细的配股情况）、新股信息、指定交易等功能。而且招商银行证券主页开设论坛版块，供广大用户之间交流基金理财心得，讨论股市行情、交易策略，讨论黄金、汇市的行情，同时也会有专家对用户的问题提供建议、进行解答。

（4）网上商城

网上商城有两种模式：一种是招商银行信用卡中心推出的B2C电子商务网站。拥有招商银行信用卡的用户可以在此网站上购买物品。消费者在采购商品时，不用一次性结清，而是选择分期性付款。这样消费者可以缓解购买压力，把方便真正带给了用户。另一种是“一网通·商城”，主要参与者是招商银行网上特约商户和招商银行银行卡客户，招商银行与各大购物平台协议签约，包括京东购物商场、苏宁易购等网站，通过网上支付系统为网上商户和客户提供支付结算服务，拥有招商银行网上支付的银行卡，便可进行消费。

（5）网上支付

网上支付是电子商务交易中最核心的部分，是连接商家、消费者和支付机构资金流转的重要桥梁，同时也是招商银行整个电子商务系统的重要组成部分。一网通网上支付是招商银行提供的网上即时付款服务。通过一网通网上支付，消费者可以在网上任意选购众多与招商银行签约的特约商户所提供的商品，足不出户，即可进行网上消费。依托强大的技术保证，招商银行推出了种类繁多的支付工具与平台。

2）网上支付工具及业务流程

招商银行自开辟网上银行以来，一直处于网上支付领域的领先地位。从“一卡通”到“一网通”时代，招商银行一直致力于开发真正适合用户的支付工具和方式，通过十几年的发展，目前已经形成了以一卡通和信用卡为基础，多种支付方式相结合的强大的网上支付系统。通过该系统，消费者可以轻松、快捷、方便地使用招行账号进行网上支付。图5-4描述了招商银行网上支付的各种工具。

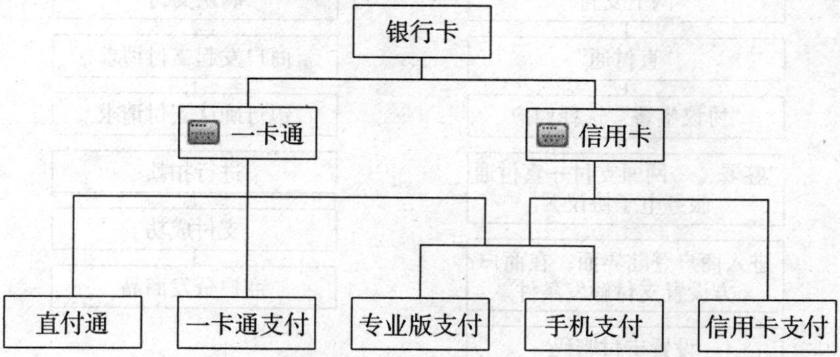

图5-4　招商银行一网通支付工具

资料来源　招商银行官方网站，http://www.cmbchina.com。

（1）直付通

“一网通支付·直付通”是指消费者通过网络，分别与招商银行和网络企业签订相关协议后，即可享受安全、快捷的支付功能。“直付通”与传统的网上支付模式相比，最大的特点就是其“直接性”。消费者若在合作网站上购买产品后，选择“直付通”付款模式，可直接在合作网站上完成支付。如果卖家自身并不支持招商银行的网上支付功能，拥有招商银行网上支付功能的买家，在开通“直付通”功能后，便可直接在协议网站（比如支付宝）上选择招商银行，进行支付，完成整个支付流程，而不用担心银行间汇兑接口的问题。该模式省却了跳转到招商银行支付界面的步骤，能有效简化支付步骤，节省支付操作时间。同时，避免了买卖双方在支付接口上的差异化带来的不便。将一卡通账户与特约商户的账户绑定，直接在商户界面完成支付，可设置限额。

①业务特点

A. 支付操作更直接、便捷。一站式的网络消费支付，方便用户进行购物体验，尽情畅游网上购物广场。

B. 适用性更广。所有一卡通均可通过网上银行自助申请，直接使用活期资金支付，资金管理更灵活，支付方式更加全面。

C. 分级制限额控制，保障资金安全。网银大众版、自助查询终端、网银专业版多层限额控制，根据需求选择不同限额，例如大众版网上支付功能账户，银行默认设置每日5 000元消费限额；对专业版的网上支付功能，用户可根据需要自行设置每日消费限额，确保用户有足够资金体验网上支付服务，使用户的资金拥有更好的安全性。

②业务流程

图5-5列出了“直付通”的功能申请流程和消费支付流程。

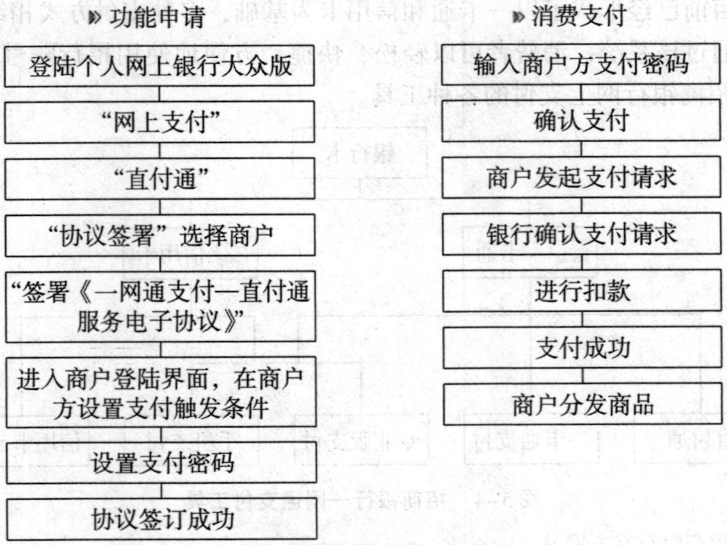

图5-5　直付通业务流程

资料来源　http://lining1433.blog.hexun.com/26241526_d.html.

“直付通”是协议支付，这个服务仅限于在签约的网站消费。比如支付宝和众多银行合作推出的一项业务，其名为“支付宝卡通”，招商银行用户在申请该协议后，在支付宝交易时可选择“支付宝卡通”方式付款。招商银行自2006年开通“一网通支付·直付通”业务以来，已经应用于腾讯、盛大、支付宝和众多基金公司等商户的网上支付业务上，应用范围日益扩大，越来越获得客户和合作伙伴的青睐。“一网通支付·直付通”业务，一方面有效地简化了客户、网络企业和银行之间的支付流程；另一方面，招商银行推出的“直付通”模式采用网络专线与网络企业连接，数据传输采用先进的加密手段，确保企业与银行之间24小时不掉线。“一网通支付·直付通”无疑是用一种最方便、最快捷、最有效的方式，满足了网络企业和客户的多元化、个性化的市场需求，对普及电子支付、推动电子商务更上一层具有重大意义。直付通的诞生，是招商银行在网上支付业务发展轨迹上的又一个大手笔。

③支付限额

直付通设置有初始限额，消费者可以在初始限额内调整支付额度，若需要提升最高支付限额，可以通过招商银行自助银行的自助查询终端中的“自助缴费”或“网上支付限额修改”功能修改，或者通过招商银行个人银行（专业版）中的“自助缴费”功能提升最高支付限额。具体限额如表5-3所示。

表5-3 **直付通最高支付限额**

限额修改渠道	支付宝（日限额）	腾讯（月限额）	盛大（月限额）	基金公司（日限额）
大众版签约初始限额	200元	100元	500元	20万元
自助查询终端修改限额	5 000元	200元	1 000元	50万元
网上银行专业版修改限额	10 000元	500元	2 000元	200万元

（2）一卡通支付

招商银行为“一卡通”持卡人免费办理“网上支付”功能的申请手续。用户可以通过以下两种方式申请：

①网上申请

一卡通持卡人通过访问本人“一卡通”发卡分行网站“个人银行”—“网上支付功能申请”，即可申请网上支付功能，即时开通。

②柜面申请

申请人携带本人身份证及“一卡通”，到“一卡通”发卡行当地招行网点填写《“一网通”——网上支付功能申请书》，取得网上支付卡和专用密码。申请成功以后专户转账——申请网上支付功能后，银行即为客户在“一卡通”人民币活期账户下设立“网上支付”专户。在进行网上消费前，客户需将资金通过招行发卡分行电话银行或网站“一卡通理财”自动转入此专户。

完成上述操作后，通过招行网上商城中的特约商户（招商银行网上商城）在线选购全国各地商品或享受其他服务，同步完成消费款项的支付。

一卡通网上支付可以向所有和招行签约了支付平台的商户支付。如果为一卡通申请了网上支付功能，则在支付宝交易时可以直接选择“网上银行”——“招商银行”方式去付款。一卡通支付，除了可以向支付宝支付，也可以向易宝、腾讯等其他一些招行的合作商户网站支付。

（3）专业版支付

“网上个人银行（专业版）”是“大众版”的扩展和完善。与“大众版”相比，有以下区别：

①业务内容不同。“专业版”具有账务查询、卡内定活互转、同城转账、异地汇款、网上大额支付等功能，并将随着业务发展不断丰富。

②安全机制不同。“大众版”充分利用了浏览器本身的安全机制，而“专业版”采取了 X. 509 标准数字证书体系，有着极高的安全性。

③使用方法不同。“大众版”无需下载任何软件，只需一台联网电脑，就可以使用该项功能，在浏览器界面操作。“专业版”需要下载客户端软件，操作时自动打开“专业版”窗口，只能在安装个人证书的电脑上使用，以保证安全性。

一卡通专业版业务操作流程如图 5-6 所示。

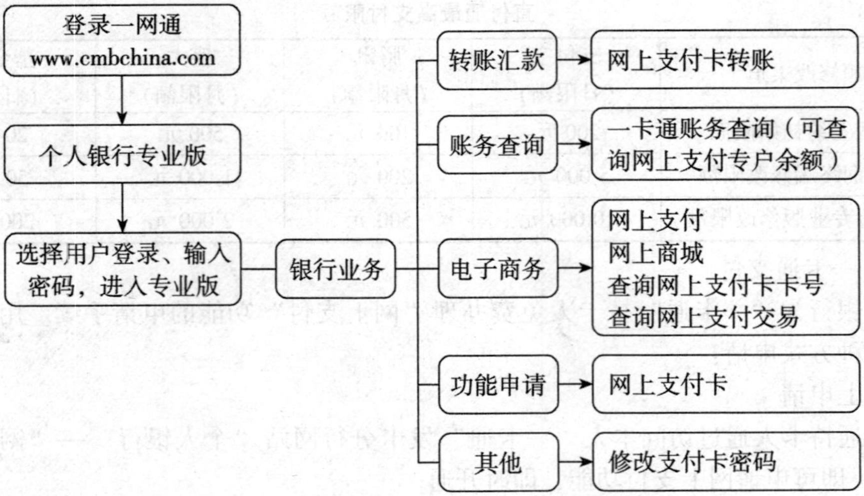

图 5-6 一卡通专业版业务操作流程

资料来源 花之雨花店，http：//www. shenzhenhuadian. com。

专业版是更加安全的网上银行，它又分为文件证书型和移动证书型。文件证书型需要凭办理后给的授权码自助激活证书，安装完毕后需要自行导出数字证书，如果想在其他电脑上使用，需要先把导出的数字证书复制过去。文件证书型是免费办理的。

（4）手机支付

手机支付服务是指允许用户使用其手机对所消费的商品或服务进行支付的一种服务方式。招商银行的手机支付目前有两种方式：第一种途径是费用通过手机账单收取，第二种途径是费用从用户的招商银行账户（即借记账户）或信用卡账户中扣除。在第二种方式中，手机只是一个简单的信息通道，将用户的银行账号或信用卡号与其手机号连接起来。

截至 2012 年 6 月，中国的手机用户超过 10 亿户，手机网民达到 3.88 亿，手机业务优势凸显。实际上，招商银行一直非常重视电子银行的应用，手机银行、手机支付是其中重要的领域，1999 年就推出了 STK 手机银行，2001 年推出 PDA 手机银行，2005 年推出 WAP 手机银行，2007 年 3 月 21 日也正式开通了“任 e 付”招商银行手机支付业务。开通“任 e 付”手机支付业务后可随时随地通过手机来完成支付功能。2009 年初对 WAP 手机银行进行了全面升级。

随着移动互联网的不断发展，移动电子商务的发展步伐也正在逐步加大。从 PC 时代到手机时代，特别是目前国家正在普及的，即将来临的 3G 网络时代，支付领域支持的平台也在发生着变化。招商银行开展的手机支付便是其中的佼佼者。用户在 PC 机上购买商品并确认订单后，便可通过手机登录个人银行，进行款项支付。在不久的将来，网上商城将会逐渐地进入手机平台，用户通过更为方便携带的手机，便可以在上面购物。

支付宝、财付通、快钱、易宝、环迅等多家支付企业纷纷发布进入手机支付领域的规划，预示着手机支付将成为未来众多支付企业的必争之地。艾瑞分析认为，目前，手机支付的发展环境已初步具备，无论远端还是近端支付，应用场景都比较丰富，加上移动运营商等产业主导者的推动，尽管目前市场刚起步，但未来手机支付将大有发展。

（5）信用卡支付

“网上支付分期付款”是招商银行信用卡消费信贷服务之一，是招商银行为信用卡持卡人提供的网上支付分期付款结算平台。通过这个平台，招商银行信用卡持卡人在特约商户进行购物时，可以选择将购买的商品或者服务的总价平均分成 3 期、6 期、12 期等若干期数（月份）分期支付，并通过网络使用信用卡即时完成分期付款手续，持卡人再根据信用卡账单按时向招商银行偿还每期（月）的款项。

持卡人办理网上支付分期付款前，首先登录信用卡网上银行，开通网上支付功能并调整为适合自己目前消费状况的网上支付额度，确保网上支付额度余额大于所购商品金额。用户在使用信用卡一段时间后，可根据自己的消费情况向银行提出额度调整申请，银行根据用户的消费水平和信用状况，做出评价后，裁定是否给予调整。从图 5-7 可以了解完整的购物过程。

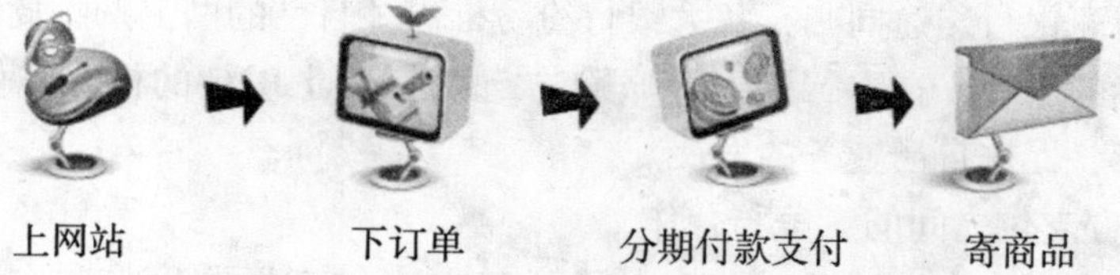

图 5-7　网上支付分期付款购物流程

资料来源　招商银行官方网站，http://www.cmbchina.com。

表5-4阐述了网上支付分期付款流程中各部分所实现的功能。

表5-4 **网上支付分期付款流程中各部分功能**

上网站	浏览分期合作商户网站，挑选心仪商品
下订单	在商户网站上确认订单金额、要选择的分期期数等信息
网上分期付款支付	商户链接自动登录招商银行网上支付分期付款支付平台，填写个人信用卡相关信息
寄商品	支付成功，商户配送商品到指定地点，客户签收所购商品

目前与招商银行签订合作协议的购物平台包括了京东购物商城、新蛋网、苏宁易购等国内大型购物网站。

此外，招商银行还针对信用卡用户，推出了自己的购物网站——信用卡商城。消费者可以在此网站上选择购买商品，但只能选择招商银行信用卡进行支付，从而直接产生与招商银行的业务关联。信用卡商城的建立，一方面可以满足招行用户购物难的问题，持卡用户可在商城自主选择商品，自主选择还款期限，另一方面招行可以通过外租销售平台，收取租金，获得一部分收益。

5.2.3 面临的机遇与挑战

电子商务是一个全新的概念，同时它也是一个高速发展的领域。特别是网上支付领域，近年来的竞争已经日趋白热化。无论是金融机构还是非金融机构，都在革新技术和业务，争夺市场份额。

1）银行业内部竞争

电子商务特别是网上支付行业的迅猛发展，吸引了一系列大大小小银行的参与，各大银行都在努力地把自己的业务向互联网扩展，积极地适应电子商务特别是网上支付行业的发展。由于各大银行的网上支付功能都得到了完善，大型购物网站纷纷与之建立合作关系，这样一方面能够促进整个电子商务支付行业的发展，但同时，对于招商银行而言，其他银行在网上支付领域的发展，给自己带来了更大的竞争压力。

此外，与招商银行殊途同归，各大银行纷纷推出了自己的网上购物商城，支持开通本行网上支付功能的用户，在本行网上商城购物。意在通过B2C的模式，使更多的用户选择本行支付功能，促进自己业务的发展。

2）同第三方支付之间的竞争与合作

根据易观智库EnfoDesk《2012 Q2中国第三方支付市场季度监测》数据报告显示，2012年第2季度中国第三方互联网支付市场交易规模达到9 456.6亿元人民币，环比增长23%，同比增长105.1%（如图5-8所示）。

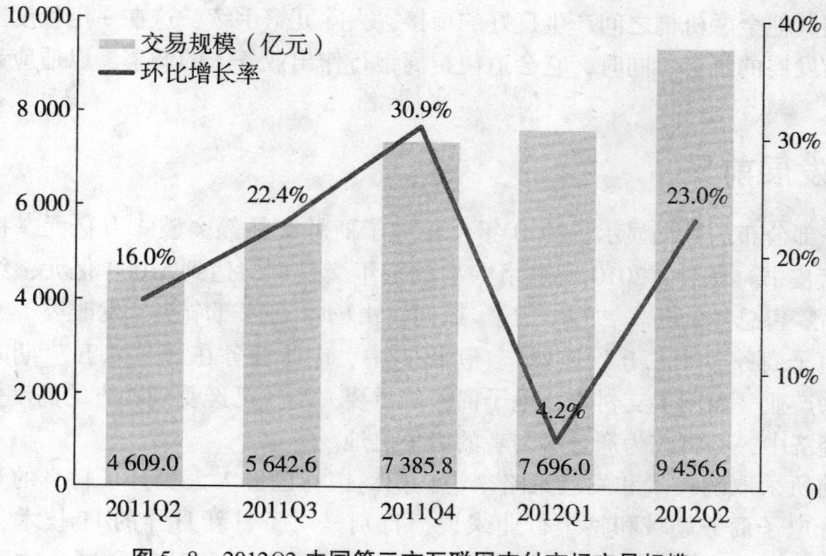

图 5-8　2012Q2 中国第三方互联网支付市场交易规模

资料来源　易观国际—易观智库。

以支付宝为代表的第三方支付企业的迅速崛起，给本来已经竞争激烈的网上支付行业带来了更多的活力。这些非金融机构通过自己建立起来的信用制度，开展自己的网上支付业务，在给消费者带来购物方便的同时，也给商业银行带来了更多的挑战。银行一方面认同第三方支付企业在培育、开拓市场方面的作用，另一方面又积极介入并扩展自己在该市场的份额和影响力。商业银行采取的策略主要为：与大型电子商务机构直联，同时通过与第三方支付企业合作来整合中小商户，在重点领域直接发展电子商务。由于第三方支付企业必须依赖银行作为其清算管理的核心，因此银行本身对于网上支付的觉醒和积极投入，也对第三方支付企业造成了巨大的压力。

招商银行推出的“直付通”，便是一个跟第三方支付机构支付宝合作的一个良好范例。与第三方支付机构合作，可以使自己的客户继续使用本行的业务，保证自己的客户量。同时，开发自己的支付产品，能够增强自身竞争力。

3）“超级网银”带来的发展机遇

“超级网银”是 2009 年央行最新研发的标准化跨银行网上金融服务产品。通过构建“一点接入、多点对接”的系统架构，实现企业“一站式”网上跨银行财务管理。“超级网银”推出之前，当收、付款人双方均在同一银行开户时，资金可实时入账。但当收、付款人双方不在同一银行开户时，支付指令需经过付款人开户银行网银支付平台、付款人开户银行行内业务系统、人民银行跨行支付系统、收款人开户银行行内业务系统等多个系统的处理。

超级网银的推出，实际上是中国人民银行、各大金融机构、以第三方支付企业为代表的非金融机构之间相互博弈和合作的产物。它的出现，使得以招商银行为代表的普通金融机构可以与其他金融机构之间产生良好的衔接，去除冗繁手续，这在一定程度上，给了各大银行均衡发展的机会。同时，它会迫使招商银行作出业务上的调整，以适应超级网银带来的变化。

5.2.4 发展前景

据商务部公布的数据显示，2010 年全年电子商务交易额突破 4 万亿元，社科院发布的《商业蓝皮书》预计，2010 年网络购物的全年交易额，达到 5 000 亿元，约可达到全年社会商品零售总额的 3%。“十二五”期间，由国家工信部牵头、发改委等 9 部委联合制定的《电子商务“十二五”规划》（初稿）中，电子商务在“十二五”期间将被列入战略性新兴产业。而网上支付作为电子商务的重要一环，已经受到各方的高度关注，在未来的信息经济中，必将成为产业参与者的必争之地。

从目前所采取的技术和发展策略来讲，招商银行已经大大提升了自身的竞争力。但是对于整个电子商务领域和整个行业来说，特别是对于日新月异的 IT 技术，招商银行依然面临着巨大的挑战，同时也充满着巨大的发展空间。移动互联网、物联网、云计算等与电子商务相关的新技术的不断进步，推动了整个电子商务产业的快速发展。招商银行作为一家致力于建设“技术领先型”的银行，必须与时俱进，多从新兴技术入手，找到合理的切入点，将自己的业务与技术进行完美结合，才能不断改进自己，满足用户需求。

面对经济金融全球化带来的机遇与挑战，招商银行将以“力创股市蓝筹、打造百年招银”为目标，以技术创新为动力，加快推进现代支付业务的战略调整，不断增强核心竞争力，努力建设成为具有国际竞争力的、中国最好的商业银行。

本章小结

在电子商务发展的今天，传统银行业作为社会资金的中枢部门，开展电子商务实现银行业务的信息化具有其他行业所不具备的先天优势，电子银行、网络银行也将迎来前所未有的发展空间。同时，由于网上支付的需要，银行业务的网络化和电子化也成为实现电子商务的强大支撑。本章介绍了两家国内的股份制银行是如何实现电子商务的。首先介绍中国民生银行的电子商务业务的概况与具体内容，及其电子银行的创新点，在发展中遇到的问题和提供的建议；然后介绍技术领先型银行—招商银行，其发展历程、电子商务模式、面临的机遇与挑战，以及发展前景。

参考网站

1. http：//www. cmbchina. com.
2. http：//www. cmbc. com. cn.
3. http：//www. cebnet. com. cn.
4. http：//www. hexun. com.

思考题

1. 民生银行的网上银行如何保证其安全性？
2. 民生银行快速成长的原因有哪些？
3. 民生银行是从哪些方面来开展银行电子商务的？
4. 民生银行作为后起之秀，是如何与招商银行缩小差距的？
5. 创造性地使用互联网，是招商银行核心竞争力之一吗？请解释。
6. 招商银行采取了哪些个性化服务措施？
7. 面对机遇和挑战，招商银行采取了哪些战略和措施？

参考文献

[1] 杰拉希，恩德斯．电子商务战略：概念与案例［M］．李洪心，译．大连：东北财经大学出版社，2006.

[2] 张荣，邵伟萍，刘蓓．电子商务案例分析［M］．北京：北京理工大学出版社，2007.

[3] 曹红辉．中国电子支付发展研究［M］．北京：经济管理出版社，2009.

[4] 帅青红．电子支付与安全［M］．成都：西南财经大学出版社，2009.

[5] 佚名．2009 年中国网络购物交易规模达 2 630 亿元，电子商务影响加深［EB/OL］．［2010-04-19］. http：//ec. iresearch. cn/html/20100414/112797. shtml.

[6] 佚名．2009—2010 年中国电子支付市场回顾与展望［EB/OL］．［2010-01-19］.

http：//www. paidai. com/displaythread. php? boardid=23&topicid=20373.

［7］IT168资讯．如何使用招商银行网上支付［EB/OL］．［2007-06-19］. http：//cio. it168. com/n/2007-06-19/200706191140359. shtml.

［8］中国民生银行．中国民生银行大力发展电子银行，服务品质全面提升［EB/OL］．［2010-12-27］. http：//www. boraid. com/company_ news/news_ read. asp? id=17123.

［9］民生电子商务专刊. http：//www. doc88. com/p-378887603822. html.

［10］中国电子商务研究中心. http：//b2b. toocle. com.

［11］佚名．民生银行开通网上商城 银行电子商务新模式［EB/OL］. http：//www. ncuhome. cn/Topic/shoppingOnline/txt5. html.

［12］民生银行信用卡商城. http：//shop. cmbc. com. cn.

［13］熊庆华．民生电子银行阔步e时代［J/OL］．中国信用卡，2008（10）. http：//www. cnki. com. cn/Article/CJFDTotal-XYKZ200810005. htm.

［14］施志军．电子商务案例分析［M］．北京：化学工业出版社，2010.

第6章

传媒电子商务的案例

学习目标

熟悉Google的核心技术；熟知Google的商业模式；掌握百度的盈利模式；了解百度的国际化战略；比较Google与百度的功能服务。

互联网的发展经历了网络、沟通、内容和搜索这样几个阶段。互联网的发展促进了信息沟通，信息沟通的便利促进了网上内容的丰富，网上内容的丰富又促进了搜索引擎的发展和应用。这个自然而然的发展过程说明了在网上内容丰富的今天，搜索引擎将比以往任何一个时候都更加重要。

搜索引擎是技术主导性产业，每一次技术进步都可能为市场和整个产业带来新的变革。目前第四代搜索引擎的标准已经在酝酿当中，同时搜索平台逐步向桌面、移动等平台拓展，这也意味伴随技术的更新和成熟，搜索引擎市场会出现更好的发展机会。随着近几年并购的出现，整个产业出现了非常明显的竞争趋势，垄断的格局也在逐渐形成。另外，竞价排名正成为目前全球搜索引擎的收入支柱，搜索引擎作为非常有效的广告手段，已经得到了市场的认可。

伴随全球互联网经济的稳步发展，搜索引擎市场出现了快速产业化发展的态势，同时还被称为互联网产业的第四桶金。全球范围内，跨国公司之间的市场竞争日趋激烈。随着海外资本进入，中国搜索市场竞争也逐渐升级，技术厂商从后台逐渐走向前台。除了新企业的进入，一些旧的搜索引擎平台也在逐步更新、拓展、不断推出新产品，这都说明在激烈的市场竞争当中，企业正在寻找适应自身发展的策略。同时，随着广告商寻求获得客户最佳途径的力度加大，搜索引擎作为有效的产品和信息查找工具，将是未来几年内成长最快的网络广告形式。

本章将介绍全球最佳搜索引擎 Google 和中国最大的商业化搜索引擎百度，并对二者从多方面进行比较。

1）美国的 Google

Google 成立于 1998 年，10 多年来发展迅速，从早期向 Yahoo!、美国在线（AOL）等其他目录索引和搜索引擎提供后台网页查询服务，到目前已成为全球规模最大的搜索引擎。它使用多种语言在 Web 上搜索每条可能的文件类型，能够提供不同语言的界面，以亚秒级的速度响应来自全球各个国家的用户的请求，为客户提供快速、准确和易用的搜索服务，赢得了众多用户的喜爱。据市场调研公司 ComScore 发布的 2007 年 12 月全球 10 大搜索引擎排名报告显示，Google 在美国占据搜索引擎市场份额高达 62%，是全球搜索引擎市场的王者。

2）中国的百度

百度公司于 1999 年底成立于美国硅谷，它的创建者为资深信息检索技术专家李彦宏及其好友徐勇，是目前我国国内最大的商业化搜索引擎，占据国内的市场份额超过 80%，主要提供基于全球互联网的中文网页检索和企业级的信息检索解决方案。百度的功能完备，搜索精度高，除数据库的规模及部分特殊搜索功能外，其他方面可与当前的搜索引擎业界领军人物 Google 媲美，在中文搜索支持的某些方面甚至超过了 Google，是目前国内技术水平最高的搜索引擎，可以说百度是我国互联网搜索引擎业的杰出代表。

3）Google 与百度的比较

从搜索引擎的商业模式、竞价排名和搜索引擎营销出发，着重就 Google 和百度搜索引擎的发展历史、搜索引擎技术，以及网页搜索、MP3 搜索、图片搜索、新闻搜索等功能服务、市场占有率、推广投资收益以及商业模式等各方面进行比较。本节通过 Google 与百度的比较，挖掘二者的优势，对二者进行分析，同时也希望通过了解二者各自的特色优势后，可以为经营者们带来一些启示，并为读者在具体应用时根据不同的需求使用搜索引擎带来一些帮助。

6.1　互联网搜索引擎老大——Google

随着网络世界信息量的激增，搜索引擎已经成为人们网上快速查找信息必不可少的工具。作为全球搜索引擎的老大——Google 不断创新，不断推出新的产品，满足用户的需求，赢得越来越多的用户的青睐，占有了全球搜索引擎市场的大部分份额。

6.1.1　Google 的背景及其发展历程

Google 的创办人拉里·佩奇和谢尔盖·布林 1995 年毕业于斯坦福大学的计算机科学专业。1996 年 1 月两人开始了搜索引擎的研究工作。他们开发了一项可以从大量信息中提取相关内容的技术，并可以识别和分析指向既定网站的支持链接，并将此命名为："BackRub"。随后拉里研发出一种新的服务器环境，可以使用低端的个人电脑取代价格昂贵的大型机。

1997 年，BackRub 可以在互联网上解决搜索问题，"BackRub" 改名为 "Google"。

1998 年上半年，两人提高了技术手段并购买了一台兆位存储器，用以存储大量数据。拉里把他自己的寝室作为数据中心，谢尔盖也用自己的房间做业务办公室。当两人开发的搜索技术远远超过其他竞争对手的搜索技术时，他们开始积极寻找对此感兴趣的潜在合伙人。著名门户网站 "Yahoo!" 的创始人大卫·菲洛称赞了他们开发的技术，鼓励两人创建自己的公司。但是许多门户网站拒绝使用他们的技术。

20 世纪 90 年代末，Sun Microsystems 的创始人安迪·贝克托西姆观看了二人的展示，认识到了其中的巨大潜力，签署了一张 100 万美元的支票。两人又从亲戚、朋友和熟人手中筹集到 100 万美元，有了资金的支持，两人于 1998 年 9 月 7 日在加州 Menlo 公园的一位朋友家中的车库里以私有股份公司的形式创建了自己的公司 Google，当时公司业务是管理一个互联网搜索引擎，主要搜寻和整理 Web 上的大量数据。不久 Google 就在互联网浏览者中流行起来，迅速传播给全球的信息搜索者。虽然当时 Google 还处于 β 级（软件试用阶段），但每天可以答复 1 万多条搜索查询。1998 年 12 月，Google 被 PC 杂志评选为世界领先技术，同时跻身于年度100强网站和搜索引擎。

1999年2月，Google员工人数增加到8个，每天可以答复5万多条查询。短期内的巨大增长吸引了其他投资者的兴趣，开放资源技术（Linux）提供商Red Hat作为Google成立后的第一位投资者进行了签约。Google同时从美国领先的投资公司Sequoia Capital和Kleiner Perkins Caufield & Byers获取了2 500万美元的风险资金。在吸引了大批的用户端、使用者和新闻媒体的注意之后，1999年9月，Google跳出了β级，全面进入搜索引擎。公司不断提高技术的优越性，致力于为网上用户提供方便、准确、数量多、免费、乐于使用的搜索。

2001年6月26日，Google宣布的新指数中包括了超过10亿的网址，能够为用户提供互联网上最全面的网站，从而成为互联网上最大的搜索引擎。它的网页评级机制PageRank被授予了美国专利。专利正式地被颁发给斯坦福大学，拉里·佩奇作为发明人列于文件中。

在2002年，Google实验室、新闻、Froogle相继发布。次年，Google收购了Blogger（主导Weblog网络服务的先锋），推出了Google Print。然后相继推出推出1GB空间的电子邮件服务Gmail、Google地图、GTalk、Google阅读器。Google每月全球唯一身份用户达到了3亿8 000万。

2006年4月12日，Google公司行政总裁埃里克·施密特在北京宣布该公司的全球中文名字为“谷歌”，Google公司以16.5亿美元的价格，收购影音内容分享网站YouTube，这是Google有史以来最大的一笔并购。

2007年10月29日，Google公司在中国以约2千万美元的价格购得网域名称“g.cn”，成为史上最短的网域注册名称。

2008年3月20日，Google中国主页第一次正式改版。视频、图片、资讯、地图、博客搜索、热榜和网站导航先期登上“www.google.cn”（g.cn）主页。Google正式发布开源浏览器——Google浏览器（Google Chrome）测试版，目前支持43种语言，着重于操作便捷性和功能性，次年发布Google Chrome浏览器。

2012年5月，Google以123亿美元收购Motorola，同年，Google称公司收购网络安全创业公司VirusTotal，旨在增强针对自身互联网服务的保护措施。2012年10月，Google已经超越微软，成为按市值计算的全球第二大科技公司，原因是通过互联网进行的计算已经降低了台式机软件的市场需求。当日，Google股价在纳斯达克常规交易中上涨7.28美元，报收于761.78美元，涨幅为0.96%，市值因此扩大至约2 499亿美元。微软股价在纳斯达克常规交易中下跌0.27美元，报收于29.49美元，跌幅为0.91%，市值因此缩水至2 472亿美元。

6.1.2 Google的核心技术

1）Google集群系统技术

（1）集群技术原理

早期，大多数的搜索引擎技术依靠少量的大型服务器进行查询。一方面，这些大型服务器价格昂贵，另一方面，在访问高峰期依靠这种大型服务器的搜索引擎运行速度减慢。为了开发出能够准确理解意思、精确回复结果的搜索引擎，拉里和谢尔盖使用了价格相对较低的集群系统技术为Google搜索引擎提供硬件支持。通俗一点说，集群是这样一种技术：它将两个以上的系统连接到一起，使这些服务器能够像一台机器那样工作或者看起来好像一台机器。Google集群系统将很多台计算机进行组合，通过软件容错，采用MapReduce技术将Web搜索引擎并行化，从而实现了世界上最大最强的网页搜索引擎系统，也是最为成功的商用集群系统。Google构建了四个群集：其中硅谷有两个，另外两个在弗吉尼亚，在几个群集间进行冗余备份，如果其中的一个群集出了故障，其他的群集即刻实现恢复，整个系统仍可以提供持续不断的服务。这种群集系统便于扩充，能提供几乎无限制的缩放能力。

（2）Google集群的主要任务

①信息索引。信息索引功能是对互联网信息进行采集、整理，从而建立索引数据。Google信息索引模块的工作过程是这样的：URL（标准资源地址）服务器和多个Crawler（快速搜索Windows注册表的实用工具）在Web空间进行遍历查找，只要初始化时访问了一个合适的站点就可以采集到所有站点的信息，获取文档，建立文档ID号，分析压缩文档，然后再存储到文档数据库；索引器为采集到的信息文档建立顺排档索引，由排序器产生倒排档索引，建立索引数据库；将索引数据库分块，称为Shard，再将不同的Shard分配到不同的计算机组中。在Google中文档数据库和索引数据库都被分成了很多块，实现了分布式存储，使得在数据库中的查找可以在不同的计算机组中并行执行，即使同一个分块，由于在群集中有多个复本，在同一分块内的查找也可以并行进行。

②信息搜索。信息搜索主要进行的是响应用户请求，按关键词提取匹配的网页，返回查询结果。用于用户搜索服务的模块主要由Web服务器、索引服务器（所包含的内容与书本后面的索引目录相似，说明哪些网页包含与查询匹配的文字）和文档服务器组成。Google对用户Web请求的检索词通过下面的步骤进行应答：用户的查询首先发送到Web服务器；对用户请求进行预处理；Web服务器将查询发送到索引服务器；索引服务器在索引数据库中搜索与查询匹配的关键词和语句并向Web服务器返回文档ID号；文档ID号传给文档服务器，文档服务器检索所存储的文档，接着，生成描述每个搜索结果的摘录，再传给Web服务器；Web服务器将查询结果格式化后以HTML的形式返回给用户浏览器。

2）Google的PageRank技术与超文本匹配分析

Google根据相关度和可靠度对搜索结果进行排序。拉里·佩奇在攻读博士学位时，发现在互联网上从一个页面通过链接到另一个页面是很容易的，但是要找出反向链接就不容易了。佩奇认为，如果能够知道反向链接的话，会很有意思。基于这个想法他建立了一个模型，这个实验包含了1 000万个网页，随后佩奇发现，这一课题的复杂性远超过了一般博士课题的范围，于是邀请布林加入。最后佩奇和布林共同开发了一套称之为PageRank

的网页评级系统。Google 搜索引擎就是通过使用 PageRank 技术来检查网络整体的链接结构，确定哪些网页的重要性最高，然后再进行超文本匹配分析，以确定哪些网页与正在执行的搜索相关。在综合考虑过整体重要性和与查询的相关性后，就得到了排序后的搜索结果。由于搜索结果没有人工干预或操纵，从而能够确保 Google 不受付费排名的影响而提供的信息来源是公正客观的。

PageRank 技术如何确定网页的重要性？通过对由超过 5 亿个变量和 20 亿个词汇组成的方程进行计算，PageRank 能够对网页的重要性做出客观的评价。PageRank 将从网页 A 指向网页 B 的链接解释为由网页 A 对网页 B 投的一票，它会根据网页 B 所收到的投票数量来评估该页的重要性。同时，PageRank 也参与评估每个投票网页的重要性，某网页投票被认为具有较高的价值，那它所链接的网页也具有较高的价值、更为重要，从而显示在搜索结果的顶部。Google 技术利用网上反馈的综合信息来评价 Web 网页的重要性。

为确定哪些网页与正在执行的搜索相关，Google 的搜索引擎也分析网页内容。但 Google 的超文本匹配技术并不单纯基于扫描网页的文本，而是分析网页的全部内容以及字体、分区及每个文字精确位置的一系列因素。Google 同时还会分析相邻网页的内容，这样可以确保搜索结果和用户的查询相关。

6.1.3 Google 的商业模式

Google 依靠搜索引擎发家，这家公司的所有业务都是围绕这一中心展开的。它把搜索技术出让给一些实力强大的网站和公司以及其他的机构来收取相应的技术使用费，这其中包括雅虎、AOL、网易、思科、宝洁等等。这些合作网站对早期的 Google 来说，起了很大的宣传作用，同时这种合作也为 Google 提供了稳定的收入来源。支撑 Google 庞大搜索工程的是一种非常单一的搜索主题，以及非常简洁的广告模式。截至 2011 年，Google 超过 96% 的收入来自网站的广告收入。保险、贷款、典当和律师等 20 个行业贡献了 Google70% 的广告收入，其中金融保险业贡献最大，占到 24%。余下 30% 的广告收入来自大约 1 000 种不同的行业类别，他们构成 Google 广告收入的“长尾”。图 6-1 展示了 Google 近年来收入和利润对比。

1） Google 的 AdWords 网络广告服务

Google 于 2000 年 10 月推出了 AdWords 网络广告服务，它是一种通过使用 Google 关键字广告或者 Google 遍布全球的内容联盟网络来推广网站的付费网络推广方式。可以选择包括文字、图片及视频广告在内的多种广告形式。最初，AdWords 保留了 CPM（即广告主购买 1 000 个广告收视次数的费用）模式，这意味着广告商根据广告展示的次数付费。这种最初的 AdWords 使得大把的钞票流入 Google。2002 年 2 月，Google 发布了新的改进版的 AdWords 产品，随后，美国在线（AOL）使用了 Google 的搜索服务和付费列表。AdWords 使得“关键字”和“搜索结果”相匹配，通过关键词把广告主和潜在客户进行了关联。广告商通过设置“关键字”在 Google 上投放广告，当用户在 Google 上搜索该

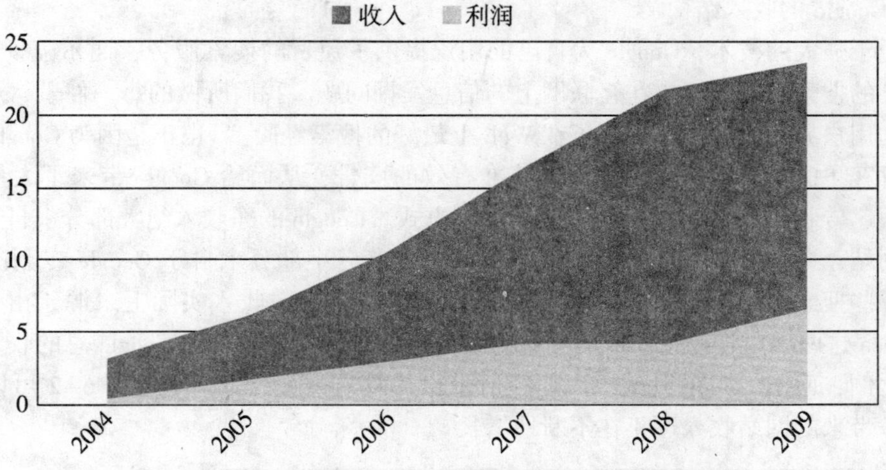

图 6-1　Google 近年来收入和利润对比（单位：10 亿美元）

“关键字”的时候，具有针对性的相关性的广告就会展示在搜索结果的右边，也可以通过优化，显示在搜索结果左侧。Google 会按照用户点击该链接的次数收取广告客户相应费用。Google AdWords 是按点击计费，广告被点击一次收一次钱，最高每次点击费用的选择范围是从 9 分到 810 元人民币不等。

2）服务于联盟成员的 AdSense 网络广告

2003 年 3 月，Google 推出了 AdWords 的延伸方案 AdSense，2004 年 10 月进入中国，它是针对网站主（发布商）的一个互联网广告服务。Google AdSense 开创了一个新的广告模式，以前的很多广告商，主要靠在各种页面高频率地轰炸网友的眼球，而不管这个网友对广告内容是不是感兴趣。但是 AdSense 却通过分析网页内容后，可以让各种规模的网站发布商在他们的网站展示与网站内容相关的广告，如果用户点击这个广告，Google 就会向广告客户收钱，并跟网站分享这笔广告费。这样各网站投放的广告更有针对性，点击率也就相应增长。同时 AdSense 为联盟成员提供直接从任一网页向其用户提供 Web 搜索的功能，同时用 Google 的搜索技术提供相关结果，并且可对搜索结果页进行自定义，以便符合联盟网站的主题。而且，搜索结果的页面还能显示出与用户查询相关的 Google 广告，为联盟成员带来收入。

AdSense 是 Google 关键词自助服务系统，可允许用户选择一个模板来设置自己域名的关键词广告。此前 Google AdSense 的自助服务系统可自动测试和选择包含图片在内的模板，但用户并没有实质上选择哪个模板来进行设置，而新的 AdSense 的自助服务系统提供包括银行、法律、教育和商业等多个模板。Google AdSense 可允许用户自行选择合适自己的模板，为用户提供更加个性化服务，域名持有人可根据自身需要来选择模板，还可将关键词定制成“待售”，用户可通过搜索相关词语而关联出域名信息页面。但其费用相对较高，2009 年开始支持人民币付款，最低支付金额为 400 元人民币。

3）Google 的收入结构

依托于强大的技术，Google 为自己的用户提供了免费的搜索服务，谢尔盖说：“我们开发自己的搜索技术来解决在互联网上的信息发掘问题。我们所做的每一件事，从研发高级技术到用户界面设计，都集中了在 Web 上最好的搜索经验。”也正是因为 Google 精于搜索，了解客户的需求，以致能够提供精准有效的广告，从而给 Google 带来了大量的广告收益，而广告收入是 Google 网站主要的盈利方式。Google 的净收入绝大部分来自于 Google 自有的网站，一小部分来自于广告联盟业务，还有一小部分来自于 Google 专利的一些服务，如一些搜索应用等。图 6-2 表明了 Google 的绝大多数收入实际上来源于由 AdWords 和 AdSense 这两项广告业务组成的网站收入，可以看到网站收入在 Google 总的收入中占了很大的比例，而 Google 的其他收入途径所带来的收入微不足道。通过图 6-2 可以看出由广告业务带来的网站收入逐年在不断地增长。

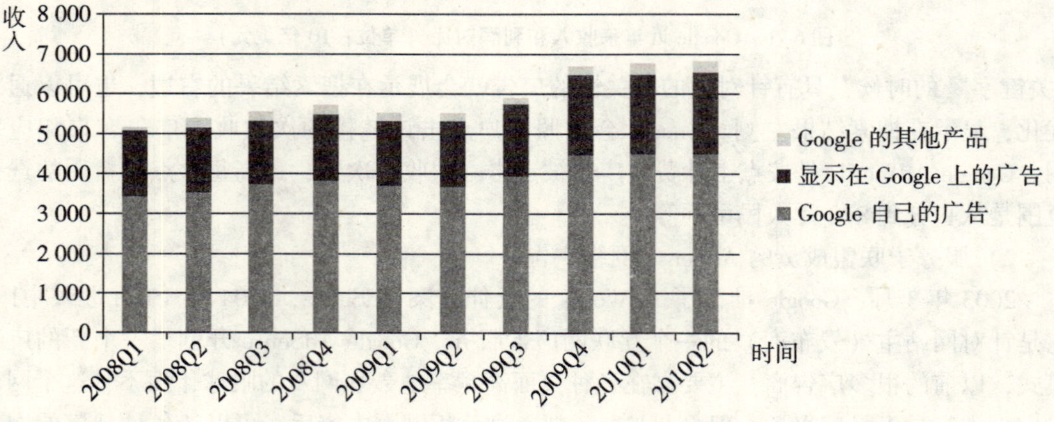

图 6-2　2008 年 Q1—2010 年 Q2Google 公司收入组成（单位：100 万美元）

4）产品广告与收费

Google 针对不同的广告方式提供不同的付费方式：对于以关键字定位的广告，采取每次点击费用模式（CPC）；对于以网站定位的广告，采取每千次展示费用模式（CPM），即根据展示的次数，每展示 1 000 次向广告主的广告账户收取一定的费用，网民点击此类广告，广告主则不另外付费。

对于关键字广告，当费用达到一定的条件时，广告才得以展示。由图 6-3 可以看出，当最高每次点击费用不小于最低出价时，广告才可以展示。而“质量得分”越高，所需的“最低出价”越低，那么就可以设置较低的“最高每次点击费用”让广告得以展示。广告的展示位置是由最高每次点击费用、质量得分和其他广告主的情况共同决定的。

为了改变 Google. com 上仅有的简单的文本广告的现状，从而能够更好地和竞争对手进行较量。Google 测试一种新的广告形式——产品广告，这种广告将直接在广告中加入诸如产品价格和外观等的相关信息。不同于 Google 的搜索广告中的点击付费模式，这种产

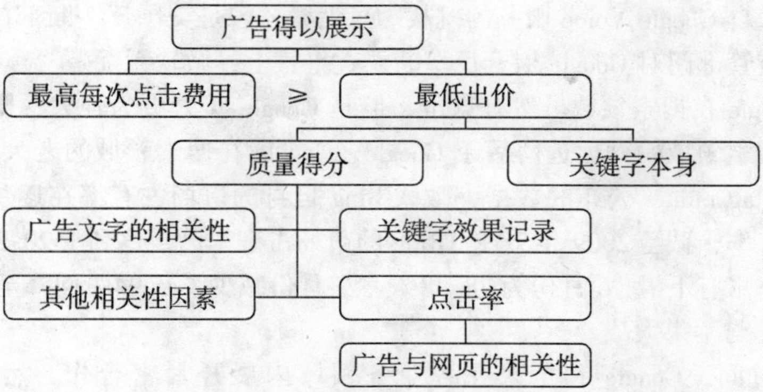

图 6-3　Google 关键字广告收费模式

品广告只有当用户购买了产品后，Google 才向产品广告的广告商收费。Google 表示它将继续完善这种最具效果的广告形式，它将成为 Google. com 上标准文本广告的一个有益补充。

Google 不仅仅是通过基于 Google 网站来卖广告，还不断推出一系列的免费服务，来增加其广告收入，实行一种“免费+广告”的策略。当 Google 买下 Blogger 时，就对该平台提供免费的服务，同时加上广告。当 Google 提供大量储存空间的 Gmail 时，同样也是“免费+广告”。

6. 1. 4　搜索引擎巨头的问题

Google 面临的问题不仅来自搜索引擎行业的竞争，还有很多公司都把 Google 作为自己的竞争对手。与此同时，美国反垄断机构也紧盯着 Google。

1）Google 与它的竞争对手

Google 在互联网产业取得优势地位后，该公司在改变产业格局的同时，也不可避免地“树敌太多”。整体上看，Google 的“仇敌”大致可分为两类：一是诸如微软、苹果等科技巨头；二是名不见经传的小型科技创业公司。

（1）Google 与微软的竞争日趋激烈

在互联网业务领域，与 Google 展开最为激烈竞争的对手当属微软。过去数年中，微软一直在开展自家搜索和网络广告业务。尽管微软已为此投入了数十亿美元的资金，但目前这些努力尚未对 Google 构成实质性威胁。在微软向 Google 主动出击的同时，Google 也反过来“入侵”微软占据优势的业务领域，如 Google 推出了 Gmail 电子邮件服务、网络版办公软件 Google Docs 以及 Chrome 浏览器等等，这些产品都对微软相应业务构成了较大威胁。

2009 年 6 月，微软开通了 Bing，8 月份，和雅虎签署了为期 10 年的搜索业务合作协议，使得微软将有权使用所有雅虎网络搜索技术，Bing 成为雅虎的唯一搜索引擎。通过与雅虎达成协议，微软会在搜索引擎领域带来更多的创新发展，也会取得突破性的进展和成功。2011 年 5 月，微软宣布以 85 亿美元收购网络电话服务商 Skype。微软此举部分目的，意在应对来自 Google Voice 服务的挑战。虽然微软曾是美国反垄断部门的重点调查对象，但在游说监管部门对 Google 展开反垄断调查事宜上，微软无疑是“声音最大者”。

微软和 Google 在搜索领域虽然有竞争，但是 Google 实力更为强大，微软虽有一系列的动作，但在搜索领域一直远远落后于 Google，Google 在搜索领域的老大地位不可动摇。根据统计公司 StatCounter 公布的数据，微软 Bing 自身的市场占有率在逐步增加，再加上雅虎的市场占有率，截至2009 年7 月，Bing 的市场占有率已经达到了20. 36%。Google 搜索的市场占有率略有下滑，6 月份为78. 48% ，7 月份减少了0. 94%而降至77. 54%。

（2）Google 与苹果大战

曾有一段时间，Google 和苹果在各业务领域内展开紧密合作。然而 Google 开发 Android 手机操作系统后，苹果认为 Google 此举将危及自家 iPhone 手机业务，两家公司关系开始恶化。目前 Google 和苹果在浏览器、电子邮件、语音聊天及其他一系列服务当中展开竞争。最近两家公司又在网络数据存储领域展开争夺战，苹果服务名称为 iCloud，Google 也宣布推出类似服务。

2009 年以来这两家企业之间的竞争正在加剧。7 月份苹果公司从 iPhone 中取消了使用 Google Voice。与此同时 Google 进入越来越多的苹果核心业务，比如说已经推出的 Android 手机操作系统，以及最近宣布未来要推出与苹果操作系统构成竞争的 Chrome 个人电脑操作系统等等，其中两家公司在涉及苹果 iPhone 智能手机与采用 Google Android 软件的数款移动装置方面事宜的处理变得最为棘手。

针对苹果的 iPhone5，Google 于 2012 年推出了摩托罗拉的三款新的智能手机。其中两款是 Droid Razr HD 和 Razr Maxx HD，打击中等水平的智能手机市场，虽然它的硬件规格比不上 iPhone5，但它仍然对高端市场拥有一定的冲击力。Google 升级了 iOS 版 Google 搜索应用，增加了语音搜索功能。苹果语音助理服务 Siri 成为这项应用的直接竞争对手。在新版 Google 搜索应用中，用户可以使用语音输入关键词，还能以语音方式播放搜索结果。在结合 Google 的“知识图谱”之后，这些搜索结果也比以往更加智能。

（3）Google 与 Facebook 的竞争

Google 同 Facebook 的竞争，实质上是为争夺互联网产业发展走向的主导权。随着 Facebook 用户量基数的增长，大量网民将直接在 Facebook 网站进行各类活动，而减少使用 Google 搜索等服务的频度和总次数。另一方面，Facebook 同微软达成了合作协议，并由微软 Bing 为 Facebook 提供搜索服务。为回击来自 Facebook 的挑战，Google 在自家服务中增加了社交网络元素，比如推出+1 服务。目的是最终迫使 Facebook 同意 Google 抓取其用户数据。

（4）在其他国家遇到的阻力

2005 年法国总统希拉克称为了应对 Google 和雅虎等美国新媒体势力的垄断，法国政府将加快步伐资助包括本国公司在内的欧洲高科技公司，创建属于法国自己的搜索引擎。

在中国，百度与 Google 展开了正面较量，百度以超过 70% 的市场份额稳居第一，全球搜索引擎巨头 Google 以 20% 多的市[illegible]上半年，国内市场监测与网络测评权威机构——互联网数据中心[illegible]据表明，百度上半年的搜索市场份额在中国已达到 81.9%。

俄罗斯的本土搜索引擎 Yandex 在其[illegible]Google。由于 Google 的新闻索引吸引大量网民并抑制了原网站点击[illegible]商抵制。Google 的规模让它很容易成为攻击目标，在欧洲国家，人[illegible]道路已经充满了疑问。

2）Google 与垄断

2007 年当 Google 宣布计划收购网络广告公司 DoubleClick 后，曾引来了美国和欧洲监管机构长达一年的调查。2008 年，美国司法部否决了 Google 和雅虎之间的一个搜索广告交易，并称该交易将进一步加大 Google 的市场垄断优势。司法部反垄断部门主管 Thomas Barnett 警告 Google，如果不放弃这一交易，将对其提起诉讼。现在 Google 正处于司法部的调查之中，它的书籍扫描项目正在接受审查。2009 年美国司法部反垄断部门负责人克丽斯蒂·瓦尔尼（Christine A. Varney）说道："Google 正在重蹈微软的覆辙，科技行业正处于这个统治性巨头的控制之下，它的力量已经强大到足以抑制创新和消灭竞争对手的地步。商务部已注意到 Google 公司宣布收购摩托罗拉移动公司一事，在收到申报后，将根据《反垄断法》进行审查。"

尽管 Google 招来了美国反垄断调查的紧密关注，但 Google 对此的态度还是积极的。Google CEO 埃里克·施密特说，"对于那些我们认为会给消费者带来好处的产品，我们肯定不会因为害怕被调查而放慢开发速度。我们会花费更多时间来思考如何与监管机构交流，以及我们产品所带来的市场反应。因为我们知道我们面临的规则有所不同。"

6.1.5 Google 的未来之路

1）Google 搜索的方向

搜索是 Google 的主流业务。Google 主管搜索与用户体验的副总裁玛丽莎·梅耶尔曾在接受英国《网络》杂志的专访时谈到 Google 的发展方向。她认为包括图片、视频、新闻、图书和地图在内的"广义搜索"将是未来正确的发展方向。她说："搜索引擎必须超越关键词搜索，并允许用户提出问题。此外，搜索引擎或许可以使用户更容易地通过手机获取信息。我们也在研究如何将新媒体整合到搜索引擎之中，并将图书、视频和新闻纳入搜索体验。在此之后，搜索引擎将出现不同的个性化发展。"

关于搜索引擎的个性化，梅耶尔表示："如果用户选择与搜索引擎分享个人信息，未来的搜索引擎或许可以知道用户的地理位置，知道用户已经了解哪些信息，以及知道用户的偏好。我们并不清楚哪一种个性化最有价值，不过我们仍将在搜索引擎个性化领域进行投资和试验，因为这非常重要。"

2）Google 与云计算

2006 年，Google 公司的高级工程师克里斯托夫·比希利亚向 Google 董事长兼 CEO 施

密特提出了云计算这一计[redacted]

云计算是指通过网[redacted]得所需的服务。这种服务可以是 IT 和软件、与互联网相关的[redacted]。大部分的计算任务都在“云”中完成，使用的软件在大量的[redacted]的数据、文件都在数据中心保存，以便人们不管身在何处都能[redacted]来我们使用的互联网服务都将由大型专业的“云”供应商来提[redacted]“云”服务，企业与个人用户只需要通过互联网来购买或租赁[illegible]。

其实当我们平时在[illegible]在使用云计算，例如搜索引擎。用户只要进入 Google 搜索界面[illegible]擎就会在远端的数据中心，帮助用户寻找相关数据并进行[illegible]馈传递给用户。

除了搜索引擎，Goo[illegible]些服务都具有云计算的特点。比如说 2004 年 4 月 1 日 Google [illegible] Gmail，2005 年向全球推出的 Google Earth 等等。

但是，今天的“云计[illegible]年 7 月，Google Apps 服务中断，用户的文件只能“呆”在[illegible]le 的云计算服务出现了严重问题，Gmail、Blogger 和 Spreadsneet 等服务均长时间宕机。

虽然有挫折，但是 Google 仍将继续致力于云计算领域。Google 最近宣布将推出基于 Linux 的 Chrome OS，Chrome OS 最主要的功能就是提供访问云的服务，以及在用户无法与网络连接的时候提供足够的本地计算能力。

3）Google 继续致力于移动领域

不久的将来无线领域必将成为下一个爆发的信息领域，而 Google 最重要的战略便是把握住这个机会。事实上 Google 在移动业务领域一直在积极的准备着。Google 意识到无线上网业务市场具有比固定接入互联网更大的发展潜力，因此 Google 急切希望能够促进搜索引擎在手机上的应用，以保持其在搜索引擎市场中的绝对主导地位。Google 非常期待从移动电话服务上赚到比计算机服务上更多的收入，因为移动电话可让广告的目标对象更有针对性，而瞄准目标对象刚好是 Google 的优势。

2007 年 8 月，为了进一步抢占全球搜索引擎市场，尤其是无线移动搜索引擎市场，Google 公司宣布已经与世界上几家著名的无线网络运营商达成了合作协议。根据双方的合作计划，Google 将与包括 AT&T、T-Mobile 以及 Verizon、沃达丰无线等多家全球知名的无线网络运营商合作，在不久的将来，这些运营商的签约用户就可以使用嵌有 Google 公司搜索引擎的手机进行无线网络的搜索。11 月，Google 宣布成立“开放手机联盟”。该联盟包括了 Qualcomm 和 Motorola 等无线技术公司，致力于共同开发 Android 开源移动平台，目标就是要把手机武装成功能强大的移动计算机。Android 是一个开放的平台，利用 Google 提供的“程序开发包”，任何人或者公司都可以在上面开发手机程序。

在开始的时候，Google 与三星合作，在后者的手机里捆绑 Google 搜索、Google 地图和

Gmail，基本上属于服务提供商的角色。

2007 年，Google 开始研发自己的手机。2008 年 Google 正式推出 Google G1，这款手机采用 Android 平台。Android 原意为“机器人”或“人造人”，被 Google 用来命名其移动终端平台。Android 包括操作系统、用户界面和应用程序等移动电话工作所需的全部软件，而且不存在任何阻碍移动产业创新的专有权限制。接着 Google 手机又推出了第二代，内置了包括 Gmail、GoogleMaps、YouTube、Google 日历、GoogleTa 和 ChromeLite 浏览器的 Google 服务。根据 Opera 发布的 2009 年 5 月移动互联网报告，全球搜索引擎巨头 Google 将其优势延续到了移动互联网领域，成为全球手机用户上网使用最多的搜索引擎。Google 现在要做的就是把更多的在 PC 上的功能带到移动设备上。

6.2　中文第一搜索引擎——百度

6.2.1　背景介绍——百度从上市走来

从企业门户搜索到竞价排名，百度用不到两年的时间完成了一次商业模式的转型。也正是竞价排名，使得百度成为了全球最大的中文搜索引擎，迎来了发展的春天，并为其在美国纳斯达克的精彩亮相加足了马力。

2005 年 8 月 5 日，百度以 27 美元的发行价登陆美国纳斯达克，上市首日，它就破纪录地狂涨 354%，随后股价一路走高，其中在 2007 年 11 月 6 日，其股价一度达到历史最高位 429.19 美元。不仅如此，百度股票每日的交易量高达 100 亿元人民币左右，居于美国股票市场上非美国企业的第一位，按照已故百度公司首席财务官王湛生的说法，百度股票“等于是一个硬通货了”。

然而，在依赖竞价排名模式的高速成长之后，随之而来的 2008 年成了百度的多事之秋。“三鹿”事件、虚假排名等使人们对百度坚持八年的商业模式疑虑重重。根据正望咨询 2008 年 9 月份发布的关于 2008 年中国搜索引擎市场调查结果显示，百度在京沪穗虽然继续保持巨大的领先优势，但相比 2007 年的市场份额下跌 0.9%。虽然下跌幅度不大，但是其背后传递的信息，显示出百度在局部地区的吸引力有减弱迹象，这足以引起百度的重视。2008 年 11 月 15 日，中央电视台《新闻 30 分》的一则报道，尖锐地指出了百度竞价排名中存在大量虚假医药广告，这引发了百度自创立以来最大的一场危机。17 日下午，百度便将涉及医疗信息的关键词全部撤销，进行审核，但为时已晚，随后不久百度股价一度跌到了 102 美元，市值较 2008 年年初时缩水逾 70%。暴风骤雨式的现实，让李彦宏最终承认：“这次的确是一个不小的危机，尤其是在百度品牌上。”11 月的后半个月里，一向不爱社交的李彦宏在短时间内频繁拜访大客户，进行沟通解释。同时，百度将筹备中的广告系统“凤巢”提前推出，供外界测试。百度通过“凤巢”逐渐取代“竞价”系统。

百度公司自进入中国互联网市场以来，就一直以开发真正符合中国人习惯的、可扩展的互联网核心技术为使命。百度高速成长的业绩和因此节节攀升的股价让它无暇也不必顾及自己的缺点。然而，在暴风骤雨过后，冷冰冰的资本市场让百度有足够多的冷静空间反思。当然，这也意味着，它终于必须正视上市以来积累的一切因果，彻底调试。

6.2.2 百度特色——创新制胜

回望百度辉煌的历史，是什么让百度一路高歌猛进？当然，其中不乏竞价排名这一商业模式的功劳，但随着百度的发展，其弊端也已展露无遗。现如今，如何克服竞价排名带来的公信危机，继续朝着更宽阔的道路走下去，成了百度面临的最大问题。对于百度来说，创新求变是它的制胜动力。百度 CEO 李彦宏说：“百度致力于保持创业激情，坚持愿意学习、富有创新的公司文化。如果有些人求稳，不愿意冒险，不愿意在高速成长的环境中工作，希望有一份稳定的工作和生活，那么就不太适合百度。”百度的自由竞争立场很明确，李彦宏因此有理由强调其潜意识中的危机感：“搜索引擎离破产永远只有 30 天。”正是在这种企业文化的熏陶下，百度在营销、服务、技术等各方面都努力创新求变。

百度的创新，基本上可以划分为三个时期：一是 2000—2005 年，专注于做搜索，致力于改善用户体验、探索商业模式，并创造性地针对本土特点推出了音乐搜索；二是 2006—2008 年，百度开始向社区化转型，推出了贴吧、百科、百度 HI 等社区化产品；三是 2008 年至今，百度开始向电子商务转型，百度币、有啊以及与日本乐天的合作都是这种尝试的产物。第三阶段尚未得到成功的证明，但前两个阶段确实做得有声有色。李彦宏证明了百度确实比 Google“更懂中文”。

1）百度的营销创新

（1）病毒式营销

2005 年，百度推出了三个视频短片作为“中文第一搜索”的宣传，以 10 万级的拍摄费用，达到了近亿元传播效果，成为了中国首个真正意义上的互联网病毒营销案例。百度副总裁梁冬曾经开玩笑说：三个视频短片的创作是因为“没有广告预算”而想出来的。三个短片采用中国武侠电影和周星驰风格的诸多元素构建，诙谐之余极具意趣，仅仅通过员工给朋友发邮件以及在一些小视频网站挂出下载链接等方式扩散，传播人群超过 2000 万人次。《唐伯虎篇》加上《孟姜女篇》再加上《刀客篇》，分别对应“中文”、“第一”、“搜索”三个关键概念，从而将百度是中文第一搜索引擎的概念完整表现出来，为百度的品牌价值建设提供了丰富的沟通体验，达到了非常好的宣传效果。

（2）主动营销

为巩固中国搜索市场“老大”的地位，百度推崇主动营销方式。为此，百度在 2006 年推出精准广告，2007 年推出以精准广告为核心的精准营销体系，主要针对的中高端客户。它可以向搜索过漫画、篮球的人推广男性化妆品，向搜索过户外、摇滚的人推销吉普车，向搜索过夜店、音乐的人推销洋酒，从而精准锁定广告受众，即按照广告主的需求从上亿中国网民中挑选出目标人群，保障广告只出现在目标人群面前。

（3）百度TV营销

百度TV是百度2007年推出的广告模式，它通过网站内容和阅读环境的匹配，能够帮助企业在庞大的互联网人群中迅速找到目标用户，并且能把品牌或产品用“声、光、电”的形式在企业的目标用户面前充分展现。百度TV属于可点击视频，可让受众参与并与其互动，受众只要点击视频屏幕则可以直接访问该产品的官方网站，由此产生官方浏览量。借助百度强大的高度关键词匹配技术和IP地址定位技术，百度TV给广告的精准投放插上了科技的翅膀。

（4）百度品牌专区

2007年末，百度与国内外顶级品牌合作，共同尝试一种新的广告模式——品牌专区。在品牌展示区上，企业官网的丰富资讯以精选和更为直接的方式展现在网民面前，众多网民也得以更便捷地了解品牌官网信息，更方便地获取所需企业资讯。这也正符合百度的使命和理想：让人们最便捷地获取信息，找到所求。用户通过“品牌专区”对相关品牌关键词进行搜索时，可以一次性获取更多和更充分的相关信息。百度通过搜索引擎与广告的结合，创造了巨大的效益。

2）百度的特色搜索——服务创新

随着各种互联网技术日渐融合，用户对多元化的一揽子服务呼声日渐高涨，百度面临的市场竞争也越来越激烈。李彦宏认为，依靠单一的业务模式要在互联网竞争中制胜非常困难，能为网民提供综合服务的企业才能成为市场引领者。正是在这样的思路指引下，百度在其成长过程中不断推出特色产品和服务，极大地丰富并满足了用户的多元化需求，也为今后自身的发展拓宽了道路。

（1）百度影视

百度影视在2005年正式上线，2006年开始实施免费模式，支持下载、点播和直播三种获取影片资源的方式，对中国正版互联网影视产生了重大影响。据2007年DCCI互联网数据中心发布的数据显示：在调查互联网用户最喜欢、认可的影视搜索品牌时，44.48%的被调查互联网用户选择百度影视，百度已经占据了影视类网站的半壁江山，如图6-4所示。

（2）百度知道

百度知道是百度2005年推出的一个基于搜索的互动式知识问答分享平台，是用户自己根据具体需求有针对性地提出问题，通过积分奖励机制发动其他用户来创造该问题的答案。同时，这些问题的答案又会进一步作为搜索结果，提供给其他有类似疑问的用户，达到分享知识的效果。它的最大特点就在于和搜索引擎的完美结合，让用户所拥有的隐性知识转化成显性知识，用户既是百度知道内容的使用者，同时又是百度知道内容的创造者。

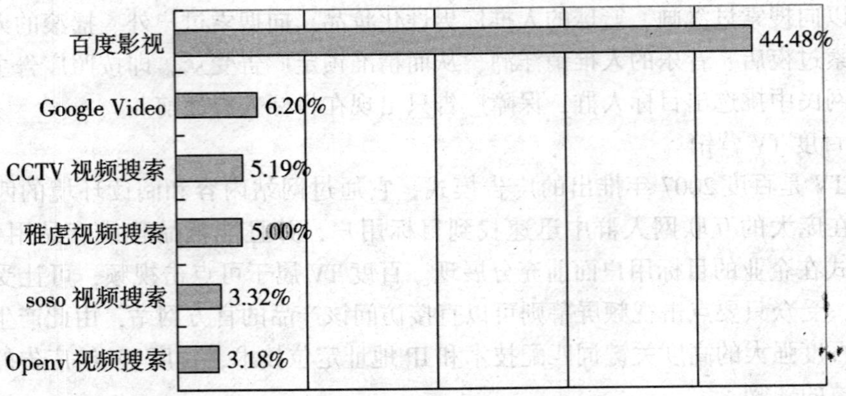

图 6-4 中国互联网视频搜索服务商排名

在这里累积的知识数据可以反映到搜索结果中，通过用户和搜索引擎的相互作用，实现搜索引擎的社区化。

(3) 百度百科

百度百科是 2006 年 4 月 20 日由百度发布的一部内容开放、自由的网络百科全书，旨在创造一个涵盖所有领域知识、服务所有互联网用户的中文知识性百科全书。百度百科本着平等、协作、分享、自由的互联网精神，提倡所有人共同协作编写百科全书，让知识在一定的技术规则和文化脉络下得以不断组合和拓展。它为用户提供一个创造性的网络平台，强调用户的参与和奉献精神，充分调动互联网所有用户的力量，汇聚上亿用户的头脑智慧，积极进行交流和分享，同时实现与搜索引擎、百度贴吧、百度知道的完美结合，从不同的层次上满足用户对信息的需求。

(4) 百度财经服务

2007 年 11 月 8 日，百度宣布正式向网民提供财经新闻及信息服务，推出了百度财经频道。百度财经（http://finance. baidu. com）首页主要包括股票、基金、理财、债券、信托、港股、QDII 七大频道，除了提供财经类的数据，还与百度新闻结合，抓取输出财经类新闻。

2008 年 8 月 12 日，百度宣布与中国财经网络领袖——和讯网（www. hexun. com）结盟，共同打造百度和讯财经网，以期为用户提供更加完善的“搜索+门户”综合财经资讯服务能力。根据 iUserTracker 的监测数据，2009 年 5 月百度和讯网对华中、东北和西南地区的用户黏度明显高于一般财经网站。例如当月浏览该网站的东北大区用户比重要超过某门户财经频道 1. 45 个百分点，山东用户超过 0. 95 个百分点。事实证明，百度和讯财经网全面利用互联网成熟搜索+分类+内容模式，最大限度地满足了网络财经用户对内容和广度的资讯需求。

(5) 其他

此外，百度还推出了诸如图书搜索、文化共享搜索、国学搜索、专利搜索及百度统计数据、百度游戏平台、百度娱乐频道、百度盲道、老年搜索、语音搜索服务等一系列产品，在丰富自身产品线的同时为用户提供了便利，也为中国传统文化的传播发掘了新道路。

3）百度阿拉丁——技术创新

2008年12月，百度公布了由李彦宏和他的团队潜心研发多年的“阿拉丁”平台计划。这一平台的推出是为解决现有搜索引擎无法抓取和检索暗网的信息。所谓暗网（Hidden Web）是指目前搜索引擎不能检索到的信息，百度认为大量的信息仍然处在“未知世界”当中。百度希望通过对“阿拉丁”平台的构筑，超越现有Web内容的限制，对包括暗网在内的所有信息进行更深一步的分析、融合、处理，确保为用户提供零成本、无障碍、无时差的精准搜索结果。阿拉丁平台的实施，或许将彻底改变搜索引擎产业——“百度不仅将借此继续领跑搜索引擎行业，还将对搜索引擎和互联网产业的未来发展格局产生深远影响”。据统计，在分类目录时代，网民查找一次信息可能需要点击10次以上的鼠标；在关键词搜索链接时代，网民至少需要点击两次以上；而在“阿拉丁”时代，被收纳的信息资源，只需要点击一次即可获得，信息获取成本降低。

“借助‘阿拉丁平台’，百度正越来越接近通过一个搜索框满足不同用户搜索请求的理想。阿拉丁平台改变了多年来搜索结果只是一条条冷冰冰的网页链接，让搜索引擎变得越来越聪明，越来越能猜透用户的心思。”业内专家评价认为，百度的“阿拉丁平台”计划，已经逐渐显露成效，其“结果页内容丰富程度，比其他搜索引擎要好得多，而通过阿拉丁平台，百度在信息融合方面所作的前沿工作也成为新的搜索引擎产业标准，百度知道、百科等原属于暗网的信息被越来越多其他搜索引擎纳入检索库。”

6.2.3　百度的盈利模式

关于百度目前和今后的盈利模式，现在只能是种假设，因为百度由于过分依赖“竞价排名”，这种单一的盈利模式已经成为其发展的瓶颈。近年来一直作为百度主力军的竞价排名风波迭起，“虚假排名”已经让百度逐渐失去它在用户面前的诚信和美誉，引发了百度的公信危机。2007年底，百度迫于压力，推出了“综合排名指数”，对排名规则进行调整。但这仅起到暂时安抚客户情绪的作用，并不能彻底解决竞价排名存在的问题。在新一轮竞价风波的冲击下，百度也在不断探索能够引领自身生存和发展的新的商业模式。图6-5是2010—2012年百度收入及增长率的变化图。

1）CPA广告平台

2008年8月6日，百度正式推出按效果付费（Cost Per Action，CPA）的广告平台。所谓CPA，就是按照广告的实际效果来付费，也就是说，仅仅浏览广告所产生的点击是不付费的，只有互联网用户浏览广告之后产生了购买、注册、下载等行为，才会进行收费。百度联盟发展部总监周品认为，未来电子商务将有一个大的发展，而百度此次推出CPA广告平台就是向电子商务转型中的一次重要探索。

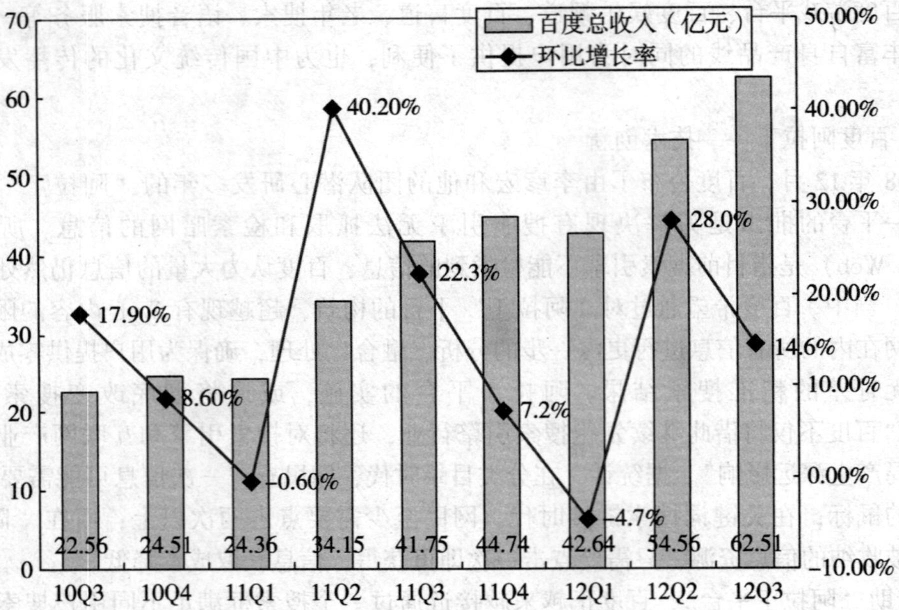

图 6-5 2010 年 Q3—2012 年 Q3 百度总体营收规模

按效果付费商业模式的关键在于，对广告客户付费的行为（Action）进行确认，确保其能带来广告客户期望的效果。而要达到这种效果除了上文提及的技术条件外，还有赖于整个商业模式的诚信环境。百度联盟之所以能够成功推出 CPA 平台，是因为在构建作为联盟的诚信体系——百度的大联盟认证体系上获得了成效。

由于 CPA 模式对于广告客户一方的技术要求比较高，只有那些已经拥有了较完善网络设施的客户才容易和百度的平台对接，因此百度 CPA 平台目前的推广还只针对于成熟、高端的广告客户。当在成熟客户方面取得成功后，百度的 CPA 平台会逐渐向中小客户转移，而在百度的 C2C 平台建立起来之后，CPA 也可以很容易地和百度 C2C 平台进行对接。

2）凤巢广告推广系统

2009 年 12 月 1 日，百度按照原定计划全面启用搜索营销专业版（凤巢系统），凤巢系统将全面接管百度所有的推广位置，而原有的搜索营销经典版（竞价排名）将从此告别历史舞台。所谓“凤巢”，即搜索营销专业版，简言之就是负责百度页面右侧和左上侧的商业搜索结果的系统。这一系统将为客户提供更多可管理的推广位置、更多可推广关键词的选择空间，提供包括投放地域时段设定、关键词推荐工具、预算设置、最低展现价格、创意轮显、IP 排除和否定匹配在内的多项功能，另外还将提供更为详尽的统计报告和相关数据。这些新功能和数据，将有效提高企业客户的推广效果，为企业带来更多商机。据了解，百度的凤巢系统将逐步取代原来的竞价排名系统。在百度凤巢发布之后，瑞银分析师表示，“在推出凤巢广告系统后，百度的商业模式将会转型”，并认为这是百度目前所面临的风险与压力。而摩根大通分析师在报告中则表示，推出新的商业模式限制了百度盈利下滑并为百度提供了盈利增长潜力。

搜索推广专业版积淀了八年来百度在搜索推广方面的经验和总结，新推广平台能够让搜索营销的每一分投入发挥更大的作用，凸显搜索营销高效、低成本的优势，在保证搜索信息的公正性和通过企业的“付费搜索”盈利之间做出了平衡。在新升级的系统中，百度为企业用户提供了更多可管理的推广位及更多可推广的关键词，协助企业轻松抓住目标用户的视线、覆盖更多的多元化潜在客户，这即是升级版系统的两大变化。此外，百度也在新系统中完善了服务体系，能通过新系统为客户构筑整体营销策略，实行差异化投放并进行更好的隐私保护，跟老系统相比，从技术、安全、数据分析等各个方面都进行了巨大的改进。虽然凤巢的功能和推广效果比老系统好，但有部分企业感觉用起来相对更复杂些，在功能熟悉与使用习惯上，都需要有个适应期，因此百度方面还不敢一夜之间停掉所有竞价排名系统。在凤巢系统与竞价排名系统并行一个多月后，百度关闭了部分“竞价排名”系统，凤巢系统开始接管了其部分关键词的管理权限，这也意味着百度加快了凤巢取代竞价排名系统的速度。

但问题也随之而来，一名测试过凤巢的人士表示，凤巢几乎完全复制了Google广告系统的形式，而这一系统对于中国广告主来说似乎太复杂了。美国的中小企业普遍对新技术的接受度较好，这种培训并不难展开。但中国基础庞大且在增长的中小企业客户是个待教育群体，这就使这一系统应用在中国成了一个麻烦问题。业内人士认为，让中国用户充分适应这套系统，可能需要四五年时间。不仅如此，目前看来，凤巢远未到称得上“完善”的地步，这就更加大了这一系统在中国的应用的难度。

3）移动搜索

百度发力于移动搜索。2006年，百度就与手机制造商诺基亚开展了合作，在诺基亚手机中植入中文移动搜索服务。2009年初，双方又共同开发了维信“百度精灵”（通过用手机登录“维信”这个诺基亚自主开发的移动互联网服务平台，用户可以轻松享受新闻阅读、博客浏览、图片处理等互联网服务），共推移动互联网搜索业务，为诺基亚全球超过1 000万的维信用户提供移动搜索服务。百度目前与运营商建立合作，为用户提供包括短信搜索、语音搜索、无线联盟等产品。除了运营商，百度还与一些核心软件提供商在无线搜索领域进行合作。此外，百度正通过WiMax方式渗透上海、深圳等地的无线搜索市场。另外，百度的互动社区产品一直深受手机用户的欢迎。根据第三方的统计数据，2009年第一季度，百度在中国移动搜索领域排名第一，份额超过50%。并且百度无线贴吧现在已经达到每天几千万的PV，成长的速度已经远远超出了百度预估的情况，成为了目前主流的应用。虽然如此，但百度的神话要在移动互联网领域延续依然困难重重。2011年，百度正式推出了移动搜索客户端——“百度搜索”iPhone版，这是百度在移动搜索的又一次发力。不仅聚合了百度最优质的搜索资源，百度网页、新闻、地图、视频等八大类的细分搜索服务，且新增了语音搜索和百度Ding功能，用户可随意切换领域，更可通过指尖快速找到精确的搜索结果。用户可以通过切换搜索类型，找到所需搜索结果。另外，这些垂直搜索的页面，都针对 iPhone 手机的特点，做过专门的页面适配，看来百度在迎合苹果用户方面也下了不少工夫。

在移动搜索领域，百度也遇到很大阻碍。首先，百度在移动搜索领域面临着 Google 的巨大挑战，而且在某些方面已经落后于 Google。其次，电信运营商很可能自主研发搜索引擎，这将给百度在移动搜索方面的发展造成很大的竞争。最后，由于移动搜索是“以人为中心”的搜索，传统互联网搜索是“以内容为中心”的搜索，这导致了传统互联网搜索引擎公司用在互联网上计算网页的排名技术在移动互联网上并不完全适用，这也将给百度在移动搜索方面的发展带来挑战。

6.2.4 百度的国际化战略

2006 年 12 月 4 日，百度正式宣布启动国际化战略，并确定将进军日文搜索市场。消息公布的第二天，百度的股价上涨了 3.31%。日本是世界第二大经济体，也是全球互联网市场最为发达的国家之一，而日本的搜索市场格局还没定型，竞争也很活跃，这就给百度抢占日本市场提供了机会。另外，日本文化与中国文化有相近之处，都属于“双音节”语言，地域上也较为相近，这些综合的原因，使得百度选择首先进军日本。由于日本的经济发达，网民数量很高，互联网与电子商务也都很普及，因此这对百度来讲是一个比较理想的市场。据统计，日本的付费搜索引擎市场规模是中国的 5 倍。以此估算，百度在日本市场上只要取得一成左右的市场份额，收入也将远远超过目前在中国市场上取得的业绩。日本用户对外国搜索引擎厂商的包容度很高，这一点也给了百度进军日本的信心。

目前，百度在日本搜索市场的发展仍处于初级阶段。2008 年 1 月份，百度日本分公司正式运营。当年 8 月 1 日，百度宣布任命雅虎日本前高管井上俊一为百度日本总裁，其最初目标是成为日本用户经常使用的第二搜索引擎。2009 年初，百度继推出日本搜索引擎迈出国际化第一步之后，其网上商品集合平台“日本之窗”也悄然上线，并与日本最大的通贩服装品牌 Nissen 签署了战略合作协议，将共同开展面向中国市场的电子商务业务合作。有业内人士猜测，百度日本之窗或是其试水日本电子商务市场之举。百度日本部门副总裁 Jun Masuda 曾于 2008 年透露，百度日本正考虑进入日本消费电子商务市场，包括创建一个直销团队。

2009 年李彦宏确定了最重要的三件事：凤巢、阿拉丁、百度日本，足以看出百度对于日本市场的重视和国际化的坚定步伐。百度网站一直被誉为中国的 Google，而如今的百度也在沿袭当年 Google 的发家史——向海外市场扩张。继 2006 年正式宣布进军日本市场之后，百度又于 2007 年投入 1 500 万美元用于日本市场的后续开发。另外，百度还将进入越南、韩国等亚洲市场，在香港、台湾、东南亚等华裔密集地区开始推广其繁体中文产品，来吸引当地的中文用户，百度在“世界公民”之路上的步伐已经越来越快。2011 年 7 月，百度宣布与微软 Bing 达成合作关系。百度在其英文搜索结果中显示微软 Bing 搜索到的相关页面，他们的合作是一个双赢的结果。

对中国企业的国际化而言，百度的国际化可以说是一个新的阶段。不管是否成功，百度的国际化都是一个非常有价值的探索。

6.2.5　百度面临的威胁与应对策略

1）来自国内的竞争

2007年11月，百度正式宣布进军C2C。9月8日淘宝宣布屏蔽百度搜索。淘宝表示，通过对百度搜索引擎进行屏蔽，可以杜绝不法商家利用竞价排名、搜索优化等手段骗取消费者信任，并对优秀卖家进行鼓励，马云不准备与百度分享胜利果实了。这就注定双方会有着空前漫长而惨烈的竞争。在业内人士看来，百度和阿里巴巴之间其实有着高度重合：他们都是为中小企业进行推广和营销的平台。这也意味着在未来一段时间里，百度的竞争对手可能暂时已不是Google，而成了阿里巴巴。

百度大约占据了中国搜索市场70%的份额，但该公司即将面临新一轮的激烈竞争，因为奇虎360和腾讯在2011年加大力度角逐搜索市场。奇虎360打造自己的搜索业务，并将此业务作为增强公司业务的主要动力之一，拓展收入渠道，并更好地利用该公司浏览器和个人启动页“hao.360.cn”网站所具有的大量独立访问用户这一优势，为用户提供个性化的建议引擎，用户又可以利用这些建议引擎来开展搜索业务，而不需要输入任何搜索关键字。此页面能够通过用户此前的点击行为来更好地了解用户，从而给用户提供建议的链接以及用户可能想要的相关服务，而传统的搜索是要在搜索引擎中输入关键字。

百度的潜在威胁不仅来自于奇虎360，而且还有腾讯。腾讯的搜索业务搜搜也将加速发展，在今后的几年时间内，腾讯将加大研发投资，力图在社交和无线等领域向百度发起挑战。一个是占领中国六成搜索引擎市场的百度，一个是拥有中国70%即时通讯市场份额的腾讯。分别经历多年发展后不约而同将未来方向都定到同一个“社区生活”，一山难容二虎，谁是社区生活的霸主，百度腾讯将决一分晓。艾瑞分析师汪秋君认为，业务扩张对于百度和腾讯而言都是必须而为之的。百度需要以社区的形式组合用户，以人与人的沟通联系弥补机器人搜索不够柔性的缺陷；而引入PC客户端也是大势所趋，加强对用户入口的进一步把控。腾讯也需要以搜索打通业务线，增大用户转移成本，巩固QQ平台的控制力。

除了上述公司之外，优酷也在之前推出了自己的视频垂直搜索业务，到目前为止，此服务已经有了很大发展，而此也给百度形成了一定的冲击。

2）国际化面临的挑战

从国外来看，百度雄伟的海外拓展计划在为百度带来无限商机的同时，也隐藏着危险的暗礁。以日本为例，百度进入日本市场在充满诱惑的同时也充满困难。日本市场是个很封闭的市场，在那里开设日文搜索引擎投资大、周期长。在日本，雅虎日本和Google则统治着90%以上的市场份额，除此之外，还有一些小的包括微软在内的搜索引擎。百度想要在日文市场上占有一席之地，并不是容易的事情。

此外，日本虽然在文化上与中国有着不可磨灭的渊源，但仍然有许多自己本土化的元素，百度要想在日本打破本土化的魔咒，在日本稳占一席之地，达到“百度更懂日文”的境界，还需要在文化和技术上作出不懈的努力。

从自身来说，百度还是一家年轻的新兴公司，缺乏开展国际运营的经验；百度搜索引擎所覆盖的国际网站还不够全面，也许不足以满足要求更高的日本用户；即使招聘日本员工，并对自己的核心产品做较大修改，百度也很难准确地把握日本文化。雅虎和Google在中国市场的遭遇就是最好的例子。上述因素都有可能制约百度在日本市场的发展。

3）应对策略

（1）百度国内搜索的优势

对于国内的竞争者，百度充满了自信。这主要源于两点，一是在技术方面，百度是最好的，保持着足够的领先优势。二是百度的用户基础。因为现在百度的忠实用户群已经高达数千万，也有媒体报道过说，80%以上的中国网民都在使用百度的搜索引擎。再者，在产品本土化方面，百度无疑是这一战略的积极践行者。中国提供搜索引擎的主要网站中，超过80%由百度提供。在中文网页和信息的搜索方面，百度可以提供比Google更高质量的服务。以至于现在在很多用户中已经形成了“外文搜索找Google，中文搜索找百度”的市场分割观念。在年轻一代中“百度一下”更是成为流行用语。这些本土化程度更高的服务产品无疑为百度争取到了更大的市场份额。

（2）进一步多元化的策略

多元化的发展意愿和巨大的发展空间是百度前行路上的一个机会和应对高竞争市场的一种策略。作为搜索引擎公司的百度，从推出百度空间、知道、贴吧这样的社区产品到现在的即时通讯工具——百度Hi，这一系列的动作似乎透露出了百度公司的战略轨迹。互联网的中心正在从以信息为中心变成以“信息+人”为中心，百度相信人与人之间的沟通是搜索未来发展的大趋势。因此，百度IM将成为百度各个产品线和服务的入口之一，并为C2C以及竞价排名业务等商业品提供平台支撑。百度Hi就好比百度各个产品的黏着剂，使用户在百度产品之间达成无缝的体验，从而沉淀用户在社区交流中形成的关系链，提升社区黏性。

（3）百度国际化的“本土化”策略

从Google、雅虎、eBay到亚马逊的中国征程，业界看到的不是阔步前进的国际巨人，而是前仆后继的莽撞少年，它都屈尊于本土搜索引擎之下，“本土化”几乎成为套在所有进入中国的外国互联网企业头上的“紧箍咒”。当然，在百度进军日本、进行国际化扩张的时候，这个“紧箍咒”也将应验在百度身上。但是李彦宏却对百度国际化很有信心，因为在所有跨国互联网公司中，百度可能是对“国际化即本土化”辩证思想理解最深刻的公司。

李彦宏表示，与其他竞争对手相比，百度的优势在于注重区域本地化。对于百度日本，他特别强调，员工可以不懂中文，甚至也可以不懂英文，只要他们懂得日本网民的用户体验就好了。目前百度日本公司拥有的员工几乎全部为日本本地人。此外，李彦宏对百度日本总裁的选择也是恪守“本土化”的标准。

6.3 Google 与百度的比较

Google 是世界第一的搜索引擎公司，世界最大的网络公司；百度是中国第一的搜索引擎公司，也是中国最大的网络公司之一。这两家公司都是很成功的互联网企业，在中国市场上他们又成为激烈的竞争对手。一家企业能获得巨大成功和公司本身的企业文化、发展策略应该是密不可分的。2001 年 9 月 Google 中文网站开通，搜索引擎的巨头 Google 与全球最大的中文搜索引擎百度展开了正面对决，竞争异常激烈。百度自创建以来，发展速度快，在中文搜索领域上以惊人的爆炸方式释放着能量。到 2009 年 8 月，百度在国内仍占据老大的地位，而 Google 也在国内搜索引擎市场上位居第二把交椅，充分展示了这个全球搜索巨头的魅力，见图 6-6。

图 6-6 Google 与百度

6.3.1 Google 与百度简介

1）Google 简介

Google 是由美国斯坦福大学的两位博士生拉里 · 佩奇和谢尔盖 · 布林在 1998 年创建的。Google 拥有创新的搜索技术和典雅的用户界面设计，使得 Google 从第一代搜索引擎中脱颖而出，在全球范围内已拥有一个正在快速增长的忠实用户群。2004 年 8 月 Google 在纳斯达克上市，同时开创了第二代搜索引擎技术。根据 Nielsen/NetRatings2005 年 8 月的调查报告，Google 每月全球唯一身份用户达到了 3 亿 8 000 万，成为全球最大的搜索引擎。Google 能够迅速、准确地提供最好的在线搜索服务，通常不超过半秒就能将搜索结果交付给搜索信息的用户。Google 的创办人、CEO 拉里·佩奇说："通过不断的追求，才得以提供最好的技术和搜索经验，Google 才能够声名鹊起。"

2）百度简介

1999 年底，李彦宏先生及徐勇先生在美国硅谷创建了百度。2000 年 1 月 1 日，两人回到了中国，风风火火地投入到百度事业的发展中。2000 年 5 月，百度首次为门户网站—硅谷动力提供搜索技术服务。2000 年 6 月百度正式推出全球最大、最快、最新的中文搜索引擎，并且宣布全面进入中国互联网技术领域。2005 年 8 月 5 日，百度在美国纳斯达克上市，成为 2005 年全球资本市场上最引人注目的上市公司，上市交易首日其股价爆升 354%，涨幅为美国近五年股市最高，创造了中国概念股的美国神话。

自创建以来，百度就将自己的目标定位于打造中国人自己的中文搜索引擎，它立足于国内，专注于中文搜索引擎市场，研究汉语特点和国内网民的上网习惯，主要提供中文（简/繁体）网页搜索。与此同时，百度也不断地致力于技术方面的创新，不断地推出新的产品。经过不断的努力、创新，百度拥有超过 20 亿的中文网页数据库，每天可以响应来自 138 个国家和地区超过数亿次的搜索请求。国内市场监测与网络测评权威机构——互联网数据中心发布的 2009 上半年中国互联网调查数据显示，百度上半年的搜索市场份额在中国已达到 81.9%。

6.3.2 搜索理念的比较

搜索结果"多"并不是衡量搜索质量的唯一因素，在我们看来，过多并且重复的搜索结果反而造成对用户的困扰，进而影响他们的搜索体验。对于使用搜索引擎的用户来说，他们更在乎的不是"搜索结果够不够多"，而是"准"和"全"。

1）Google，不作恶

众所周知，Google 的目标是"整合全球信息"。从另外一个角度看来，这可以加快信息流动。信息流动变快是有巨大的经济价值的。加速，始终是人类经济活动的主线，快即是价值。Google 始终坚持 PageRank 排名，除了惩罚作弊者，并未干预过任何排名。这是因为，信息的正常流动才会加速，加速信息是 Google 的价值，也带来巨大的经济价值。Google 绝对不允许把广告插入到搜索结果中，否则搜索结果质量会下降->用户不满意->搜索量降低->广告点击降低，最终仍然造成收入下降。在 Google 看来，并非价格越高越好，就算单价非常高，如果匹配度很低，广告点击率就会很低。这样 Google 仍然会降低这种匹配的出现频率。这样就避免了在 A 的搜索结果中投放"我是 B"的广告来误导用户。在这个体系下，有用的东西就是有用的，信息流动会变快，Google 会推动这种信息变得更快，没用的东西就是垃圾，会阻碍信息流动，Google 就让他变得更慢，直到被放弃。“Don’t be evil” 这句口号，可以理解为 Google 商业利益的准则。因为，越是不作恶，越是让信息有序、正常的流动，给 Google 带来的实际利益也就越大。很多人认为这只是一句作秀的口号，事实上这是商业和个人追求的双重准则。

不同于百度的竞价排名模式，Google 坚持“不作恶”原则，坚持广告是广告，搜索是搜索，广告坚决不打扰、不误导、不恐吓用户、不增加用户加载页面的时间。当用户在 Google 上搜索该“关键字”的时候，具有针对性的相关性的纯文本式的广告就会展示在搜索结果的右边，并标有“赞助商链接”的标记。同时 Google 会按照用户点击该链接的次数收取广告客户相应费用。

在营销渠道上，Google 为了适应中国独特的市场环境，改变在其他海外市场的直销式做法，在中国市场采用了直销和代理相结合的办法。Google 曾经在中国发展了 26 家代理商，代理商当时成为 Google 拓展市场的主要力量。

2）百度，竞价排名

对于百度，竞价排名是把企业的产品、服务等通过以关键词的形式在百度搜索引擎平台上作推广，它是一种按效果付费的新型而成熟的搜索引擎服务。用少量的投入就可以给企业带来大量潜在客户，有效提升企业销售额。竞价排名是一种按效果付费的网络推广方式，由百度在国内率先推出。企业在购买该项服务后，通过注册一定数量的关键词，其推广信息就会率先出现在网民相应的搜索结果中。如企业在百度注册“电气设备”这个关键词，当消费者寻找“电气设备”的信息时，企业就会优先被找到，并且百度按照给企业带去的潜在客户访问数收费。

竞价排名是百度的核心盈利方式，是百度在国内首创的一种按效果付费的网络推广方式，用少量的投入就可以给企业带来大量潜在客户，能够有效提升企业销售额。在这种商业模式下，百度对一些关键词设定价格，广告客户参与竞价，谁的出价高，该客户的广告信息的排名越靠前，百度通过点击次数收费。为了改善竞价排名单纯参考竞价价格的排名模式，使质量高的关键词能获得更合理的排名，百度竞价排名服务于 2006 年 9 月 1 日全面推出智能排名功能。智能排名的出现，将不再以竞价价格高低作为判断关键词排名的唯一依据，而是综合考虑关键词质量度及竞价价格的影响，以“综合排名指数”作为排名的标准。

百度新广告系统——凤巢系统进一步提升了搜索营销推广的精准性，只有是真正符合用户搜索的关键词，而且真正是用户喜欢并认可的信息，才能够被予以好的推广和展现。通过分析用户的点击行为和客户的需求行为，互相之间建立一个桥梁，帮助百度在兼顾搜索引擎用户体验和商业利益上实现了更好的平衡。现在进入百度页面搜索，可以看到百度对营销推广内容和搜索结果的区别（用“推广”将广告标示出来，广告仍排在计算机搜索的前面，同时页面右侧也为广告），百度董事长李彦宏承诺，凤巢推出以后，商业广告会逐步减少出现在百度搜索引擎左侧的频率。目前，凤巢系统还处于过渡期，并会和竞价排名系统共同运行一段时间。在营销渠道方面，百度的渠道政策是有需求的消费者直接付款给百度，百度再对代理商进行一定比例的返点。

经过不断的努力、创新，百度在国内的市场份额一直处于领先地位，如图 6-7 所示。

搜索引擎类型	2012年9月使用率	2012年9月占有率
百度汇总	74.93%	75.06%
· 百度	67.65%	68.44%
· 百度视频	6.37%	5.68%
· 百度图片	0.87%	0.90%
· 百度知道	0.03%	0.03%
· 百度贴吧	0.01%	0.01%
搜狗	7.98%	7.49%
360搜索	7.29%	7.42%
谷歌	5.08%	5.16%
搜搜	3.56%	3.71%
必应	0.51%	0.52%
有道	0.32%	0.33%
雅虎	0.25%	0.23%
中搜	0.03%	0.01%
奇虎	0.02%	0.02%
其他	0.03%	0.03%

图 6-7　国内搜索引擎市场份额占比

6.3.3　搜索技术比较

Google 搜索引擎根据相关度和可靠度对搜索结果进行排序。先通过使用 PageRank 技术来检查网络整体的链接结构，确定哪些网页的重要性最高，然后再进行超文本匹配分析，以确定哪些网页与正在执行的搜索相关。对整体重要性和与查询的相关性进行综合考虑后，就得到了排序后的搜索结果。PageRank 通过计算，根据连接的频率对网页的重要性做出客观的评价。如果某网页被认为具有较高的价值，那它所链接的网页也具有较高的价值，从而显示在搜索结果的顶部。Google 不仅分析网页内容，同时还会分析相邻网页的内容，以确保搜索结果满足用户的查询要求。

百度搜索引擎应用的排序技术是“超链分析技术（Link Analysis）”，这种排序技术与 Google 的 PageRank 技术的内容相似：通过分析链接网站的多少来评价被链接的网站质量，也就是说，如果 A 网站被其他网站链接指向的次数越多，A 网站的排名相对就越高，通过这种方式就保证了用户在百度搜索时越受用户欢迎的内容排名越靠前。这种技术在查找的准确性、查全率、更新时间、响应时间等方面具有很大的优势。除了“超链分析技术”，百度在中文处理方面独具优势，它关注新词发现、词典整理，并持续优化中文切词技术，掌握了先进的新词挖掘技术以及专有名词识别技术等等。

Google和百度在技术层面上都采用了搜索引擎的第二定律——人气质量定律。百度在中文分词技术上有一定优势，Google也在不断改进中；Google在搜索准确性、多个关键字相加的搜索速度上都很有优势，但百度的抓网页速度和效果很不理想，经常会占用大量带宽，让很多站长无奈，想封又不敢封其IP；在网页更新速度上Google显然快得多，而百度竟然用加快网页的更新速度作为加入百度搜索联盟的奖励；在防Spam上，Google的PageRank技术无疑是很先进的，但是国人利用PageRank技术做垃圾SEO的不在少数，百度因为人工干预强，垃圾SEO的存货时间不长，但是其竞价排名严重干扰了正常搜索结果。

6.3.4 功能服务的比较

Google主要是以英文搜索为主，另外还独创了多种语言搜索技术，支持世界上几十种主要语言。而在中文搜索服务领域Google还有待提高。百度对中文的理解较好，更贴近中文用户的搜索习惯，是主要面向全球华人提供服务的中文搜索。二者在功能服务方面的具体情况如表6-1所示。

表6-1 Google和百度的功能服务

	Google	百度
网页	√	√
新闻	√	√
图片	√	√
视频	√	√
文档	√	√
音乐	无	√
图书	√	√
学术	√	√国学搜索
社区服务	√	√（贴吧、知道、空间、百科等等）
其他产品	非常丰富，比如浏览器、邮箱、Google趋势、地图等等	较为丰富，比如百度统计、百度国学等等

从表6-1中可以看出，在功能服务方面，Google与百度提供的产品有很多相似之处，都很丰富。但双方在不同的功能服务上各有专长。比如说音乐搜索，整体来说百度做得很不错，用户用它来搜索音乐的使用率相对较高。许多坚持使用Google的早期网民还保持

一个习惯：找网页到 Google，搜歌到百度。除此之外，百度的贴吧、知道、空间、百科等社区平台也做得有声有色，满足了用户的需求，在用户体验上更进一步。Alexa 近月页面访问比例显示，贴吧、知道、空间、百科四大社区产品的访问量都在迅速攀升，贴吧占 14.5%，超过了图片搜索，位居第二，百度知道以 8.4% 位于第四，空间和百科分别位居第五和第八位。百度"贴吧"类似 BBS 的功能，可以在里面随意发表信息，另外，贴吧搜索还可以在那些发表的信息中进行搜索；2005 年推出的百度知道是一个基于搜索的互动式知识问答分享平台，通过和搜索引擎的完美结合，让用户所拥有的隐性知识转化成显性知识，用户既是百度知道内容的使用者，同时又是百度知道的创造者；百度百科是一个互联网所有用户均能平等地浏览、创造、完善内容的平台，所有中文互联网用户在百度百科都能找到自己想要的全面、准确、客观的信息。

Google 信息量大，资源丰富，常常被用来搜索企业产品、商情、交通旅游等内容。它的学术搜索、图书搜索起步较早，功能也比较强大；其"手气不错"能帮助用户快速找到最佳网页，提高用户的搜索效率；"论坛搜索"功能专门用来查询并观看各讨论区里的留言信息；"网页搜索"功能能够帮助了解各分类主题的相关程度，使用网络目录检索能将搜索范围局限于特定的分类内，略去类似但无关的其他网页。

1）搜索功能比较

Google 与百度搜索功能的具体情况如表 6-2 所示。

表 6-2 **Google 和百度的搜索功能**

网页搜索服务	Google	百度
搜索提示	有，支持中文简体、中文繁体、日语和英语。新增了上下文相关搜索建议服务，不过中文版 Google 暂时还不能使用该功能	有，支持中文、英语。百度此应用已经普遍施行
中文拼音的识别	google. cn 能很好地识别，但 google. com 不能获得正确提示	能获得正确的提示
中文错别字提示	有	有
不良信息过滤	相对较弱，有些色情、暴力信息没有过滤	功能性强，百度斥资 1 亿元打击互联网不良信息。打击的虚假网页数量已经超过 1 000 万个，打压的虚假站点超过 100 万个

续表

网页搜索服务	Google	百度
个性设置	有（搜索选项、个性主页）	有（搜索结果收藏、搜索提示框、搜索结果显示条数）
高级搜索	有	有
信息更新速度	更新速度快，时效性强	更新速度较慢
中文分词处理	功能一般	掌握了先进的新词挖掘技术以及专有名词识别技术，功能强大
个性化服务	iGoogle 搜索百宝箱、SearchWiki、语言工具、手气不错	关键词推荐功能（以搜索链接的形式出现）

Google 在搜索提示中新增的上下文相关搜索建议服务：在执行完搜索操作后，当用户在搜索框中再次输入同一关键字时 Google 会提供另外一种上下文相关搜索建议，此类搜索建议中同样会包括输入的关键字。用户通过 iGoogle 可以创建个性化网页，从而让用户可以快速、迅捷地浏览自己感兴趣的重要信息。

2）搜索结果显示

Google 和百度有很大的一个区别。百度在左侧可以出现广告客户的相关链接，右侧也可以有广告客户提供的链接。而 Google 的做法是具有针对性的广告只出现在页面的右侧，将广告和搜索结果进行了很好的区分。两者搜索出的结果显示见表 6-3。

表 6-3　　Google 和百度的搜索结果显示

网页搜索服务	Google	百度
结果的显示形式	文字，有时也嵌入图片	文字
网页快照	有	有
类似结果	有	有
日期显示	无	有
相关搜索	功能较差，同一关键词，Google 可能没有相关检索	自动搜索网民搜索用词数量，提供相关词的关联度表

3）新闻搜索比较

百度新闻于 2004 年推出以来，深得广大网民的喜爱。它每天发布 15 万～16 万条新闻，每 5 分钟对互联网上的新闻进行检查，将最及时的新闻提供给用户。其新闻搜索是一种 24 小时的自动新闻服务，覆盖了 1 000 多个互联网新闻源，新闻内容的选择、分类和排序均由机器自动决定，不受任何人为因素的干扰，不含任何人工编辑成分，真实地反映每时每刻的新闻热点，突出新闻的客观性和完整性。

Google 新闻源众多，提供了不同语言版本的新闻搜索服务，为广大网民带来了更多的选择。其“资讯档案搜索”是 Google 新闻的一大特色。用户通过这一服务可以方便地深入了解历史存档，可搜索事件、人物或想法，并可以查看在不同的时期人们对这些事件、人物或想法的评价。除搜索功能之外，还可自动创建时间表，通过它可以简要地查看回顾以前的所有相关资讯，也可以按时间范围选取搜索结果。Google 新闻搜索的页面不稳定，起码在中国市场是这样的。在欧洲各国，Google 的新闻搜索索引带走大量流量，也遭受抵制。

4）文档搜索比较

百度能够对包括 Word、Excel、Powerpoint 的 Office 文档、Adobe PDF 文档、RTF 文档进行全文搜索，而 Google 能够搜索的文档种类与百度相比更多，包括 doc、ppt、xls、pdf、ps、dwf、kml、kmz、swf、rtf 等。

在准确性方面，整体上与网页搜索的效果差不多，由于各自分词的特点不同，所以对中文语义的理解上就会出现差异，搜索的结果在数量上就会不同。但是对大多数关键词来说，百度的结果还是比较符合搜索目标的，而个别 Google 的搜索结果就不太能令人满意。这也是由于 Google 的强行前台分词造成的，结果虽然数量多，但并不精准。对于文档搜索来说准确恰当才是最重要的，数量只是其次。Google 与百度查询方式的异同如表 6-4 所示。

表 6-4　**Google 与百度查询方式的异同**

	不同点	相同点
百度	1. 支持对所有文档类型的搜索，filetype：all 2. 支持把原来文档转换成 html 格式文档浏览 3. 不支持对更多文档类型的扩展，但是可以在 mp3 搜索中选择 flash 类型搜索，例如：百度支持在网页搜索中输入“mp3：刘德华”、“flash：小兵”来搜索歌曲	支持三种方式查询 1. filetype：格式、关键词 2. 关键词 filetype：格式 3. 在高级搜索里选择
Google	1. 不支持对所有文档类型的搜索 2. 支持把原来文档转换成 html 格式文档浏览 3. 支持对更多文档类型的扩展，如 swf/xml，目前 Google 还不支持更多	

5）图片搜索服务比较

Google 和百度所能搜索的图片的格式都包括 JPG、GIF、PNG、BPM，二者均能支持从新闻网页中实时提取新闻图片，都能提供站内搜索和高级搜索，但 Google 相对于百度来说，对搜索结果的控制条件多，也提供了对使用权限的选择搜索，同时在内容类型中除了资讯内容，还支持对包括“照片内容”、“剪贴画”、“素描画”、“脸部特写”的内容类型的选择。

Google图片搜索引擎可检索的图片已经超过了10亿张。与百度相比，Google图像搜索提供了图片颜色“黑白”、“灰阶”、“全彩”的选择，也支持针对许多明显的色情图片的筛选过滤，它提供了两种方式进行过滤，一种是严格筛选，一种是较为温和的筛选。但是Google中文搜索没有提供这种功能。从Alexa近月页面访问比例来看，不论是英文版的Google还是中文版的Google，其图片搜索页面访问比例都很大。目前Google正在开发下一代的图片搜索引擎。Google公司“消费搜索产品”部门的产品总监皮特曼曾表示①，Google工程师正在开发新一代的图片搜索引擎，其中包括全新的视觉抓取软件，可以对图片文件中的人脸和场景进行识别。未来，用户输入搜索关键词时，可以对图片中的视觉内容进行搜索。

百度图片搜索引擎是世界上最大的中文图片搜索引擎，能从数十亿中文网页中提取各类图片，建立了世界第一的中文图片库，可检索的图片已经近亿张。相对于Google，百度也有分类目录，但分类更为详细，Google分为9大类，而百度分为18类，同时大类下也有很多小类。百度新闻图片搜索从中文新闻网页中实时提取新闻图片，它具有新闻性、实时性、更新快等特点，这是百度图像搜索的一大特色。

6）图书搜索比较

Google的图书搜索始于2003年，2004年10月份Google在德国法兰克福书展上对外宣布了“Google图书搜索”，并于2007年推出Google图书搜索中文测试版。它是一种图书内容的全文索引目录，提供对图书的全文检索，通过关键词检索，找到和关键词相匹配的图书。同时它也提供少量的图书内容浏览，包括部分预览和全书浏览。对于这些图书的来源，Google通过两种方式连接读者与图书：合作商计划以及图书馆计划。在搜索功能方面，Google的图书搜索功能比百度更多，尤其是Google的高级搜索功能，更是便于用户的搜索，它支持对搜索图书种类的选择、语言的选择等等。此外，Google能够为Android和iPhone手机用户提供移动图书搜索。同时也因为涉及版权的问题，Google招惹了不少官司。

紧随Google图书搜索中文测试版的上线，百度于2007年4月推出了百度图书搜索。与Google不同的是，它既不扫描，也不存储图书的内容，只是提供一个让用户搜索图书的平台，这是一个百度与众多图书行业合作伙伴合作建立的图书信息查询平台，该平台不提供图书内容的阅读，但是通过与电子书商的合作，它链接了电子书商的阅读地址。

这两种图书搜索引擎都是目前比较有特色的网上检索图书的工具，各具特色。比较而

① 佚名．Google研发下一代图片搜索可识别人脸和场景［EB/OL］．［2008-07-02］．http：//www.idcnews.net/html/news/20080702/323321.html.

言，Google 的检索功能丰富、灵活，搜索结果提供相关信息连接丰富，对于搜索书本类型的选择，包括所有图书—有限预览—全书浏览—国学图书，通过书籍类型的筛选，很容易找到可免费阅读的整体文本，也可以选择中国特有书籍即国学图书，可查到本地销售所需图书书店的地图分布的详细位置及联系方式；百度的图书覆盖面广、数量大、更新快，具体不同之处见表 6-5。

表 6-5 **百度和 Google 在图书搜索服务上的比较**

	首页	高级检索	提供图书详细内容
百度	搜索图书条、帮助、高级检索、建议与反馈	搜索结果、关键词位置、搜索结果每页显示	图书封面、书名、ISBN、作者、出版社、定价、页数、出版日期、版次、开本、包装、简介、目录、购买、阅读或馆藏信息地址
Google	搜索图书条、帮助、高级图书搜索、精选类别、随机主题、向出版商提供的信息	搜索结果、搜索、语言、名称、作者、出版商、出版日记、ISBN、搜索结果每页显示	图书封面、书名、ISBN、作者、出版社、页数、出版日期、目录、预览此书、搜索此书、购买此书、出版商信息、在图书馆查找此书、本地书店查找、更多版本、相关图书

7）手机地图比较

百度和 Google 都推出了手机地图功能，两者无论在界面，操作以及功能上都十分相似，首先对比的是软件地图界面，左下角的放大缩小图标以及左右菜单等。在功能上两者也非常接近，只不过 Google 地图的选项略为多一些，而测试中我们发现 Google 地图的功能也确实多于百度地图。搜索功能是地图软件非常重要的功能，它能帮助用户迅速地找到目的地。在地图搜索功能上，百度和 Google 同样强大，均能准确地搜索到目标地点。在支持的功能上两者也是一模一样，只是叫法不同而已。如 Google 的获取路线，加注星标，短信发送，搜索周边等功能百度同样具备。在查询功能上两者都支持公交、驾车、步行搜索。不过 Google 地图默认是的驾车查询，而百度地图默认的是公交查询。通过同一地点的搜索结果我们可以看到，百度地图可以搜索出更多的路线，但是结果较为模糊，而 Google 地图虽然搜索出的路线略少，但是结果精准，在路线的描述上也更为详细。至于两者不同点，首先百度地图支持未来路况查询功能，可以预测未来时间的路况情况，此功能是 Google 地图没有的。但是 Google 地图支持的特色功能显然更多，如卫星地图功能，语音搜索功能，图层浏览功能等。

百度地图和 Google 地图在该市场上占有不少的份额。相比而言，百度在这方面做得更好一点。百度地图以 19.1% 的比例占据中国手机地图累计账户市场份额第二名的位置

（如图 6-8 所示），而 Google 地图已经跌至第六位。

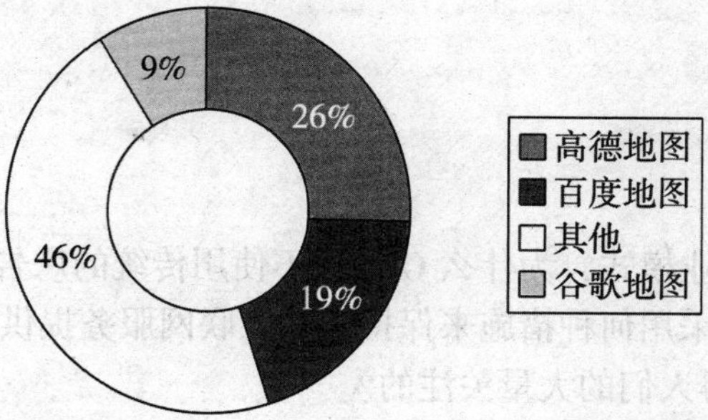

图 6-8　2012 年 Q3 中国手机地图市场份额

本章小结

搜索引擎是技术主导性产业，伴随全球互联网经济的稳步发展，搜索引擎市场出现了快速和产业化发展的态势，同时还被称为互联网产业的第四桶金。本章首先介绍了全球最佳搜索引擎美国的 Google，从 Google 成立的背景及其发展历程，以及 Google 的核心技术和商业模式，直至搜索引擎巨头面临的问题和 Google 的未来之路；然后介绍了中国最大的商业化搜索引擎百度，百度特色、百度的盈利模式、百度的国际化战略，以及百度面临的威胁与应对策略；最后从搜索理念、搜索技术和功能服务等方面对 Google 和百度进行了比较。

参考网站

1. www. baidu. com.
2. www. google. com.
3. www. alexa. com.
4. www. iresearch. com. cn.
5. cn. yahoo. com.
6. www. zhongsou. com.
7. www. hcgroup. com.

思考题

1. 讨论 Google 的商业模式，为什么 Google 不使用传统的广告模式？
2. 你认为 Google 应采用何种措施来保持未来互联网服务提供商的领先地位？
3. Google 是如何获得人们的大量关注的？
4. Google 是如何占领离线广告市场的？
5. 百度的服务创新、技术创新与营销创新体现在哪些方面？
6. 百度的商业模式近几年发生了什么变化？这种变化的前景会怎样？
7. 试述百度在国际化的过程中所面临的机遇和挑战。
8. 为什么在中文简体网页搜索方面，百度要优于 Google？
9. 百度与 Google 相比，其商业策略有何根本的不同？
10. 与 Google 相比百度还要弥补哪些不足？如何弥补？

参考文献

[1] 杰拉希，恩德斯．电子商务战略——概念与案例［M］．李洪心，译．大连：东北财经大学出版社，2006.

[2] 熊乐．Google 集群系统技术综述［J］．中国科技信息，2009（9）．

[3] 互联网周刊．千亿 Google 伟大商业奇迹或贪婪的互联网大梦［EB/OL］．［2005-11-01］．http：//www. cnhubei. com/200510/ca909961. htm.

[4] 佚名．微软与雅虎签约 10 年合力抗击 Google［EB/OL］．［2009-07-30］．http：//www. beareyes. com. cn/2/lib/200907/30/20090730204. htm.

[5] 佚名．施密特：Google 未来增长点在于移动搜索业务［EB/OL］．［2009-08-08］．http：//it. sohu. com/20090808/n265804606. shtml.

[6] 袁学伦．百度：创新团队推动战略变身［J］．经理人，2008（10）．

[7] 王甲佳．百度：如何从盈利走向持续盈利？［J］．软件工程师，2009（Z1）．

[8] 李想．百度 TV 创新营销模式［J］．成功营销，2008（8）．

[9] 闫旭．百度阿拉丁：下一代搜索引擎的目标［J］．互联网天地，2009（2）．

[10] 杨国强．百度不仅是搜索公司［N］．第一财经日报，2009-02-19.

[11] 任文．百度的病毒式营销［J］．企业文化，2007（3）．

[12] 陆建国．百度的进化和异化 [J]．互联网天地，2008（11）．

[13] 罗燕，张亮．百度的危与机 [J]．中国市场，2009（7）．

[14] 郭建龙．百度广告平台试水按效果付费 [J]．中国新通信，2008（16）．

[15] 熊辛．百度精准广告：和消费者一对一过招 [J]．电子商务世界，2007（11）．

[16] 吴辰光．百度启动全新渠道计划 [N]．北京商报，2009-03-11.

[17] 邹奕萍．百度转型门户拓展品牌广告市场能否后来居上 [N]．通信信息报，2008-01-23.

[18] 冯骥．评百度的经营管理战略——基于SWOT模型的分析 [J] 江苏商论，2009（5）．

[19] 吴建军．浅谈百度搜索引擎的功能与服务特点 [J]．科技情报开发与经济，2007（5）．

[20] 王春梅，林涛．百度：热门股的冷处理 [J]．中国企业家，2008（1）．

[21] 高远心．百度：乘着C2C的翅膀再次起飞 [N]．电子资讯时报，2008-03-13.

[22] 尧秋根，崔艳玲．百度进军C2C进一步加剧互联网竞争 [J]．时代经贸，2008（9）．

[23] 宋华颖．“百度”国际化还有多远？[J]．中国对外贸易，2008（1）．

[24] 张黎明．百度开始关闭竞价排名系统 [N]．北京晨报，2009-06-17.

[25] 贾海宾．百度影视搜索品牌喜好度领跑视频搜索领域 [EB/OL]．[2008-01-02]．http：//www. bokee. net/dailymodule/blog_ view. do？id=141751.

[26] 网易科技报道．百度CTO李一男：百度移动搜索已经排名第一 [EB/OL]．[2009-04-15]．http：//www. it. com. cn/news/scroll/2009/04/15/16/513410. html.

[27] 霍鹏．搜索+分类+内容，百度和讯网差异定位显优势 [EB/OL]．[2009-06-30]．http：//blog. sina. com. cn/s/blog_ 45c508390100ecjj. html.

[28] 佚名．百度发布搜索营销专业版 商业模式升级 [EB/OL]．[2009-04-20]．http：//home. baidu. com/news/2009-06-04/111419225630. html.

[29] 李洪心，李婷．中外搜索引擎比较——百度与Google [J]．中国信息界，2005（19）．

[30] 兰德尔·斯特罗斯．星球Google [M]．周靖波，陈曦，译．北京：中国华商联合出版社，2009.

[31] 蔡剑，叶强．电子商务案例分析 [M]．北京：北京大学出版社，2011.

[32] 胡卫夕，宋逸．微博营销 [M]．北京：机械工业出版社，2012.

[33] 洪涛，电子商务盈利模式案例 [M]．北京：经济管理出版社，2011.

第
7
章

社交网站的案例

学习目标

分析人人网发展的环境；理解人人网的战略实施；熟悉新浪微博的业务功能；理解新浪微博的商业模式。

1967年，哈佛大学的心理学教授Stanley Milgram（1934—1984年）创立了六度分割理论，简单地说："你和任何一个陌生人之间所间隔的人不会超过六个，也就是说，最多通过六个人你就能够认识任何一个陌生人。"按照六度分割理论，每个个体的社交圈都不断放大，最后成为一个大型网络。这是社会性网络（Social Networking）的早期理解。后来有人根据这种理论，创立了面向社会性网络的互联网服务，通过"熟人的熟人"来进行网络社交拓展，比如ArtComb、Friendster、Wallop、Adoreme等。

社交网站即Social Network Site，也叫社交网络，它是指个人之间的关系网络，这种基于社会网络关系系统思想的网站就是社会性网络网站（SNS网站），帮助人们建立社会性网络等互联网应用服务。社交网络不仅从根本上改变了人类商业的方式，更重要的是，从历史的眼光来看，它改变了未来人类社会沟通、思考、研究探索、组织的方式；最终，它将改变和加速人类进化。在专家看来，未来企业社交市场将迎来全面的爆发期。随着云计算、移动互联网、社交网络技术浪潮席卷全球，很多中国企业都在寻找转型与升级的突破口，企业迫切需要一个企业内部社交平台，而企业社交网络刚好迎合了互联网时代企业管理转型的需求。通过社交服务网站我们与朋友保持了更加直接的联系，建立大交际圈，其提供的寻找用户的工具帮助用户寻找到失去了联络的朋友们。

2011年中国社交网络的用户规模已经达到3.7亿，较2010年增长17.6%，预计到2014年这一规模将达到5.1亿，社交化元素已成为中国互联网中的基础性应用。据计世资讯预计，2012年国内企业社交网络市场的增速将再创新高，国内企业社交网络市场的规模将迅速扩充至9 275.2万元水平，增速达到246%。

对于中国年轻人来说，在互联网上与人交往和建立社交圈，由此充实自己的生活，参与社会活动，已经成为一种生活方式。本章介绍人人网和新浪微博两个社交网站，并将其丰富的内容延伸。

1）人人网——我的人人生活

网络社交开创了人类社交的新形式，大学生是网络社交的主要群体之一，也是网络社交方式的创新力量。"人人网"是大学生网络社交的主要平台，是一个真实的社交网站，它是仿Facebook而创建，人人网之所以能够发展为中国互联网中最红的公司之一，正是由于定位于中国高校，因为高校集中，大学生数量大，同时大学生课余时间多，上网条件和时间充足，大学生对交友积极性高，所以人人网能很快发展起来。对于那些后来者，要成功，需要有独到的战略眼光，没有明确战略目标定位的网站是很难在网络经济中分一杯羹的。本章首先简单介绍了人人网站的发展历程，然后分析了它的运营模式，最后是对人人网的战略分析及其采用的战略。

2）新浪微博的发展

值得关注的人与事，社交网络会告知。只要动动键盘和鼠标，便可以轻松地通过发帖、转发、评论来分享传播自己喜欢的文字、图片、视频等信息。不论身在何处，可以随手通过手机和IPAD，随时与朋友交流。近年来，新浪微博受到更多关注，越来越多的年轻人通过微博分享和传播新闻，形成热点话题。本章先带给大家一个对微博的理解及对其发展的认识，然后从业务功能、商业模式和战略制定方面介绍新浪微博。

人人网和新浪微博是国内两个很有代表性的社交网站。在平台应用上，新浪微博以信息为中心，人人网是以人际关系为中心；新浪微博是开放性的，人人网是私密的；新浪微博基于信息圈子，进行信息交换和分享，人人网是基于人际圈子，进行人际关系管理和维护。本章从各个方面对二者进行了分析。

7.1 从校园中走出的人人网

7.1.1 人人网的发展历程

人人网站（renren. com）的前身是校内网，于1999年5月创立，创办人是来自清华大学、天津大学和北京大学的几位大学生。该网站建立之初最重要的特点是限制具有特定大学IP地址或者大学电子邮箱的用户注册，这样就保证了注册用户绝大多数都是在校大学生。用户注册之后可以粘贴自己的照片，撰写日志，签写留言等。而且该网站鼓励大学生用户实名注册，上传真实照片，让大学生在网络上体验到现实生活的乐趣。2000年的校内网站十分有限并且增长缓慢的用户流量，限制了广告总收入的增长，微乎其微的广告收入对日益高涨的成本支出来说不过是杯水车薪。并且，因其整体的受众对象不明确、过于宽泛，本来就不太大的用户规模，其商业价值更是大打折扣。

2005年2月，校内网正式成立，它再次被“千橡”陈一舟赋予了生命，是中国最早的SNS校内社区。2006年5月18日，Renren. com以“本地人，新发现”的思路切入“生活消费资讯”拉起了新的战役号角。被千橡公司收购后，同年底，千橡公司完成了5Q校内网与校园网的合并，合并后沿用了校内网的域名和界面设计风格。当Web2. 0的盈利能力普遍开始受到质疑的时候，互联网大鳄千橡互动集团却高调复活人人网，其雄心已经不言而喻。而几乎就在悄无声息之中，人人网特色鲜明的黄色小人Logo已经在全国33个城市悦然启动。但遗憾的是，半年多以后，因发展过慢，人人网在2007年3月底再一次歇菜。2009年7月，因为当年热衷于校内网的许多大学生毕业并踏入社会后，发现他们并不再属于学校，然而每天还在登录校内网，所以感到不适应。因此，千橡集团为了创造一个更加具有广阔性的社交网站，决定把校内网更名为人人网，社会上所有人都可以来到这里，从而跨出了校园内部这个范围。千橡集团将校内网更名为人人网，正式进军白领和大中院校市场，致力于成为跨行业、跨年龄的SNS网络巨头。现在，人人网已经发展成为中国最大的SNS网站，每3个中国网民中就有1个人人网用户，月度浏览页面966亿次，人均单日浏览页面22页次。

7.1.2　人人网的成功模式

1）运营模式

人人网将客户群精准地定位于在校大学生、都市白领。由图 7-1 可以看出，人人网的用户群主要是 18～35 岁年龄段，而学历层次主要集中在大学本科或专科。总体来说，男士使用人人网较多，省会城市使用人人网的人群比非省会城市人群多 38%。至今为止，人人网拥有 2.2 亿真实注册用户，其中 1.26 亿为白领用户，高校学生有 3 850 万，中学生有 2 450 万。图 7-1 分别展示年龄、性别、地区、学历四个方面人人网的受众比例。

在互联网行业竞争如此激烈的情况下，达到如此优良的规模在很大程度上是因为它有良好的推广模式。为扩大自身的影响力、吸引和留住更多的用户，人人网主要是通过以下模式推广。

（1）口碑营销

人人网以实名制为基石，定位于高校学生，通过日志、群、即时通讯、相册、留言、分享、状态等丰富的功能，让每个用户充分展现自我、找到同好交流圈，需求得到最大化满足。人人网为整个中国互联网用户提供服务的 SNS 社交网站，给不同身份的人提供了一个互动交流平台，提高用户之间的交流效率，通过提供发布日志、保存相册、音乐视频等站内外资源分享功能搭建了一个功能丰富高效的用户交流互动平台。每个网络用户都可以变成“活”的广告，向自己周围的亲朋好友、同事、同学宣传介绍人人网，以此形成人人网的用户口碑传播网络（如图 7-2 所示）。

人人网没有把盈利作为主要的经营目标，在吸引用户的同时，它积极关心公益事业，于 2007 年 3 月，进行了“点亮天空，照亮希望”——救助青海牧区贫困小学生的大型公益活动；6 月，携手中央电视台“慈善 1+1”项目组推出了大型暑期公益、慈善实践活动“青春 V 计划”；2008 年，再次携手 CCTV“慈善 1+1”和中华慈善总会，举办了“绿色奥运”的公益活动，积极开展公益活动为校内网树立了良好的社会口碑。

（2）名人效应

人人网推出名人主页，利用明星的影响力来吸引更多用户，实现更多好处。明星和原来的学生用户群高度契合，有利于保持用户黏性，能吸引具有高广告价值的年轻白领人群，还容易吸引媒体的眼光，利于保持人人网的曝光率。同时，人人网也为明星们提供了一个与其受众更好交流的 SNS 新传播通道。可以说，通过名人主页，人人网与名人们实现了双赢。2009 年 8 月 17 日，光良“登陆”人人网，其明星主页在 17 日当天获得超过 12 万人人网用户的关注，随后两天内，这一数字突破 50 万，光良的人人网粉丝团已经迅速达到 164 万人，日均留言数超过 3 万条。

（3）与其他网站合作

通过“人人链接”技术，人人网实现了与 56 网、土豆网、互动百科、大众点评网及育儿网等网站的数据互通，用户可以方便地使用自己的人人网账号登录其他站点，获取自

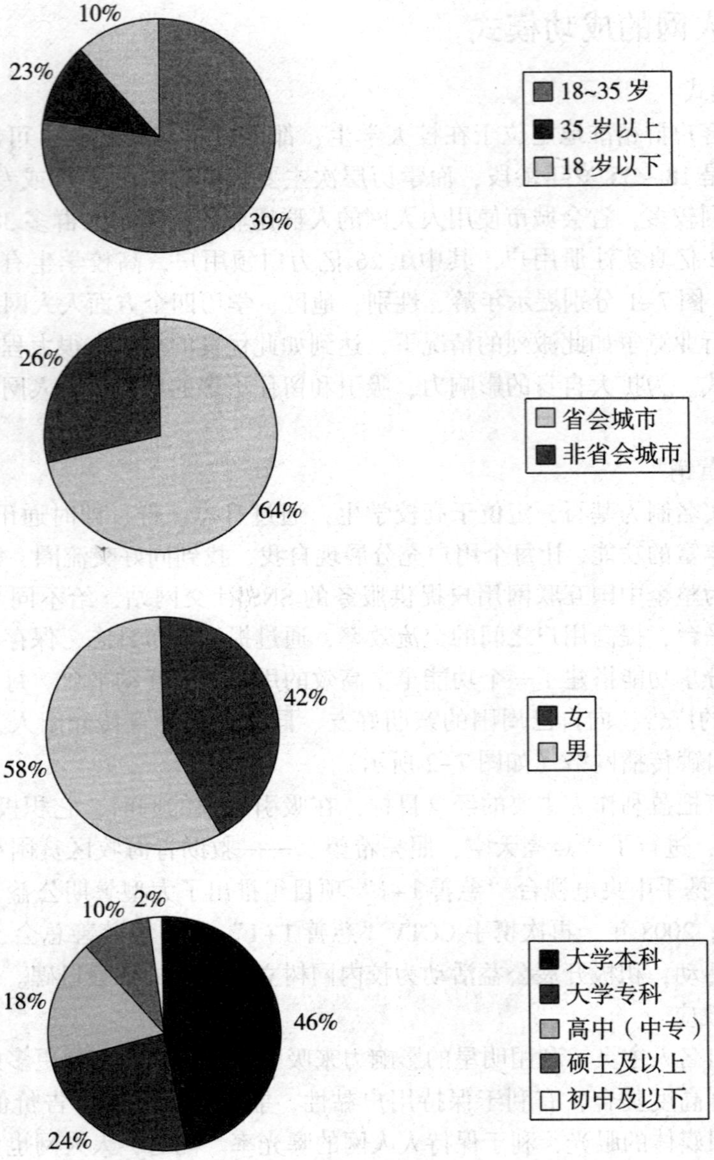

图 7-1　人人网的受众比例

已感兴趣的信息与资讯，还能够找到已经在该站点上的人人网好友，并和他们取得联络，同时还能够邀请“他/她”的其他人人网好友加入该站点。通过与其他网站的互通，人人网可向合作伙伴主动推送流量，还可为用户带来更新鲜丰富的互联网应用体验，有利于提高用户活跃度，扩大人人网的用户规模。

（4）金牌合作伙伴

人人网推出金牌合作伙伴计划，在分成比例上对他们进行扶持。晋级金牌合作伙伴的

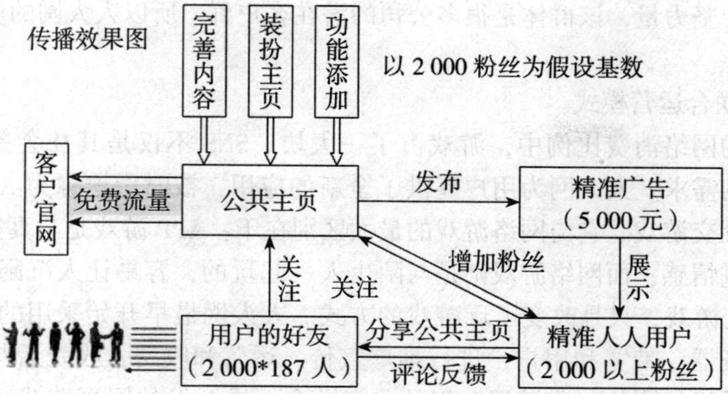

图 7–2　人人网的传播效果图

第三方开发团队的总体收入比例将达到 56%，远高于普通开发者 48% 的收入比例。此外，人人网对金牌合作伙伴还有很多资源配置上的优惠，如金牌合作伙伴拥有人人网开放平台的授权标识，金牌合作伙伴可优先成为人人网战略合作伙伴，获得更多优质推荐资源等。目前，阳光牧场、泡泡鱼、荣光医院、开心猪倌、幸福厨房、胡莱旅馆等游戏的开发团队已经成为人人网签约金牌合作伙伴。人人网金牌合作伙伴计划的推出，不仅令更多优质产品的出现成为可能，提升了人人网用户体验，也为第三方开发团队的产品营销提供了很好的渠道，同时，对合作各方来说，都开拓了一条新的盈利渠道，促进商业上实现共赢发展。

人人网从 2010 年 3 月 10 日开始推出用户成长体系，只要每天登录人人网，或者写写状态、传下照片即可轻松获取积分，积分增加，等级会不断提升，随着等级的提升将有机会得到人人网提供的各种奖励，以及使用相关特权。

随着用户的等级提升，就有机会获得人人网送出的礼物，有时候还有抽奖机会。奖品包括：VIP 会员、礼券、专属主页装扮、隐身查看、人人网 T 恤衫以及更多神秘礼物，这也吸引了众多用户。

2）盈利模式

人人网这几年的迅速成长，与其成功的盈利模式密切相关。

（1）人人广告

人人网具有多种广告形式，通过不同形式的广告投放，产生了高回报率的广告效果，效果转化十分明显。因此，有很多的中小客户会持续投放广告。由于人人网的用户多是学生，因此，针对教育类客户，人人网的广告投放会更加精准。图文广告可以借助人人网的流量来达到宣传的目的。植入式广告可以巧妙地与网站的某些产品结合，让用户在不知不觉中强化对该品牌的印象。例如，阿迪达斯的广告，在开心农场中植入乐事薯片的广告。一般来说这些内置广告对用户的操作都没有多大影响，用户对这种广告比较容易接受，广告效果比较好。

在人人网的主页页面，也有一块区域提供广告，人人网有着庞大的潜在高端用户群，他们是社会的中坚力量，该群体是很多公司的潜在客户群，所以人人网的广告主自然拥有众多大牌企业。

（2）游戏联合运营模式

中国网民的网络消费比例中，游戏占了一大块。SNS 不仅是其社会关系的联合和维持，更有休闲的需求。人人网为用户提供了全新的应用，被时髦地称为 APP。通俗的说，它是一种休闲社交游戏。它与网络游戏的最大区别在于：APP 游戏是与真实人际关系好友一起参与，增进情感；而网络游戏则是与陌生人一起玩的，容易让人沉溺其中疏远现实。SNS 并没有改变游戏，只是改变了玩游戏的方式。人人网最早开始采用的游戏联合运营，人人网提供服务器、带宽和用户，进行推广宣传、运营和收费，收费后与人人网进行分成。人人网与千橡集团的“猫游记”以及北京昆仑万维开发的网页游戏“三国风云”就是采用这种方式进行合作的。这给人人网的用户提供了更好的上网选择，在大大增加了用户的黏度和活跃程度的同时，也带来了占其总营收近 50% 的收入。

（3）增值服务

增值服务就是向用户收费，付费用户成为会员，从而获得普通用户无法拥有的特殊服务。人人网推出了校内豆和紫豆服务，比如可以用校内豆购买虚拟礼物赠送给好友，这种盈利方式有点像腾讯的 QQ。但是，在人人上的用户资料基本上都是真实的，人人网的每个用户都有真实的档案和好友关系。作为一个真实的好友之间表达情意的方法，礼品受到了很多用户的欢迎。而且，用户使用“紫豆”完全按照自己的喜好来装扮自己的主页，从而来增加人气。

（4）电子商务

据统计，有 77.9% 的用户通过社交化购物网站成功购买过商品。分析认为，与一般购物网站相比，社交化购物网站更能引导和激发用户的购买行为。数据显示，中国用户对社交化购物网站的满意度达到了 44.8%，非常满意度达到 19%，超九成的用户非常信任此类购物网站。发展电子商务需要大量用户，这正是 SNS 网站的优势之一。2009 年 12 月 24 日，人人网与淘宝网、京东商城、绿森数码、优衣库网上商城等合作推出的购物频道“人人爱购”上线，这是国内首个将电子商务引入社交网站的案例。对于人人网来说，其用户多为年轻人，这正是电子商务市场上的主力消费者。

（5）开放平台——APP 应用分成模式

人人网推出了开放平台，提供一定量的 API（应用程序编程接口），允许第三方将其开发的 APP（应用程序）放入其中，让自己网站的用户自由选择使用。这种形式，既可以满足自己网站的用户，也能给开发者带来一定的收益。在这种模式下，APP 不需要人人网去推广，主要通过熟人之间相互推荐运营。人人网则通过推出相应的消费系统来支持第三方，并从其收入中获取分成。从 2008 年 7 月 8 日开放，在一年多的时间里，人人网开放平台已吸引 1.6 万多款 APP 作品，通过审核正式推出的 APP 超过 2 000 余个，APP 安装总量高达 1.2 亿人次，而每日独立使用 APP 的用户也达到了 750 万个。“开心农场”是由第三方公司"五分钟"开发的，它包括"开农场"、"种萝卜"、"偷好友萝卜"、"给好友帮忙、捣乱"等小游戏，通过人人网支付平台推出的"收费活动"与"收费道具"赚取收入。在短短一年的时间内，开心农场在人人开放平台总安装用户达到 2 550 万人，平均日活跃用户 370 万人。"五分钟"团队也从 10 人的小开发团队发展成为一个拥有近 60 名优秀人才的公司。

人人网、移动运营商、第三方合作伙伴及手机厂商共同建造移动开放平台。根据中国互联网络信息中心（CNNIC）2013 年 1 月发布的报告，截至 2012 年 12 月底，中国手机网民数量已达 4.2 亿人，占中国网民总数的 74.5%，更重要的是，通过多年手机市场的孕育，当前手机上网的用户习惯已基本形成。与此同时，3G 网络建设已成规模，目前基本上可覆盖全国，移动运营商能够承载堪与互联网服务比肩的无线业务应用。在用户习惯与网络建设两大条件均已具备的背景下，人人网推出移动开放平台可以看作是一件顺势而为的事。通过 WAP 网络，每天已有超过 500 万人通过手机登录人人网的无线平台（m. renren. com）。这使得用户和朋友沟通交流更加自由、即时，也为移动公司带来了巨大的流量费收入。用户还可以使用自己的人人网 ID，进行多款社交游戏或单机游戏的下载，使得在手机上在线玩网游成为可能。人人网无线平台还开通了在线支付功能，吸引更多优秀的第三方开发团队或个人加入开放平台，提交更多高品质的游戏作品。这样，实现了人人网、移动运营和第三方开发团队的共赢。用户使用人人无线客户端可以省去通过浏览器联网的过程，更加方便。目前，人人网和主流手机厂商开展合作，将人人无线客户端覆盖到 iPhone、Android 和 Java 开发平台支持的多款手机上，更加方便用户随时随地通过手机上人人网。

7.1.3　人人网的功能分析

对于人人网的功能，首先是展示自我的平台——个人主页，主要功能包括全面、高效的"自我表露"；有效进行"印象管理"；减少他人"认识成本"；快速达到"社会吸引"；负功能为私人空间公共化后带来的风险；形成"刻板印象"，增长虚伪性。

其次，人人网通过"首页"建立了了解他人与社会的渠道。主要功能为增加同辈群体文化的影响；拓宽大学生"视野"，了解更多圈外事；成为考试、生活、情感、就业帮手。

再次，通过回复、留言等，人人网提供了一个交往互动的空间，主要功能包括扩大交往互动空间；提供潜在交往对象，增加弱联系的数量；网络人际关系辅助真实人际关系，互动深度较低。网络社交与现实社交：人人网改变了中国大学生含蓄的性格，充分释放新时代大学生个性；弥补现实社交平台的缺乏，是开启现实社交的钥匙；利于号召更多人参与组织活动和解决实际问题。

人人网的社交功能与"话题"之间的关系是它旺盛生命力的另一个源泉。以学生为定位是它得到持续发展的一个重要条件，主要表现在三个方面：第一，大学生群体自身创造话题，更具主动参与的乐趣。第二，话题内容更贴近大学生生活，更能引起关注和共鸣。第三，对于大学生网络社交的若干建议，跳出熟人社会、核心圈子，建立更多弱联系等。人人网用户可以分享好友的状态、自己感兴趣的话题及评论。图 7–3 列出了用户在阅览好友分享时出发点的数据调查。

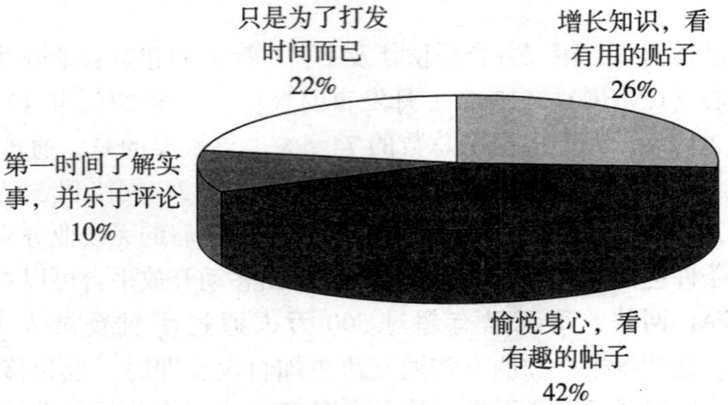

图 7–3　用户阅览好友分享的出发点

7.1.4　人人网发展的环境分析

1）宏观环境分析

（1）政治法律环境

用户群体的单一性和实名制符合现代社会政治法律环境。现代社会的不断发展，扩大了人们空间位移的距离，人们更容易走入“陌生人社会”中，各种法律和社会规范应运而生。虽然制度性的约束机制规范着人们的日常生活，但是人们还是更多的喜欢把自己的交际圈子定位于“熟人社会”。中国社会学和人类学的奠基人费孝通认为“中国传统社会是一个熟人社会，其特点是人与人之间有一种私人关系，人与人通过这种关系联系起来，构成一张关系网”。而校内网正是采用奖励用户虚拟财富的方式，激励用户向自己的朋友圈发出邀请注册的邮件，利用同伴群体间的信任为基础的网络社交模式，确保交友的安全系数。

而通过对每位用户实名注册的强制约束，营造的正是彼此相互认识、相互了解、相互信任的社交环境。这种基于信任和可落实的用户责任体系之上的网络平台，既能净化网络环境，又能时刻提醒和监督着大学生在网络的言行，营造健康、良性的网络环境，也确保了用户校内网交流的质量和娱乐性。

（2）经济环境

网络经济的发展给社交网站以发展契机。随着中国经济的发展，人均收入水平的提高，以及大学生网络的普及，网上交友方式的需求应运而生，社交网站的发展空间非常大。从人人网商业营销角度来看，从探索校内网的商业模式着手，通过确立消费者目标群体，采用校园推广、病毒营销和社区营销等多种分销渠道，建立良好的客户关系，使校内网品牌融入大学生生活，打造出了极具价值的互动体验营销模式。

（3）社会文化环境

当下比较流行的一种生活方式就是宅在家里，出现了宅男宅女热，正是这种社会现象推动了人人网的发展。网络社区出现时间不长，但它却打破了互联网的原有格局，对网络虚拟世界与现实世界都产生了重大影响。有人认为校内网社区生活的开放性、自由性和共享性，易动摇大学生群体的主流意识，给高校思想政治教育带来更多的难题，强调高校思想政治工作要更有针对性和现实性；也有人认为长期沉溺网络社区，会形成“网迷”心理，使青年网民产生较强的社会隔离感。

（4）科技环境

信息透明与网络安全的发展，对人人网的普及是有利的。由于校内网采用实名制注册，有人从“校内网泄密事件”角度展开分析，提出如何防止网络个人信息资料泄露，探求在网络信息共享和信息文明进程中对个体信息安全的保护措施。有人指出当前我国网络社区发展尚处于起步阶段，存在网站理念模糊、个人空间趋同化、公共空间狭窄的现状。此外，校内网网上交友也引起了普遍关注，随着校内网交往范围的普遍现实化，地缘群体、业缘群体、趣缘群体的易于接受性，校内网发挥的主要作用只是现实世界人际交往的补充和延伸。

2）产业与竞争环境分析（SWOT 分析）

（1）内部优势

“因为真实，所以精彩”，这是人人网的文化理念。网络本是虚拟的信息世界，在当今这个信息爆炸时代，网络交友是一种方式。可是虚幻、不真实让人们越来越疲惫也常常迷失了自我。人们开始向往利用高科技真实地交往，而校内网正是在这种需求下应运而生。它以提供独特的真实环境，吸引了广大学子的率先加入，“校内存知己”也随之而出。

人人网经过两年的运营，目前已是国内领先的最大的大学生互动空间。已开通了 2 200所海内外大学，其中包括所有的港澳台大学 55 所，以及近期开通的涉足美国、英国、加拿大和新加坡等国家的500 余所大学。其范围之广，使人人网拥有超过 2 500 万庞大的大学校园用户基数，成为中国大学生市场具有垄断地位的校园网站。其集 BBS、BLOG、QQ 于一身，形成了综合而全面俱到的功能。从人人网—日志—相册—群组—礼物—好友—站内信—校内通（聊天工具）—留言板—打招呼直到娱乐游戏等，应有尽有。它以用户为中心，全力打造满足用户各种需求的产品。

经整合后的人人网是千橡公司的子公司，千橡公司拥有一支具备高效执行力和丰富经验的创意团队，这支优秀的管理团队无疑会给校内网注入新的活力。人人网领域扩展，不仅设有大学群，随着近期高中群、白领群入口的启动，人人网在实现跨行业、跨领域的全面发展。

（2）内部劣势

由于人人网在起步时，大约是经验不够和对市场的需求及消费者的偏好没有足够的信心，所以比较偷懒地在很大程度上借鉴甚至复制了国外 Facebook 的模式和版块。这种过多的模仿最终会给校内网的前进带来严重的阻碍，这是潜在的威胁。

人人网成立几年来一直以提升注册用户量和访问数量作为主要的经营目标，盈利则放在第二位。但是，公司的经营目标终归是要实现利润最大化。较弱的盈利能力不能给产品带来规模经济。

(3) 外部机会

首先，大学生作为社会的一个年轻的大消费群体，接受和学习新事物的能力强，且信息装备较齐全，同时，随着社会对高级知识分子的需求日益增大，大学生人数也在逐年增长，校内网把大学生定为目标对象，拥有无限的市场前景。

其次，SNS 作为一种没有服务器资源却具有强大信息创造力的新型网络操作系统，正在大规模进军市场，它满足用户的需求，帮助每个人都可以通过自己手上的设备，在网络中发挥自己的力量，更加人性化。而校内网正是以这种社会化的操作系统为依托，极大地提高了用户的参与性。SNS 具有极大的开发潜力。作为 Facebook 最虔诚和成功的拷贝者，校内网已经通过其类似于“病毒式营销”的传播方式完成了网络圈地运动，一举成为了国内最为成功的几家 SNS（社交网络服务）网站之一。

(4) 外部威胁

第一，源于功能性，人人网产品涉及广泛，因而面对着较多的竞争对手，如开心网、QQ、BBS、MSN、BLOG，它们均已拥有成型的系统和强大的客户基础，而人人网作为新秀，要整体、协调统一地进军市场，吸引用户，所面临的外界竞争形势是十分严峻的。大量的同质化竞争，显示国内的社交网站仍处于拓荒的起步阶段，目前也还难以爆发出真正的商业价值。

第二，在社交网站在海内外蓬勃发展的同时，对用户隐私保护的质疑声从未停止。英国网络安全公司 Sophos 的调查显示，由于担心隐私问题，有超过半数的 Facebook 用户正在考虑停止使用该网站。随后，Facebook 对外宣布将对网站的隐私政策进行调整，使用户可以控制个人分享对象的范围，Connect 也在这次调整的范围之内。

社交网站在积极倡导公开性时，应如何面对用户的隐私；两者应达到怎样的平衡是社交网站着实需要考虑的问题。正如 Facebook 拥有的用户资料能够显示用户对任何地方的任何网站内容偏好的巨大优势。人人网也拥有 1.5 亿用户的真实资料，针对人人网如何保护用户隐私，专家表示，人人网应在安全领域投入大量精力，设置很多安全壁垒，如用户可自主选择，什么信息愿意对外公布。人人网技术团队一旦注意到在国外社交网站安全领域出现任何问题，都将检查人人网是否有该漏洞。

7.1.5 人人网战略实施

1）市场开发战略

人人网创立之初，主要采用集中化战略，目标顾客集中于大学生，创造了这样一个平台——让大学生交流、分享信息、扩大人脉。成立之初，人人网（当时还被称作校内网）为吸引大学生用户，曾与大学食堂合作，凡当场注册用户即送一个鸡腿，这种方式使其大学生用户数激增。2009年8月，为“笼络”更多的白领群体，决策者将“校内网”改名为“人人网”，将目标客户由学生群体扩大到包括白领在内的年轻人群体。用户以真实身份建立自身网站中的好友关系，使应用良好的口碑实现病毒式传播。

2）产品开发战略

人人网的产品开发战略主要通过不断开发增强网站功能和扩大应用平台两方面来实现。在网站功能方面，传统社交网站功能和创新社交功能并行。人人网不仅提供发布日志、保存相册、音乐视频等站内外资源分享等功能，为客户搭建了一个功能丰富、高效的用户交流互动平台，而且人人网时刻保持强烈的危机感，不断满足用户的需求，在更多的领域做尝试。人人网单独开出一个板块，来展示当前最新开发的和最流行的应用，还可以搜索用户感兴趣的应用。

（1）社交游戏

如人人农场、人人牧场、3D人人餐厅等虚拟场所，这些应用都风靡网络并有各自的特色，以不断增强顾客的忠诚度和满意度，获得更好的发展。以人人农场为例，人人农场可以发展四种不同的产业：农田、果树、畜牧和机械。玩家可以玩到的物品种类很丰富，是人人农场具有很强可玩性的原因之一。与其他农场不同的人人农场，拥有三大具有特色的设置。首先，玩家可以购置机器加工自己收获的农产品，包括番茄酱机、咖啡机、奶酪机、棉衣纺织器、兔毛衣纺织器、羊毛衫纺织器、羊绒衫纺织器。享受收获和加工的乐趣。这也是人人农场在农场游戏题材中的创新点之一。其次，玩家可以布置和装扮农场。比如，篱笆可以把玩家的农场隔出多个小园；也可以在农场里面铺设弯曲的小路；甚至可以铺设流过庄稼的小河。通过玩家自己DIY的农场，可以建设的像一个童话中的花园，其趣味性可见一斑。第三个特色也是最具竞争力的一点是，玩家会接收到订单，按照订单的明细提交相应数量的产品，就可以获得相应的奖励。当玩家的农场级别到达一定级别的时候，可以用卡车与好友一起运货进城获得经验值。经过这一过程，玩家就是个成功的农场主！这些创新点都能吸引用户的眼球，使用户在娱乐中得到满足感。图7-4列出人人网上比较热门的应用。

（2）非游戏应用

有人人喜欢、人人报道、人人爱听、人人派对等娱乐项目，人人招聘和人人汽车平台等实用互动平台，以及大众点评网在人人网上发送优惠券等活动。我们将重点介绍人人网推出的两个垂直咨询领域的互动平台——人人招聘和人人汽车平台。

人人招聘的开发是鉴于人人网的用户群体是大学生和白领。找工作是这两个群体很重要的一个基础需求。通过SNS真实好友关系，用户之间可以推荐相关工作，招聘企业可以和具有真实身份的应聘者之间产生互动。因此，人人网介入招聘的垂直领域。人人招聘目前已有的功能如：订阅和收藏功能。用户所收藏的每一条职位信息被保存记录在这一

图 7-4 人人网热门应用

页，方便日后应聘这些职位；订阅了企业信息之后，用户可实时了解企业招聘动态。通过好友推荐或者自荐等方式，应聘者可以在第一时间内获得和用人单位人力资源相关人员沟通的机会，这极大地增加了其被招聘的概率。而用人单位人力资源相关人员的工作也不仅仅是机械地筛选简历，他们将筛选简历节约下来的时间都放在了和优秀的应聘者们的交流之中，这极大提高了企业人力资源部门的招聘效率。

互动选车平台——人人汽车平台（auto. renren. com），由汽车侠讲堂、买辆车吧、汽车资讯和车友们四部分组成。用户在此平台上的选车等动作会以触发新鲜事的方式同时告知好友，在查询车型参数、报价、试车文章、对某款车发表评论时，都会存在好友的互动交流，选车决策就是在这种不断的分享和与好友交流中完成的。人人汽车平台融合 SNS 社交属性和汽车资讯，在业内实属首例，人人网的创新尝试给国内社交网站的产品衍生开拓了新的路线。

3）应用平台方面

人人网不仅能通过电脑登录网站，还致力于发展人人无线平台。现在年轻人越来越多的使用手机作为交流工具，人人网通过仔细挖掘这方面的需求，着力发展人人无线平台，主要包括两个方向：一是基于浏览器的手机上网服务（3g. renren. com），一是针对不同手机操作系统研发的多种人人无线客户端。据人人网无线平台 2009 年运营状况的数据显示，2009 年，每天通过手机登录人人网的用户接近 500 万，发布状态数超过 2 亿条，上传照片 1 000 万张。手机增长的用户数量远远超过 PC 用户。

人人网的忠实用户中，有许多会把人人网页面长期放置在电脑上，每隔一段时间去刷新页面看有没有新的留言回复，阅读好友最新发布的新鲜事，或去玩一些它的应用。人人桌面的诞生为用户提供了更贴心更便捷的服务。

4）人人连接——与第三方共建良性生态圈

2009 年 10 月 27 日，“人人连接战略联盟”发布会召开，正式宣布人人网将通过人人连接实现与各垂直领域网站的全面连接。人人网通过人人连接与土豆网、互动百科、天极网、游学网、大众点评网、豆瓣网等各垂直领域网站实现全面连接。人人连接使网友通过一个人人账号可便捷地体验到丰富内容。人人网用户可以通过人人账户，直接登陆优酷网或土豆网观看视频，并通过人人网的“新鲜事”和“分享”功能，将视频分享给人人网的好友们。人人网与视频网站进行深度连接，使人人网用户和其他视频网站的用户无缝对接，无壁垒地享受社交网站和视频网站的服务。人人网也因分享到“新鲜事”增加点击率。这种合作形式使双方共赢，达到“1+1>2”的效果，不仅增加用户，而且丰富内容。

7.2 新浪微博的发展与商业模式探讨

新媒体技术的发展已经改变了传统的信息传播方式，社交网络创造了一种独立于现实社会的虚拟社会，大大增强了社交网络大众媒介属性。民众表达的渠道得到拓展，人们的诉求得以在更大范围内释放。

7.2.1 微博的产生

1）微博产生背景

一种新的媒介产品出现必然是以现实物质条件为基础，在满足社会某种广泛需求的情况下才得以推广，微博（微博客的简称）的产生亦是如此。随着互联网技术的普及，人们使用互联网的成本逐渐降低，其操作也越来越简单与人性化。Web2.0 将人们带入了互联网交互的时代，人们一改往日只能被动接受信息的局面，在博客、播客、论坛等一系列新的媒体平台上人们可以自由发表自己的意见，发布自己的信息，每个人都变成一个信息源。而博客作为新技术最早的产物为人们提供了属于个人的独立发言空间，它像一个电子日记本一样记录人们的内心独白。然而随着社会生活节奏加快，人们逐渐陷入一种碎片化的生活状态，人们不再能够集中时间与精力去完成一篇较长的博文，但是表达的欲望依然存在。此时，以极低的时间成本进行快速便捷的表达与交流成为了社会的广泛需求，而微博正是基于这一社会需求而产生。

2007 年美国全球博客托管服务公司 Obvious 公司基于“让交流变得更简单”的理念

推出了 Twitter 微博服务，其宣传口号是“What are you doing?”，即随时随地告诉人们你在干什么。为了实现这一理念，微博结合 Web 2.0 互联网技术与移动通讯技术，采用短信与网站平台对接的形式，实现了即时短信“一对多”的传播方式。3G 技术的发展，使得移动互联网技术更加优化，通过手机进行信息发布变得更加方便，从而成为微博发展的催化剂。

2）微博概念及内涵

微博出现至今凭借其强大的凝聚力与影响力成功吸引了众人的目光，成为学术领域研究的焦点，目前传播领域对于微博概念的解释较为统一，都是基于微博技术和功能特性为微博定义。总结文献中各学者对微博的定义得出：微博是一个基于用户关系的信息分享、传播以及获取平台，用户可以通过 Web、WAP 以及各种客户端组建个人社区，以 140 字左右的文字更新信息，并实现即时分享。

微博作为博客的创新形式，在内容上限定用户发布文本的字数在 140 个汉字（字符）之内，这一要求从形式上体现了微博之“微”。140 个汉字的限制是一种传播理念的体现，它提倡更简洁更迅速的信息传播。如果说博客是一篇小说，那么微博则是一则标题，更加直截了当地表达所见所闻、所思所感。目前，各微博网站都免费开放接入端口允许第三方客户端接入，微博用户可以通过手机、即时通讯工具和第三方客户端发送个人信息。而随着用户需求的提高，微博也从最初的文字发布逐渐增设了图片与视频的发布功能。微博在性质上仍属于社交类网站。微博提倡实名制，在微博平台内部，用户以关注与被关注的形式构成自己的人际圈。微博网站通过热门话题、搜索引擎等手段为用户提供关注对象，扩大用户人际圈。

微博在技术上融合了 Web 2.0 互联网交互技术、即时通讯技术与移动互联网通讯技术，在形式上融合了博客与社交网站两种模式，因此其特点也呈现出多样性与复合性。

（1）即时性

微博信息的即时性来源于微博多途径的发布方式。微博免费开放接入端口鼓励第三方接入，通过这种方式微博与互联网中各个客户端相连，用户可以在与微博捆绑的第三方客户端发布信息，所发布信息同时更新在微博网站平台上，同时微博与移动通讯终端相连，目前手机已经成为人们日常生活中必不可少的通讯工具，“人机一体化”使得微博用户在不能使用电脑的情况下依然可以发布微博信息。线上线下的发布途径组合让微博真正成为“anyone，anytime，anywhere，anyway”的 4A 媒体。

（2）“草根”性

140 个字符的限制与“What are you doing?”的信息内容使得微博区别于博客的高门槛而成为草根也能广泛使用的媒体平台，不需要多高的文字水平，更不需要多高的思想深度，随心随性的表达让其成为真正的草根媒体。

（3）开放性

微博平台上一切的信息都是公开的，不仅用户发布的微博信息，甚至用户间的评论与交流也是公开的。不但如此，一些个人信息如用户的受关注程度，用户所关注的人，以及社会信息，如微博网站的热点话题，人们对某话题的态度倾向等都是可获知的。微博给予有表达欲望的用户充分的表达机会，同时给予那些有求知欲与窥探欲的用户更多的信息。

最为重要的是，微博的上述属性共同造就了微博不仅是一个个人媒体平台，更成为一个社会化媒体平台。其公共的社会媒体性质和巨大的用户量使得微博具有前所未有的媒体影响力。

3）国内微博行业的发展状况

截至 2012 年 12 月底，我国微博用户数达到 3. 09 亿，较上一年底增长了 23. 5%，网民使用率为 54. 7%（如图 7–5 所示）。微博用一年时间发展成为一半以上中国网民使用的重要互联网应用。在 2011 年内的增长情况，其用户的爆发出现在上半年，到下半年用户增速回落至 28. 2%，可见在微博使用率步入高位后，已经结束了爆发式的增长。

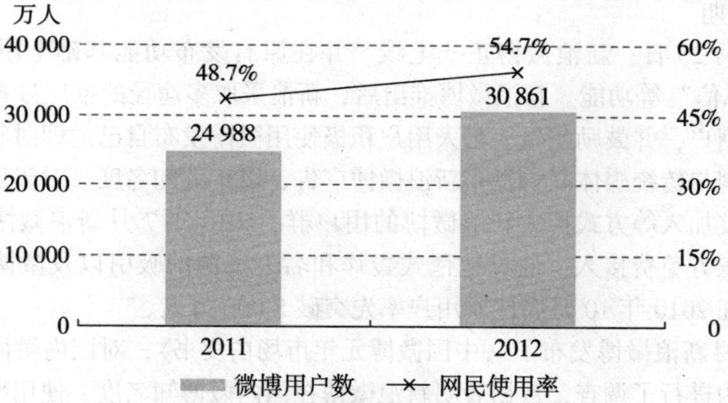

图 7–5　我国微博用户增长量和增长率

数据来源　CNNIC 发布的《第 31 次中国互联网络发展状况统计报告》。

分析未来微博的走向，主要取决于三个要素。首先，由于不同门户发展微博平台的战略意图存在较大差距，所以当前微博的发展道路较为多元，各大门户均根据自身优势，为微博赋予不同的功能和特性，其突出表现便是微博社交网络功能和社会化媒体功能的侧重；其次，微博盈利模式较为模糊，目前发展情况较好，同时对微博寄予较大盈利期望的网站已经开始尝试多方面盈利模式；最后，微博实名制政策已经在 2011 年底出台，如何有效规范微博上的信息传播秩序成为政府十分关注的问题，这些监管措施的落实将会对微博的未来发展产生重要影响。

7. 2. 2　新浪微博的发展

1）新浪微博初创期

新浪推出微博服务并不是突发奇想。早在新浪微博推出之前，新浪就已经推出了较为成型的社交网站“新浪朋友”，意图建立一个中国的 Facebook，而当时互联网上已经有相对成熟的社交网站，如人人网、开心网等，并已形成了稳定的用户群。“新浪朋友”若想以相同的模式抢占用户已不太可能。因此“新浪朋友”将其功能一改再改，最终改到类似将 Facebook 中 mini-feed（迷你反馈）功能单独拿出来传递动态消息，这一类型已非常接近微博的形态。然而这种传播形态也是基于用户之间的即时信息发布与反馈，并不具备内容的承载。2009 年 5 月，新浪召开战略会议，讨论如何结合新浪自身优势去开发社交网络产品。会议上新浪 CEO 曹国伟第一次提出了新浪微博的构想。2009 年 7 月经过一个多月的市场调研，新浪内部达成了一致意见，决定推出微博产品，由时任 CEO 曹国伟亲自负责。2009 年 8 月 28 日经过几个月的筹备，新浪微博开始内测，而此时正是国内互联网更迭之时，国内最早一批独立专业微博网站因监管问题疲于应付，其他门户网站或未认识到微博的价值或处于观望。新浪此时推出新浪微博确实是冒险之举，但又是绝佳时机。

2）圈地时期

2009 年 9 月 25 日，新浪微博正式上线，并在原有发布功能基础上添加了“转发”、“评论”和“私信”等功能。新浪微博推出后，新浪采取多途径的推广方式。首先大力吸引明星、名人用户，并鼓励明星、名人用户积极使用微博发布自己的即时状态。继而新浪微博通过互联网与传统媒体联合发布新浪微博广告，以扩大知名度。对于已注册用户新浪鼓励其邀请好友加入等方式扩大新浪微博的用户群。2010 年 7 月新浪微博推出新浪开放平台，允许第三方免费接入。通过地毯式轰炸和名人资源的吸引以及微博自身的特性吸引，新浪微博在 2010 年 10 月底注册用户率先突破 5 000 万人。

2010 年 9 月新浪微博发布了《中国微博元年市场白皮书》，对国内微博市场竞争格局及微博用户行为进行了调查，数据表明新浪微博在国内微博知名度、使用率、首选率、满意度、用户黏性、权威性、吸引力、月覆盖人数、月度总访问次数等十项参数排名均为第一。2011 年初新浪公布其注册用户已突破 1 亿人。新浪微博的“圈地运动”首战告捷，为新浪微博下一步的商业运作奠定了基础。

虽然新浪一再声称新浪微博距盈利尚早，目前仍处于扩大用户阶段，然而新浪的一系列动作却表明，新浪微博已经开始“两条腿走路”，在继续扩大和维持用户的同时逐步展开其战略布局。而事实上新浪微博前期在产品开发、推广及带宽成本上的投入使其在 2010 年第四财季净亏损达 1 亿美元，投资者纷纷抛售新浪股票，这在一定程度上也促使新浪微博加速实行其商业计划。

3）商业布局时期

2011 年 3 月 2 日，新浪斥资 6 600 万美元收购麦考林 19% 的股份，开始进军电子商务领域，意图将新浪微博与电子商务相结合开展社交电子商务新模式。同一天新浪微博进行新浪微博聊天功能测试，预计不久推出新浪微博 IM 功能。同时新浪推出具有 IM 功能的“微博 AIR”桌面客户端，开始与腾讯 QQ 展开竞争。3 月 2 日，移动通信两大巨头中国移动与中国联通先后在新浪开通官方微博。预示着新浪微博与中国移动、联通的关系进一步加强。

2011 年 3 月 6 日，新浪与 GyPSii 合作推出名为“微领地”的 LBS 服务。“微领地”是基于新浪微博用户开发的位置服务。新浪微博用户或微领地的注册用户可以登录进行签到和拍照并同步到微博，同时微领地还为用户提供周边商店、优惠券、ATM 机等信息。新浪微领地最大的特色在于将新浪微博的名人资源引入微领地，普通用户可以通过微领地“追踪”名人去过的地方。

2011 年 3 月 9 日，新浪推出基于新浪微博的团购导航“微团”，它囊括了美团、嘀嗒团、拉手网在内的上百家团购网站，团购范围覆盖全国大部分城市，团购品类涉及餐饮、娱乐、生活服务、美容丽人、网购精品五大类。新浪微博用户通过订阅的形式可以及时获取订阅的各类团购信息。

2011 年 3 月 11 日，新浪玩玩（新浪网页游戏平台）与游戏公司第七大道合作推出网页游戏“弹弹堂”微博版，新浪微博用户可以在发微博的同时玩游戏。据新浪内部人士透露，新浪在不久的将来可能推出微博游戏平台。

新浪在用户登录首页投放了其第一个商业广告——必胜客欢乐餐厅微博广告。对于新浪微博而言，这是其广告盈利模式的首次探索。同时在用户个人页面右上角，也出现与首页必胜客欢乐餐厅相匹配的广告。对于以广告利润为主要收入的新浪而言，广告盈利模式对其并不陌生，但是如何更好地在微博上投放广告仍需谨慎。

新浪微博在短短三年时间内成长为如今中国最具影响力的社会化媒体平台，绝不是一个偶然事件。首先，新浪微博的背后是中国最具影响力的门户网站——新浪网。新浪一直是中国互联网媒介通道的引领者，而整个互联网新技术的普及实际上是在重构中国社会信息传播的链条，新浪客观上在此过程中扮演了重要角色。媒介形态的变化首先体现在新浪自身的博客产品上，比如从逐渐多起来的博客内容到新浪门户首页，越来越多的爆炸性消息来自社会化媒体。其次，2009 年开始内测的新浪微博的确赶上了一个中国互联网时代更迭中的绝佳时机。在那个时间点正好是一个空白，搜狐当时走在 SNS 的路上，并未看好微博路线。这并不奇怪，因为新浪都在担心微博可能只是一个有点小的机会，就在别家犹豫着是否要拿掉这个产品，或者只是作为自身平台的一个功能存在时，新浪做了一个大胆的决定，也抓住了一个发展的机会。

至今新浪微博已陆续将商业布局拓展到 LBS、团购、电子商务、游戏等领域，并通过第三方应用分成的方式开展广告业务。同时新浪微博推出包括 IM 在内的一系列服务同腾讯展开激烈竞争。目前新浪内部正积极筹划新浪微博的分拆上市，新浪微博将成为新浪未来发展的核心，必要时新浪不惜革自己的命来为新浪微博开路。截至 2012 年 5 月，新浪微博的用户已达 3 亿，其中有 60% 的活跃用户通过移动终端登录。用户平均每天发布超过 1 亿条微博内容，平均在线时长为 60 分钟左右。图 7-6 展示了从 2009 年到 2012 年用户数量的增长情况。

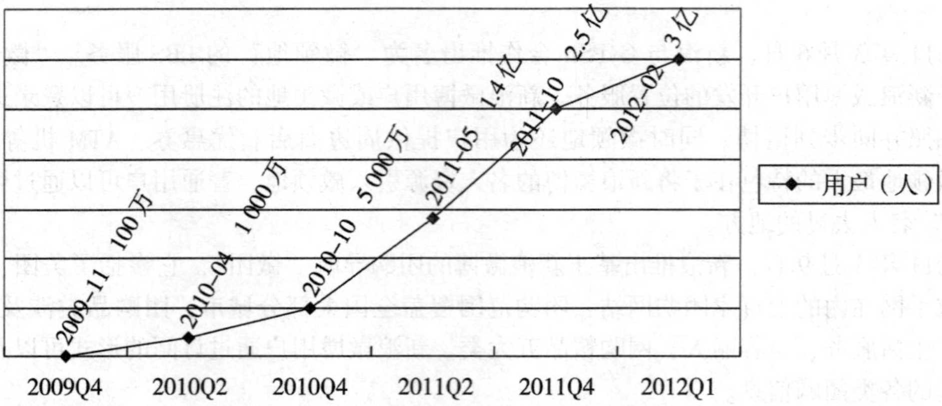

图 7-6 2009 年 Q4—2012 年 Q1 新浪微博用户数量的增长情况

数据来源 新浪微博事业部。

2012 年，对分享到前五名网络媒体的数据进行了统计，通过比对发现，分享到新浪微博的比重较大，约占总数的 29.0%，QQ 空间比重最大，占总数的 30%（如图 7-7 所示）。

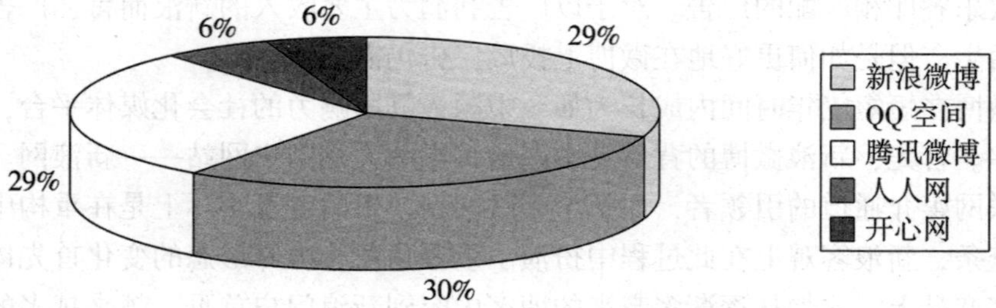

图 7-7 社交网站分享数据比重图

数据来源 易观网。

7.2.3 新浪微博的业务功能

1）开放 API

经过一年多的发展，在有一定的用户基数之后，新浪也终于开放了 API。新浪的微博 API 号称是完全开放的，任何开发组织或者个人，只需通过简单的注册信息填写，就可以完全使用这套 API 的所有功能。新浪微博 API，覆盖了新浪微博的全部功能，可以通过 API 发微博，传照片，加关注，甚至实现搜索等全部功能。基于这套微博全功能的 API 开发出来的应用和服务，用户完全可以在上面使用到新浪微博的所有功能，根本无需再去新浪微博的网站。并且新浪微博 API 支持 OAuth 协议，让用户使用新浪微博 API 创建的应用和服务的时候，无需担心账号和密码泄密的问题。

2）发布功能

新浪微博可以像博客、聊天工具一样发布内容，可供用户即兴现场记录、发发感慨、晒晒心情，可以通过互联网、MSN、客户端发布，随时随地发布信息，更可以通过手机发布，实现了全息发布方式，真正实现了随时随地发布和接收信息。

3）转发功能

用户可以把自己喜欢的内容一键转发到自己的微博（转发功能是对 Twitter RT 功能的改良，保留原帖，避免在传播过程中被篡改），转发时还可以加上自己的评论。转发后所有关注自己的用户（也就是自己的粉丝），都能看见这条微博，他们也可以选择再转发，加入自己的评论，如此无限循环，信息就实现了传播。这些功能为用户之间的信息交互提供了保证。有时一条有价值的、有趣的信息往往会被转发上千次。

4）关注功能

用户可以对自己喜欢的用户进行关注，成为这个用户的关注者（即“粉丝”），那么该用户的所有更新内容就会同步出现在自己的微博首页上。关注的上限是 2 000 人。

5）评论功能

用户可以对任何一条微博进行评论（这是基于中国用户习惯而设置的特殊功能，之后 Yahoo Meme 和 Google Buzz 也都有了评论功能）。

6）搜索功能

用户可以在两个#号之间，插入某一话题。例如，#某一话题 XXX#，则发出的微博，可以通过点击，自动搜索微博上所有的包含有“某一话题 XXX”的相关微博。可以展开讨论，实现信息的聚合。

7）私信功能

用户可以点击私信，给新浪微博上任意的一个开放了私信端口的用户发送私信，这条私信将只被对方看到，实现私密的交流。

除了前面讲的基本功能外，新浪微博还提供了众多应用。用户可以根据自己感兴趣的内容选择添加。新浪微博关注度前 10 名主要集中在娱乐、体育和企业界。新浪微博中，“微游戏”入口被设置在了置顶菜单栏中，可见微博社交游戏对用户的吸引力。在“微游戏”平台，有多种游戏供微博用户挑选。在“微游戏”中产生社交关系，可以巩固熟人关系，也可以认识新朋友，赚取更多粉丝。此外，“微游戏”还为玩家提供增值付费服务，可以将游戏截图，游戏进度一键分享到微博。

7.2.4　新浪微博的商业模式

1）新浪微博商业模式纵向研究

新浪是我国四大门户网站之一，其主要业务包括内容服务、移动增值服务、游戏、搜索及企业服务、电子商务。新浪拥有雄厚的媒介资源，与数千家内容供应商合作为用户提供新闻资讯。目前新浪已成为全球最大的中文门户网站。新浪微博是新浪于 2009 年推出的基于新浪门户的微博服务。纵观新浪微博近两年的发展历程，根据其战略重点的不同，可以将其分为两个阶段，即“圈地”阶段和商业盈利探索阶段。“圈地+盈利”模式是社交网站普遍采用的推广模式，但是新浪微博却结合自身资源与本土环境对“圈地+盈利”的商业模式进行了内化，形成自身的独有模式。

2）新浪微博商业模式横向研究

对新浪微博的目标用户定位、使用渠道、用户黏性、价值主张、核心能力、合作伙伴网络、收入模型七个要素进行介绍。

(1) 目标用户定位

目标用户定位是指企业为自己的消费者进行明确的定位，能够使企业更有针对性的进行产品开发和营销活动。对于网络产品而言，最为可贵的不是研发的产品和服务，而是整合这些产品与服务的平台，也就是拥有庞大用户群的平台，而新浪微博正是这样的平台。新浪微博是一款为大众提供娱乐休闲生活服务的信息分享和交流平台。它包含娱乐——涵盖最全面的娱乐明星与资讯；生活——反映网民现实生活的点点滴滴；快乐——分享发现人们身边的趣闻轶事。其使用者便是其直接或间接的消费者，因此定位目标用户便是定位其消费者。新浪微博作为社会化媒体平台，拥有庞大的用户规模和有价值的用户是其发展的根本，也是开展一切商业步骤的核心。

新浪微博自推出之后并没有为自己设定目标客户，而是将广泛吸收各种用户作为自己的发展目标，力求建立一个拥有庞大用户量和有价值用户的平台。但是由于其采用娱乐明星、名人作为推广的噱头，再加上其自身时尚性和技术性，致使其用户也呈现了年轻化的特性。

目前新浪微博的用户已经达到 3 亿，根据用户群体的身份可以将微博用户分为两大类，个人用户和组织机构用户，而个人用户又可以分为普通用户和名人用户。其中名人用户是新浪微博的最大特色，新浪微博涵盖了目前大部分当红娱乐明星、体育明星、商业名人、知名学者及其他领域的知名人士。而组织机构用户则主要包括企业用户、各大媒体机构、政府部门以及一些公益慈善机构等。

(2) 使用渠道

使用渠道是指用户通过怎样的途径使用新浪微博。传统商业模式中的“分销渠道”一词在互联网商业模式领域显得不太恰当，因此本文根据微博实际情况，将“分销渠道”改为“使用渠道”。目前，新浪微博用户可以通过网页、PC 桌面客户端、第三方终端、手机客户端以及手机短信、彩信的方式使用新浪微博。

新浪微博在使用渠道方面较以往 SNS 网站最大区别在于，新浪微博为第三方免费开放自己的 API。任何网站或应用都可以接入新浪微博，而新浪微博的用户可以在接入的网站或应用中发布自己的信息并同步到个人微博平台。而随着第三方数量的增加，新浪微博逐渐以自己为中心将互联网中的各网站、应用整合起来，形成一个社区。而新浪微博用户可以在社区中随意穿梭。

新浪微博使用渠道的另外一个特点就是它可以将手机与微博绑定，用户可以通过手机短信或彩信将即时信息发布到个人微博平台，实现了手机即时短信“一对多”的发送，这一方式使得用户随时随地不用登录微博也可以发布信息，增强了信息的即时性。同时新浪微博还开通了IM工具与微博绑定的功能，MSN用户登录MSN可以直接发送新浪微博。新浪微博开通多渠道的使用方式，意在使用户更为方便的使用新浪微博，同时培养用户随时随地发微博的习惯。

（3）用户黏性

用户黏性是新浪微博与用户之间建立的联系。一般来说阻力越强黏性越高，而黏性越高则代表其流动性越低。也就是说微博用户黏性越高，用户流失的可能性就越低。网络产品的黏性体现在用户参与程度、产品可替代性以及网络外部性三个方面。用户参与程度与用户黏性呈正反馈，参与程度越高，用户黏性越大；产品可替代性与用户黏性呈负反馈，网络产品被其他功能类似的产品代替的可能性越高，用户黏性越小；网络外部性与用户黏性呈正反馈，网络使用人数越多，用户从网站获得的价值就越大，用户黏性也越大。

拥有大量用户只是成功的第一步，将其转化为真正有价值的用户才是网站真正的成功。而有价值用户的首要标准就是用户黏性高和忠诚度高，只有形成以用户黏性和忠诚度为基础的坚实用户壁垒才能保证用户不会流失，继而实现盈利。新浪微博曾发表白皮书指出50.5%的新浪微博用户每天都在使用新浪微博，从而认为新浪微博是用户黏性最高的主流微博产品。然而本文认为测量用户黏性应从用户使用时间和用户参与程度两个方面进行评估。诚然，新浪微博用户花费很多时间泡在微博上，但是通过观察发现，新浪微博用户更多是在转发他人信息或发布自己的信息，并没有形成交流与互动。用户间的参与程度与用户间的交流仍有待加强。

（4）价值主张

用户价值主张即新浪微博能够为用户提供的服务和价值，明确了新浪微博对用户的实用意义。价值主张是产品能够为用户提供的价值，而用户价值主张则强调企业在定位自身产品对用户的价值时应从用户的需求出发寻找用户所需要的价值主张。不仅要了解用户的表层需求，更要挖掘表层需求之下的深层心理，知其然更知其所以然。

新浪微博最基础的服务是即时共享信息。信息对于现代人而言其意义已经远远超出了茶余饭后的谈资，上升到生存和心理安全的层面。前一秒钟一个房屋政策的出台能够影响下一秒楼市的涨跌，一个谣言的流出能够导致社会的动荡。谁能够掌握即时信息，谁就能够占领先机。新浪微博拥有四百多家主流媒体用户和政府机构用户，同时新浪微博上每个个人用户都是信息源，通过新浪微博即时信息处理技术，新浪微博用户能够即时进行信息发布与接收，同时对信息进行评论、转发。新浪微博还根据热门话题推荐、信息广场、信息搜索等功能设置满足用户对不同信息的需求。为了增强信息的真实性和价值性，新浪微博推出了新浪辟谣、新浪微盘、新浪新闻等应用。同时新浪微博里的信息是完全公开的，用户发布的信息、关注的人、粉丝，甚至个人信息和位置等，充分满足了用户的好奇心和窥探欲。

新浪微博能够为用户提供的另一个价值就是关系的拓展和维护。快节奏的生活让人们无暇顾及工作之余的朋友间感情的联络，更没有机会走出自己固定的两点一线去拓展自己的交际圈。在有限的时间精力和不断增长的交流欲望的矛盾中，人们需要一个突破口。而微博满足了人们即时了解彼此信息，即时沟通的需要。在沟通的背后隐藏着更为深层的心理需求，那就是社交的需求。一个简短的语言，表情甚至符号代表了一种关系的连续。在新浪微博里，用户可以通过邀请、找人以及推荐找寻到自己想要关注的人，这个人或者是自己认识的，或者是基于相同兴趣爱好的、或者是来自同一地方的；这个人或者是普通人，或者是名人、企业家。微博为用户提供了一个可以结识不同层次人的机会，在这里用户可以关注别人，成为别人的粉丝，也可以被关注，成为别人的关注者，在新浪微博中人与人可以自由结识，没有地域、年龄、层次的限制。

除了提供基础服务，基于用户的多样性需求，新浪微博推出多种应用，诸如游戏、音乐推荐、团购等应用服务，以满足用户的一站式需求，为用户提供便利。

（5）核心能力

核心能力是指新浪微博执行其商业模式所需的能力和资格。

首先，新浪微博的核心能力在于其拥有的雄厚的媒介资源与媒介运营能力，微博是一个社会化媒体，具有很强的媒体特性，这一点与新浪的优势巧妙的对接，成为新浪微博成功的决定性因素。同时新浪前期对 SNS 产品的研发为推出新浪微博积累了必要的经验。

其次，新浪内部拥有成熟的产品研发团队，随着新浪微博的推出，其用户数量和信息量的增长，这对新浪微博平台提出了很高的技术要求。面对这种情况新浪产品研发团队将新浪微博的底层架构由最初的“推消息”模式过渡到分层拆分与数据模块化，最终过渡到现在的平台服务和应用服务相隔离的模式，这一模式减少了用户访问量过大可能带来的信息发送延时，服务器瘫痪等问题。高时效性是新浪微博具备的核心能力，而这一能力来源于其成熟的高素质的产品研发团队。

最后，新浪的雄厚的资金支持为新浪微博的成功提供了重要保障。在新浪微博的推广过程中，新浪曾遭受了前所未有的亏损。产品开发、基础设施、产品推广等各方面都需要大量的人力、物力和财力。新浪要做的是一个大综合媒体平台，注定其必须要投入更多的资金。自 2009 年创立以来，新浪将所有的资金都用于新浪微博的开发和推广上，并将新浪微博作为未来新浪发展的核心。不得不说，如果新浪没有如此雄厚的资金支持，新浪微博无论在用户规模、产品性能，还是竞争能力方面都不会像现在一样，成为国内微博行业的第一把交椅。

（6）合作伙伴网络

指新浪微博同其他产业、企业之间为有效地提供价值并实现其商业化而形成的合作关系网络就是合作伙伴网络。新浪微博将自己定位为共享的社交媒体平台，为第三方免费开放数据接口，因此任何个人、团队、公司形式的开发者都可以成为其合作伙伴。新浪微博开办了新浪开发平台，并为开发者提供创业基金，鼓励第三方开发者和网站的接入。新浪微博通过共享平台的方式最大限度地整合了包括音乐、游戏、视频等在内的各项资源。除了与第三方合作者共享平台，新浪微博还与一些技术开发商、网站等合作开发新的平台，例如同 GyPSii 合作开发“微领地”；同各团购网站合作推出“微团”团购综合平台等。新浪微博开发的新平台与腾讯 QQ 类似，免费软件吸引了更多的用户群，第三方应用可以放在平台上供用户付费下载使用。而新浪微博的用户一旦在此平台上付费下载了这些应用，新浪微博便可获得下载费用的 30%，第三方开发者获得其余 70% 的收入。

而在移动互联网方面，新浪微博目前通过与手机生产商合作，推出内置新浪微博客户端的智能手机，同时与移动通讯运营商合作开通手机与新浪微博的绑定功能。随着移动互联网终端的发展，未来新浪微博同移动通讯运营商的合作会变得更加密切。

在新浪微博平台内部，其所有的用户都可能成为其合作伙伴。目前新浪微博已拥有上万家企业用户，这些企业用户将新浪微博作为企业营销的平台，目前新浪微博尚未开发这些用户资源，但是随着这些用户通过新浪微博导致直接或间接盈利的增加，新浪微博对于企业用户的价值增大，新浪微博参与分成也会成为趋势。

(7) 收入模式

新浪微博通过各种收入流来创造财富。新浪微博目前并未大规模的实行盈利计划，其收入构成还仅限于盈利模式的投入构建阶段。新浪微博的收入模型主要由两大部分组成，一部分是基于互联网的，另一部分则是基于移动终端。

目前新浪微博通过小规模的页面广告与第三方应用分成获取利润。但是新浪微博的触角已经扩展到 LBS、电子商务、团购平台等领域。新浪微博意在构建一个开放的平台，以第三方接入的方式获得流量分成以及利润分成。目前新浪微博已经拥有 1 亿的用户，而这个数量正在不断地增长，未来新浪微博通过分成获得的利润将成为新浪微博收入结构中很大的一部分。同时新浪微博自己投入构建的电子商务平台也将成为其收入的重要组成部分。新浪微博的下一步很有可能是开发一些重量级的应用，这些应用可以借助微博平台来获取用户，同时这些应用也有很清晰的盈利套路。新浪会在这种应用上投入它既有的经过多年锻炼的营销队伍来获取收入，而至于微博本身，它的做法应该是继续深化服务，而不是直接从微博上盈利。这些应用很有可能是 OEM 式的（也就是技术驱动力来自第三方），而不太会是“开放平台式”的。

微博作为移动互联网与互联网的结合产物，与移动互联网密切相关。目前有近 40% 的微博流量来自移动设备。新浪微博曾联合索尼爱立信开发了嵌入新浪微博的智能手机，随着智能手机与其他移动终端的普及，新浪微博在移动互联网方面的收入不可小觑。

在新浪过去的运营中，其 70% 左右的利润来自广告，而新浪微博开放平台的建立，将改变以往新浪收入来源单一的局面，通过分成和多途径的产品结构，新浪微博将建立一个多元化的收入模型。

因此，根据上述对新浪微博商业模式构成要素分析可以发现，微博的商业模式较之传统行业的商业模式在构成要素上存在一定差别，其构成要素更为简单，客户关系更为直接。表 7-1 为截至 2012 年，新浪企业微博应用广场的八类应用数量，分别为通用类、互动展示类、营销工具类、市场调研类、运营管理类、数据分析类、求职招聘类和客户服务类。

表 7-1　**新浪企业微博各类应用分布情况**

分类	应用数量	简介	安装量过百的应用数量
通用	139	适用于各个行业，主要提供企业品牌展示、招聘、账户管理等服务	11
互动展示	45	为广告主提供商品、服务的展示类应用的陈列	2
营销工具	94	为广告主提供营销各个环节的使用工具	9
市场调研	7	提供基于企业产品、市场、舆情等方面的市场调研应用	1
运营管理	4	帮助企业和用户之间进行有效的互动	2
数据分析	2	提供微博内容传播等方面的数据分析应用	2
求职招聘	3	提供招聘信息等方面的求职招聘应用	1
客户服务	2	微博客服平台，帮助企业处理用户咨询、建议、投诉、购买咨询等各类客服信息	2

7.2.5 新浪微博战略思考

1）新浪微博的平台化

在当前各大门户都在积极开发自己的微博平台的情况下，新浪微博作为目前该领域的领头人率先宣布向开发者开放其平台。对于开发者来说，其可以利用新浪微博的数据进行开发，并获得收益分成；对于新浪来说，其可以通过此举继续保持新浪微博的领先地位，实现微博平台的商业价值，同时进一步吸引自己的用户、扩大自己的影响。

新浪微博桌面版功能丰富，将 Web 版微博的功能全部搬到了桌面上进行了优化。在 IM 领域和 QQ 形成了竞争。而且微博桌面提供了多种功能：插入表情、上传图片、插入视频链接、插入音频链接、插入话题、截图、功能十分强大。图 7-8 为新浪微博的 5 个平台。

2）与社区融合

2010 年，新浪微博与 PHPWIND 合作，两者在产品、内容上都进行了深入的整合，在 PHPWIND 8.0 实现了微博的应用功能和微博账号的链接，进行了绑定，当访问者把论坛的账号和微博的账号互通之后，就可以把这个内容同步到微博上去，同时在微博网络里

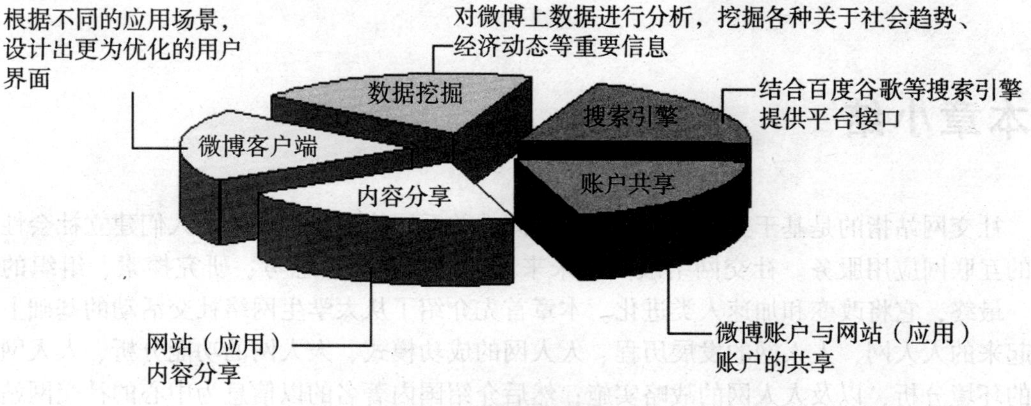

图 7-8　新浪微博的 5 个平台

面，通过这个内容的转发和评论就可以回到这个论坛上来，这是同步功能。若同时拥有两个网站的用户，可以绑定，利用微博账户在这两个论坛当中进行互动。因为在网站上有大量的关于手机应用的讨论，访问者只要在网站上有互动，就可以很方便地把这个互动同步到微博当中来。

3）与搜索引擎融合

2012 年 3 月，百度整合新浪微博内容的实时搜索服务上线。百度在其搜索结果中实时显示与关键词相关的最新新浪微博内容。这是新浪微博首次和第三方搜索引擎合作。百度是中国最大的网民需求入口，每天接受数十亿次的网民检索需求，很多查询请求都与微博上的实时信息相关。与新浪微博达成合作，将帮助更多网民包括非微博用户便捷分享微博平台上的最新资讯。新浪作为中国最具影响力的社交网络平台，一直以开放平台为发展方向，致力于和各大互联网平台积极合作，促进中国互联网的持续发展。新浪微博通过搜索引擎这个高效渠道，将优质的实时信息与更多网友分享，有望进一步提升影响力。

4）与门户融合

2011 年 5 月，新浪微博与国内最大的移动互联网门户——3G 门户在用户资源、信息流、SNS 领域及搜索平台等方面进行全方位渗透共享合作。合作的主要内容包括：进行平台化整合，使 3G 门户的用户能更便捷地使用新浪微博；实现资源共享，不仅 3G 门户的用户能够及时了解更多的新浪名人微博内容，3G 门户的独家资源也能够方便快捷地分享到新浪微博，使双方资讯展示页面内容更加丰富；开展移动搜索引擎合作，用户在 3GYY 搜索中搜索明星和相关热门话题时，将显示该名人或话题的新浪无线资源；另外，新浪微博将与 3G 门户 SNS 产品进行全面整合，双方将正式联合运营“3G 门户新浪微博”。目前，该产品已开始全面使用新浪微博的框架体系。

本章小结

社交网站指的是基于互联网络的个人之间的关系网络，是一种帮助人们建立社会性网络的互联网应用服务。社交网络改变了未来人类社会沟通、思考、研究探索、组织的方式。最终，它将改变和加速人类进化。本章首先介绍了从大学生网络社交活动的基础上发展起来的人人网，人人网的发展历程、人人网的成功模式、人人网的功能分析、人人网发展的环境分析，以及人人网的战略实施；然后介绍国内著名的以信息为中心的社交网站新浪微博，介绍新浪微博的产生和发展、新浪微博的业务功能、新浪微博商业模式，以及新浪微博战略思考。

参考网站

1. www. renren. com.
2. www. weibo. com.
3. http：//it. people. com. cn.
4. http：//data. eguan. cn.

思考题

1. 了解人人网的发展历程，分析其快速发展的优势。
2. 根据现实生活，谈谈人人网对口碑营销策略的应用。
3. 试述人人网在国内面临的机遇和挑战。
4. 登录人人网，体验并分析目前人人网的盈利点。
5. 试述新浪微博的主要业务。
6. 分析目前新浪微博的商业模式，请说明它的成功之处和不足。
7. 与人人网比较，试述新浪微博的特点。

参考文献

［1］姚柏年．SNS网站盈利模式探究——基于“人人网”的调查研究［J］．图书情报工作网刊，2011（3）．

［2］薛梅．人人网运营模式探析及启示［J］．经济论坛，2010（9）．

［3］中国互联网信息中心．第29次中国互联网发展状况统计报告［R］．北京，2012：36.

［4］新浪微博，CIC. 2012企业微博白皮书［R］．2012：4-7.

［5］艾瑞咨询集团．2010年中国微博发展现状及用户研究报告［R］．2011：5-9.

［6］邓冬娜．新浪微博商业模式发展研究［D］．西安：西北大学，2011.

［7］唐婵．新浪微博盈利模式分析与探索［J］．企业天地，2012（2）：40-41.

［8］陈红莲．微博的盈利模式与发展前景探讨——以新浪微博为例［J］．网络天地，2011（6）：108-109.

［9］崔嗝嗝．微博客的中国化：可能性与可塑性［J］．通讯世界，2010（1）：47-48.

［10］兰天．走中国特色微博道路——新浪“围脖”［J］．通讯世界，2010（1）：49-50.

［11］艾瑞咨询．2011年中国社交化电子商务报告［R］．2011.

［12］CNNIC. 第30次中国互联网络发展状况统计报告［R］．2012.

［13］CNNIC. 第31次中国互联网络发展状况统计报告［R］．2013.

第
8
章

互联网上的新业务

学习目标

了解网易的特色服务；熟悉网易频道和网易产品；了解优酷的盈利模式；熟悉大众点评网提供的产品和服务。

在信息化社会，互联网的发展成为全球经济社会发展中最引人注目的一个亮点，互联网的普及和发展，从根本上改变了人们的思想观念和生产生活方式。2000 年，互联网泡沫席卷整个互联网行业，许多在互联网经济繁荣时期被大肆吹捧的网络先驱归于沉寂，但也有的互联网企业在不断的转型中寻找生机，在资本运作的浪潮中生存，在不断发掘互联网的新业务中证明自己的无穷价值。总之，进入 21 世纪以后，互联网得到了空前的发展，互联网企业之间的竞争也日趋激烈，互联网企业要想在激烈的竞争中占有一席之地，新业务是其不得不关注的一个领域。

分析和展望互联网在我国的发展，我们可以看到：随着网络基础设施建设和网络应用的不断发展，各种基于互联网的服务应运而生，整个市场不断出现新的网络应用和增长动力。互联网经济的不断发展，不仅促进了传统生产企业、流通业和服务业的信息化、网络化和全球化，还出现了一大批新兴的产业部门和与互联网有关的新业务，如以微软的 MSN、雅虎的雅虎通和腾讯的 QQ 为代表的即时通信业务，以优酷网、土豆网为代表的网络视频业务，以大众点评网为代表的通过互联网表达和分享观点的业务，还有受人们广泛关注的门户网站。

这些门户网站可以提供的服务有搜索引擎、新闻、电子邮件、股票报价、聊天、论坛、影像、虚拟社区、网络游戏、博客、购物和个性化选择。它们在很大程度上满足了人们追求的个性娱乐、交友、通信和阅读的需求。

本章先介绍四大门户网站之一的网易，然后介绍优酷网，最后介绍大众点评网。

1）网易

网易作为中国网站的领先者，始终致力于电子商务及 IT 产业的持续发展，同时也在努力促进中国人民的数字化生活。为了这个目标，网易把亿万的网民聚集在一起，实现资讯的共享，为用户提供更好的服务，为他们创造更愉悦的在线体验。网易与国内外几百家内容供应商建立了合作关系，给网民提供丰富精彩的内容。内容与公司邮箱、博客、相册等优势产品的整合，为用户提供了更加顺畅的站内体验。互动是网易的一贯特色，“看更贴 上网易”已在众多人心中留下了不可磨灭的印象。而且，网易率先拥有国内互联网行业 24 小时客户服务中心，为广大网民提供全面高效的服务。

2）优酷网

优酷网是中国领先的视频分享网站，是中国网络视频行业的第一品牌。“快者为王”是优酷网的产品理念，注重满足用户需求，不断完善服务策略。优酷网以视频分享为基础，开拓三网合一的成功应用模式，为用户浏览、搜索、创造和分享视频提供最高品质的服务。优酷网在艾瑞公布 20 大互联网公司榜单中排名第一。2012 年 3 月 12 日，优酷股份有限公司和土豆股份有限公司合并，优酷将获得更好的发展。

3）大众点评网

在消费者需求不断增加以及互联网高速发展的环境下，大众点评网应运而生，它是全球最早建立的独立第三方消费点评网站，最初大众点评网主要是为消费者提供大众点评和餐馆指南的业务。随着进一步的发展，大众点评网开始致力于为网友提供餐饮、购物、休闲娱乐及生活服务等领域的商户信息、消费优惠以及发布消费评价的互动平台。同时，大众点评网亦为中小商户提供一站式精准营销解决方案，包括电子优惠券、关键词推广、团购等。经过2008年的金融危机后，大众点评网的CEO张涛彻底改变了公司的管理和营销，为其接下来的发展奠定了良好的基础。2012年8月12日，本地生活消费平台大众点评网宣布：在移动互联网及团购领域的布局获得阶段性成果，大众点评网已经以不低于上一轮估值的价格再获超过6 000万美元投资。

8.1 门户网站——网易

8.1.1 网易公司简介

网易公司自1997年6月创立以来，凭借先进的技术和优质的服务，深受广大网民欢迎，曾两次被中国互联网络信息中心（CNNIC）评选为中国十佳网站之首。网易是中国领先的互联网技术公司，在开发互联网应用、服务及其他技术方面，网易始终保持国内业界的领先地位。网易公司（NASDAQ：NTES）作为一家中国的主要门户网站，和新浪网、搜狐网、腾讯网一并成为“中国四大门户”。网易在开发互联网应用、服务及其他技术方面始终保持国内业界的领先地位。网易利用最先进的互联网技术，加强人与人之间信息的交流和共享，实现“网聚人的力量”。

在开发互联网应用、服务及其他技术方面，网易始终保持业界的领先地位，并在中国互联网行业内率先推出了包括中文全文检索、中文大容量免费邮件系统、无限容量免费网络相册、免费电子贺卡站、网上虚拟社区、网上拍卖平台、24小时客户服务中心在内的业内领先产品或服务，还通过自主研发推出了一款率先取得白金地位的国产网络游戏。

在品牌管理的操作中，网易在早期遇到了品牌清晰化的问题，比如网易的Logo中有汉字“网易”、英文“NETEASE”以及数字与英文组合，这在传播中容易让人产生错觉，无法理顺三者之间的关系。不过，网易在2000年推出了突破传统手法的全新电视广告，确定了“网聚人的力量!”的口号，呼吁同参与、共分享，并且在品牌传播中反复强调，让更多的受众知道“网聚人的力量!”就是“网易”，这在品牌推广过程中起到一定的积极作用，品牌概念从而更加清晰化，用户数量逐年增长。

网易网站为互联网用户提供了以内容、社区和电子商务服务为核心的中文在线服务。网易内容频道为中国用户提供新闻，信息和在线娱乐服务。网易同国内外上百家网上内容供应商建立了合作关系，提供全面而精彩的网上内容，推出了9个各具特色、涵盖万千的网上内容频道：新闻频道、财经频道、科技频道、体育频道、汽车频道、手机频道、娱乐频道、女人频道、数码频道；网易网站也提供一系列的免费和收费社区服务，其中包括：校友录、聊天室（已关闭）、分类广告、俱乐部、社区、论坛、电子贺卡、电子邮箱、即时通信服务、招聘、交友、个人广告、个人主页；电子商务服务方面，网易还推出了网上商城，使中国的互联网用户在家中、办公室或者网吧就可以方便购买商品。同时，它也为电子交易的供应商和传统企业客户提供了在线电子商务平台；除上述的三个核心的服务，网易网站还为广大的用户提供丰富的资源，其中包括网站目录，搜索引擎服务和分类广告。

8.1.2　网易的特色服务

1）在线游戏业务

2001 年 12 月，网易推出了首款自主研发的大型网络角色扮演游戏《大话西游 Online》，2002 年 8 月，在原作的基础上开发了《大话西游 Online Ⅱ》，成为国内率先成功运营的国产网络游戏，2009 年 11 月创造最高同时在线人数 110 万的纪录。

2004 年 1 月，推出大型 Q 版网络游戏《梦幻西游 Online》，2010 年 7 月该游戏最高同时在线人数已经超过 260 万，注册人数超过 2.5 亿，在当时同类产品中保持了最高同时在线人数纪录。

2006 年 5 月 31 日，网易自主研发的 3D 固定视角游戏《大唐豪侠》正式公测，当天创下同时在线人数 17 万的纪录。

2007 年 9 月 12 日，《大话西游 3》正式运营，网易自主研发的引擎技术支持了多种 2D 回合制游戏前所未有的创新玩法，游戏画面在世界 2D 游戏产品中达到了首屈一指的水平，成为国内 2D 游戏顶峰之作。

2008 年 6 月 6 日，首款全 3D 产品《天下贰》开放不删档内测，在线人数稳定上升，9 月 24 日正式内测后连续创造了在线新高，被业界誉为 2008 年国产 3D 网游的扛鼎之作。

2008 年 11 月 25 日，网易首款免费回合制游戏《大话西游外传》开启全面内测，成为“西游”系列的又一力作。2008 年，中型休闲游戏新作《疯狂石头》、《篮球也疯狂》陆续开始测试，网易游戏产品进一步丰富。

2008 年 8 月，网易宣布和暴雪合作，把《星际争霸Ⅱ》、《魔兽争霸Ⅲ：混乱之治》、《魔兽争霸Ⅲ：冰封王座》以及为上述游戏提供在线多人互动服务的战网平台引入中国；2009 年 4 月，网易进一步获得暴雪旗下在线角色扮演游戏《魔兽世界》在中国大陆未来三年的独家运营权。

2009 年 5 月 15 日，网易首款 3D、Q 版网游《新飞飞》公测，作为国内率先推出的魔法空战网游，《新飞飞》开启网游的飞行时代。2010 年 4 月 16 日，网易首款 PK 网游《大唐无双》火爆内测，热血武侠瞬间点燃 PK 网游的热潮。网易作为国内少数几家拥有自主开发和运营能力的游戏运营商，旗下多款网络游戏多次获得“玩家最喜爱网络游戏奖”和“最佳原创国产网络游戏奖”等行业评选奖项，深受玩家和行业人士好评。网易在门户网站在线游戏业务方面保持市场领先地位。

2）邮件服务

邮件业务是网易公司的重要基础服务。大型免费邮箱是网易吸引更多网民的主要杀手锏，目前网易旗下已拥有163、126、188、vip.163、yeah、netease等多套免费、收费大容量邮件系统，总用户数超过1.9亿，是中国最大的电子邮件运营商。网易在最新推出的“188财富邮”中，型号为“财富5000”的邮箱，空间有5G之巨，附件高达40M，是目前中国市面上容量最大的邮箱，在给用户提供更人性化服务的同时进一步捍卫了网易在国内邮箱的霸主地位。10多年来，网易以为中国网民提供最优质的电子邮件服务为己任，坚持在电子邮件领域不断投入和创新。

1997年11月，网易率先自主研发了国内全中文的免费电子邮件系统。2001年11月，网易为满足用户的更高要求推出杀病毒、反垃圾和大容量的收费邮箱。2007年9月，网易旗下三大免费邮箱全面开放无限容量升级服务。2009年3月，网易宣布进军企业邮箱市场，标志着网易邮箱不但是中国第一大电子邮件运营商，更是国内提供最全面邮件服务的运营商。2009年10月，网易邮箱在旗下全系列邮箱部署加速功能，中国60%以上的邮件用户将可以体验到邮件加速带来的便捷。

2012年是网易邮箱运营的第15年，网易邮箱（163.com、126.com、yeah.net、vip.163.com、vip.126.com、188.com、专业企业邮箱、免费企业邮箱）作为中文邮箱第一品牌，已发展为网易公司的核心战略级产品，截至2012财年第3季度，网易邮箱用户总数已超过5.1亿，总用户数再创新高。网易邮箱在中国的市场占有率自2003年起至今，一直高居全国第一。作为中国反垃圾邮件联盟成员，网易积极倡导并发起反垃圾邮件平台，参与反垃圾邮件行业法规的制定。目前，网易反垃圾平台的病毒邮件过滤已接近100%，垃圾邮件拦截率高达98%，为中国电子邮件产业发展做出了重大贡献。

随着3G时代的到来，网易邮箱一方面继续创新和引领着互联网邮箱市场，另一方面也在积极布局移动互联网，推出自主研发的网易手机邮。网易手机邮集邮件、消息和电话本备份功能为一体，提供网页和手机客户端两种使用方式，率先实现手机与电脑资料同步，全面支持三大电信运营商。网易还自主研发了闪电邮，一款可以本地快速收发邮件、同时管理多个邮箱账户的邮件客户端。

（1）网易邮箱特点

网易邮箱功能强大，具有以下四大特点：

①海量存储，超大附件，超大网盘。126免费邮拥有3G超大存储空间（积分换280兆免费网盘），让用户再也不用担心邮箱空间爆满。还支持超大附件，一次可发送或接收多个附件，文档、图片、音乐尽情收发。

②全新版面，超快速度。让用户使用邮箱的速度越来越快一直是网易追求的目标。网易邮箱采用了创新Ajax技术，同等网络环境下，页面响应时间最高减少90%，人性化操作流程，使用最简便。

③安全稳定。国际顶级卡巴斯基杀毒引擎，智能反垃圾技术，垃圾邮件及病毒有效拦截率超过 98% 和 99.8%。126 免费邮专享大型矩阵式服务器架构，一流的电子邮件系统。用户可以随时随地稳定地登录邮箱，收发邮件通畅无阻，重要邮件存放安心。

④超强邮件管理。用户可对邮件进行彻底删除、转移、拒收、定时发信、自定义文件夹等多种快速操作，方便邮件管理，节省处理邮件的时间。

（2）网易邮箱高级功能

除了以上这些普通的功能外，网易邮箱还具有更强大的高级功能：

①280M 超大网盘。126 免费邮独家配备了市面上最大的 280M 免费网盘，先进的海量存储技术，打造更安全、更便捷的在线存储服务，让用户的资料存取不受时间和地点的限制。

②邮箱双克隆。126 免费邮双克隆功能包括：邮件克隆和通讯录克隆。通过邮件克隆功能，用户可以在 126 免费邮里收到其他八个邮箱的邮件；通过通讯录克隆功能，你可以将其他邮箱中的通讯录复制到 126 免费邮。通过双克隆，用户无须一个个输入 Email 地址，也无须逐个登录邮箱，一键操作就可把用户使用的其他邮箱中的通讯录、邮件通通克隆过来，更换新邮箱，就不会产生麻烦。

③智能通讯录。独家配置强大的智能通讯录，可进行好友分组、列出来信、搜索邮件、按字母拼音排序等操作，支持通讯录导入导出；还有更多贴心小技巧可以帮助用户方便快捷地使用。

④邮件过滤器。可按发件人、收件人、邮件主题、邮件大小等对邮件进行过滤，将符合条件的邮件拒收或转移到指定文件夹，方便对邮件进行分类管理。

3）无线增值服务

网易与中国两大移动运营商中国移动和中国联通紧密合作，为满足不同的用户需求，提供了一系列服务，例如手机接收新闻及各种信息，包括股票信息、Email、图片、铃声；用户加入交友社区和互动游戏等等。网易无线事业部致力于充分利用门户网站资源，并自行开发了各种应用软件，力求在第一时间提供最适合手机用户口味和需要的体验，进一步巩固网易公司门户网站的领导地位。

作为中国率先开展无线业务的门户网站之一，网易一直在跟踪无线互联网的最新发展动态，与运营商、设备提供商建立了紧密的合作关系。网易是首批提供 WAP 服务的内容提供商之一，也是较早加入提供短信息及彩信服务的网站之一。现在，网易大部分无线增值服务都是以短信服务的形式提供给用户。网易的短信服务一般可以分为四个主要类别，也就是：新闻和资讯订阅服务、互动社区服务、互联网相关服务和图铃下载服务。

新闻和资讯订阅服务中主要包括了新闻订制、电视指南、财经新闻、天气预报、体育新闻；互动社区服务包括了交友服务、野蛮女生、宠物情缘；互联网相关服务包含了与 Email 相关的服务，例如电子贺卡、即时短信等服务；图铃下载服务包括下载手机铃声、手机图片、手机屏保、电子书等。除了网易提供的短信服务外，新兴的无线技术也是网易无线增值业务中增长得很快的一部分，这些新兴的技术包括：彩信（MMS）、交互式语音应答服务（IVR）和手机上网（WAP）。用户可以通过基于新GPRS或CDMA 1X技术的手机使用这些先进的服务。

4）广告服务

网易广告具有强大的平台优势，网易首页、网易频道、网易邮箱、在线游戏、富媒体、行为定向等平台为网络广告提供了强大的平台。

（1）富媒体（Rich Media）

富媒体是一种不需要受众安装任何插件就可以播放的整合视频、音频、动画图像、双向信息通信和用户交互功能的新一代网络广告形式，其大容量、交互性的特性，拥有更大的创意空间，可以更好的展现品牌形象，而其带来的高浏览率、高点击率、高转化率，更使其成为网络营销不可错过的广告形式。

富媒体广告具有以下优势：

①超大容量：广告容量可达300K甚至以上，是普通广告形式的10倍，创意空间不再受限制，大大增强了网络广告的表现力。

②丰富效果：实现音频、视频广告的流畅播放效果，并可实现互动游戏、互动调研、互动演示等多种互动广告需求。

③不妨碍内容的正常浏览：富媒体广告突破互联网广告带宽瓶颈对内容容量的限制，广告的下载是在用户浏览间隙，也就是带宽空闲时在后台进行的。由于富媒体广告是独立于网页内容之外的，其下载又完全不占用页面请求的带宽，也就是说广告的下载对浏览者的正常浏览行为没有任何影响。

（2）行为定向广告

行为定向广告是网易公司研发的新型精准营销方式之一：用户的访问行为是用户在网站上一切活动的记录，它详尽地反映了用户的访问兴趣、访问黏性、访问频率等能影响广告投放效果的因素，是精准营销的基础。致力于技术开拓创新的网易公司，通过强大的技术后台支持，长期坚持对用户行为数据进行记录并利用科学的统计方法对庞大的用户数据进行分析，将网易活跃用户划分为精明管家、激情新锐、睿智精英、潮流达人、成功金领5大类具有典型特征的人群，准确地圈定目标群体。

行为定向广告依靠三大特点实现效果最大化：

①技术领先优势，定向精准：利用网络技术的领先优势，以用户的访问行为来进行分类人群定向，把握住了用户的消费倾向，是更为精准的新型精准营销方式。

②直击细分市场，减少无效投放：直接针对目标群体投放，减少无效的曝光，节约市场推广成本。

③定制广告位，确保曝光充分：通栏、撕页、文章页视窗广告，多种方式供选择，使针对目标人群的广告充分曝光。

（3）网易首页

网易首页，是国内流量最大的单一页面，是品牌形象的绝佳曝光平台，单日最高浏览量（PV）超过 7 000 万、单日最高覆盖独立用户（UV）达 800 万。

（4）九大频道

网易九大频道，汇聚了不同兴趣爱好的网民，多种广告形式各具特色。

（5）邮箱

网易邮箱是互联网第一邮箱品牌，有超过 5 亿注册用户，其电子邮件广告具有以下优势：

①邮箱直邮：精准营销，提供性别、年龄、学历、地域、收入、兴趣爱好六大定向条件，可以圈定目标人群，实现精准投放。

②大画面广告：品牌曝光，邮箱登录默认页面大画面、发信成功页面大画面。

③邮件列表：霸王邮广泛传递信息，邮件列表是邮箱用户最经常查看的页面，霸王邮文字链，曝光充分，信息传播广泛。

（6）游戏

中国最流行的游戏——梦幻西游，是中国同时在线人数最多的超人气 MMORPG 网络游戏，目前注册人数超过 2 亿，其广告位，触及全体最活跃、最忠实的用户，广告位设置于游戏公告页、服务器选择页、账号密码输入页、人物选择页 4 大页面，均为用户进入游戏的必经之路，确保广告信息传达给全体用户。

8.1.3　网易频道和网易产品

1）网易频道

（1）网易新闻

频道口号："新闻，网易是好看！""内容好看！版式好看！跟帖好看！"

频道定位：全面资讯、深度加工、趣味阅读。以充分满足广大网友的资讯需求为己任，快速全面报道国内国际最新时事。强调增加新闻附加值，以专业水准对新闻进行深度加工，注重网友的浏览感受和互动需求，使阅读充满趣味。争取做到有品质地解读新闻，参与新闻，再造新闻，收获媒体和网民的信任。

（2）网易体育

频道口号："中国最好看最好玩的体育频道！"

频道定位：专业、趣味、原创。激情体育赛事、动感体育新闻、热点体育话题。争取做到报导计划丰富，满足各类用户需求；大型赛事亲赴现场报道，及时获取第一手资料；内容不断推陈出新，努力做成网易体育爱好者的聚集地。

（3）网易女人

频道口号："网易女人，做更好的自己。"

频道定位：以女性主要需求为内容导向，定位于知性、自主、享受生活的女性群体，关注女性成长，强调意见参与。力争打造成为传递时尚资讯、分享生活智慧的平台。

频道内容策划，栏目众多，经典纷呈。例如：美容、服饰频道注重实用时尚，提倡轻松智慧的生活态度。其中情感频道关注女性的婚姻与爱情，电子杂志《FEVEE》和《易游人》，是个性时尚的集中体现。

(4) 网易娱乐

频道口号："网易娱乐，激起新高潮！"

频道定位：网易娱乐，提供最八卦、最快速的娱乐资讯；最专业的影视音乐频道；最炫、最酷的互动平台。网易娱乐集"专业"、"互动"、"实用"于一身，娱乐时尚新品味，提供前所未有的娱乐快感。力争多方式娱乐，独创互动栏目，制造娱乐新高潮。

(5) 网易财经

为用户提供最具价值投资信息的网络平台，优势资源打造特色栏目，内容设计更人性，强调参与。

频道口号："人人都是投资者！"

频道定位：网易财经频道，提供专业人士也喜欢的专业财经资讯。有好看的新闻，有实用的股市资讯，有贴心的理财服务。

(6) 网易汽车

实用、即时、互动、权威的汽车资讯平台，汽车频道特色栏目众多，报道个案经典纷呈。

频道口号："买车第一站！"

频道定位：国内门户网站中唯一定位为导购服务的汽车频道，买什么车？怎么买？哪里买？网易汽车提供全面、理性、专业的导购服务资讯。

(7) 网易手机

立足原创，提供最新鲜、最客观、最趣的手机资讯，特色内容不断，精彩专题不断。

频道口号："做最专业的手机频道，与你共享'机情'每一天！"

频道定位：立足原创内容，力求做中国最专业的手机频道。以读者为本，凭借过硬的内容品质在国内同类网站中居于领先地位。

(8) 网易数码

精品栏目，聚合数码爱好者，根据 IT 市场的热点现象，每天一个专题吸引关注，互联网上最好看的 IT 产品资讯。

频道口号："可信赖的导购专家。"

频道定位：提供一站式数码产品购买资讯，以导购为核心，贯穿行情报价、评测试用和用户心得等高附加值的内容，以提升网友体验为原则，打造高效率高品质的产品资讯，力争做读者信赖的导购专家。

(9) 网易科技

自有独特资源，创立特色栏目，注重选题、报导角度独特、制作精细的各类专题为频道提供更多看点，注重细分与互动，频道影响力行业领先。

频道口号："科技创造财富。"

频道定位：秉承"科技创造财富"的宗旨，时刻关注着国际国内科技业报变化，致力于将频道打造成全世界科技信息窗口品牌。

2）网易产品

网易通过自身强大的技术优势，利用网易通行证整合多个产品资源，明显增加了用户对网易产品的忠诚度和满意度。目前网易通行证注册用户数已接近 4 亿。

（1）网易邮箱

网易邮箱是互联网第一邮箱品牌，多模块整合，功能强大，无限容量、系统稳定，为 5 亿多用户提供稳定安全的服务。

（2）网易贺卡

国内最大最精美的电子贺卡中心，1997 年建立，网易贺卡在不断升级系统架构的同时，还推出了绣卡、动感信、魔法信、魔法壁纸秀等创新产品。贺卡种类达到数百种，云集百位国内顶尖的贺卡设计师专业制作。

（3）网易博客

多项个性化功能，让博友随心把玩属于自己的独特网络生活。博客提供日志、相册、收藏、好友、标签、捞月友、个人信息及圈子等多项功能，还具有特色个性化功能，如一键搬家、博客换装、音乐盒、短信写博、人物推荐、手机博客等。网易博客自 2006 年 9 月 1 日正式上线，截至 2010 年 6 月已拥有超过 1.2 亿注册用户。

（4）网易相册

网易相册在网民中的使用排名第一，日均页面浏览量达到 5 000 多万，有 68% 的网络用户表示使用过网易相册，网民对网易相册的喜好度也最高，有 47% 的网民表示最喜欢网易相册。网易相册自 2003 年推出，2010 年 3 月全面改版，截至 2010 年 4 月，网易相册总用户数超过 9 800 万，上传相片总数超过 53 亿张。网易相片管家作为中国大型互联网公司中首款以微软 net framework 3.0 作为技术框架开发的软件，协助用户对个人电脑和网易相册图片进行一站式管理。网易"印像派"是网易推出的个性照片礼物定制平台，致力于为用户打造更为完美的个性生活。2010 年 5 月网易推出在线相片冲印工具"闪印"，旨在为用户提供便捷的冲印定制服务。

（5）网易游戏

网易自主研发的网络游戏《梦幻西游》和《大话西游》两款游戏多次获得玩家最喜爱网络游戏奖和最佳原创国产网络游戏奖。其中《梦幻西游》注册人数超过 2.2 亿。目前网易主营的五大游戏是：梦幻西游、大话西游 II、大唐豪侠、天下贰、POPO 游戏。

（6）网易泡泡

POPO 是由网易公司开发的绿色多媒体通讯工具，POPO 不仅支持即时文字聊天、语音通话、视频对话、文件断点续传等基本即时通讯功能，还提供邮件提醒、多人兴趣组、在线及本地音乐播放、网络电台、发送网络多媒体文件、网络文件共享、自定义软件皮肤等多种功能，并可与移动通讯终端等多种通讯方式相连，可以使用 POPO 安全、快捷、高效地和朋友交流。

(7) 网易搜索

2002 年 11 月，即时通讯工具网易泡泡（POPO）免费推出，为互联网用户提供丰富的即时通讯体验。作为网易自主研发的全新中文搜索引擎，“有道”搜索致力于为互联网用户提供更快更好的中文搜索服务。它于 2006 年底推出测试版，并于 2007 年 12 月 11 日推出正式版。目前“有道”搜索已推出的产品包括网页搜索、图片搜索、音乐搜索、购物搜索、视频搜索、地图搜索、博客搜索、海量词典、桌面词典（个人版和企业版）、工具栏和有道阅读、有道热闻、有道快贴、搜索手机版、有道搜索推广等。在 2010 年 9 月 20 日，有道又推出一款基于地理位置服务的社交互动性平台“网易八方”，同月网易有道词典（桌面版+手机版）的有效安装量达到 6 000 万。伴随互联网在国内的蓬勃发展，中文网民仍有许多新兴的搜索需求和应用，“有道”试图架设一条道路，以缩短问题与答案之间的距离，让用户更快找到目标，搜索体验之旅更畅快。“有道”搜索依托网易强大的产品服务平台和丰富的资源优势，吸纳了众多优秀的创新人才，现在已有 400 多位国内外高校的精英加盟旗下。

8.1.4 网易的发展

网易一直是国内大部分网民的最爱，在中国互联网历史上缔造了一系列的第一：中国第一家提供中文全文搜索、第一个大容量免费个人主页基地、第一个免费电子贺卡站、第一个网上虚拟社区等等，为互联网在中国的普及发展起到了举足轻重的作用。但是，在资本市场的主宰下，网易的处境越来越不妙：收入减少，亏损增大，资金储备锐减。

1）免费主页

自 1997 年网易成立以来，网易就推出了免费主页的业务，但是这个创意很好的项目却并没有带给网易腾飞的机会，真正的腾飞是在 1998 年推出免费电子邮件系统 163 信箱的时候。一时间订单客户蜂拥而至，163 声名不胫而走。创始人丁磊抓住了当时的互联网高潮，借助 163 信箱带给网易的良好声誉，建设了 163 门户网站，给网易的进一步发展注入了力量。然而 2000 年互联网泡沫已经开始凸显，互联网的寒冬已经到来，网易在纳斯达克的股票缩水一大截。这一期间，很多曾经的著名的互联网网站纷纷不景气，比如网景、中华网之类。

2）网络游戏

2001 年网易公司推出了大话西游网络游戏，一款以西游为背景的古典文化网游。接下来几年，可以说网络游戏给网易带来了丰厚的利润，也让国人终于有了清醒的认识：在国内，只有做网游最赚钱。史玉柱在 2008 年才发现这个道理，而丁磊却凭借着自己敏锐的眼光和深刻的分析能力在 2001 年就发现了。2009 年，网易和暴雪就《星际争霸Ⅱ》和

《魔兽世界：巫妖王之怒》的代理达成了合作协议。在未来的很长日子里网易也确实从网游中收益无数。

3）免费邮箱

再之后就是免费邮箱到收费邮箱再到免费邮箱的过程，这一过程网易 PK 掉了雅虎，成为了中国邮箱第一人。由这个免费到收费再到免费的过程中，可以看出雅虎在决策转变的过程中是不如网易敏锐和迅速的。雅虎在中国的发展一直不能到达一个战略高度在这时其实就可见一斑，也为雅虎的没落埋下了伏笔。

4）网易博客

历史继续朝前走，到了 2005 年，博客流行一时，这一次，互联网巨头之一的新浪抓住机会，坐上了头把交椅。网易不甘落后，也在随后推出了相应的博客服务。不过国内博客服务确实竞争激烈，腾讯 QQ 空间强大的用户黏性，校内网的后来居上，以及各个知名专业博客网站纷纷出现。应该说各有各的特色，分别吸引了一定的相应客户群。

5）网易软件

作为中国四大门户网站之一的网易公司，线上业务涉及门户资讯、游戏、邮箱、社区、软件、电子商务等各大类互联网产品。其中，网易在软件市场中的开拓，相比其优势产品邮箱、游戏等，尚属新晋势力。

网易目前已经入市并仍在持续发展的软件包括：网易闪电邮、网易手机邮、网易闪印等。归纳其特点可见，网易软件产品的研发方向，均属在其原有优势项目上做深、做强。网易闪电邮、网易手机邮是依托网易邮箱的品牌和资源优势，在网页邮箱稳步发展 10 余年的基础上，推出的两款以“兼容”、“移动”、“便捷”为主要特性的软件。

6）网易手机邮

通过评估门户网站和软件研发二者关系，相比较门户网站中的腾讯对 Foxmail 的收购，网易坚持自主研发，其独立开发运营的“网易闪电邮”在 2009 年年末应势而生。另外，相比较各以软件开发为主营业务的公司，如尚邮等，网易则具备其得天独厚的门户资源优势，其整合了邮箱资源和门户资源的产品“网易手机邮”，以网易 2010 年重量级产品的名号，在上半年火速杀入软件市场，并在入市之初便已经取得易观国际“创新服务奖”。

网易手机邮功能测评显示，与同类软件相比，手机邮不仅具备随时随地收发邮件、新邮件达到即时提醒，同时管理多个邮箱账号等基础功能，更在邮件收发速度和便捷度上做文章，提供大附件收发，附件在线预览等功能和体验上的升级服务。此外，在近日发布的最新版本中，还增加了免费天气预报订阅功能，这一功能的推出，有效扩大了原有用户群。根据相关数据显示，在短短半年内，“网易手机邮”便已获得了稳定的用户群体，且使用人数保持持续增长。

8.2 从优酷看视频网站的发展

8.2.1 优酷公司简介

1）公司情况简介

优酷网于2006年12月21日正式推出，主要为互联网用户提供原创音、视频的发布与分享服务的网站，是中国领先的视频网站，国内网络视频行业第一品牌。优酷以“快者为王”为产品理念，注重用户体验，不断完善服务策略，其卓尔不群的“快速播放，快速发布，快速搜索”的产品特性，充分满足用户日益增长的多元化互动需求，使之成为国内视频网站中的领军势力，是唯一一家获得广电双证的商业网站，这意味着优酷已成为正版影视节目发行、传播和营销的合法平台。

优酷网（http：//www. youku. com）是对古永锵诠释的“微视频”概念的全面演绎。他将“优酷”这个网名诠释为：“优，代表服务品质，优酷倡导一种精品视频文化，让精品内容浮出水面，让用户价值充分展现；酷，代表用户体验，第一时间品味独特的视频自助餐，满足人人参与的热情与个性化生活方式的表达。”这样的诠释，更加突出了优酷网的核心服务理念与目标。与播客有所不同，优酷不一定只有原创才能登台表演，无论业余或专业，无论个人或机构，优酷欢迎一切以微视频形式出现的视频收藏、自创与分享。目前，优酷是国内首家为微视频免费提供无限量上传与存储空间并具备个人发起视频擂台及评分系统的网站，而且，与其他网站的视频堆积相比，优酷则注重利用多纬度的TOP排名、频道分类索引、标签、个人发起擂台、视频俱乐部等有效手段，兼顾技术搜索功能与人气推荐手段，最大化地发挥C2C内容聚合与推荐的力量，帮助用户迅速找到喜好的视频和感兴趣的社区，让用户“看得爽、找得快、传得广、比得酷”。优与酷的融合，势必会吸引大批崇尚自由创意、喜欢收藏或欣赏微视频的网民，同时也将为优酷未来的商业价值创造无限可能，为传统媒体的发行和推广提供新的平台。‘世界都在看’是优酷积极提倡的一种全新网络生活方式，古永锵曾说，“我们要为网民打造的是一个微视频博览会、微视频精品库，也是一个视频体验的世界，创作、交流、推荐、分享，在优酷，人人都可以成为视频时尚先锋，以视频语言表达自我、分享世界。”

2）公司发展大事记

2006年，优酷网正式上线。

2007年，优酷力推“优酷狂拍客”网络原创视频；首次提出“拍客无处不在”，倡导“谁都可以做拍客”，引发全民狂拍的拍客文化风潮，反响强烈，经过多次“拍客视频主题接力”、“拍客训练营”，优酷网现已成为互联网拍客聚集的阵营。同年12月，尼尔森公布优酷日视频播放量率先突破1亿，位居行业之首。

2008年6月，优酷百家视频官网整合上线，并且启动品牌合作战略“合计划”推进视频业正版化；同年7月，优酷获得“信息网络传播视听节目许可证”、“广播电视节目制作经营许可证”。

2009年3月，举办“优酷牛人盛典”网络真人秀；2009年第一季度，优酷网网民到达率为44.80%，日视频播放量突破1亿，居同类网站之首，总收入超过2亿元人民币，居视频分享行业第一。以优酷网为代表的中国互联网视频发展成为互联网电视的主流媒体，也成为视频营销的首选。

2010年，优酷实施“优酷出品”战略并主推网络季播化。4月，“优酷出品”战略全新登场互联网影视综艺；7月，优酷首个主题季“恋爱季”启动；8月，联合“中影”与雪佛兰跨平台制作网络电影《十一度青春》；9月，优酷宣布全站视频支持iPad和iPhone4播放，这一系列措施全面打通了电影、及综艺活动的流通环节，从内容整合到模式的创新，在视频行业都是一大突破，同年推出新型贴片广告，全面提升广告效果，根据广告主投放需求的细化，对贴片广告进行多种传播形式的延展，衍生出超长TVC、花絮炒作、疯狂贴片等，充分挖掘贴片广告的多重价值空间。12月8日，优酷网成功在纽约证券交易所正式挂牌上市，融资总额增至2.33亿美元。

2012年3月12日，分别在美国纽交所和纳斯达克上市，在中国排名第一与第二的视频公司—优酷网与土豆网宣布，将以100%换股的方式合并，其中优酷有新公司约71.5%的股份，土豆有新公司约28.5%股份。新公司将命名为优酷土豆股份有限公司（Youku Tudou Inc.）。

优酷近日获得国家新闻出版总署颁发的《互联网出版许可证》——被授权音像出版物内容的互联网（包括手机网络）传播。这意味着优酷已成为主流的正版视听节目传播平台，更是中国视频领域第一家获得涵盖互联网及手机互联网出版许可的商业网站。

3）融资过程

2006年6月21日，优酷网发布公测版网站。12月12日，优酷网完成了1 200万美元的融资，成为国内视频领域屈指可数的获得1亿元人民币以上投资的网站之一。本次投资由硅谷历史最悠久的风险投资公司——Sutter Hill Ventures，世界上最大的投资基金之一的Farallon Capital和中国本土唯一的常青基金Chengwei Ventures（成为基金）三家投资机构共同参与。

2007年11月，优酷网Bain Capital（贝恩资本集团）旗下一支基金及三家既有股东追加2 500万美元注资。

2010年9月，成功完成1.6亿美元的融资。

2011年上半年再次融资4亿美元，融资总额达5.93亿美元。

这些投资机构实力强劲，其共同特点是资金雄厚，具有远见卓识，为优酷网稳健、有序的长远发展战略提供了充足的储备。

8.2.2 优酷的内容模式

优酷网为确保用户享受到最快速的视频播放；首创多运营商多节点网络布局，在50G带宽储备保障上发挥视频短片快速播放的特点，最快速的视频发布，24小时全天候服务保障热点资讯、网友作品发布，随时随地走在视频文化前沿阵地，最快速的视频搜索，在自主研发的定向搜索技术和海量数据精准处理模式支持下，达到便捷的专辑分类交叉搜索。

1）功能产品多元化

优酷网将其产品与服务总结为“找、看、传、拍、玩”5个方面。

（1）找

①强大的视频搜索功能：首先，优酷提供的搜酷视频搜索引擎能够使用户更快速地找到所需要的视频，同时在搜酷首页，优酷会将近期搜索率较高、比较受大众欢迎的视频放在首页，便于用户查找同时也对视频起到了很好的营销的作用。其次，在优酷网有不同寻找视频的有效方法，包括关键字搜索、人气搜索榜单、兴趣分类频道、搜索排行榜、相关视频搜索等。

②分类：包罗万象的视频标签。热点、原创、电影、电视、体育、音乐、游戏、动漫，八大专业频道实现垂直定向搜索，帮助用户快速查找兴趣所向。

③排行榜：契合你心中的第一。第一时间获取最热门视频，通过搜索排名查看各分类，用户根据兴趣喜好直击目标榜单，精彩即刻呈现。

（2）看

①视频库：海量，更是精品。优酷网本着“世界都在看”的目标以及“快者为王”的产品理念，打造出最全、最快、最好的视频数据库，引领互联网视频时代文化潮流。让用户在第一时间了解视频文化走势，凝聚超人气视频榜，打造海量精品库！

②我的优盘：功能强大，网络视频个人空间。拥有我的视频、我的播放列表、我的订阅、我的收藏、我的PK擂台、我的俱乐部、和我的好友等群组功能，个性化使用习惯一一保存，是优酷网用户专属的私人空间。

③看吧社区：与酷友亲密接触的平台。在互动中尽享视界精彩，在沟通中拓展人际网络，因视频而互动，让网络视频成为每个人生活中的主流生活和娱乐方式。在俱乐部结识视频同好，在PK擂台大展拳脚，比优、比酷、比出位，优酷网是用户展现自己的舞台。

（3）传

优酷网还提供了简单、方便的视频上传服务，为用户提供了不同的视频上传方式。用户不仅可以通过使用电脑中的浏览器端上传视频，使用IKu客户端上传视频，还能够直接用手机上传视频，通过这三种方式，用户可以随时随地利用各种不同方式上传最新最感兴趣的视频。这不仅能够让用户有更好的体验，而且还提高了用户分享视频的速率。

（4）拍

①优酷拍客 Youku Star Users：当视频应用喷薄而出，中国互联网视频时代到来，一种全新的文化突围而出，诞生了一个新的群体——拍客。拍客是视频时代的代言人；是资讯的分享者与传播者，奇趣事件的见证者。他们积极、阳光、思想敏锐、崇尚思考，他们代表了当今互联网新锐的用户群体，是当时视频分享领域最耀眼的明星。

②优酷网原创联盟：规模庞大的优酷网原创联盟，拥有大批忠于原创、热爱视频的造梦者，他们每一个人都坚持着自己对视频短片的热爱，坚持着原创的梦想，他们凭借对视频文化的忠诚为优酷网输送源源不断的原创短片。

（5）玩

优酷建立了自己的 Youku 游戏服务，为用户提供不同种类，不同体验的游戏服务。

2）内容多样化

优酷目前定位于综合性门户网站，不断向多样化内容扩张。从优酷的首页导航条可以看到，优酷推出了新闻、财经、科技、汽车、旅游、生活等亲近民生的频道，并加大了对体育赛事、综艺娱乐节目、影视热播剧的播放比重，力图通过增加主流节目来维持用户黏性，提高媒体的价值属性。

3）贴近生活——网媒新闻优势

推出“拍计划”，弘扬播客文化，打造主流资讯平台。优酷提出“拍客文化”，倡导“谁都能做拍客”的概念，而拍客计划实际上就是将传统媒体的线人直接发展为传播者。通过传播“沈阳大雪”、“重庆钉子户”、“海艺事件”、“SOS！救助小锦辉，30 天生命接力”，“一个中国在韩留学生的愤怒！——韩国白狗村事件”等系列活动，培养拍客队伍，巩固受众群，扩大影响力。此后更是专注于报道、社会法制等电视新闻和专题，对社会热点进行深入解读，完成了优酷网在资讯方面与传统主流媒体均等的地位，走上主流的位置。

4）网络自制内容

在当前版权价格过于高昂以及内容同质化的情况下，优酷积极创新网络自制剧，体现了“内容为王”的真理。优酷在自制剧的制作上经验丰富，从 2007 年开始，优酷一直致力于制作网剧，有《嘻哈四重奏》第一季和第二季、《天生运动狂》等。其中最为代表的是《老男孩》，造成网坛的轰动，被新华社评为“2010 年中国十大文化新闻”；此外，优酷为贵人鸟量身打造的网络反转剧《糊涂囧探》中，巧妙地把贵人鸟运动鞋、篮球衣等运动产品融合到网剧中，实现了丰富剧情、提升品牌影响力的双赢目的。古永锵称，“目前优酷的内容中，70% 是来自版权方的内容。20% 是用户自己制造、拍摄上传，10% 是优酷出品。但就是这占小块的 30%，却在改变着你我”。

优酷还推出“主题季”活动，通过研究用户视频消费习惯，对视频内容进行整合精加工，全面打通网络电影、网络电视及网络综艺栏目的制作、播出、发行环节。如“恋爱季”、“榜样季”，分别推出不同的网络剧集。

8.2.3 优酷的盈利模式

在盈利模式上，优酷以广告为主要盈利模式，同时还推出“网台互动、制播共享”的新模式，将优秀的网剧通过互联网和电视台两渠道同时传播，实现双赢，并且跨终端提供视频服务，全面支持PC、手机、平板电脑、iPad播放，满足了用户需求并提升用户体验。此外，还与淘宝网等电子商务网站进行合作，建立付费频道，探索多元化的盈利模式。

1）卖广告

广告是视频网站主要的盈利模式，我们通过图8-1“2007—2010年Q3优酷网营收构成变化”可以观察到，优酷目前以广告收入作为主要营收。

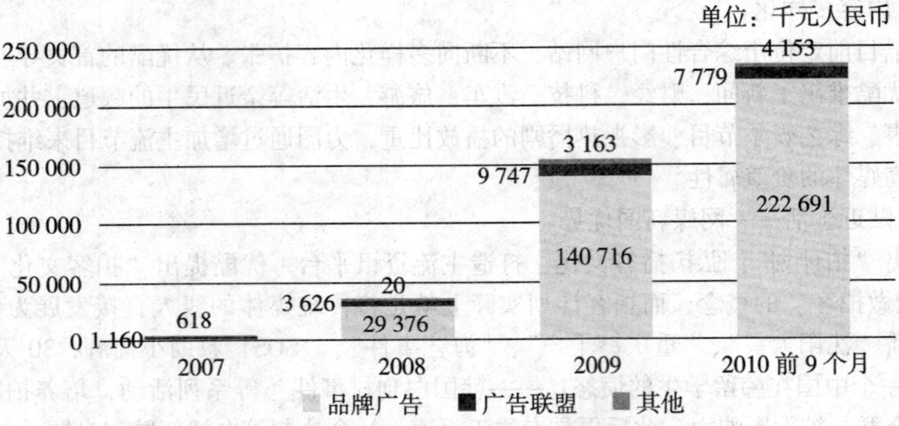

图8-1　2007—2010年Q3优酷网营收构成变化

如图8-1所示，在优酷营收构成中，广告营收占到绝对主力，其他营收来自付费频道、移动视频、版权分销等，目前占总营收的比重很小。

易观数据显示，2011年1季度，中国网络视频行业广告收入规模达到6.61亿元。其中，优酷、土豆、搜狐视频分别以22.4%、16.8%、13.6%的份额占据中国网络视频市场广告收入前三名位置。

2011年，优酷在北京也正式发布2011年度广告刊例。在新刊例中，以贴片广告、暂停广告两大形式为主的视频内广告作为优酷最核心的黄金资源，保障规模化、主流化的互联网电视营销模式在2011年得到更大发展。同时，优酷对视频内广告进行了投放优化，提升精准度，净化投放环境。

2）买内容

2010年优酷推出“网台互动，制播共享”的新策略，通过互联网与电视台两个渠道进行内容的传播，在电视台播放网络剧的同时，还在互联网上推广传统影视剧，这样既提高了网站的点击率还提升了电视台的收视率，实现了双赢。在“主题季”中，优酷与安徽卫视、湖南卫视、东王文化共同合作，利用影视、综艺等资源整合制作了系列网剧，实现互联网、电视台的互动合作营销。这是优酷寻找差异化路线，积极开拓新媒体时代新盈利模式的体现。

2010 年 7 月 27 日，优酷在北京举行盛大发布会，正式推出视频行业以“向真爱致敬”为题的首个“主题季”、“优酷恋爱季”。“优酷恋爱季”的启动，拉开了中国互联网视频领域主题季运作的序幕。优酷“恋爱季”五色恋爱剧场，属于“优酷恋爱季”的三大板块（品爱、论爱、演爱）的“品爱”板块，已经陆续推出包括《海派甜心》、《无懈可击之美女如云》、《一起又看流星雨》、《就想爱着你》和《泡沫之夏》等人气超高的数十部青春偶像爱情剧，持续掀起恋爱剧热播狂潮，备受网友追捧。

2010 年 9 月 16 日，随着优酷全新打造的首档网络爱情明星脱口秀《恋爱辩法》第 36 期节目播出，中国互联网视频领域首个主题季也完美收官。优酷“恋爱季”从 7 月份启动至今，备受多方关注。通过对热播影视剧、自制娱乐综艺节目、网络剧等多个内容板块的编辑制作，贯通了合作伙伴、广告主、网友的多角度互动，贴片广告、剧场冠名、主题冠名等营销模式的多元化应用，使优酷首个主题季运作形成了多方共赢格局。

3）发力移动视频

“优酷 3G 手机电视”是优酷重要的发展布局，自 2009 年以来，优酷网致力于对 3G 的开发，与诺基亚、索尼爱立信终端厂商合作，以出厂内置的方式在 3G 新机中嵌入优酷网视频客户端，使 3G 手机终端视频内容与 PC 端同步更新，并为手机用户提供视频浏览、分类视频和搜索功能等服务；优酷还为联通 iPhone 用户提供视频，联通 iPhone 手机用户可通过“手机电视”观看“优酷剧场”、“优酷娱乐”、“优酷原创”、“优酷生活”等频道，这对于优酷进军手机 3G 领域有着非同寻常的意义；2010 年 9 月 7 日，优酷宣布全站视频支持 iPad 及 iPhone4 播放，用户可通过 iPad/iPhone4 直接访问优酷主站，满足用户需求并提升用户体验。

4）与多家电子商务网站合作

优酷积极与多家电子商务网站合作，进行收入分成。优酷网与淘宝网共同推出“视频电子商务”技术，该功能可使淘宝的卖家用视频方式来展示商品，使商品的真实性得到保障，用户在购买淘宝商品时，可以通过看视频了解商品是否真实，以此减少网购风险。

如今，人们已不再满足于通过图文形式来选购商品，铺天盖地的图片、天花乱坠的广告早已让人们产生了视觉疲惫，而视频购物突破这种形式，通过将产品拍摄成视频，使产品得到全面、客观的展现，其真实性得到保障，增加可信度，降低买家面临的货不对板的风险，在一定程度上降低了网购的风险，从而让买家更放心。

优酷网表示，该项新功能将首先对淘宝旺铺的卖家开放，这些卖家在商品描述中可添加视频，全方位、多角度地展示自家“宝贝”。此前，常有买家抱怨购买的商品“图片是天使，实物是魔鬼”，而经过视频的全面、客观记录展现，商品的真实性便得到保障。淘宝网也称，增加视频后对卖家更有督促，尤其是淘衣服的买家们可以要求卖家展示视频，免得拿到手的衣服和网上图片相差太远。

淘宝网副总裁张宇表示，此次与优酷网合作推出视频电子商务，是将视频技术与电子商务模式相结合的一次尝试，为用户提供真实的视频呈现，为网络购物体验加分。优酷网的视频技术不仅推动了网络购物的多元化进程，扩大了淘宝卖家的商品展示渠道，对众多淘宝买家而言也是一种有效帮助。

5）试水付费收看

优酷目前已建立付费频道，其中包括电影与教育两个频道，付费收看将是优酷的战略重点。用户可以通过付费频道收看没有广告、高画质的影片。据透露，优酷未来将购买更多的优质资源电影放入到付费频道，还可对优秀的网剧如《老男孩》尝试收费，对演艺市场如演唱会的网络发行收费，对考研、考公务员、英语考试等相关教育培训实行付费收看。

8.2.4 优酷的营销模式

1）拍客营销

优酷最早提出“拍客文化”，倡导“谁都能做拍客”的概念。继而，这种狂拍风潮就在网络上流传开来，很快这种文化被应用到营销领域。在北京奥运会期间，优酷与三星、联想、李宁、雀巢等十多个知名品牌结为战略合作伙伴，与用户进行深度沟通，在形式、渠道、品牌推广等层面充分表现出优酷作为一个视频平台所独具的新媒体表现力。奥运之后，耐克在全国10省市开展主题为“挑斗更进一步”的篮球、足球技巧比拼大赛，在线下活动的同时，在优酷建立视频官网作为网上征集平台，招募10省市的拍客用视频捕捉当地的球技达人，上传优酷进行线上比拼，此举一举两得，拍客既成为活动的义务宣传员，其作品又达到了视频种子传播的效果。之后，中国移动又在全国十多个省市，启动了“以舞会友，动感地带2008全国大学生街舞电视挑战赛”的海选，以同样的方式征集拍客作品。拍客营销模式得到充分体现。

2）事件营销

事件营销是2009年初以来优酷在视频应用及营销模式上进行的全新探索。2009年4月优酷与诺基亚达成了战略合作伙伴关系，携手推出一场大型青年活动“诺基亚5 800玩乐派对”，创造了互联网和演唱会合作的历史，优酷网成为本次的视频支持，首次推出“优酷直播”新模式，引领了网络视频直播的发展。4月19日演唱会的盛大明星阵容全由网民自己投票选出，网民除了可以通过优酷收看全程直播外，广大网民还可登录此次活动的官方网站，与明星深度互动。全互动演唱会进行期间，还举行别开生面的诺基亚首款触控音乐手机诺基亚5 800XpressMusic的网络竞拍，这是有史以来最具互动性和网民话语权的娱乐音乐事件。

事件营销，即通过策划人、物、景、事等内容宣传推广影响社会一些事件，引起人们的兴趣与关注，以求提高宣传知名度，提高形象，以事件为主，策划推广的一种手段与方式。它包括新闻事件营销、舆论事件营销、造势事件营销、人物事件营销、活动事件营销、广告事件营销等方式。优酷在事件营销方面有一些经典的案例，从“张钰录像带”事件到“重庆钉子户跟踪报道”，再到“30 天救助白血病儿小锦辉”，优酷通过一系列事件营销，在网民中树立了“老百姓的新媒体”以及“富有社会责任感的第一视频”等社会形象，扩大了优酷的社会声誉和影响力。

3）种子营销

种子营销将融合客户品牌或产品广告信息的视频作为传播的内容，利用互联网的互动性强、范围广、传播速度快等特点，以其传播内容的吸引力和趣味性，在短时间内像“病毒”一样自动散播，并且通过用户的自我传播和人际传播，在网络上长期留存，实现二次传播。所以也被称为“病毒”营销。

2008 年优酷网与宝洁合作，为护舒宝搭建了视频官网。首先优酷网在网络上征集有创意的天气预报视频，使各富创意、新颖搞怪的方式播报指定天气情况的精彩视频蜂拥而至，很大程度上激发了网友参与活动、了解产品信息的积极性。随后邀请网络红人后舍男生、dodo look，拍摄“多雨转晴”系列天气预报恶搞视频，并配合优酷网前贴、种子视频以及暂停广告等多种站内资源，效果达到普通视频传播的十多倍。随着种子营销的广泛推广，越来越多的广告主开始认可种子营销的传播效果。如广州本田、阿迪达斯、HP 笔记本电脑、福特汽车等知名商家纷纷试水优酷网独具特色的种子营销，并取得了令人满意的效果。

4）影视剧营销

影视独播剧营销是优酷网最为人称道的一个重要方面。2009 年 2 月 23 日，优酷网获得献礼新中国成立 60 周年热播剧《我的团长我的团》的播放权，开创了国内电视热播剧与视频媒体合作、推广发行和广告营销的先河。优酷网为《我的团长我的团》精心构建了大型视频官网，包含预告片、拍摄花絮、主创创作心得访谈等视频片段。热播剧通过视频网站，使用户可以随时点播、连播、互评，其内容延展性更强，推广周期更长，互动效果更佳，延续了电视播出周期的热度，为传统电视广告主提供了品牌推广和市场营销的延伸平台。同时优酷还通过视频平台呈现电视剧营销的多样性，使广告品牌价值得以最大化的提升，也使中国电视剧产业和中国视频产业进入了全新的发展阶段。

“优酷”以版权合作为基础，不断为网友提供时下最热、最新的电视剧，同时推出针对怀旧人群的经典系列剧。针对网友对收看时间自由化的需求，优酷主导的点播模式不仅丰富了用户的观看渠道，还使得用户真正实现了“随时想，随时看”的观看期望。“优酷”通过“合计划”积累的海量电视剧，已经成为网友浏览优酷最主要的内容，而“热播剧”又是电视剧节目中关注度最高的，如《我的青春谁做主》、《人间正道是沧桑》等，并于电视台首轮或即后播出，这样就确保了在收视人群上与电视形成有效互补，并取得了较好的广告效果。由此，从收视到营销，都表明优酷以热播剧场为代表的影视剧营销机制得以全线贯通，产业链已然成型。

随着视频网站生存环境压力的不断加大，2010 年 2 月优酷网同国内另一视频网站巨头土豆网联合推出了“网络视频联播模式”，在买断的独播剧资源方面进行免费交换播出，并在版权方面达成了长期战略合作，首次实现了网络视频行业的多平台联合播出，并将对影视内容的宣传起到不可替代的溢价作用。

8.2.5　优酷发展中的问题以及对未来的展望

1) 发展中的问题

(1) 版权问题

由于版权问题，中国的两大视频网站优酷网和土豆网之间的指责和谩骂从未间断过。2011 年 12 月 6 日，土豆网同台湾中天电视台等召开了维权新闻发布会，宣布起诉优酷恶意盗播土豆网独家版权内容《康熙来了》，并向优酷正式提出 1.5 亿元的赔偿，还向国新办、国台办、工信部、文化部等有关部门进行举报。

而优酷随即展开反击，翻出“旧账”，宣布对土豆网的盗播行为同时在北京、上海启动诉讼。2011 年 12 月 15 日，视频网站优酷和土豆展开了“互殴”，互相指责对方侵犯版权，开始了关于版权问题的口水大战，见图 8-2。

图 8-2　视频网站优酷和土豆展开了“互殴”

一方面，优酷称其独家版权的综艺节目、影视内容及自制节目被土豆网盗播，并称将对土豆网的该行为展开清查及维权，要通过法律途径对盗播行为进行追究及索赔。另一方面，土豆网则表示，优酷的相关指责并无证据，且错误漏洞严重，是虚张声势和转移视线的拙劣公关手法，指责优酷毫无维护版权的诚意。

我们知道，互联网视频网站是一个烧钱的行业，而“版权问题”一直是烧钱的核心，是多数视频网站绕不过的硬性“门关”，是制约视频网站可持续发展的最大瓶颈。而随着视频网站的兴起，竞争激烈，版权的价格也随之大涨，给本来就未盈利的视频网站又加上沉重的负担。版权成本的上涨使运营商不得不拿出更多的资金去购买版权，同时也推动了视频网站行业的重新洗牌，使未来中国的视频格局和竞争重心发生颠覆性的变化。一方面，资本雄厚的视频网站将通过上市融资获取更多资金去购买优质的正版视频，势力更加强大；另一方面，中小型的非主流视频网站将无力获得融资，没有资金购买版权，或将退出残酷的竞争转型改做其他。其中，2009 年悠视网、六间房、琥珀网已相继退出网络视频行业。

从国内看，依靠广告收入几乎是所有视频网站的主要收入，但是还远不够支付高昂的带宽成本。诉讼纠纷又会给视频网站造成不良的社会影响和沉重的经济负担，如果缺少出版商提供的大量版权内容，也很难吸引稳定的受众。这些因素都会使广告商望而却步。因此，从美国视频网站的踩路效应和国内视频网站的发展实践来看，版权问题是制约视频网站成长的瓶颈因素，利用正版视频内容的经营模式才是视频网站的“人间正道”。

（2）盈利问题

现阶段视频网站的收入来源比较单一，主要以广告费作为盈利的主要来源，而这些广告有插片视频广告、品牌图形广告、固定文字链、富媒体等多种形式。尽管视频网站创下较高的流量，但高流量和较低的广告收入不成正比，因为大部分流量都是沉默流量和垃圾流量，广告主担心品质问题，不愿意对此进行投放，不能真正给视频网站带来商业价值和盈利。因此单纯地依靠广告和融资已产生危机，盈利显得非常的艰难。目前各大网站都在积极寻找新的盈利模式，尝试建立付费频道、发力无线终端、开展电子商务合作等，但是这部分的营收占比非常小。未来视频网站的盈利模式究竟什么样，还有待于各方继续努力。

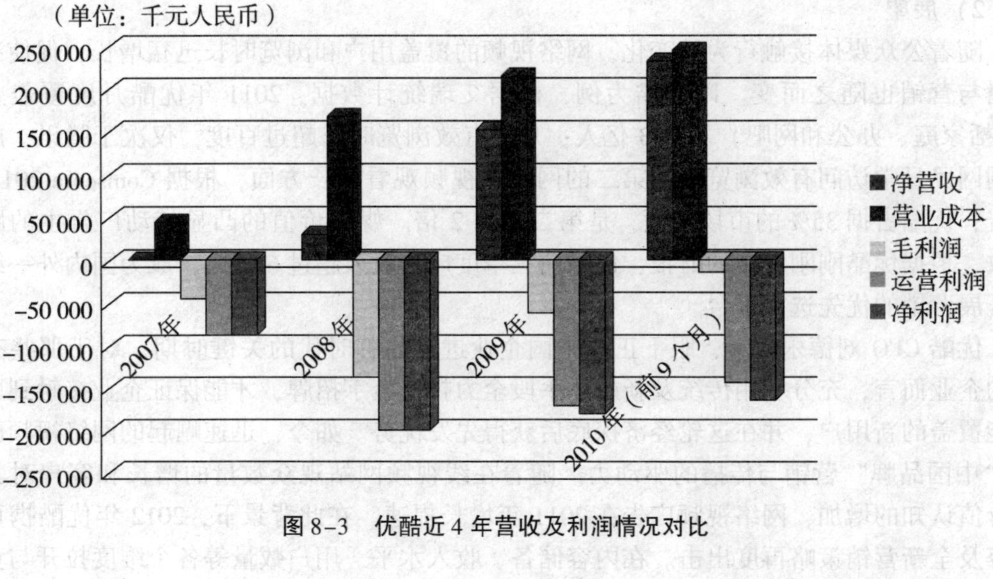

图 8-3　优酷近 4 年营收及利润情况对比

从图 8-3 可以看出，优酷 4 年来的净营收是在数轴以上的并且呈现上升状态，但是净利润却是恰好相反，在数轴线以下并且从 2008 年开始出现峰值并逐年下降。这不仅可以看出，优酷近 4 年来一直处于亏损的状态，但是我们从逐步下降的柱形图中也能看出来，未来的前景可能是好的，也许在不久的将来，优酷或者更多的国内视频网站都会扭亏为盈。

目前国内视频网站仍处于亏损状态的两个重要原因除了高昂的版权费，其次就是视频网站的运营成本过高，而且高昂的带宽费用也是视频网站的最大问题之一。首先，带宽是视频网站的首要压力。视频网站的带宽成本比其他传统网站的成本都要高，视频网站服务器存储空间必须足够大，才能存储大量的视频。据透露，视频网站每月仅在带宽上的费用少则几十万元人民币，多则几十万美元。摩根士丹利董事、总经理季卫东说，视频网站面临的一个问题，那就是带宽成本太高，当然这其中有一部分原因是中国的单位带宽成本本身就比美国要高。高额的带宽成本造成视频网站越成功就越会沦为成功的牺牲品——需要付出更多的带宽成本。其次，正如我们上面所讲到的版权成本也是视频网站最大的成本支出之一。随着政府对知识产权越来越重视，颁发了一系列法规整治网络视频盗版行为，版权方维权意识开始觉醒，政府和行业联盟联合对盗版行为进行围剿。在带宽资源没改变的情况下，版权费用随之大幅上涨，版权方获得最大的受益。据有关数据显示，《金婚》、《潜伏》的网络发行不过是 4 000 元一集，现在的新电视剧则暴涨到 2 万元一集。新版“三国”甚至叫价 15 万元一集。如果按照每天 1 亿条的播出量计算，视频网站一年的广告积累甚至不能支撑一周的版权运营。30 部热门电影首播权一年前报价 10 多万元，现在涨到了 180 万～200 万元。盛世骄阳以每集 20 万元的高价购买了《红楼梦》。

由于上述原因，我国的视频网站现在都处于亏损的状态，这也是制约着我国视频网站发展的重要因素，是视频网站未来发展所要逾越的瓶颈。

2）展望

随着公众媒体接触行为的变化，网络视频的覆盖用户和浏览时长迅猛增长，促使品牌传播与营销也随之而变。以优酷为例，根据艾瑞统计数据，2011 年优酷月度覆盖人数（包括家庭、办公和网吧）突破 3 亿人；月度有效浏览时长超过百度，仅次于腾讯，成为中国网民日常访问有效浏览时间第二的网站。视频观看时长方面，根据 Comscore 2011 年报告，优酷占据 35% 的市场份额，是第二名的 2 倍。媒体价值的凸显带动广告主的踊跃投放，根据优酷刚刚发布的财报，优酷前三季度广告收入超过 6 亿元，成为国内外一线品牌开展营销的优先选择平台。

优酷 CFO 刘德乐表示，眼下正是中国企业进入品牌时代的关键时期，对于那些有远见的企业而言，充分利用传统及新媒体手段全力打造金字招牌，才能保证企业接触到原先未能覆盖的新用户，并在这轮经济探底后获得先发优势。如今，迅速崛起的网络视频已成为“中国品牌”营销与传播的驱动力。随着在线视频网站观众数量的增长和客户对其广告价值认知的增加，网络视频广告在 2011 年增长提速。在此背景下，2012 年优酷携重磅内容及全新营销策略再度出击。在内容储备、收入水平、用户数量等各个维度拉开与竞争对手的距离，在正版影视综艺等视频领域，优势更为明显。

由以上分析，我们可以看出，中国视频网站目前还处于不断的探索状态，虽然有很多因素的制约，但是发展前景还是好的。2006—2013 年中国在线视频行业市场规模如图 8-4 所示。

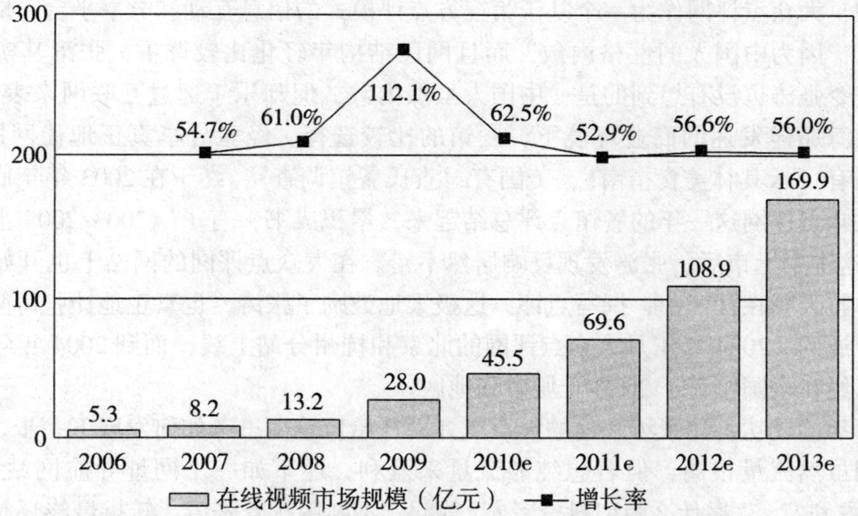

资料来源　根据企业公开财报、行业访谈及艾瑞统计预测模型估算，仅供参考，部分数据将在艾瑞 2010Q1 季度报告中调整修正。

图 8-4　2006—2013 年中国在线视频行业市场规模

从图 8-4 中我们可以看出，我国的在线视频网站规模是在不断扩大的，而且增长率也趋于平稳。这说明我国的视频网站将在曲折中不断地探索。在未来视频网站的经营中，版权问题仍然会是一个瓶颈，但是视频网站可以寻求走差异化的道路不断推陈出新创作自制节目，这样不仅能够规避版权问题，同时还能与其他视频网站拉开距离。目前来看，我国政府对视频网站日益重视，视频网站自身也在发展壮大之中，在网民中的媒体影响力不断增强，随着各方的努力，中国视频网站必将向着健康的方向发展。

8.3　通过互联网来表达和分享——大众点评网

8.3.1　大众点评网的产生与发展

提到大众点评网，首先该说的就是其 CEO 张涛，张涛是上海人，毕业于美国沃顿商学院，在美国学习工作了 10 年之后，2003 年决定回国。最初回国的时候，张涛总是为去哪吃而发愁，来来回回就那么几家，想到在美国时看到过的饭馆索引指南，就开始尝试把用户对饭馆的评价搬到互联网上，这就是大众点评网诞生的初衷。2003 年 4 月，张涛在上海注册成立了大众点评网，正式开始了“点评”之路，这在当时全球范围内都几乎没有先例，美国著名的经验分享网站 Yelp 也是在 2004 年才创立。

最初，大众点评网作为一个基于第三方点评模式的信息互动和分享平台，应该说只是一种尝试，因为中国人的性格内敛，而且网民结构年轻化比较严重，张涛其实是很担心的。但是令张涛也没有想到的是，中国人虽然内敛，但却乐于通过互联网来表达和分享，尤其在上海那样发达的商业环境下，餐馆的比较选择、经验分享真正地让网民“激动”了。法国有《米其林美食指南》，美国有《查氏餐馆调查》，终于在 2003 年年底，张涛尝试着把大众点评网这一年的餐馆点评总结起来，累积成书，有了《2003/2004 上海餐馆指南》，在这本书上市后，张涛发现反响居然不错。在大众点评网的网站上也开始有一批忠诚的用户整天黏在社区中，撰写点评，这极大地鼓励了张涛，也真正地让张涛坚信了这条路是走得通的。2004 年 4 月大众点评网的北京和杭州分站上线，而到 2004 年年底，大众点评网已经在全国覆盖了 20 多个城市和地区。

前两年的成功，让张涛和他的大众点评网开始慎重地思考如何发展下一步。当时的大众点评网虽然流量很高，但若想纯靠流量来盈利，还不如一个网址导航网站来得直接。“靠什么盈利?”、“靠什么吸引投资者?”等问题不断困扰着张涛。转折最终还是来自张涛跟线下商户的接触而不是对线上流量的执著。张涛在与线下商户接触的过程中发现他们几乎都有自己的打折卡，于是他就想自己能不能跟这些商户合作，办一个统一的会员卡，让消费者可以获得方便，自己也可以从中获取中间费用。于是，2005 年 5 月，大众点评网的会员卡在上海开始投入使用，11 月会员卡业务拓展到了北京。2006 年 1 月大众点评网推出了电子优惠券业务，2 月迎来了全球最顶尖的风险投资机构——美国红杉资本，红杉资本领投的第一轮融资资金共 100 万美元，虽然看起来不多，但对于当时的大众点评网来说，已经是雪中送炭了。2007 年，大众点评网迎来了第二轮的 400 万美元融资，规模依然不大，但对于一个像大众点评网这样的小网站来说也是不错了。不过随后而来的 2008 年金融危机改变了一切。其实现在回头来看，张涛应该是该感谢当年的金融危机的，如果不是这场天来横祸，张涛就不会逼着自己彻底改变公司的管理和营销。就是这时，大众点评网觊觎上了本地生活服务领域，虽然资金、员工等方面大众点评网不是电商巨头们的对手，但是其多年积累下来的点评经验以及在用户中形成的口碑使大众点评网轻松地赢在了起跑线上。终于，2008 年 11 月，大众点评网正式宣布了实现盈利。2009 年和 2010 年，大众点评网又盯上了手机客户端和团购业务，并先后于 2009 年和 2010 年推出了大众点评网的 Android 和 iPhone 客户端，2010 年 6 月团购业务也正式上线。自此，大众点评网算是摸出了自己的门道，走上了自己的道路，创立了自己的盈利模式。

8.3.2　大众点评网提供的产品和服务

1）“大众点评”和餐馆指南

大众点评网之所以叫这个名字，还是源于其发家的业务——“大众点评”。张涛最初创建大众点评网就是因为他刚回国，觉得吃饭很是发愁，吃来吃去就那么几家，很想根据自己的喜好去发掘一些新的饭馆，这才有了大众点评网。大众点评网最初提供的业务就是用户根据自己在一些饭馆吃饭的经验，对这些饭馆的环境、特色、口味、服务等进行评价，并写出自己的感受，并可以向其他人推荐自己最喜欢的菜。后来大众点评网在点评餐馆的基础上，又开始点评购物、休闲娱乐项目、酒店等等有关生活的各个方面，让“大众点评”这个概念彻底走向了人们生活的各个方面。此外，大众点评还会累积餐馆信息和点评信息成册，出版餐馆指南。

2）会员卡和电子优惠券

大众点评网是从 2005 年开始发放会员卡的。最初，张涛在和诸多商户接触的过程中，发现大家都有自己的打折卡，他就想着自己能不能办一个统一的打折卡，让消费者不用再在吃饭的时候一张一张地翻卡，而只需一张就能够全部解决掉。并且张涛在推出这个会员卡的过程中还实行了积分制，就是消费者拿着这张会员卡消费就能够获得积分，并且到达一定的积分之后还能够换取礼品、充值卡之类的。这个想法从商业模式上看不可谓不聪明，但是从执行的角度来看却是无比困难的。首先，会员卡是有需求的，但是需求并不广。对于一般用户来说，光有打折就好了，复杂的积分计算实在很麻烦。而对于商户们来说，已经很习惯了用打折卡，突然出现的会员卡做打折也是可以接受，但是如果要做积分就要涉及很多环境，也是一件很麻烦的事情。这件事情给了张涛一些启示，他开始明白要想真正做到大范围的推广，就必定不能改变商户和用户的习惯。之后，在大众点评网的不断探索中，终于找到了自己的核心定位——帮助商户做营销，帮助消费者找优惠。于是，2006 年，大众点评网推出了电子优惠券业务。对于大部分商户来说，打折促销是经常会做的营销行为，以往为了让更多的人看到自己的促销信息需要耗费大量的人力物力财力，而电子优惠券的出现就解决了他们的这一问题。并且，电子优惠券的成本比较低，一开始还有免费送给商户进行试用的，时间长了之后商户看到了效果才开始付费。

3）团购业务

提到团购，这里不得不首先提一下 O2O。O2O 这个概念是 2010 年由 Alex Rampell 提出的，全称是 Online To Offline，即将线上的服务带到线下，其核心就是把线上的消费者带到现实的商店中去——在线支付购买线下的商品和服务，再到线下去享受服务。而团购就是 O2O 模式的典型应用，李开复在提及 O2O 的时候曾经说过：“你如果不知道 O2O，至少知道团购，但团购只是冰山一角，只是第一步。”

再说团购，2008 年美国 Groupon 公司成立，它以网友团购为经营卖点，这也迅速在全球范围内刮起了团购的旋风。

在这股团购风潮愈演愈烈的情况下，张涛觉得时机已经成熟，并于 2010 年 6 月推出了大众点评网的团购业务。不过根据中国电子商务研究中心监测数据显示，大众点评在团购方面可能由于起步较晚，占的优势并不是很大（如图 8-5 所示）。

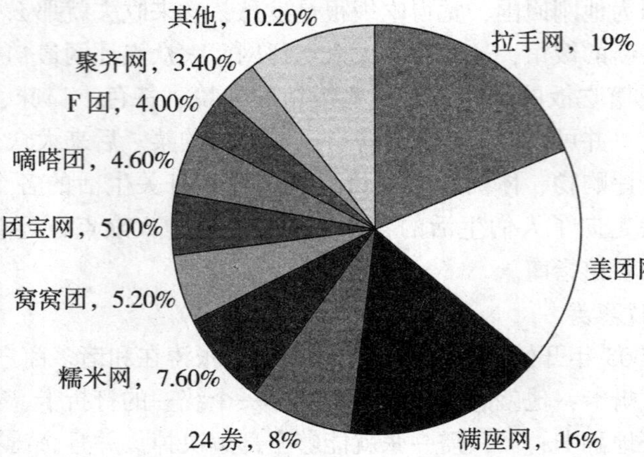

图 8-5　2011 年上半年中国网络团购企业市场份额占比图

4）LBS（Local Based Service）

LBS 应该说是目前大众点评网的新兴主打业务。大众点评网式的 LBS 应该说是 70% 的本地生活服务，15% 的社交服务以及 15% 的游戏服务。在受到了 Foursquare 的启发后，近几年来，大众点评网一直在 LBS 上不断探索，不断求新，试图找出一条适合自己的道路。大众点评网提供的 LBS 服务主要包括通过定位地图来进行签到，搜索附近商户、附近点评以及附近优惠。LBS 主要还是基于手机的，也即属于移动电子商务的范畴，而张涛在谈及大众点评网的手机客户端时，很郑重认真地表示要感谢乔布斯。

其实，在大众点评网这么多年的运营中只是牢牢围绕着两件事情做文章，一是帮助商户做营销，二是帮助用户找优惠，这就决定了他们生来就具有本地化的属性，而本地化这一特点与 iPhone 引领的智能手机浪潮深深契合，相得益彰。2009 年，就在国内的 iOS 开发者还很少的时候，大众点评网就在 iOS 和安卓两个平台上同时开发出了他们的手机客户端。而现在经过不断的更新换代，大众点评网的客户端已经发布了超过 15 个版本，手机独立用户数超过了 600 万。2011 年 12 月，大众点评网和联通合作，使得联通用户凭借手机号就能够直接登录大众点评网，移动运营商有用户的真实身份信息，而大众点评网则有用户的消费信息，两者结合将产生巨大的发展空间。在未来，大众点评网还想继续在移动位置服务这一领域继续走下去。下一步，大众点评网希望能主动为用户提供位置服务，即不用用户搜索，而是自动随着用户的位置移动直接向用户发送周围商户及优惠信息。

8.3.3　大众点评网的商业模式分析

1）信息流分析

（1）网站信息组成及处理

大众点评网目前的基础信息主要由以下两部分组成：

①餐馆基本信息：包括餐馆名字、地址、电话、简介、推荐菜式和适合氛围。

②会员点评信息：包括口味、环境、服务（这 3 项是打分的）、人均消费额、喜欢的菜名、适合的氛围判断、喜欢程度、停车信息和 600 字以内的简短评论。

这两部分信息组成了一个完整的餐馆信息。当然现在大众点评网不仅包括餐馆信息，还包括一些酒店、娱乐休闲场所等信息，然而基本形式都是一样的，所以这里就以餐馆为例了。在这些无序和海量的基本信息的基础上，大众点评网提供了餐馆搜索引擎和增值信息（目前主要以排行榜的形式出现）这两种产品，前者解决了海量的基本信息问题，后者解决了信息的增值和有序化问题。

另外，网站还提供了一个 BBS 论坛和会员活跃度排行榜，以社区化的方式提高网站的黏度，并吸引人气。

最终，上述的餐馆基础信息（包括餐馆基本信息和会员点评信息）、餐馆搜索引擎、各种餐馆排行榜、会员活跃度排行等增值信息和 BBS 论坛等要素，就组成了这个大众点评网。

从网站设计上来看，这样也非常简单实用，网友们能一目了然地进行美食搜索和点评，一点都不会觉得累赘和烦琐。这样对网站初期的推广非常有利。

（2）信息的输入

从上面关于网站信息组成的分析可以看出，整个网站其实只有三种基本信息：餐馆基本信息、网友点评信息和网友的论坛信息。

其中餐馆基本信息是所有信息的前提，大众点评网、餐馆和会员网友这三方都可以进行信息的输入。初期可能还是以大众点评自己的输入为主，不过随着网站在业内影响力的不断扩大，会以一些有信息推广意识的餐馆和网友输入为主。

网友点评信息是网站信息发展的重点，自然由网友输入。但考虑到点评的公正性，大众点评网需要对点评信息进行监控，目前主要是有专人对点评信息进行检查过滤管理，严禁商家为自己点评或抨击对手。

论坛主要是为网友们提供的一个相互交流的场所，自然需要由网友来进行信息的输入，而且跟网站别的信息关联不大，比较自由，所以这里可以不提。

（3）信息的输出

如前所述，大众点评网向外输出的主要产品形式有餐馆搜索引擎和以排行榜等形式出现的增值信息这两部分。其中餐馆搜索引擎主要是对其餐馆信息库的检索，而增值的排行榜信息还主要采用在信息库检索基础上进行人工手动编排的方式。在信息输出形式上，餐馆搜索引擎主要跟别的网站合作，增值信息输出形式主要有出版《餐馆指南》系列手册和跟传统媒体合作。

①网站合作

形式1：餐馆搜索引擎合作，主要面向一些比较大的门户网站。

大众点评网与很多门户网站等进行合作，为其免费提供搜索引擎的界面及程序，包括日常维护、更新和升级，而合作方需要在其网站相关页面放置搜索引擎界面，并注明大众点评网为其餐馆信息内容的提供方。搜索结果页面和其他相关页面由大众点评网进行制作，但是页面设计风格是按照对方的企业文化进行设计，同时双方要在各自的网站上注明双方的合作伙伴关系。

目前与大众点评网进行这种合作形式的网站有：新浪生活频道、浙江在线、中国江苏生活频道等。

形式2：餐馆信息库合作，主要面向一些特殊的合作伙伴。

这种形式主要是向合作伙伴提供大众点评网的特色信息（如向携程旅行网提供其网站餐馆信息和点评信息），或者向其后台提供大众点评网的餐馆信息库访问（如城市通网站）。

②出版《餐馆指南》系列手册

法国有《Michelin Red Guide》、美国有《Zagat Survey》，而大众点评网也参考这些著名的餐馆指南的模式，几乎每年都会出一本关于城市的餐馆指南。从已经出版的手册中看到，里面的信息相当丰富，主要按照各种排行榜列出的餐馆进行一个个指南，当然还提供索引。有时手册里还会附赠一些店铺优惠券等，这其实可以说是一个大众点评网的线下精华版。

③传统媒体合作

这种形式目前还比较简单，主要就是向报刊、杂志等传统媒体提供一些简要的餐馆排行榜名单等增值信息。进行这种形式的合作，主要还是为了网站自身的宣传和推广，以吸引到更多的用户。

2）效应流分析

这里所谓效应流，其实指的就是在前面信息流模式的影响下，所形成的一种效应和价值，但这种效应和价值还需要有一个合适的盈利模式配合才能转化为真正的资金流。也就是说，这一阶段是网站介于推广模式和盈利模式之间的一个阶段，是虚的，在某种程度上跟“品牌”有点类似。通过大众点评网上面信息流的运作和推广，会产生很多方面的效应，而这里主要提及两方面的效应。

(1) 网民注意力

“注意力经济”在网络中无所不在，大众点评网当然也不例外。从刚才的分析来看，大众点评网的注意力吸引渠道主要来自以下三个部分：

①大众点评网网站

网友的忠诚度是形成长久注意力的关键，大众点评网通过BBS论坛和会员个性化信息的管理来提高会员的忠诚度。另外，网站还提供方便网友口口相传式的病毒性传播工具，特地把“同步到其他网站”设置成了主栏目。还有会员活跃度排行榜、BBS 论坛和会员个性化信息的管理都能体现出网站的社区性，提高人气和忠诚度。

②合作网站的流量贡献

大众点评网通过和现有的各大网站合作，并在合作方的页面添加友情合作链接，借助其强大的人气度，达到迅速增加网站人气的目的。

③《餐馆指南》系列手册

前面说到过，这个手册其实是大众点评网站的一个浓缩精华版。因其在市场上公开出版发行，可以让更多的人了解大众点评网，以达到聚集更多对美食感兴趣的网友的目的。

所有这些渠道形成的“注意力”，可以直接转化为网友的流量，提升大众点评网的人气度。

（2）业界影响力

目前大众点评网由于具有多年的“点评”经验，故其在餐饮等行业内的影响力相对较强。这个业界影响力由四部分组成，除了形成网民注意力的三个渠道外，还多一个传统媒体的渠道。

①大众点评网网站本身

网站中强大的餐馆数据库和庞大的美食爱好者对餐馆经营者有着致命的吸引力，一方面可以将其视为一个重要的宣传渠道，好的话还可以上排行榜，从而赢得更多的客源。而另一方面，因为别人都在参加、被点评，如果不参加则反而会形成在这方面的没落。

②合作网站的影响力

合作网站对大众点评网而言，相当于一个放大器，一方面扩大了大众点评网的受众面，另一方面也扩大了大众点评网的影响力。

③《餐馆指南》系列手册

这个手册对消费者来说是一个工具，而对餐饮业商家来说，就是一个媒体，其功能跟电话黄页类似，影响力却不可同日而语。这个手册的针对性更强，更有商业价值。

④传统媒体

大众点评网增值信息在传统媒体上的输出，会形成一股很强大的舆论影响力，这对商家来说是不可忽视的。

上述这四部分渠道形成了大众点评网在行业内部的巨大影响力，不但会影响到餐馆等这些消费者直接消费的商家，而且也会影响到餐饮业周边的产品和服务，如酒水、家用调料等，甚至烹饪培训等服务。

3）资金流分析

目前，大众点评网主要盈利模式有以下几个方面。

（1）佣金

佣金收入依然是大众点评网可以看得见的主要营收来源。现在餐饮业的竞争日趋激烈，商家对于宣传和口碑的重视程度也日趋提升，然而由于受到了地域、规模、成本等限制往往无法进行有效的宣传，而大众点评网的出现为众多商家提供了一个低成本、跨地域、辐射广的有效的口碑宣传媒体，因此受到了诸多商户的关注和青睐。另外，大众点评网的社区化使得众多分散的用户汇集成一个一个的社区，并使之成为了有消费力的团队。

大众点评网在诸多餐馆中有了影响之后，就使其佣金模式一路畅通了。大众点评网首先会与诸多商户进行签约，然后通过发放会员卡和电子优惠券扩大商户在用户中的影响，当用户拿着会员卡或电子优惠券进行消费之后，大众点评网就可以按照持卡用户的实际消费额的一定比例向商户收取佣金，并将其中的一部分以积分的形式返还给消费者，剩下的部分即为网站的收入。一般情况下，大众点评网收取的佣金率为实际消费额的2% ~5%左右。另外，大众点评网还为用户提供网上订餐业务，即用户通过大众点评网进行订餐，然后由餐馆进行外送，最后大众点评网凭借会员的消费向餐馆收取佣金。当然，这部分佣金还包括大众点评网2010年开始进行的团购业务的收入。

(2) 下游用户付费模式

得益于不断丰富的餐馆信息和点评信息，大众点评网提供的无线增值业务和线下服务也成为其一项独有的盈利模式。

大众点评网的无线增值业务主要是联合联通等移动运营商为用户提供手机搜索内容，比如用户发送短信“沙河口区，大盘鸡”，就可以立刻收到餐馆地图、订餐电话、网友点评等信息。不过目前由于智能手机的发展以及大众点评在LBS方面的不断探索，可能发送短信的方式比较少了，越来越多的是通过手机进行搜索，这就使得大众点评网从短信的收入转移到了流量上的收入。

另外，大众点评网几乎每年都会出一本《餐馆指南》，将餐馆的信息以及网友的点评信息总结起来，目前分别有北京、上海、杭州、南京等版本，每本的售价19.8元，发行量的收入相比其他收入并不突出，但却是张涛一直坚持在做的，他认为图书是一种推广，能够让更多的人了解大众点评网和诸多商家，也是他在最初建立大众点评网的一个目标。

总的来说，从下游用户中得到的收入远不及由商户那里得到的收入，不过在下游用户中建立的口碑却是所有东西都无可比拟的，这是一种潜力巨大的无形资源，推动大众点评网的更好更快发展。

(3) 数据库营销及广告

大众点评网这么多年下来，其数据库信息是非常丰富的。因此，数据库营销手段就应运而生。大众点评网利用其丰富的数据库信息，向一些商户提供餐馆酒店基本信息和点评信息，还有就是对其进行整理归纳出售给一些商家。

另外，大众点评网随着自己的搜索引擎业务的日趋成熟，也开始为一些商家提供关键字搜索推广、精准广告等服务。

大众点评网使用的是 Google 的定向投放技术，根据不同地区的用户喜好，在不同的城市投放有针对性的广告，甚至定位精准到用户上网的不同时段，这就是现在比较火爆的精准营销。

还有就是为商家提供关键字搜索推广服务，是商家以付费的方式来占据大众点评网搜索的前面位置。

8.3.4　大众点评网面临的问题

1）著作权保护问题

2007 年年底大众点评网发现爱帮网在未经允许的情况下，在其网站上发布来源于自己网站 132 家餐厅的点评内容，随即发函要求对方立即删除侵权内容。然而爱帮网虽然承认从大众点评网抓取信息，但以“系搜索引擎类技术服务，已经提供网站链接”为由拒绝删除信息。多次沟通后，大众点评网于 2008 年 4 月以侵犯著作权为由向北京市海淀区人民法院提起诉讼。2008 年 10 月，北京市海淀区人民法院一审判决爱帮网侵犯大众点评网著作权事实成立，判处爱帮网停止使用源于大众点评网中的内容，同时赔偿大众点评网经济损失 3 万元。随后爱帮网向北京市第一中级人民法院提起上诉。2009 年 9 月，北京市第一中级人民法院做出最终裁定：撤销此前的一审判决，并驳回大众点评网对爱帮网的全部诉讼请求。在这次的诉讼失败后，大众点评网以“不正当竞争”起诉爱帮，并于 2011 年 3 月 7 日由北京市海淀区法院正式判决爱帮网大量抄袭大众点评网属于不正当竞争，被判赔偿大众点评网 50 万元人民币，并立即停止使用所有源自大众点评网的商户简介和用户点评。

就是这一次的诉讼引发了人们对于网络中著作权归属问题的讨论和思考。由于大众点评网基于第三方点评模式的特殊性，在我国现有法律框架下很难准确界定网友点评的著作权属性，这也是造成大众点评网诉爱帮网案一审和二审法院产生截然不同判决的原因。因此，就这一方面而言，我国的法律法规还需要对互联网涉及的诸多问题进行进一步的完善。

2）团购过期不退款

武汉人董莹 2011 年 11 月 4 日在大众点评网购买了武汉站团购 58 元的川人川道麻辣香锅一份，2011 年 12 月 31 日到期，然而由于董莹参加的团购很多，又比较忙，一直没去消费。等她去退款的时候，网站声称已经过了公司规定的退款时限，所以不能给退款。

目前，包括美团网、大众点评网、糯米网等知名的团购网站纷纷被曝出存在“团购卷未消费，但过期不退款”的问题。这引发了网友们的强烈不满，在强大的舆论压力下，终于，国家工商总局在 2012 年 3 月颁布了《关于加强网络团购经营活动管理的意见》，明确了团购网站经营者需承担的七项责任义务，其中就包括团购网站不得设定过期不能退款的规定。在这项规定出台之后，各大知名网站都已经在自己网站上挂出了相关“退款”承诺。

然而，有一些退款问题，团购网站也有诸多无奈，以电影票为例，团购网站要想拿到比较低的折扣，就必须要提前向院方承诺一定的销量，而最终钱款是按承诺卖出去的票量与院方结算，多卖出去的票才是团购网站的利润，然而，如果可以随意退款，很可能就会滋生很多黄牛，以团购价购入，卖不掉再退，而这部分钱款就需要团购网站自己来承担，很可能会带来比较大的亏损。另外，如果是演出票会更麻烦，因为有些演出团队都是临时组成的，演出一结束就会转到其他地方，团购网站想退都没有地方可退。

这些问题到现在都没有找到一个比较好的解决办法，还需要在以后的不断发展中完善。

本章小结

随着网络基础设施建设和网络应用的不断发展，各种基于互联网的服务应运而生，不仅促进了传统生产企业、流通业和服务业的信息化、网络化和全球化，还出现了一大批新兴的产业部门和与互联网有关的新业务，如即时通信业务、网络视频业务，以及门户网站等。本章首先介绍了国内著名的门户网站网易，介绍网易公司的特色服务、网易频道和网易产品，以及网易的发展战略；然后介绍了中国网络视频行业的第一品牌优酷网，包括优酷的内容模式、优酷的盈利模式、优酷的营销模式、优酷发展中的问题以及对未来的展望；最后介绍了全球最早建立的独立第三方消费点评网站大众点评网，关于大众点评网产生和发展的背景、大众点评网提供的产品和服务、大众点评网的商业模式分析，以及大众点评网面临的问题。

参考网站

1. www.163. com.
2. www. youku. com.
3. www. dianping. com.

思考题

1. 网易提供的特色服务有哪些？

2. 简述网易获得成功的原因以及网易未来的发展战略。

3. 在优酷的发展过程中，你认为有哪几件事对优酷的成功起到了决定性的作用？并谈谈自己的看法。

4. 简述优酷的盈利模式和营销模式，并指出你认为比较好的模式，说明理由。

5. 优酷发展中存在的问题有哪些？

6. 大众点评网提供的产品和服务有哪些？

7. 大众点评网的商业模式有哪些？

8. 你认为互联网上的新业务还有哪些？列举几个，并谈谈自己的观点。

参考文献

［1］汪涛．网易你要看好你自己的奶酪［J］．电脑知识与技术，2002（5）．

［2］佚名．网易如何走出成长的烦恼［J］．电子商务，2000（3）．

［3］陈佳．不要放弃自己的回报——网易邮箱积分换取免费短信［J］．电脑知识与技术（经验与技巧），2010（8）．

［4］朱旭光．中国视频网站的版权保护与可持续开发［J］．当代电影，2009（12）．

［5］郭婧．中国视频网站现状探析［D］．上海：上海交通大学，2010.

［6］钟达生．当今视频网站盈利模式面面观［EB/OL］．［2007-07-09］．http：//home. donews. com/donews/article/1/116150. html.

［7］移动视频渐成行业掘金点_ 创新盈利模式谋新蓝海［J］，通信信息报，2011（12）．

［8］张倩．优酷网经营模式探析［EB/OL］．［2010-12-02］．http：//qnjz. dzwww. com/xmt/201012/t20101202_ 6014018. htm.

［9］吴勇．优酷土豆因版权问题引发口水战　视频网站纠纷［EB/OL］．［2011-12-16］．http：//news. im286. com/webmaster/info/2458. shtml.

［10］陈德军．优酷、土豆版权相争［EB/OL］．［2012-02-06］．http：//news. xinchuanbo. com/news/roll/20120206/youku_ tudoubanquanxiangzheng_ 19699. html.

［11］王伟．大众点评：下一个百亿公司［J］．商业价值，2012（2）．

［12］中国电子商务研究中心．2011 年（上）中国电子商务市场数据检测报告［R］．北京：中国电子商务研究中心，2011.

［13］佚名．大众点评网商业模式分析［EB/OL］．［2006-12-07］．http：//hi. baidu. com/fangfang1984/blog/item/c3f6d588c802ee94a4c27294. html.

[14] 佚名. 大众点评网盈利模式分析 [EB/OL]. [2005-09-26]. http://www.chinaz.com/web/2009/0526/77258.shtml.

[15] 王建芳. 论大众点评网站的著作权保护 [J]. 科教导刊, 2010 (8).

[16] 中国电子商务研究中心. 大众点评团购券被指明过期未退款 未消费退款遭拒 [EB/OL]. [2012-02-09]. http://www.100ec.cn/detail--6022684.html.

[17] 郝俊慧. “团购过期退款”遭遇执行难 政策被指一刀切 [EB/OL]. http://ec.iresearch.cn/17/20120331/168479.shtml.

第 9 章

网上销售的创新模式

学习目标

学习目标

了解 QQ 网购的发展背景；分析 QQ 网购的经营战略；了解 1 号店的商业模式；了解 1 号店的营销策略；比较中外社会化电子商务模式。

互联网时代的到来，不仅改变了人们传统的消费观念和购物方式，而且加剧了各个企业之间的竞争，为了应对激烈的市场竞争，企业寻求各种途径来吸引客户、销售产品，以增加其销售量，确保不被激烈的竞争所淘汰。

网上销售作为一种新型的销售方式，为企业提供了新的销售思路，使销售能与企业的信息化更好地衔接，同时为各类缺乏信息与资源的中小企业提供了更多的商机。现在各大企业都竞相实施网上销售，但是网上销售并不仅仅止于网站的建成，更多的是宣传与维护等工作。为了在网上销售中获得成功，走在互联网时代前列的一些人和企业采用了网上销售的创新模式，如腾讯推出的 QQ 网购，国内首家网上超市——1 号店，天猫爱蜂潮家居创新销售模式—线上购买线下体验，以美丽说、蘑菇街为代表的社会化电子商务等等。

本章首先介绍腾讯的超级电子商务平台——QQ 网购，然后介绍网上超市——1 号店，最后介绍社会化电子商务的两个典型代表——美丽说和 Pinterest。

1）腾讯的 QQ 网购

QQ 网购诞生于 2011 年 10 月 11 日，是腾讯推出的区别于 QQ 商城和拍拍网的独立的电商平台。它采用了二级域名“buy. qq. com”，是一个 B2B2C 模式的超级电子商务平台。QQ 网购是一个综合购物类网站，目前为止，其销售类目包括数码家电、鞋靴运动、珠宝饰品、生活超市、美容美妆、时尚箱包、潮流服饰、电影演出、机票酒店以及一些虚拟产品。其目标客户群定位于关注商品品质和服务质量的用户群体，例如，城市中的白领人群，初为人父母的用户，以及越来越多的追求购物品质的网购达人。

2）网上超市——1 号店

1 号店创立于 2008 年，开创了中国电子商务行业“网上超市”的先河。1 号店凭借其国际领先水平的电子商务管理系统，多项专利和软件著作权，并在系统平台、采购、仓储、配送和客户关系管理等方面的大力投入，使其成立仅 3 年半的时间，以月均 28% 的业绩增长速度成长为国内领先的 B2C 网上购物平台。2012 年 2 月，1 号店拥有超过 1 800 万注册用户，超过 5 400 名员工，营业额从 2008 年的 417 万元升至 2011 年的 27. 4 亿元。据国际调研机构 DDMA2011 年发布的数据，上海地区网上超市的市场份额，1 号店占比达到 88. 9%。1 号店大力投入在高科技创新、系统开发和供应链管理上，已经获得 100 多个软件著作权和多个专利。

3）社会化电子商务

早在 Web 2. 0 概念被人们逐渐熟知的过程中，社会化电子商务就浮出了水面，如贝壳网、蚂蚁网等具有社会化电子商务特征的网站，但由于当时国内电子商务还处于起步阶段以及消费者对网上购物的抵触心理，第一次试水失败。但随着网络的普及、电子商务网站的发展、国外社会化电子商务的成功以及读图时代的来临，我国社会化电子商务也得到了高速的发展，如美丽说、蘑菇街、辣椒网、39 都市网等，国外的有 Pinterest、Thisnext 等。

9.1　超级电商平台——QQ 网购

9.1.1　QQ 网购的发展历程

QQ 网购的总体发展思路是先进行公测，进行磨合优化，然后面向全国推广。腾讯电商负责人曾表示 QQ 网购会在 2012 年第 2 季度进行全国推广，但到目前为止，QQ 网购仍处于公测期。在此期间，它已经过了两个不同的发展阶段。

1）在广东省试营业

2011 年 10 月 11 日，腾讯 B2B2C 平台 QQ 网购 "buy. qq. com" 正式上线，并面向广东省用户试营业。"这将是一个可以承载千亿级成交的购物平台。" QQ 网购是按照千亿级的亚马逊模式和标准来设计的。为此，腾讯专门联合了北京、上海等多家合作伙伴的技术团队，在商品发布、库存同步、订单与物流等多个方面都实现了与合作伙伴的信息同步和系统对接，每一个商品，都被打上了独特的服务标签，提示消费者这个商品的库存，是否支持货到付款，是否免运费，大概几天可以到货等信息，极大缩短了购物决策时间。QQ 网购面世后，腾讯在电子商务方面的布局涵盖 C2C 拍拍网、品牌直接入驻的 QQ 商城以及 B2C 平台入驻的 QQ 网购。

试营业期内，QQ 网购仅选择了六家合作伙伴，提供数码家电、运动鞋包、珠宝饰品、生活超市、潮流服饰、美容美妆品类，这些品类分别对应的供应商为易迅、好乐买、珂兰钻石、1 号店、V+及天天网。这些商品在 QQ 网购的价格与其在各自的自营 B2C 平台价格一致。在此期间，广东省用户能够享受到"货到付款、快速物流、超长时间无理由退换货"等服务，但在北京等其他城市并不支持上述这些服务。

试营业期间 QQ 网购未进行大规模的市场推广，而是在此期间与易迅、好乐买、1 号店、珂兰钻石、V+、天天网六家合作伙伴不断磨合产品体验，完成了上百项产品特性的优化和发布。试营业期间，在没有任何广告推广的情况下，QQ 网购回头率高达 30% ~40%，初步印证了这种模式的效率。

2）在广东省正式开业

2011 年 12 月 12 日 0 时，腾讯超级电商平台 QQ 网购正式开业。当时正值深圳的商家掀起圣诞前夕的价格大战之际。而与往年不同的是，这一年，诸多电子商务购物网站加入年底商战的行列，在网上掀起了一场没有硝烟的战争。就在这场战争硝烟弥漫之际，腾讯超级购物网站 QQ 网购随着它的正式营业，高姿态加入了商战行列。

正式上线的 QQ 网购，在开业庆典大促销上投入颇大，在 12 月 12 日至 12 月 16 日期间，QQ 网购推出"满 199 送 300"的全站让利大促销活动，其中广东地区用户可优先体验全场免邮、快速物流及货到付款等服务。当天数据显示，在 QQ 网购正式开业的第一天，面对广东地区的消费者，所有货品全部实现了“10 小时发货，24 小时送达”。QQ 网购自己也曾对外公布，正式上线营业首日仅广东省一地订单数就突破了 2 万，成交额突破 500 万元。而从整个行业水平看，要想达到单日万单的成绩，一般 B2C 网站需要 1～2 年才可以做到，QQ 网购的实力及发展潜力，由此可见一斑。

QQ 网购合作伙伴易迅称，在 2012 年 12 月 12 日开业庆典当天，截至中午 12 点易迅的成交金额就已迅速攀升至平时的 10 倍以上，当天的成交额突破 200 万元。

但在 12 月 12 日 QQ 网购正式公测当天，竞争对手淘宝网也发动了“全民疯抢”大促销，淘宝网当天交易额达到 43.8 亿元，同时涌入 1.2 亿的用户。业内人士认为，淘宝选择在腾讯 QQ 网购正式上线当天掀起大规模促销明显是为了遏制竞争对手。

虽然 QQ 网购已正式面世，但目前仍处于试点阶段。腾讯电商负责人表示，QQ 网购一直在内测跟大的合作伙伴之间的连接接口，测量服务的稳定性，只是在广东省范围内面向广东省用户内测，逐渐改善用户体验后，QQ 网购将会在 2013 年第 2 季度面向全国推广。

9.1.2 QQ 网购的经营分析

1）QQ 网购的经营模式

作为一个 B2B2C 的超级电子商务平台，QQ 网购表示，在公测期间采取类目特许经营方式，待公测结束，全国放量推广的时候，逐步开放吸引更多的 B2C 网站和商户在统一的服务规范和标准下入驻。

QQ 网购的类目特许经营方式，即在 3C、鞋靴运动、化妆品、服装、日用百货和珠宝首饰等类目分别与一家核心 B2C 独家合作，让某一家 B2C 单独运营某一品类，以避免商家“鱼龙混杂”的现象，保证统一的高标准服务体验。QQ 网购称只允许商家入驻，保证正品。

2）QQ 网购的合作伙伴

基于类目特许经营，QQ 网购对合作伙伴的选择十分谨慎。在合作伙伴的选择上，QQ 网购的接入标准非常关注服务体验和产品品质等用户口碑，不仅需要有正品保障、价格优势等基本要求，还要考量其商品丰富度、库存数量、仓储地点、配送能力、到货时间、支付手段、售后服务等不同维度。与 QQ 商城相比，QQ 网购主要的合作伙伴为独立 B2C 及传统零售连锁企业，定位于统一高标准服务的优质精品购物中心。

目前为止，QQ 网购的经营类目主要有数码家电、鞋靴运动、珠宝饰品、生活超市、美容美妆、时尚箱包、潮流服饰、电影演出、机票酒店以及一些虚拟产品。除虚拟产品为腾讯旗下自有业务外，其他类目商品都由其合作伙伴提供。其现有的合作伙伴情况如下。

（1）易迅

易迅作为第二大 3C 类产品提供商，与 QQ 网购合作的主要是 3C 类目，具体大类包括：手机/摄影/数码，电脑/配件/网络，大家电/生活电器，办公/设备/耗材，汽车/保养/装饰。为更好地与QQ网购完成对接，易迅在华南区建立起完整的面向华南市场的仓储、物流、售后服务体系，在深圳市建立了2万平方米的仓储空间，同时配合全程信息化的自建物流体系，将网上购物的物流时间缩短在半天以内，即上午下单，下午就可以收到货物。在整个深圳地区，目前只有易迅网可以实现这一高效的配送服务。

（2）好乐买

好乐买是国内最大鞋类B2C公司，为QQ网购提供鞋靴运动类产品。为配合QQ网购，好乐买进行了物流自建，并于去年年底在北京、上海、广州、成都完成了第一轮物流建设。另外近期也还在大力招聘相应的电商人才，为今后的大力度发展跟合作做好充足的人才储备。

（3）珂兰钻石

QQ网购的珠宝首饰类目全部由珂兰钻石提供。作为国内最早的珠宝类B2C企业之一，经过5年的发展，珂兰已经成为国内领先的珠宝类B2C企业。如今，珂兰官网注册用户也已经超过70万，线下体验店总数已经达到了20余家，覆盖了国内钻石消费的主要市场，业已成为国内规模最大的珠宝电商企业。作为第一批进驻的商家，珂兰在前期工作中为腾讯新平台上线做好了全面、充足的准备。在合作平台上增长了80%的备货量，同时扩充了时尚饰品以及快销品的品类。并结合自身情况建立起专门的仓储物流，保证库存产品充足，并提高在物流配货方面的速度。与此同时，珂兰还建立起腾讯超级电商平台运营团队，来专门负责电商平台的运维工作。

（4）1号店

1号店为QQ网购提供生活超市类目下所有商品。1号店是国内首家网上超市。在线销售超过18万种商品，涵盖食品饮料、美容护理、厨卫清洁、母婴玩具、数码电器、家居运动、营养保健、钟表珠宝、服装鞋帽、机票服务、品牌旗舰店等12大类，还在业内率先拓展了众多虚拟产品服务项目。目前1号店拥有上千家优质供应商资源，涵盖国内外优质品牌生产商。同时，1号店拥有北京、上海、广州、武汉、成都五大仓储中心，1号店创立自己的配送中心，截至2011年12月底拥有超过34个大城市自主配送，未来在全国范围将再建数百个配送站，商品最远可送到南极科考站。

（5）天天网

QQ网购的美容美妆类目与天天网进行合作。天天网是目前中国最大的专业正品化妆品时尚购物网站，销售包括国内外知名品牌的化妆品、护肤品、彩妆、香水、个人护理、美体瘦身、健康保养以及手表饰品箱包等近300 000种类商品，天天网与600多家国内外知名品牌商及其总代理商，如欧莱雅、宝洁、资生堂、联合利华、高丝中国等品牌商建立直接合作关系。天天网是业界唯一拥有质检团队的电商企业，并与国家质量技术监督局合作，成为行业内首家提出假一罚十的化妆品B2C领军企业，充分给予消费者产品品质承诺。天天网已在北京、上海和广州等地建立了几万平方米的库房，在全国1 100多个大中城市实现了送货上门、货到付款以及开箱验货的服务。其庞大的物流体系目前已分布在华北、华东、华南、西南，覆盖了全国各大城市。天天网更是与质量技术监督局、品牌商、美容专家联手打造业内首家线上“美容研究院”，不仅免费为消费者做商品的质量鉴定，还共同为消费者提供专业指导及个性化美妆服务。知名化妆品品牌商现已纷纷选择在天天网设立其“美妆旗舰店”。经过 12 年的发展，天天网成为中国化妆品垂直 B2C 领域最受年轻白领好评及最具影响力的网站之一。

（6）麦包包

麦包包为 QQ 网购提供时尚箱包类目产品。麦包包诞生于 2007 年 9 月，由意大利近百年历史的箱包家族集团 VISCONTI DIFFUSIONE SNC 提供的天使基金设立而成。麦包包拥有多个时尚品牌，如飞扬空间、浪美、卡唐、阿尔法等；并独家网络代理美国迪斯尼-米奇、香港薇茉等国际国内知名品牌产品，拥有近万款箱包品种，产品线涉及时尚、商务、休闲、户外运动等多个系列。在意大利水城威尼斯成立了中国首家“欧洲麦包包时尚研究中心”，并在浙江嘉兴自建箱包生产基地，完全实现研发到制造，再到用户的垂直消费。通过对品牌的培育和对箱包产业链的深度挖掘，麦包包正在积极地推动着中国的箱包市场理性化及规范化发展，并真正为用户创造时尚价值。麦包包正逐步成为大中华区最具价值的箱包品牌。

（7）V+

QQ 网购的潮流服饰类目下所有商品都由 V+提供。V+是由 VANCL 创始人、董事长兼 CEO 陈年投资创办的独立于凡客诚品之外的一个全新服装电子商务网站，旨在为 85 后网民提供来自全球的时尚服饰。V+走的是品牌为王的路线，其合作品牌有 Nike、Adidas、Lee、G-STAR、马克华菲、IZZUE、KAPPA、NewBalance、爱慕等全球时尚潮流名牌。

（8）艺龙

艺龙与 QQ 网购就酒店服务进行合作。艺龙旅行网是由 Expedia 控股的中国领先的在线旅行服务提供商之一。艺龙旅行网通过提供强大的地图搜索、酒店 360 度全景、国内外热点目的地指南和用户真实点评等在线服务，使用户可以在获取广泛信息的基础上做出最佳的旅行决定。艺龙旅行网是可提供酒店数目最多的在线旅游服务提供商，可提供中国大陆近 700 个城市逾 25 500 家酒店、海外 100 多个国家和地区的近 149 000 家酒店预订服务。

（9）同程网

同程网进驻 QQ 网购在三大业务进行合作，分别是演出预订业务、机票和景点门票。同程网创立于 2004 年，经过数年在旅游在线市场的成功运作，同程网已成为国内最大的旅游电子商务平台之一，也是目前中国唯一拥有 B2B 旅游企业间平台和 B2C 大众旅游平台的旅游电子商务网站。B2B 旅游企业间平台作为中国最大的旅游 B2B 交易平台，搭建包括旅行社、酒店、景区、交通、票务等在内的旅游企业间的交流交易平台，提供国内 2

万余家及海外10万余家酒店预订，覆盖全国所有航线的机票预订，5 000余家景区门票预订，全球热门演出门票预订，200多个城市租车预订，境内外品质旅游度假预订。提供互联网预订、手机无线预订和365×24小时电话预订，网站秉持“有保障的低价”原则，在行业内首创“先行赔付”和“点评返奖金”等特色增值服务，成为目前中国增长速度最快的旅游预订平台。

（10）当当

今年4月份，当当宣布与QQ网购就图书业务进行合作，但目前QQ网购尚未推出图书频道。

QQ网购目前还处于试点阶段，各类目实行特许经营，在公测结束全国推广的时候，腾讯将逐步开放平台吸引更多的B2C网站和商户在统一的服务规范和标准下入驻。

3）QQ网购对合作伙伴的支持

QQ网购对于合作伙伴提供全方位支持，具体包括以下几点：

（1）QQ网购为合作伙伴提供统一的购物入口，买家可以从QQ网购的页面直接链接到其合作伙伴的主页网址。

（2）在营销环节，腾讯将为合作伙伴提供用户共享的服务，腾讯的用户可以用QQ号一键登录合作伙伴的网站。同时，腾讯还整合了QQ、QQ邮箱、QQ空间、腾讯微博、腾讯朋友等流量巨大的产品和社区平台，为合作伙伴提供大量包括品牌展示、购物分享、SNS店铺、微博店铺等在内的全方位营销渠道，吸引新用户的关注。未来，腾讯还将会发挥在社交网络和移动互联网的领先优势，不断推进社交电子商务领域和移动电商领域的模式创新。

（3）在研发环节，腾讯将为合作伙伴提供包括研发、架构和运维在内的全方位技术支持，并且通过开放API，给予了合作伙伴依托腾讯平台的二次开发、服务开发、搜索等电子商务核心环节的开发能力，提升了用户的购物体验。

（4）在运营环节，腾讯将引入第三方软件公司为企业提供商品运营和用户运营的支持，第三方电商运营机构为传统企业从事电子商务服务提供代运营服务。

（5）在经营环节，腾讯也将整合更多服务商为电商企业提供前端的搜索购物和建站服务，后端的仓储及物流服务。

（6）在服务能力建设方面，腾讯也将会与易迅等合作伙伴为品牌商提供代发货服务等。

4）QQ网购的高品质服务

QQ网购以高标准进行合作伙伴的选择，真正的目的在于为客户提供高品质的服务，让客户获得优质的客户体验，以吸引并留住客户。QQ网购提供的高品质服务主要有以下几点：

（1）统一的400客服热线

QQ网购提供消费者统一客户服务热线4007000808，并为各商品类目的提供商设置分机号，让消费者可以快速地就所购商品得到最有效的服务。

（2）大部分商品支持货到付款

QQ 网购不仅支持财付通及网银等在线支付方式付款，还在相应地区支持货到付款方式进行购买。

①潮流服饰、运动鞋包、美容美妆类商品支持广东大部分地区货到付款。

②珠宝饰品类商品 500～5 000 元的非定制商品支持广东大部分地区货到付款。

③数码家电类商品支持北京市、上海市及广东省大部分地区货到付款。

需要注意的是，部分商品在使用优惠券时无法选择货到付款支付方式。

（3）担保全场正品

QQ 网购承诺出售的所有商品均为正品行货，且开具正规商业零售发票，和亲临商场选购享受相同的质量保证；若怀疑在 QQ 网购平台上购买的商品为假货，并提供国家相关质检机构的证明文件，经过确认，即可获得商品售价 10 倍的金额赔付；超市商品实行假一赔三服务。

（4）快速物流，延迟赔付

营业期间，收货地址为北京、上海、广东的用户，每次购物完，QQ 网购将给一个承诺到货的时间点，如果未在承诺时间点内收到货，可通过拨打 4007000808 电话来申请赠送十元优惠券。每次申诉后，经过客服审核物流延迟属实，将在审核后的 24 小时内获得优惠券补偿，但该赠送的优惠券必须在订单金额大于等于 15 元时才能使用。其申诉流程如图 9-1 所示。

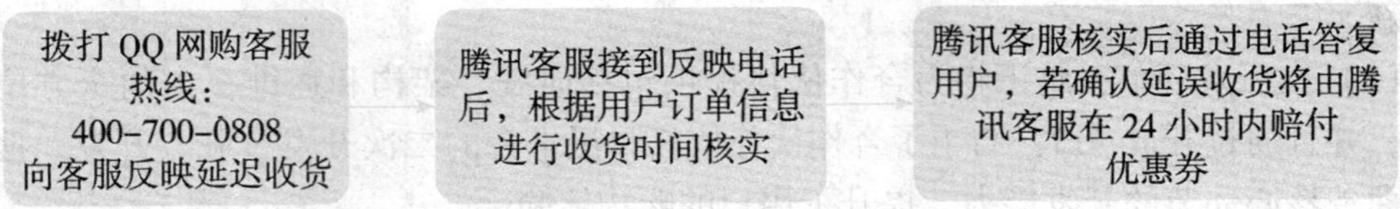

图 9-1　QQ 网购申诉流程

需注意，若因遇不可抗力的台风等重大天灾或交通事故，导致配送延迟除外。

（5）十天无理由退换货

消费者在收到商品后，在不影响二次销售并符合下述条件的情况下，可享受无理由退换货服务：自收到商品起（以货品签收单上的签收日期为准）10 日内（生活超市品类 7 日内）可退货、15 日内可换货（定制商品除外）；其中运动鞋包、潮流服饰、珠宝饰品类可享受多达 30 日内退换货、化妆品可享受多达 60 日内退换货服务。

3C、家电商品（单价在 1 000 元以内）无任何质量问题但已影响二次销售情况下，如仍要求退货，10 日内可以有条件退货。QQ 网购合作伙伴将收取商品购买价格的 10% 作为折旧手续费；单价在 1 000 元及以上的无质量问题并已影响二次销售的商品不予办理退换货；限制批量退货，如果订单内某一商品订购多件最多只能退 3 件，不论是否满足影响二次销售（限制炒货商类客户）。

（6）闪电发货

针对不同的商品、不同的收货地址，QQ网购提供闪电发货服务，即成功下单商品支持一日二送或一日三送，通常情况当日下单当日发货。以下是支持闪电发货的商品类目：①数码家电类商品上海市、北京市及江苏省、浙江省、安徽省、广东省部分地区可支持闪电发货。②生活超市类商品上海外环以内、北京市、广州市可支持闪电发货。③美容美妆类商品北京市、天津市部分地区可支持闪电发货。④潮流服饰类商品北京仓库发至北京、天津支持闪电发货；上海仓库发至上海（除崇明岛、长兴岛外）支持闪电发货；广州仓库发至广州、深圳支持闪电发货。⑤运动鞋包类、珠宝饰品类、时尚箱包类商品暂不支持闪电发货。

（7）库存信息提示

在顾客下单时，QQ网购会给出所选购商品的库存信息，告知顾客是现货，下单即能发货，还是库存不足，需等待一定的时间，让顾客不必盲目地等待。

9.1.3　QQ网购战略分析

1）公司层战略分析

从公司层来讲，QQ网购的发展战略无疑是增长型战略。2011年1月24日，腾讯曾宣布成立“产业共赢基金”，不久后规模就由成立之初的50亿元扩至100亿元，而电子商务是该基金投入的重点之一。QQ网购的合作伙伴易迅、好乐买、珂兰钻石、艺龙等，都是在接收腾讯的注资后加入的QQ网购，而且，有消息称QQ网购仍在积极地与海内外其他B2C电商企业进行合作洽谈，可见腾讯壮大QQ网购的决心与魄力。腾讯高级副总裁吴宵光称，腾讯过去的高速增长来自娱乐业务，公司是希望五年内通过对电商产业的涉足，再造一个以消费为核心的平台，电商将成为腾讯公司新的业务增长点。

2）业务层战略分析

（1）品牌策略

吴宵光表示，在过去七八年中，传统电商领域的竞争一直遵循着价格、品类、支付及物流仓储能力四个竞争维度，但随着网购逐渐成为人们的一种生活方式，消费者已经越来越关注网购的服务质量和商品品质，而不再一味地追求低价。腾讯推出QQ网购就是希望带动中国电子商务回归到以品质和服务为核心的良性竞争格局中，让电商企业从无穷无尽的价格战当中解脱出来。而QQ网购的各合作伙伴，都拥有优质的供应商，为QQ网购的品牌策略做了很好的铺垫。

（2）开放策略

QQ网购，是腾讯与垂直B2C合作推出的B2B2C平台，采取的是开放平台策略。B2C企业可以保留自己的企业Logo，图片上可以打上印有自己主站网址的水印。但和完全开放并不一样，这将是一个半封闭半开放的平台，仅是对其所投资的平台开放，而被投资的B2C也无需担心腾讯的强力控制，能够继续拓展其自有的其他销售平台。

（3）排他性策略

与拍拍网、QQ 商城两大网购平台的策略一样，QQ 网购同样不支持竞争对手支付宝及 Paypal。

（4）差异化竞争策略

在商家选择方面，淘宝商城大多店铺是从个人小卖家成长起来的，而 QQ 网购对入驻商户质量有较高的要求，其入驻商家为 B2C 平台营运商或传统连锁店，借助同已占据优势的团队合作来做大品类和规模。

在服务方面，QQ 网购也体现了其差异化策略，如 QQ 网购要求所有商家在接到订单后 10 个小时内发货。这样的要求一般的中小卖家基本做不到，只有 B2C 有这个能力，而 QQ 网购是 B2C 平台直接入驻的，这就为 QQ 网购提供了服务差异化的平台。QQ 网购电商平台推出之际并未选择全国性的放量推广，只是选择广东地区的试点公测，更是向外界传递了其试图通过发达区域网购服务体验的差异化竞争策略。

3）职能层战略分析

（1）营销策略

①直接降价

QQ 网购有一个天天惠频道，每天会以全网最低价推出一些商品，通过直接降价的方式，让利消费者。

②折扣定价

近年来，国内演出市场一直处于一种不温不火的状态，动辄几百上千的演出门票超出了普通老百姓的承受能力，票价高成为市场发展的一大制约因素。针对这一现状，腾讯超级电商平台 QQ 网购旗下的电影演出频道（原 QQ 票务）与国内知名的、以演出经纪及演出票务为主的电子商务公司聚橙网达成在线票务方面的战略合作，双方整合优势资源在 QQ 网购演出频道定期推出“周周惠”折扣专区，联合为用户提供优质、便捷的在线演出门票预订服务。

“周周惠”的营销模式是对即将演出的项目做“最后一秒钟营销”，将最后剩余的演出票以非常优惠的价格推出，并向 QQ 会员和 QQ 音乐‘绿钻贵族’推出低至 2.6 折的优惠票，原价 280、380 元的票猛降至 79、99 元，近 400 张门票很快就被抢购一空。

③促销定价策略

QQ 网购经常会推出一些满额减现金、免邮费等促销活动，以吸引消费者，如其开业庆典大促销，在 2011 年 12 月 12 日至 12 月 16 日期间，QQ 网购推出“满 199 送 300”的全站让利大促销活动。

A. 会员营销。QQ 网购实行会员制，并通过接口把自身的会员与合作伙伴已有会员打通。

B. 搜索引擎营销。搜索引擎营销是当今任何电商企业都必不可少的一种营销手段，图9-2是 QQ 网购的搜索引擎收录情况。

搜索引擎收录/反链查询　　体验新服务和意见反馈推荐您关注：设计风的微博

请输入你要查询的地址：buy.qq.com　查询

网址 buy.qq.com在各大搜索引擎的收录查询结果　查看历史记录

搜索引擎	百度收录	百度反链	Google收录	SOSO收录	搜狗收录
收录数量	3万4100	13万8000	16万9000	4220	27万2696

IP地址查询 - PR查询 - 域名Whois查询 - 网站收录查询 - Alexa排名查询 - 友情链接查询 - 百度权重查询 - 网站备案查询 - IP反查 - 网站历史记录

图 9-2　QQ 网购搜索引擎收录情况

C. 社区营销。背靠腾讯强大的社区资源，QQ 网购充分利用资源进行社区营销，无疑具有绝对的优势。QQ 网购整合了 QQ、QQ 邮箱、QQ 空间、腾讯微博、腾讯朋友等产品和社区平台，为合作伙伴提供包括品牌展示、购物分享、SNS 店铺、微博店铺等在内的全方位营销渠道。

D. 微博营销。QQ 网购开通了自己的腾讯微博，在微博上对产品及销售活动进行宣传。

E. 媒体营销。QQ 网购也借助媒体进行曝光，以提高消费者对其认知度及熟悉程度，以发展客户群。

F. 娱乐营销。QQ 网购娱乐营销最新的例子，便是麦包包入驻 QQ 网购平台，2012 年 4 月 12 日，罗志祥携手 QQ 网购、麦包包，在其第九张音乐力作《有我在》发行期，推出大型活动“有我在，与罗志祥同在”，在 QQ 网购亚洲独家首卖其代言的美国著名时尚品牌曼哈顿邮差包（Manhattan Portage）。4 月 12 日—18 日，凡在 QQ 网购购买任何一款曼哈顿邮差包，即有机会获赠限量版签名 CD《有我在》之“惊天动地版”或“风云变色版”特辑及“烈日风火海”或“天使也哭泣”写真歌词本，并在同期相对应赠送小猪最钟爱的豹纹口罩或 GOOD SHOW LED 投影手电筒。鉴于定制限量版签名 CD《有我在》特辑及赠品数量有限，考虑到公平性原则，QQ 网购将根据顾客下单顺序，每天只选取前 66 名顾客赠送签名 CD 及相关礼品。

G. 口碑营销。QQ 网购非常注重其在消费大众中的口碑，认为真正优质的卖家，必然被消费大众以好的口碑相传。自始至终 QQ 网购都在严格要求自己，为客户提供优质的产品和服务，努力在消费者心中树立良好形象，获得好的口碑评价。

H. 客户体验营销。QQ 网购以高标准选择合作伙伴，并实行类目特许经营，为客户提供高品质的商品，并统一提供全场正品，假一赔十；十天无理由退换货；承诺发货时间，延迟赔付；闪电发货等高标准的客户服务。其目的就是让消费者在 QQ 网购获得完美的客户体验，以促进营销。

I. 泛关系链营销。泛关系链营销是腾讯基于自己的社区资源推出的一项具有腾讯特色的 SNS 营销手段，是整合“QQIM+Qzone+QQshow”三大产品平台优势，融网络硬盘、植入广告、品牌空间、意见领袖、口碑互动、在线客服、口碑舆情监测与管理于一体的

SNS关系链整合营销解决方案。通过在“发布品牌声音、驱动关系链传播、接口用户对话、管理口碑体系”四个环节的介入，最大化地促使企业官方声音能够在腾讯泛关系链网络内多节点曝光，吸引用户关注，同时通过意见领袖和活跃网民的影响力带动，实现企业品牌的广泛传播。

(2) 人力资源策略

2011年，为了QQ网购的问世，腾讯对外进行大力投资布局，对内正式对电子商务业务的内部组织架构进行了重组。昔日的电子商务部被全新的电子商务线所取代，下设电商运营部、电商平台部、虚拟服务电商部、生活服务电商部和电商研发部五个部门。

根据最新的架构调整，此前的电子商务部门的所有功能现在由电商运营部全权负责，比如拍拍网的市场营销、类目建设和运营管理等工作，同时负责相关产品和运营的内外部拓展工作。电商平台部负责电子商务的平台规划建设和开拓，包括平台产品建设，商户服务和策略建设，商城项目与移动电商的项目预研与实施，数据BI和运营支持的平台支撑工作等。新成立的虚拟服务电商部和生活服务电商部的核心业务则聚焦在充值缴费、网游道具、保险与健康、团购、旅游、电影等垂直领域，生活服务也成为腾讯电子商务的重要组成部分。

在进行结构调整的同时，腾讯也对电商人事进行了重新任命。腾讯主管互联网业务系统的高级执行副总裁吴宵光将直接负责电子商务线，原电子商务部的副总经理侯艳平、顾思斌，原电子商务部助理总经理毛涛、叶顺福，原互联网研发部副总经理张颖也全部履新，分别担任电商运营部、电商平台部副总经理、虚拟服务电商部助理总经理、电商研发部助理总经理、生活服务电商部副总经理。

9.1.4 QQ网购的发展、存在的问题以及未来展望

1) QQ网购的发展优势

腾讯公布的来自腾讯电商平台（含拍拍网、QQ商城、QQ网购）的2011年消费者购物数据显示，截至2011年12月31日，全年累计在腾讯平台进行过购物的人数超过了2 000万人，从用户数看，腾讯依旧是中国网络购物用户除淘宝外的第二大选择。作为腾讯的电商平台之一，QQ网购在发展中具有以下四点优势：

(1) 巨大的流量

按腾讯方面最新公布数据，按曝光量计算，QQ每天可成长曝光量超过300亿，腾讯网所有网页流量加起来超过80亿，无线互联网流量大概150亿左右，SNS（QQ空间/朋友网）流量约为30亿。腾讯在营销上计划整合QQ、QQ邮箱、腾讯微博等资源，每家供应商都能获得所承包类目的全部流量，在营销成本居高不下，转化率却越来越低的现实下，保障其低成本获得大量订单。腾讯高管透露，下半年将在社交平台上推出新组件，帮助进驻的B2C提供更有价值的流量，并重点考虑如何“通过好友之间的互动去提高整个电商的转化率”。

（2）丰富的社区平台

作为腾讯旗下的一个电子商务平台，QQ网购可以依靠腾讯丰富的社区平台。腾讯本身就拥有QQ空间、朋友网等众多现有SNS平台，是中国最大的社区运营商。2011年年底，腾讯成功收购全国最大社区软件平台及服务提供商康盛创想（做论坛系统Discuz！的公司），打开了通往70%国内论坛的渠道。这意味着，随着QQ账号日渐和Discuz！论坛账号打通，站长们除了投靠百度联盟、谷歌AdSense联盟来挣点广告分成外，又多出一个不仅能带来CPM广告、也许还能带来CPC团购和促销链接的"QQ联盟"。

（3）背靠QQ巨大的"红海资源"

所谓QQ巨大的"红海资源"，即庞大的QQ用户群。财报显示，截至2011年第3季度末，QQ活跃账户数达到7.117亿，比上一季度增长1.4%，比去年同期增长11.8%。QQ最高同时在线账户数达到1.454亿，比上一季度增长6.4%，比去年同期增长22.5%。QQ网购背靠如此巨大的QQ用户群体，其潜在的可转化客户数量惊人，其发展潜力可谓巨大。

（4）专注于平台的优质服务及高标准体验

QQ网购定位于统一高标准服务的优质精品购物中心，将其目标客户群定位于关注商品品质和服务质量的用户群体，通过设立高标准合作门槛，以保证提供优质产品及服务，一直致力于打造高标准的客户体验。QQ网购的高品质本身就是一个强大的发展优势。

（5）合作伙伴双边效果

让更多优质商户入驻以聚集人流，以人流带动生意，这个逻辑就像QQ用户规模越大、关系沉淀越成熟，就会吸引更多用户进来一样。不同类目下不同企业的聚集，带来"店铺越多—消费者越多—店铺越多"这样的双边效果。易迅、好乐买、1号店、麦包包等知名B2C电商品牌的入驻，在丰富了QQ网购平台品类的同时，也满足了网购用户对购物体验升级的需求，进而会吸引更多的客户，吸引更多的优质B2C入驻QQ网购。

2）QQ网购发展中遇到的问题

任何企业的发展都不可能是一帆风顺的，QQ网购虽有多项发展优势，但在发展过程中也无法避免会遇到一些难题。

（1）缺乏电子商务运营经验

腾讯尽管已经拥有中国第二大C2C网站拍拍网和第三方支付平台，但电子商务对公司营收的贡献却很少。实际上，电子商务跟腾讯最为擅长的社区互动有着明显的鸿沟。电商需要有运营经验，而此前，腾讯拍拍就因为缺乏电子商务的运营经验而没能获得显著成功。在任何电子商务交易过程中，支付经验、运营经验以及制定交易规则都需要长时间的积累，腾讯的优势在于沟通和游戏，想无缝嫁接到电子商务上面还是很困难的。

（2）如何实现高转化率

QQ网购虽背靠着腾讯庞大的用户资源，但如何将腾讯的娱乐用户高比例转化为QQ网购用户，依然是一个十分困难也十分艰巨的任务。

(3) 如何在竞争中不败

QQ 网购作为一个电商新生儿，面对着淘宝、京东商城、凡客诚品等经验丰富且强有力的竞争对手，如何才能在竞争中获得一席之地，是 QQ 网购发展中面临的最大难题之一。

(4) 如何推广优质模式和服务

从腾讯电商目前公布的数据来看，QQ 网购的服务标准和实际水平都已经超过行业的平均水准。但未来最重要的是，QQ 网购如何将现有的模式和服务标准在更大范围落地，以及未来在接入更多的合作伙伴的情况下，复制并控制执行这样的服务标准，才能有实力与淘宝竞争。

3) QQ 网购的未来展望

随着电子商务热潮的兴起，B2C 平台的竞争愈加激烈。2011 年 9 月 19 日，淘宝在北京宣布其 B2C 开放平台策略，与 1 号店、银泰网、麦考林、库巴网、易迅、新蛋等 38 家 B2C 企业联盟。2011 年 10 月 10 日，盛大旗下电商平台品聚网也以团购模式上线，而在此之前，京东商城、凡客诚品等电商也早已开始涉水开放平台。而平台型业务，亚马逊、京东和当当也都在一直推进，但并未最终形成稳定格局。

随着大鳄们纷纷试水，国内电商市场已进入平台化竞争时代。QQ 团购面对着众多强有力的竞争对手毫不畏惧。2011 年 11 月 9 日举办的腾讯电子商务媒体开放日活动中，腾讯集团高级执行副总裁吴宵光表示，腾讯希望通过开放的电子商务平台在未来 5 年中，成就 10 家以上百亿级且盈利的 B2C 合作伙伴，100 ~ 200 家年销售额超过 1 亿的传统品牌及网络品牌合作伙伴，并希望腾讯电商平台可以成为一个汇聚超过 100 万家各类商户的超级电商平台。

未来 B2C 的竞争将逐步演化成平台之争。淘宝商城和腾讯推出的超级电商平台天猫和 QQ 网购，将成为 B2C 企业的服务提供商，通过对营销、支付、物流、数据等资源的整合，平台级的厂商有可能为独立 B2C 企业提供全方面的基础服务支持。对于 B2C 站点而言，借助开放平台提供的基础性资源，在业务开展上将达到事半功倍的效果，由此形成的电商生态圈将形成价值共享的局面。而腾讯推出的 QQ 网购和淘宝推出的天猫，将成为未来网上零售市场竞争的核心。

9.2 网上超市——1 号店

9.2.1 1 号店的背景介绍

1) 1 号店简介

1 号店（www. yihaodian. com）是国内首家网上超市，由世界 500 强企业的 Dell 前高管于刚（全球副总裁）和刘峻岭（全球副总裁，中国和中国香港区总裁）联合在上海张江高科技园区创立，2008年7月网站正式上线，成立仅3年半的时间，以业绩月均增长28%的速度成长为国内领先的B2C网上购物平台。

2）发展历程

2008年7月，1号店上线，到2009年1月上旬，其注册用户达到20万。

2009年5月，它被“中国B2C电子商务大会”评为“消费者信得过网上商城百强”。

2009年7月，1号店的当月营业额在300万元左右，业务增长近30倍，公司雇员约100人。

2010年12月，1号店全年实现销售额超8亿元，线上商品超5万种，注册用户达400万。

2011年销售额达27.2亿元，较2010年的销售额增长超过3倍。1号店目前的销售规模已相当于一家区域型连锁超市的年销售额，且其发展速度远高于传统超市。截至2011年底员工人数达4 800人。2011年夺魁“21未来之星”评选。

3）1号店的优势

（1）规模宏大，超1 600万用户，拥有大批忠实活跃消费群。

（2）口碑卓越，中国网购口碑排行榜排名前三。

（3）增长迅速，每月环比不低于28%的增长。

（4）顾客活跃，顾客转化率业界领先。

（5）顾客忠诚，顾客回购率名列前茅。

（6）推广资源丰富，与各大战略合作伙伴合作（腾讯、谷歌、百度、网易、微软等）。

4）企业文化

1号店企业文化很简单，称之为“八字箴言”：诚信（Integrity）、顾客（Customer）、执行（Execution）和创新（Innovation）。其中，把“诚信”放在第一位，因为诚信是万事之基。简单地说，诚信，就是“Do what you say，say what you do”。1号店对顾客诚信，对供应商诚信，要求员工之间也要诚信。

9.2.2 1号店的商业模式

1号店打破了传统电商从垂直型逐步向综合型过渡的商业模式，直接采取了以家庭日常消费需求为核心，其他辅助需求为依托的“网上超市”综合式电商模式。其最大优势在于一定程度上增加了电商企业自身体系的可扩性，有效避免了模式过渡中的转型之痛。相比较为僵硬的垂直型模式，这种模式在企业创立初始就做好了未来横向纵向扩展的准备，使其能够较为容易地拓展到其他不同种类产品，也规避了转型风险。

1号店选择网上超市模式还因为百货行业非常容易发生重复购买并且毛利率也相对较高。日用家电厂商的毛利率在3%～5%，而百货零售业的毛利率却可以达到25%。另一方面，对于任何一家零售电子商务网站，消费者的重复购买率才是最关键的指标。通常情况下，B2C 网站通过市场营销获得客户所花费的成本绝大多数发生在他完成第一次购买之前。而第一次购买所带来的利润往往远低于这个成本。因此，如果转化的客户不能重复购物就是净亏损。而一般消费者在诸如 3C 数码等一些垂直 B2C 网站上所产生的重复交易相对有限，这也是为什么原先许多垂直领域中的 B2C 网站都在试图向更扁平的百货转型。丰富的商品是提高现有客户重复购买率的关键。1 号店直接切入用户非常容易发生重复购买并且毛利率也相对较高的日用百货行业；把传统零售渠道在房地产方面的成本节省下来通过低价、免运费回馈给消费者。这是一个道理非常简单却又包含了真实价值的服务。因此，如果 1 号店能在资本运作、系统搭建、仓储和物流配送系统建设上具备出色的执行力，它或许有希望成为第一个避免 Webvan 命运的网上超市，取得具有相当高门槛的成功。

9.2.3 1 号店的运营模式

1 号店的运营模式：百货商店模式+综合商城模式

电子商务的 B2C 模式可分为两种形式，一种是自主经营，另一种是平台模式。而 1 号店的网上超市模式是这两种模式的结合，百货商店模式就是 1 号店自主经营的网店，商品的卖家是 1 号店，而综合商城模式是指 1 号店中的 1 号商城，他是 1 号店为其他商家提供平台，商品的卖家是进驻 1 号店的商家，也就是平台模式。1 号店这种网上超市的综合模式实际上与线下的超市是一致的，一般的超市不仅仅卖百货，还会提供一些店面给其他商家，譬如各种专卖店。1 号店只是将这种超市模式搬到了网上。

1）供应链管理

1 号店一开始的口号就是要打造网上沃尔玛，而经营线下超市的关键是供应链的建设和管理，沃尔玛就是以其强悍的供应链管理著称，于刚认为经营网上超市与线下超市一样核心在于供应链的管理。他把其形象地称为“搬箱子”的学问。不言而喻，“搬箱子”是将采购、库存、仓储、配送和客户管理等模块进行全部优化升级，使之能够在供应链环节中更加行之有效地运行，从而实现规模化运作、让利于民的效用。作为 1 号店的商业哲学，这种发展思路为其树立起了难以被同行及新进者逾越的竞争壁垒。

1 号店的供应链系统主要包括五大模块：

（1）系统和平台

1 号店认为在电子商务领域内，突破性的成就应该来自供应链和业务模式，所以其团队自行研发后台供应链管理系统，包括了供应商管理系统、仓库管理系统、会员管理系统、财务管理系统、管理报表系统、物流管理系统等，而这些系统彼此又能无缝对接。这系统被于刚看做自己的核心竞争力，是其不会被其他企业模仿的壁垒。这套具有“别人不可复制”特性的后台管理系统，申请了多项专利技术并获得了 124 个软件著作权。1 号店用这些技术成果大幅度提高了效率，降低了运营成本。

例如其中有一个自动采购系统，当库存低于安全库存的时候，就会自动下单，然后给供应商寄过去，然后追踪整个送货的过程。在顾客这端，有货的时候顾客可以立刻购买，缺货的时候客户可以预售登记。在无此产品的时候1号店可以把客户输入的关键词集中起来进行统计，最后把这个信息送到1号店的产品部，产品部根据这些信息去采购，就知道有多少顾客对哪一种商品感兴趣，这样的话1号店可以针对他们的顾客群采购想要的商品。

（2）采购

1号店对供应商的筛选和管理非常严格，他制定了一系列指标，重点是品牌和质量，还有供货及时性和售后服务等，然后尽量上移，就是从二级代理商发展成一级代理商直至发展到厂商直供。另外1号店还通过多种商务模式来提供更丰富的品类。所有商品中，只有一部分是买断来销售的；还有一部分是寄售，销售掉了才结算；还有一些是转单，收到订单以后转给商家，让商家去完成订单履行和售后服务。把所有可能的商务模式集成起来，按照各个不同的渠道、不同的方式去优化，使得1号店可以以最低成本、最高效率为客户服务。

截至2012年1月，1号店有13大产品分类、1大虚拟产品。

（3）仓储

1号店拥有北京、上海、广州、武汉、成都五个仓储中心，他建立仓储中心是根据该地区订单来决定的，只有当订单量达到预定的数量时才在该地建立仓储中心。这样有效地控制物流成本，据统计1号店的物流成本与第三方物流公司是持平的。

（4）配送

在布局仓储中心的同时，1号店还决定自建配送系统。截至2011年12月，已在34个城市设立了140多个自主配送中心。2012年的计划是将配送团队扩展到上百个城市。

1号店的配送方式有两种：一是自主配送，这种方式在一线城市能实现半日达，而在一些二线城市能实现次日达。目前，1号店70%的订单由自建配送系统配送。无论从及时配送率、配送成功率，还是顾客满意度、破损、溢漏、少货率等来看，自建配送的指标都要优于第三方配送公司，大大提高了客户体验的满意度。二是对于自主配送无法到达的地区采取与第三方快递公司合作的方式配送。

正是因为大部分订单都能实现自主配送，所以1号店可以实现多种支付方式，主要有：

- 返利支付（积分）；
- 货到付款（现金）；
- 货到刷卡（银行卡、购物卡等）；
- 网上银行支付（支持10多家银行卡及支付宝、快钱等平台）银行转账；
- 邮局汇款。

(5) 顾客关系管理模块

对顾客行为做大量的数据分析，建立顾客行为模型，然后根据顾客的不同特点为他们做新品推荐。

2) 平台模式——1号商城

作为B2C平台战略的重要组成部分，2011年7月，1号店正式推出了“店中店”平台模式——1号商城。该模式的上线使1号店的发展走上了一条多元化的商业道路，并将商业模式的可扩性带上了一个新的台阶。通过引入联营商，1号店打破了针对消费者的B2C模式，逐步向B2B2C的纵深模式发展，从而更好地构建、整合供应链，满足顾客一站式购物的需求。

(1) 1号商城的理念：致力于为广大顾客打造“体验一流、诚信服务、品类齐全、品牌荟萃、方便快捷”的一站式购物平台。

(2) 1号商城的业务：为广大顾客提供涵盖护肤美妆、珠宝饰品、手表眼镜、服装、内衣、鞋靴运动、箱包皮具、家居家饰、汽配、母婴、数码家电、特色美食等十几大品类、数十万种商品，且数量仍在快速增长中。

(3) 1号商城入驻收费标准：

商品质量保证金：

5 000～10 000元/店（“无忧购物保障”的先行赔付）

技术平台使用费：

以每个店铺的SKU[①]数计算，按年度交纳：

SKU数在500以内的，3 600元/年；

SKU数在500～1 000的，6 000元/年；

SKU数超过1 000的，10 000元/年。

交易佣金：按实际成交金额计算交易额抽成

(4) 1号商城的成果：自运营以来，交易额增长超过300倍，成为中国电子商务行业“B2B2C”模式最具价值的平台之一。图9-3展示出1号商城2011年交易额增长情况。

9.2.4 1号店的营销策略

1) 会员营销

1号店很注重会员营销，这和它关注客户重复购买率的理念是一致的。1号店有统一的积分体系和制度，大部分商品都有积分，不同商品的积分不同，不同等级会员享受的积分也不相同。会员可以通过购物、参与社区互动赚取积分。积分可以直接用于支付购买商品。

会员还被鼓励自发组织购物工会，工会成员的积分返利比例和整个工会的交易额

① SKU：Stock Keeping Unit（库存量单位）。

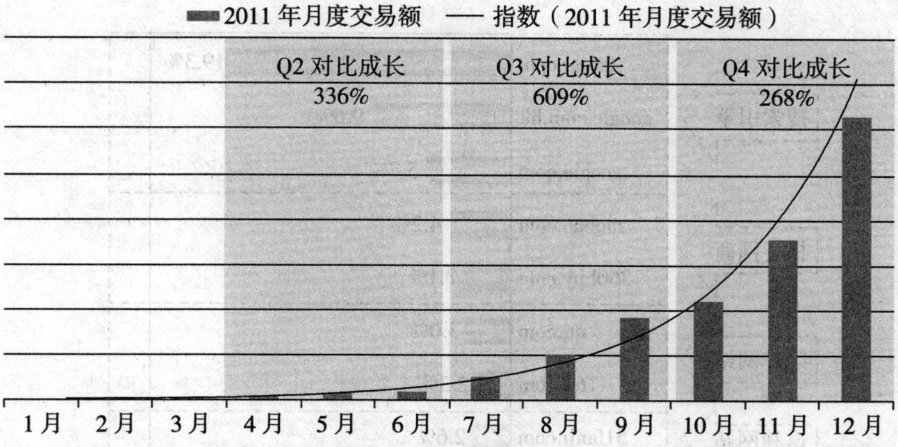

注：交易额连续 4 个季度保持快速增长，Q2、Q3、Q4 环比上一季度分别增长 336%、609%、268%

图 9-3　1 号商城 2011 年交易额增长情况

相关。

2）搜索引擎营销

搜索引擎营销是大多网购企业不敢忽视的一种营销手段，因为我国的网民对搜索引擎的依赖度相当高，它是进入企业网站的一个主要入口，从图 9-4 中可以看出 1 号店 30% 的流量是来自搜索引擎，这不仅源于搜索引擎广告，还要归因于搜索引擎优化做得非常好。

3）CPS 联盟

CPS（Cost Per Sale）是指为基于成功销售而收取一定比例佣金的商业合作方式。CPS 广告联盟就是按照这种计费方式，把广告主的广告投放到众多网站上，以实际销售产品数量来计算广告费用，是最直接的效果营销广告。

1 号店以 CPS 联盟形式在各大论坛、主流网站刊登广告，如和天涯论坛合作的品牌专区，与多家返利网站的合作，让 1 号店用最小的营销成本获得了庞大的用户群。从图 9-4 中我们也可以看出 1 号店的流量除搜索引擎外主要都是源自 CPS 联盟这种营销手段的作用。

4）娱乐营销

2011 年，“国民媳妇”海清成为 1 号店的形象代言人。1 号店认为，海清代言一号店不仅是一种商业化行为，更是在引领一种新的生活方式潮流。她健康正面的公共形象与 1 号店结合在一起，彰显的是 1 号店为大家创造更好的生活服务的实质。

在年底 1 号店又赞助电影《我愿意》，使 1 号店为更多消费者熟知。

5）低价竞争

目前在 1 号店销售的商品中，日用快消、美容护理和母婴产品是销量最大的三类。由

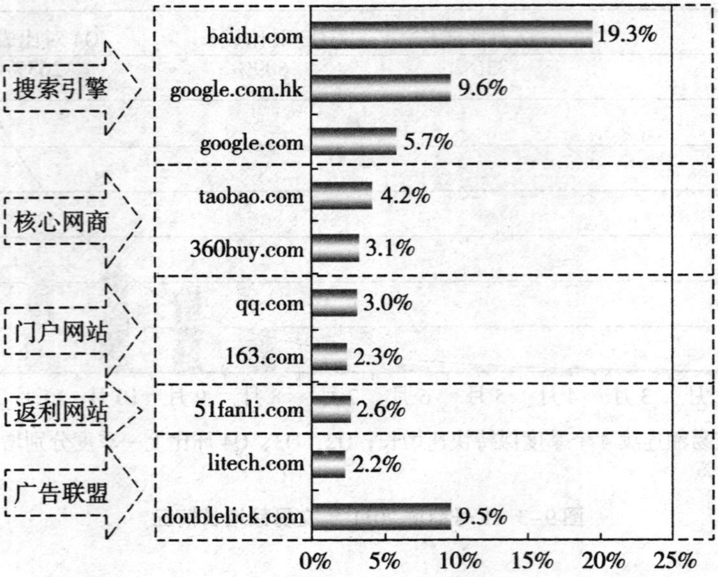

图 9-4 1 号店流量导入渠道排名

资料来源 Alexa，中金公司研究部。

于这些商品的购买量大、重复购买次数多，人们对价格的敏感度也比较高。1 号店每天提供两款五折产品分时段限量抢购，颇有“天天秒杀”的意味。而且全站所有商品的价格说明后面都有这样一句话：8 点前下单，当天出库。

1 号店直接将价格的竞争目标瞄准家乐福。消费者如果发现并报告购买的产品价格高于家乐福的价格，就会得到奖励。

9.2.5 1 号店的盈利模式以及业务创新

1）1 号店的盈利模式

- 商品的进出差价。
- 厂家返点、上架费、促销费用。
- 广告和推广费用；这是网上超市 1 号店同时作为一个信息媒体特殊的价值。
- 其他商家入驻费。

不可避免的是，1 号店虽然处于高速增长中，但仍没有摆脱“烧钱”的阶段。对此，于刚表示目前并不急于盈利。“1 号店如果要把盈利点提前也并不难，只需要专攻毛利率高的产品，但我们现在还不急于盈利，只希望先把市场铺开做大。”

2）1 号店的业务创新

创新对于任何一家企业，尤其是创业公司，都尤为重要。于刚称，要使企业能够长久而持续的创新，需建立一套系统的创新体系，包括营造一个开放和鼓励创新的氛围、激励机制、资源分配机制等。1号店自成立以来，也做了大量创新，并设立有创新委员会。2011年，无限1号店、夜市抢购、1页购、1号团、名品特卖、1号汽配城等创新型产品上线。

(1) 无限1号店

1号店不断尝试业界领先的创新之举。代表最新移动互联网技术的无限1号店，自2011年推出以来，凭借其便捷的操作，丰富的功能，满足中、高端消费者完成实时移动购物的需求，被国内外媒体和企业关注，先后有美国、日本、德国企业代表团队来参观学习，被誉为中国的“掌上智能网超”。用户只需在手机上下载“掌上1号店”应用，对着线下地铁站、公交站贴出的相关广告上的产品二维码进行扫描，即能通过手机完成购买。

于刚认为，“移动”已成为不可逆转的趋势，“企业若还没有考虑将产品和服务搬到智能手机和平板电脑上，或者没有考虑从智能手机和平板电脑上得到所需的产品和服务，几年以后就将失去竞争力。”

- “四个一”亮点：

一扫既得：条码扫描商品，比价购买；

一页购买：添加购物便签，快速购买通道；

一键分享：商品信息一键分享给好友、转载至微博；

一站式购物：商品搜索、购买、下单、送货上门一站完成。

- “无限1号店”创新模式带来了显著的营销效果：一是品牌的关注度提升了3倍多，提高了企业的知名度，展示了企业的品牌形象；二是扩大了手机移动客户端“掌上1号店”的影响，让更多用户知晓和体验；三是为1号店带来了实在的订单增长，促进了销量的上升。

(2) 夜市抢购

1号店夜市抢购网页在每天19：00到24：00才能浏览，其余时间段，页面商品是冻结状态，晚上到点后，就会自动跳转过来。在这一时间段，参与抢购的产品往往折扣都特别低，甚至可以达到2~3折的优惠。产品种类也广泛，从日常生活用品到数码电子产品、大家电等，满足了消费者购物所需，因而越来越受到消费者的关注和青睐。从1号店夜市专场抢购的参与人员来看，一般参与夜市抢购活动的基本都是工薪白领。一方面，由于白天上班没有太多闲暇时间，夜市抢购时间段恰是他们习惯性的购物时间。另一方面，夜市专场的物美价廉确实是一个很大的诱惑。

(3) 1页购

1号店强力推出的“1页购”——顾客自己的购物页面。打开1号店的首页，登录账户，进入了“1页购”页面，就是自己独有的购物页面了。网页会自动保存购物记录，而且通过建立自己的购物列表，可以把自己想买的商品种类随时添加在一个页面中。不仅如此，轻击鼠标还可以随意添加编辑自己的购物列表，把常买的商品统统集中到一页上，之后短短10分钟之内，需要的商品就可以完成购买，省去许多浏览、搜索和下单的时间。

9.3 社会化电子商务的案例

9.3.1 国内领先的社会化电子商务平台——美丽说

美丽说网站于2009年11月在北京创立，专注于女性时尚领域，致力于为白领和准白领女性解决穿衣打扮，美容护肤的问题。截止2012年2月，美丽说的注册用户数已经超过960万，每天PV值（页面访问量）超过1.3亿，并以平均每天5%的速度增长，迅速成为了目前国内最大的社区型女性时尚媒体。

1）美丽说的发展模式

（1）市场定位

目前国内的社会化电子商务网站，多面向女性群体，比如美丽说的市场人群定位在18周岁到35周岁之间的白领或准白领女性，涉及的范围集中在时尚领域。这是因为女性群体是一个比较注重时尚的群体，更易带动网站的人气和氛围。与网站提倡的分享购物之中的乐趣是相辅相成的。同时网站的整体设计也偏女性化，无论是粉色的基调还是栏目的设计，都表明自己定位于女性时尚的互动社区。

（2）架构及功能

美丽说最早的网站形态是采用微博架构的，即通过关注、跟随等功能，形成群体或兴趣小组。而随着社会化媒体的发展，越来越多的网站也开设了社会化登录功能。目前美丽说提供两个登录接口：QQ和新浪微博。简化后的登录功能，吸引了大量的上网者，在一定程度上促进了自己用户的增加。美丽说还上线了“翻杂志”频道，即以兴趣为标签来聚合用户、形成风格不同的用户小组，这也都是以用户为主导来完成。目前美丽说的“杂志社”数量已经达到1 400个，其中包括配饰系、复古系、个性系等。

（3）核心要素——图片

正如前文所述，图片是现有的社会化电子商务网站很重要的特征。美丽说的页面集中了大量精美的图片，这些图片都是众多网友从海量的网页之中提取和集中的，本身具有传播价值。采用的方式是目前流行的瀑布流，这方面的认识来源于认知心理学中有关“视觉搜索（Visual Search）”领域的大量研究。他们认为画面本身的视觉显著特性（包括动态、颜色及其整体美感等）构成了一个“显著性地图（Saliency Map）”，用户的注意力首先会被视觉上最显著的部分所吸引。所以自下而上的因素（图片本身的因素）更容易使用户高效地选择幼稚的商品。①

（4）平台作用

美丽说所做的仍然是一个平台，连接着底层的大型购物网站和终端的消费者。在平台上，消费者与购物平台之间完成价值的传递。中国电子商务协会高级专家、空间网创始人庄帅也认为，社会化电子商务未来将成为电子商务企业重要的入口之一，“上游用来引导、整合几大社交平台的用户，中间层（即社会化电子商务平台）分享互动、排序展示，下游连接淘宝、Vancl 等基础电子商务平台”（如图 9-5 所示）。

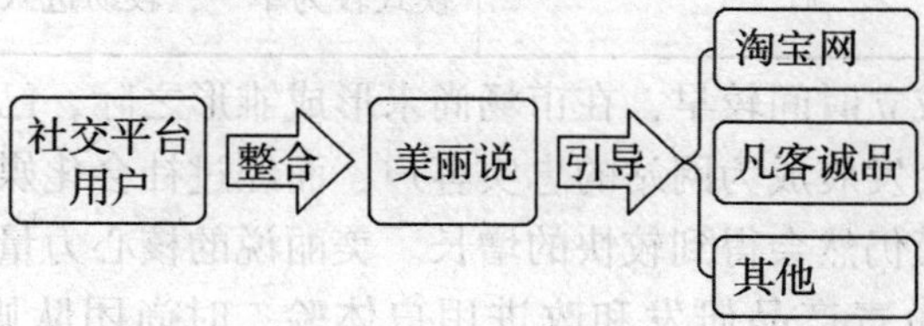

图 9-5　美丽说的平台作用

（5）盈利方式

美丽说的主要盈利方式体现在广告和利润分成上。美丽说每天都会推出一定的活动，而这些活动是由其他企业或者店铺主通过投放广告来实现的。鉴于美丽说仍然处于发展的初期阶段，为了避免用户的流失，广告的投放量并不多，所以网站最大的收入来源仍然是利润分成。每张图片的背后都有相关的购买链接。用户在浏览完毕，确定要购买后，便可以通过点击其上的链接进入到相关的店铺。美丽说通过电子商务网站的 API 与许多网站产生了链接，包括淘宝网、京东商城等。其中淘宝的流量最大。用户在商城上完成购物行为后，美丽说便可以与相关联的网站分成（如图 9-6 所示）。

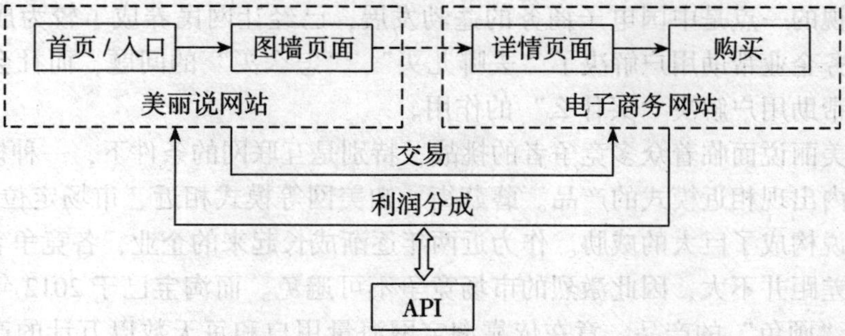

图 9-6　美丽说的利润分成方式

资料来源　伯玉 . 变现的算法［EB/OL］. http：//www. juweek. com/187. html.

2）SWOT 分析

表 9-1 用管理学中的 SWOT 分析法对现阶段美丽说的发展情况作了分析。

① 采铜学心录 . Pinterest“瀑布流”背后的心理学［EB/OL］. http：//xuexinlu. blogbus. com/logs/192808388. html.

表 9-1 美丽说的 SWOT 分析

优势： 进入市场较早，拥有大量用户 专业的执行团队	劣势： 只针对女性市场，不对男性用户开放
机遇： 社会化媒体兴起 电子商务逐渐成熟	挑战： 蘑菇街、知美网同样高速发展 模式较为单一，较易进入市场

优势：美丽说的成立时间较早，在市场尚未形成雏形之际，已经吸引了大量的用户关注。这些用户很可能会发展成为网站的忠实客户，而经过社会化媒体的影响和传播以及口碑相传，未来用户规模仍然会得到较快的增长。美丽说的核心力量分为两个专业团队：技术和时尚。技术人员负责产品研发和改进用户体验，时尚团队则负责把握网站的时尚趋势。

劣势：目前美丽说的成长速度很快，而且也积攒了众多的用户。但是由于网站的目标市场是女性群体，而当这个群体最终达到一个顶点之后，可能会呈现稳定或下降态势，这是市场定位的策略所决定的。此外，美丽说目前还并未对男性用户开放，在无形之中，失去了一些可能存在的购买群体。如果将来企业产品的覆盖范围进一步扩大，那么这部分失去的潜在用户，将可能成为企业在面临业务转型或扩展道路上的重大损失。

机遇：2009 年中国微博的兴起，将社会化媒体带向了一个巅峰。从那时起，企业就通过社会化媒体制定营销策略。而美丽说最初也是通过微博客的形式传播品牌价值，并且最终发展成为社会化电子商务平台。

不容忽视的一点是中国电子商务的蓬勃发展，已经让网民养成了较为成熟的购物习惯。电子商务企业帮助用户解决了“去哪儿买”、“怎么买”的问题，而社会化电子商务则是起到了帮助用户解决“买什么”的作用。

挑战：美丽说面临着众多竞争者的挑战，特别是互联网的条件下，一种模式的诞生可以在短时间内出现相近模式的产品。蘑菇街、知美网等模式相近、市场定位相同的企业，已经对美丽说构成了巨大的威胁。作为近两年逐渐成长起来的企业，各竞争者面临的条件几乎相同，差距并不大，因此激烈的市场竞争不可避免。而淘宝已于 2012 年 4 月份推出了一款名为“顽兔”的产品，意在依靠淘宝网海量用户和每天数以万计的产品交易，建立起自己的社会化分享网站。而这对于与淘宝网有着合作关系的美丽说网站而言，将是一个沉重的打击。

此外，美丽说的流量过多流向“淘品牌”，走的是中低端路线。对于一些品质要求高的客户群体来说，会造成满意度下降。随着企业的进一步发展，当用户的规模达到一定基数时，美丽说应该适度地把覆盖的领域扩大，特别是 B2C 市场上更具有发展潜力。因此与平台间的融合需要更多的合作，才能形成多条价值链传递，建立起自己的竞争力。

数据显示，美丽说的用户规模和增长速度都处于领先地位。面对一个新兴领域，在成熟的商业模式尚未完全形成之时，美丽说的发展已经引起了人们越来越多的重视。从用户角度讲，美丽说提供了一个很好的沟通平台，起到了购物指南的作用。从电子商务企业角度讲，美丽说的出现，相当于增加了一个新的购物入口，使得电子商务企业在营销和其他服务上更有针对性。

9.3.2　国外领先的社会化电子商务平台——Pinterest

Pinterest 诞生于 2010 年 10 月。是目前全世界互联网成长速度最快的网站，数据显示 Pinterest 的月独立用户访问量在短短 9 个月内，便突破了 1 000 万大关，而在 2012 年 1 月份的独立用户访问量更是达到了 1 170 万。经过近两年的发展，Pinterest 已经成为全球领先的社会化电子商务网站。Experian 公司最新发布的报告 2012 Digital Marketer：Benchmark and Trend Report 显示，Pinterest 已经超过了 Tumblr，LinkedIn 和 Google+，成为仅次于 Facebook 和 Twitter 的美国第三大最受欢迎社交网站[①]。

1）Pinterest 的发展模式

Pinterest 是"Pin"+"Interest"的结合体，即通过钉板的方式抓取感兴趣的图片，放置到 Board（面板）中。网站支持 Like（喜欢）、Comment（评论）、Follow（跟随）功能，能够实现用户间的互动。同时具有 Repin（重钉）功能，即用户可以将自己感兴趣的图片放置到自己的 board 中，建立自己的兴趣专区。总体而言，Pinterest 是一个融合了家居、服饰、艺术等领域，同样是基于视觉分享的社交网站。与传统社交网站相异的是，Pinterest 并不是基于朋友关系而是基于兴趣。网站的设计采用的是类微博的方式，但与关注文字语言的 Twitter 类网站不同的是，Pinterest 采用的是图片的形式为主要传播内容。同时将瀑布流的概念应用到了极致。Pinterest 的成功，使得众多人士认为，在经历了移动、社交之后，图片将成为互联网特别是电子商务的又一大重要趋势。国内许多网站也是基于这种形式，以达到吸引用户的目的。

Jay Jamison 在其文章中指出，Facebook 的诞生，加深了我们对现实世界中已有的社交关系的连接，而兴趣社交则为陌生的用户之间相互表达兴趣，提供了新的交互方式，同时会建立非常高质量可信赖的关系。它们的实现途径相比于 Facebook 有着巨大差异，而且正在获得大量的用户使用量及高频率的用户参与度[②]。

Pinterest 的高速发展，吸引了众多企业家和评论家的关注，为什么 Pinterest 能在短短两年的时间内跃居美国第三大的社交平台，表 9-2 通过分析网站和用户，总结了以下十条原因[③]：

---

① Experian Marketing Services. Digital Marketer：Benchmark and Trend Report［R］. 2012.

② Jay Jamison. The Rise Of interest-Based Social Networks［J/OL］. http：//techcrunch. com/2012/02/18/beyond-facebook-the-rise-of-interest-based-social-networks/，February 18th.

③ 叶开圆，冯齐跃．小探 pinterest 视觉社交网站商业模式的崛起原因［EB/OL］. http：//www. chinaz. com/special/pinterest/.

表 9-2　　Pinterest 高速发展的原因

强制简化的互动	让用户有效地剪辑和收藏感兴趣的信息
优秀的产品团队	懂得如何在激烈的竞争中提升用户体验
移动客户端布局	及时布局移动终端，客户端产品体验备受好评
瀑布流布局机构	更直观的用户体验界面，独具风格的内容展示
高质量的用户群	吸引各种原创艺术家、设计师的加盟，允许作品推广
视觉体验的冲击	版面设计类似灵感墙
注册即分享模式	社会化登录，如 Facebook、Twitter 账号相连
重定义用户行为	对 Follow 行为重新定义
高质量品质图片	色彩和构图角度独具特色
用户的猎酷心理	满足用户的"收集癖"，创造舒适体验

Pinterest 目前并不急于实现盈利，而是把精力集中于改善用户体验上。但是最近 Pinterest 开始进行了一些尝试，比如与电子商务网站进行合作。此外，发展迅猛的 Pinterest 已经在短时间内，拥有了众多高质量的用户和基于兴趣所产生的社会纽带关联，因此可以针对这些用户和由此产生的社会与商业关系，通过多种方式开发盈利模式。由此，我们设想了未来 Pinterest 可能的盈利模式。

（1）定向的产品推送。像入驻 Facebook 一样，许多企业也看重了 Pinterest 的巨大潜力，开始积极筹划进入 Pinterest。通过企业专属内容，向用户推送有针对性的产品。

（2）与电子商务网站合作。Pinterest 已经与 ETSY 网站建立了合作关系，为后者输送了大量的用户和交易。通过在线商店的联盟链接，获得销售分成。

（3）基于兴趣的广告。Pinterest 是以兴趣为核心的社交网站，每一个用户在进入网站之时，就已经确立了兴趣小组。Pinterest 可以通过向其定向推送广告，并从中获利。

（4）吸引用户开店。特别是一些艺术家或是设计师，网站可以邀请他们参与到 Pinterest 上发布自己的作品，提升自己的知名度。同时允许他们按照网站要求的规则，采取合理化的营销手段，开展销售业务。网站从他们的销售中获得分成。

2）SWOT 分析

同样运用管理学中的 SWOT 分析法对目前 Pinterest 的发展情况进行分析，见表 9-3。

表 9-3　　Pinterest SWOT 分析

优势： 基于兴趣，传播速度快	劣势： 内容的版权问题未完善
机遇： 解决用户买什么的问题	挑战： 同类型企业也在迅速追赶

优势：Pinterest 的优势在于，它是目前世界上领先的社会化电子商务平台，也是成长速度最迅速的企业。并且网站是基于集中兴趣而创，因此可以在短时间内形成巨大的群体效应，占据较大的市场份额。

劣势：Pinterest 图片的来源主要有个人博客、垂直类网站、社交网站、图片分享网站以及电子商务网站等，即用户是通过移植其他网站上已经存在的内容放置到 Pinterest 之上的。目前网站还没有审核机制，无法确定版权的归属问题。一旦 Pinterest 开始通过这些图片盈利，那么原作者很可能会对 Pinterest 产生不满，从而造成纠纷。

机遇：Pinterest 的诞生，适应了电子商务的发展。当大多数网购用户已经具备了基本的网购知识，并且能够通过电子商务网站解决购物问题后，Pinterest 再次解决了用户买什么的问题。即通过"逛"的形式，模拟现实中的购物行为，通过非主动营销的方式，让用户主动去发现感兴趣的东西。这是对网购理念的新的发展。

挑战：Pinterest 同样面临外来竞争者的挑战，Thisnext、Wanelo 等一系列网站紧随其后，发展同样迅速。

9.3.3　中外社会化电子商务案例对比

与 Pinterest 相比，国内的社会化电子商务平台成立更早，并且也较早的确立了现阶段的盈利模式，即通过广告和利益分成实现盈利。国外的网站由于成立时间较短，目前仍然处于积攒人气吸引用户的阶段，而且不急于盈利。总体而言，由于国内的电子商务网站众多，并且网购人群已经形成了巨大的规模，因此在一定程度上更容易形成购物规模。表 9–4 总结了 Pinterest 和美丽说在商务模式上的区别。

表 9–4　　Pinterest 与美丽说的对比

企业 商务模式	Pinterest	美丽说
价值传递	凝聚兴趣	价值导向
营销模式	社交平台	社会化媒体（SNS）
盈利模式	暂无明确盈利方式	广告和销售分成

蘑菇街 CEO 陈琪认为，Pinterest 是一个内聚性的网站，即通过调动众多的外网资源（特别是图片），吸引用户的注意。它的核心在于将用户的流量留在 Pinterest 之内，这与国内的做法是不同的。国内的做法偏向于引导用户进入第三方平台。两者的侧重点不一样，简而言之，Pinterest 更注重社交属性，而以美丽说和蘑菇街为代表的国内企业则更注重电子商务属性。

Pinterest 所展示的内容更加全面，包括时尚、艺术、家居等。它所传导的价值观念在于集合一切有意思的事物，形成一个覆盖范围广泛的兴趣圈。而国内的社会化电子商务平台则更加细分化，主要集中在垂直化的某个领域，比如美丽说主攻的方向是女性装束服饰等。造成这个差别的原因在于：Pinterest 希望将自己打造成一个真正的基于视觉兴趣的分享网站，而美丽说则在初级阶段，希望迅速占领某一领域的市场，然后扩大自己的涉猎领域。

总体而言，二者的定位目前都集中在女性群体，而所探索的商业模式也近似相同。不同的是，美丽说探索的速度要快于 Pinterest，并且确定的盈利模式也得到了初步的成功。但是不可否认的是，一家企业在初级阶段的发展，需要更长的时间验证效果。此外，Pinterest 更希望自己成为一个兴趣平台，而美丽说则更明确地将自己看作导购平台。不同的发展理念，有不同的发展历程和结果，也会产生各具特色的商业模式。随着社会化电子商务的发展，这些网站将会在推动电子商务发展方面做出巨大的贡献。

本章小结

网上销售作为一种新型的销售方式，不仅为各类缺乏信息与资源的中小企业提供了更多的商机，而且为企业提供了新的销售思路。为了在网上销售中获得成功，走在互联网时代前列的电子商务企业在网上销售模式方面不断创新。本章首先介绍了腾讯推出的独立电商平台 QQ 网购，包括 QQ 网购的发展历程、QQ 网购的经营分析、QQ 网购战略分析，以及 QQ 网购发展中存在的问题和未来展望；然后介绍了网上超市的排头兵 1 号店，1 号店的成立背景、1 号店的商业模式、1 号店的营销策略、1 号店的盈利模式以及业务创新；最后介绍了社会化电子商务的两个典型代表，中国的美丽说和美国的 Pinterest，并对中外社会化电子商务网站在价值传递、营销模式和盈利模式等方面进行了对比分析。

参考网站

1. buy. qq. com.
2. www. yihaodian. com.
3. www. meilishuo. com.
4. pinterest. com.

思考题

1. QQ 网购有哪些高品质服务？

2. 请分析 QQ 网购所采取的战略。

3. 简述 QQ 网购的发展优势。

4. 简述 1 号店的运营模式。

5. 1 号店有哪些业务创新？在现代激烈的市场竞争中 1 号店的业务创新对其他企业有何启示？

6. 谈谈你对社会化电子商务的理解。

7. 请用 SWOT 矩阵分别分析美丽说和 Pinterest 的发展情况。

8. 美丽说和 Pinterest 的发展有哪些区别？并尝试分析产生这些区别的原因。

参考文献

[1] 热腾 . http：//reteng. qq. com/category/169_ 1. html.

[2] 新浪科技 . http：//tech. sina. com. cn/ec.

[3] 腾讯科技 . http：//tech. qq. com/zt2011/qqshopping.

[4] 赛迪网 . http：//news. ccidnet. com/col/11097/20120419. html.

[5] 艾瑞咨询 . http：//s. iresearch. cn/search. aspx.

[6] TechWeb. http：//www. techweb. com. cn.

[7] 搜狐 IT. 腾讯新电商平台首页曝光：名为“QQ 网购”[EB/OL]. [2011-09-20]. http：//it. sohu. com/20110920/n319935156. shtml.

[8] 佚名 . 腾讯电商整合序幕将启：商城和拍拍并入 QQ 网购[EB/OL]. [2012-03-31]. http：//bbs. paidai. com/topic/92106.

[9] 1 号店 . http：//www. yihaodian. com.

[10] 艾瑞网 . http：//www. iresearch. cn.

[11] 派代网 . http：//www. paidai. com.

第10章 传统行业的电子商务案例

学习目标

学习目标

了解德邦物流的信息化历程；明确德邦物流的发展前景；熟悉携程网的e之路；熟悉钻石小鸟的电子商务之路。

本章所指的传统企业，是指具有悠久历史、享有良好声誉的传统企业，也是指成立时间不长，生产传统产品、拥有传统销售渠道的企业。在经济全球化和电子商务的时代背景下，继书籍、服装、虚拟商品以及3C行业在电子商务领域获得了巨大的成功后，越来越多的传统行业也试图通过电子商务打开销路。而且，在由信息技术、商务技术和管理技术相结合而诞生的现代生产力—电子商务正处于空前的发展时期，如果企业的商务活动忽略了电子化手段，可能不久就会出现“无商可务”的尴尬局面。我国的电子商务虽然发展历史不长，起步较晚，但是在“信息化带动工业化”战略的驱动下，已经取得了可喜的成绩，并出现了强劲的发展势头。作为现代信息技术与传统产业结合的理想切入点，电子商务是应用高新技术改造传统产业的关键推动力，一大批传统企业借助信息化的手段提高运营效率、开展网络营销、创建企业品牌。

今天的网络技术发展，使得企业能够储存顾客的购物信息，并能够以此分析出顾客的购买习惯及偏好，根据客户的个性化需求提供产品与服务，为企业保留更多的顾客。因此，不论是何种性质的企业都在积极实现信息化，发展电子商务。

本章首先介绍德邦物流，描述其发展的过程，以及如何利用网络技术来完善工作流程，提高工作效率。然后介绍我国在线旅游业的先锋——携程旅行网如何利用互联网进行营销、盈利。最后介绍率先把“鼠标+水泥”引入网络奢侈品销售的钻石小鸟，如何利用现代网络技术实现企业信息化和网络营销。

1）我国“AAAAA”级物流企业——德邦物流

德邦物流作为国家AAAAA级综合服务型物流企业，主营公路零担运输业务和航空运输代理。秉承“承载信任，助力成功”的服务理念，重品牌、讲诚信。自1996年创建至今，德邦以每年60%的发展速度在中国物流行业迅速崛起。德邦物流可根据客户具体特点，设计策划“个性化”物流配送方案，并提供全过程全方位全天候的综合物流方案。不仅提供各地区，各类型客户需求的信息交换平台，而且还提供从生产、销售到市场跟踪的信息网络服务。截止2012年9月，德邦已在全国31个省级行政区开设直营网点2 100余家，服务网络遍及国内550多个城市和地区。德邦物流给中国物流的发展带来了广阔的前景。

2）携程旅行网

携程旅行网是中国领先的在线旅行服务公司，成功整合了高科技产业和传统旅行业，向全国超过5 000万注册会员提供包括酒店预订、机票预订、度假预订、商旅管理、高铁代购以及旅游资讯在内的全方位旅行服务。从1999年成立之初到成为中国最成功的在线旅行服务公司的十年间，一直秉持着“客户、团队、敬业、诚信、伙伴”的经营理念，“便捷、周全、可靠、亲切、专业、真诚”的服务理念。携程旅行网拥有国内外五千余家会员酒店可供预订，是中国领先的酒店预订服务中心，每月酒店预订量达到50余万间。在机票预订方面，携程旅行网是中国领先的机票预订服务平台，覆盖国内外所有航线，并在45个大中城市提供免费送机票服务，每月出票量40余万张。凭借稳定的业务发展和优异的盈利能力，携程旅行网于2003年12月在美国纳斯达克成功上市。

3）“鼠标+水泥”——钻石小鸟

钻石小鸟是“鼠标+水泥”商业模式的开创者，是我国最早的网络钻石品牌。其始终倡导钻石文化的传播，坚持以安特卫普经典切割，一钻双证，为消费者带来贴心的购钻体验和无与伦比的DIY乐趣。进入2010年，钻石小鸟网站在线售出的一颗价值200万元的克拉钻，创造了国内在线钻石销售的记录；钻石小鸟为NBA著名球星姚明搭档斯科拉，定制设计的4克拉钻石球鞋，轰动业界。2010年，钻石小鸟先后被评为“上海世博会特许产品（钻石类）生产商与零售商”，“保护消费者权益3·15信用单位”，“中国电子商务百强企业”。

10.1 德邦物流——为中国提速

10.1.1 公司简介

德邦物流股份有限公司成立于1996年，公司现任董事长兼总经理崔维星辞去南航国旅的工作，下海开始自营货运业务。主要从事中山小榄镇至北京雅宝路的毛衣空运业务。1999年12月，开发出“飞行2000航空货运系统”，公司各项业务流程由手工操作转变为计算机操作，大大提高了工作效率。2002年1月，开发了“TIS物流管理信息系统2.0”，全面提高系统性能，实现了网上货物追踪查询功能。2006年3月，公司信息化系统进一步完善，开通了全国免费服务热线“9510-5601”。在随后的几年里，德邦物流公司不断改进，逐渐实现了公司的信息化。德邦在2007年11月正式晋级国家AAAAA级综合服务型物流企业，主营国内公路零担运输业务，近年来，德邦以60%的速度稳健发展，截止2012年9月，德邦已在全国31个省级行政区开设直营网点2 500多家，服务网络遍及国内550多个城市和地区，自有营运车辆5 100余台，全国转运中心总面积超过80万平方米。

德邦始终以客户为中心随时候命，持续创新，始终坚持自建营业网点、自购进口车辆、搭建最优线路、优化运力成本，为客户提供快速高效、便捷及时、安全可靠的服务体验，助力客户创造最大的价值。

德邦秉承“承载信任、助力成功”的服务理念，保持锐意进取、注重品质的态度，强化人才战略，通过不断的技术创新和信息化系统的搭建，提升运输网络和标准化体系，创造最优化的运载模式，为广大客户提供安全、快速、专业、满意的物流服务。一直以来，德邦都致力于与员工共同发展和成长，实现人企双赢。在推动经济发展，提升行业水平的同时，努力创造更多的社会效益，为国民经济的持续发展，和谐社会的创建做出积极贡献；努力将德邦打造成为中国人首选的国内物流运营商，实现“为中国提速”的使命。根据《21 世纪经济报道》，行业数据显示，目前德邦物流的收入规模位列国内公路运输商首位，其服务网络遍及国内 550 多个城市和地区；德邦物流表示，公司现在的财务状况良好，每年以 60% 的速度增长。2010 年，其收入超过 26 亿元。目前的公司架构正在向上市公司看齐。

10.1.2　德邦物流的信息化

1）德邦物流信息化需求的特点

信息化是现代物流的基础与发展核心，也是物流业务运营的神经中枢。近年来，在客户要求、企业发展、行业竞争和政府引导等多方驱动之下，德邦物流企业的信息化投入和信息化水平都保持了较快的增长。由于我国现代物流起步晚，从总体上看，我国物流企业的信息化水平尚处于较低层次。随着中国现代物流的进一步发展，德邦物流企业的日趋成熟，物流信息化建设必须与之配套发展。目前，中国物流行业未来信息化建设主要的需求和趋势为：

①高效决策，需要综合决策分析支持平台的支撑。

②集团化、综合化、多元化经营，集团管控风险显著增大。

③专业物流人才缺乏是现代物流发展的瓶颈，需要建立战略人力资源管理。

④物流基础设施投入大，采购分散，集团资产管理困难。

⑤集团结构复杂，财务管理难度大。

⑥业务运营能力有待提高，经营面临挑战。

⑦信息系统分散，缺乏有效集成。

⑧支撑电子商务发展的物流系统平台需要重点建设。

德邦物流的电子商务物流具有以下几个特点：电子商务与物流的紧密结合；物流、信息流、资金流和人才流的统一；电子商务物流信息化、自动化、网络化、智能化、柔性化的结合；物流设施、商品包装的标准化，物流的社会化、共同化等电子商务下物流模式的新特点。

电子商务的不断发展使物流行业重新崛起，目前美国的物流业所提供的服务内容已远远超过了仓储、分拨和运送等服务。物流公司提供的仓储、分拨设施、维修服务、电子跟踪和其他具有附加值的服务日益增加。物流服务商正在变为客户服务中心、加工和维修中心、信息处理中心和金融中心，根据顾客需要而增加新的服务是一个不断发展的观念。

相对于发达国家的物流产业而言，中国的物流产业尚处于起步发展阶段，其发展的主要特点：一是企业物流仍然是全社会物流活动的重点，专业化物流服务需求已初露端倪，这说明我国物流活动的发展水平还比较低，加强企业内部物流管理仍然是全社会物流活动的重点；二是专业化物流企业开始涌现，多样化物流服务有一定程度的发展。走出以企业自我服务为主的物流活动模式，发展第三方物流，已是我国物流业发展的当务之急。

2）德邦物流各阶段电子商务的应用

(1) 订购阶段

第三代移动通信技术的普及，使移动电子商务真正实现了随时随地在线交易的构想。利用便携电脑、手机、PDA 等移动通讯终端，依靠增值服务平台和客户端软件，借助 CDMA、GPRS 通信网络以及 3G 通信技术，可以向目标客户提供产品和定制快速、灵活的服务，以及在线实时查询，以满足市场多样化需求。同时也能为物流企业的运作管理提供相关信息的收集、管理以及查询等服务。

德邦物流志在成为中国人首选的国内物流运营商，公司以“为中国提速”为使命，成功地建立了自己的网络平台。2008 年 5 月，走在同行前面的德邦开始试运营网上营业厅，到目前为止，其网上营业厅单月收入已达到 3 100 万元，有 20% 左右的订单来自于网上营业厅，网上交易群体已经成为不可忽视的力量。

客户通过无线终端登录企业无线物流平台，从挑选、订购——>企业将订单信息传送给无线终端支付平台——>无线终端支付平台向客户下发短信，展示订单信息——>用户回复短信确认支付——>无线终端支付平台通知企业客户支付成功——>企业给客户发货，同时将信息发送到客户无线终端上，告知客户商品已发货，注意查收。通过电子商务 WAP 网站的打造，可以通过无线终端轻松实现订购、交易、付款申请。电子订货系统流程如图10-1所示。

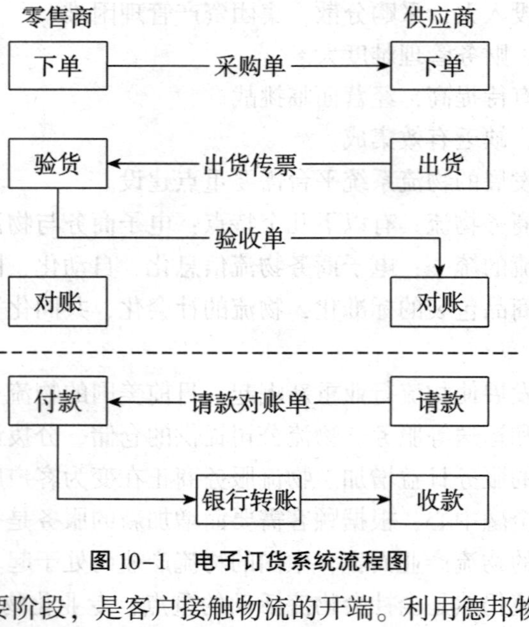

图 10-1　电子订货系统流程图

订购作为物流的首要阶段，是客户接触物流的开端。利用德邦物流任意检索联机网机构的产品和服务，在选中适当的产品或者服务后直接向提供方购买，并在测试满意后由网络经银行直接转账付款；也可以在未选中合适产品时，通过网络与自己认为合适的提供方进行交流，将自己的需求告诉提供方，并由提供方在要求的时间内加工生产后经网络直接转账付款。

（2）仓储阶段

库存管理是根据外界对库存的要求，用尽量少的人力、物力、财力把库存量控制到最佳的管理活动。移动电子商务的应用保证了物流信息的畅通，加以物流条码（如图10–2所示）、射频等技术，让库存管理变得更加精准、迅速。通过移动通讯技术使订单和生产信息及时被获取，可以合理安排生产和产品出厂速度，从而减少库存堆积，实现减少库存成本、加快资金周转的目的。

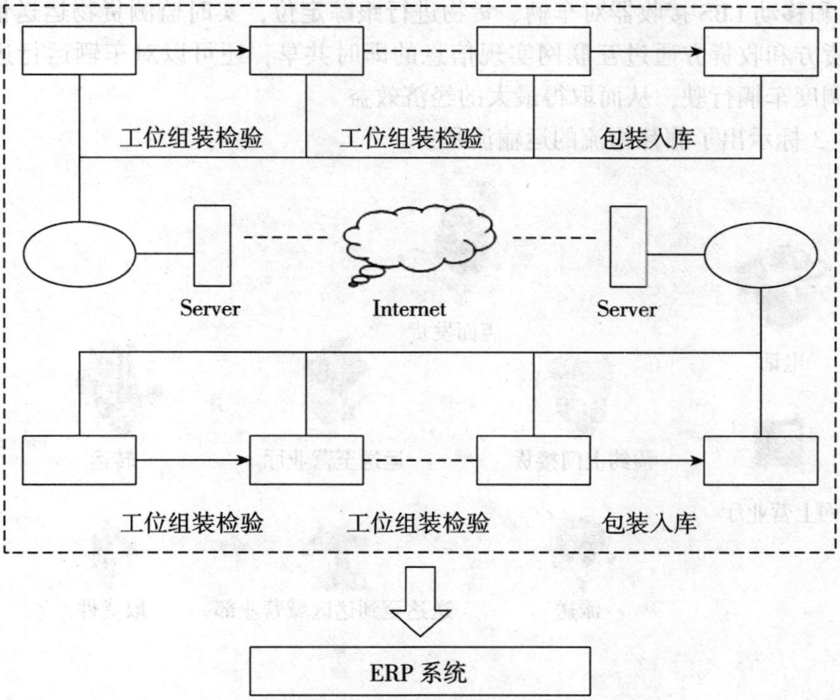

图 10–2　条码技术流程

德邦物流拥有自主研发的仓储管理系统，其自主研发的物流网络服务平台，能够实现物流服务需求与供给的高效、无缝对接，并提供网上委托与电话订单相结合的配套服务，方便客户交流与合作。GPS 卫星定位系统的应用与推广，为实时跟踪货物，即刻向客户反馈信息，货物实时到达目的地提供了可靠保障。公司提供物流咨询、包装设计、市场信息、粘贴标签、扫描条码等物流增值服务，特别是为客户提供供应链管理一体化解决方案。

德邦物流经过多年的保税物流业务的实践，精确把握买方、卖方、仓库、海关、财务五大部分，自主研发了顺应电子信息制造行业需求的仓储管理系统（德邦物流营运信息管理系统软件 V1.00），该系统是公司外部供应商、制造商、海关以及内部信息和数据同步交换的综合管理平台。基于该系统功能的模块化和集成化，满足了供应商实时分拨、制造商零库存管理、海关 24 小时实时监管、库存数据动态更新、企业管理及财务结算等需求，真正实现了现代保税仓储物流服务功能的一体化和协同性。

德邦的仓储管理体系通过电子检索技术，能够快速识别库存现状和未来的存储状态，能够为工作人员对仓库的安排提供参考意见，完善物流仓储的实际状况。

（3）运输阶段

过去的物流运输过程一般都是暗箱操作，货物发出到抵达目的地期间发生了什么情况，出现了什么问题，物流公司和客户很难知道。但是有了移动跟踪技术，我们可以使用 GPS、GIS 和移动 LBS 接收器对车辆、货物进行跟踪定位，实时监测货物运送情况。物流公司、发货方和收货方通过互联网实现信息的即时共享，还可以对车辆运行进行有效监管，合理调度车辆行驶，从而取得最大的经济效益。

图 10-3 标示出了德邦物流的运输流程。

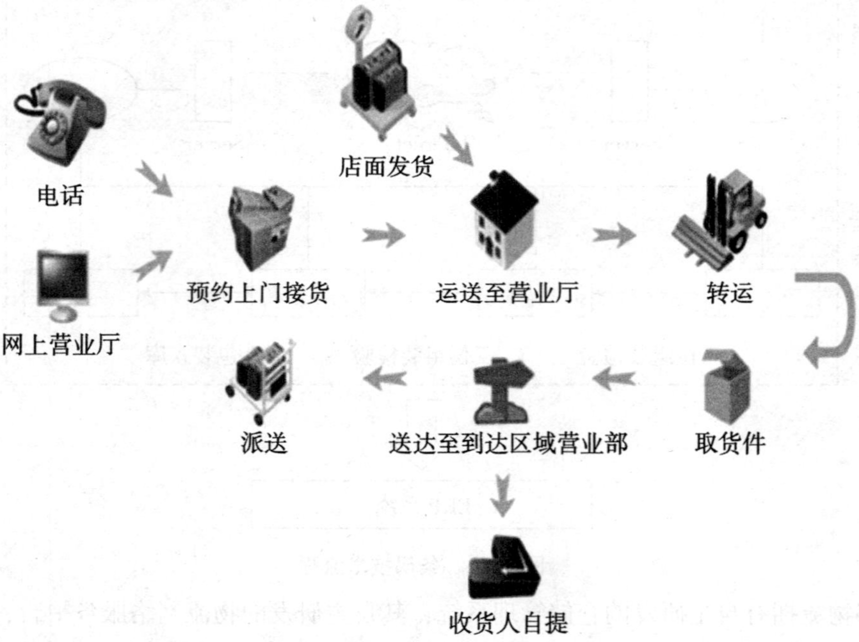

图 10-3　德邦物流运输流程图

德邦物流作为专业从事国内公路运输和航空运输代理，在全国 30 个省、市、自治区下设营业网点已突破 1 050 家（截至 2010 年 11 月），拥有运输车辆 1 800 余台、员工 19 000多人，网络遍及国内 500 多个城市和地区。规模如此庞大的公司在运输这个关键环节更是有着自己独到的特色。

①运输需求的整合和分配

在城市货物运输过程中，由于运力资源信息与货物资源信息严重分离，信息不畅通，货物承托双方之间缺乏有效的对接与沟通中介手段，导致车辆回程空驶现象严重，运输成本高、效率低，造成社会资源的巨大浪费。同时，由于运输需求的不稳定性、分散性以及运力资源的分散性，无法对需求和运力进行集成和合理分配。

在这种情况下就需要一个负责整合和分配需求的电子商务平台，这个平台专门成立网络公司搭建和管理，运输车辆通过注册加盟的方式与网络公司形成一种基于合同的合作伙伴关系，有运输需求的客户则可以通过网络进行注册和下单，之后由网络公司通过信息系统将各区域内的运输需求进行实时的整合，经信息系统处理后实时分配给各个运输车辆（如图10-4所示）。

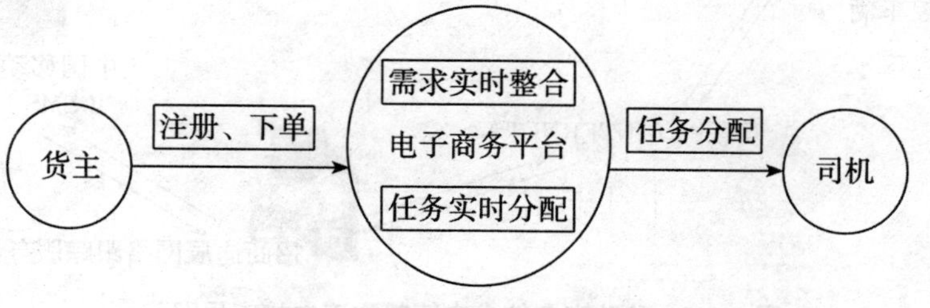

图10-4　德邦运输物流整合和分配

②移动商务技术的引入

由于货车的空间位置是不断变化的，而且货车的载运状态将在等待运输和运输途中这两种状态间反复交替，因此，作为信息搜集、处理和传输平台的网络公司必须实时与货车进行信息交流，才能实现物流车辆的有效调度，才能适时地为空载车辆进行动态配载。德邦就是针对这些情况，把GPS、GIS系统和手机进行捆绑，使货车的空间位置信息和载运状态信息可以通过无线通讯网络实时传输给网络公司的电子商务平台（如图10-5所示）。网络公司向货车司机分配任务则可以通过网络短信方式发送，而后货车可以利用GPS导航尽快到达接货地点，进行补货配载。如此便为德邦节省了大量的人力物力，节省了运输成本。

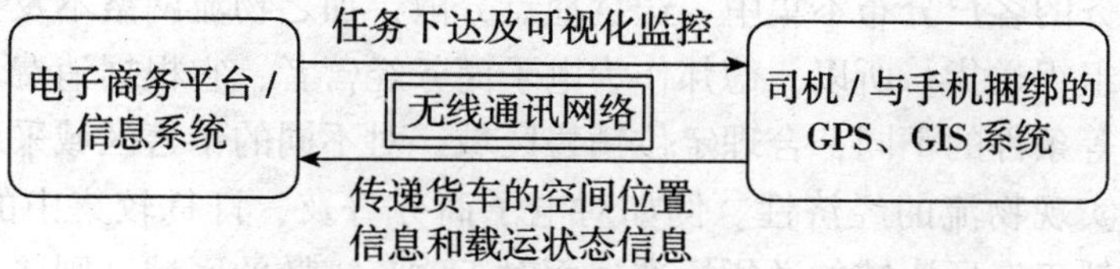

图10-5　电子商务技术在城市货运物流中应用

除此之外，可以运用GPS和GIS系统的设备进行监控，可以有效地观测货物运输途中的一切状况；也可以通过网络公司网站的“在途车辆动态运行监控图”对目标车辆货物运输状态进行查询，实现了电子商务与物流的无缝对接。具体实现过程如图10-6所示。

（4）配送阶段

物流配送是按照客户的要求，经过分货、拣选等货物配备工作，把最终产品从生产线

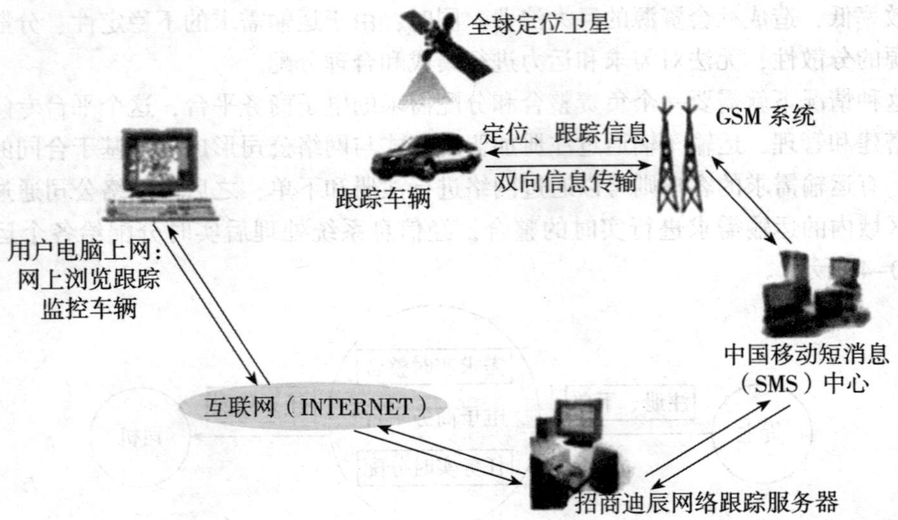

图 10-6 移动商务技术在德邦物流中的应用图示

的末端传递到消费者手中的移动和存储过程。在物流配送过程中，运送的货物有时需要暂存，借助移动公共物流信息平台和自动跟踪系统能及时获取各地区库存信息，实现货物就近存储，这样就实现了跨区域的仓库合理调配，提高了仓库利用率，从而减少了物流成本。

德邦为了解决电子商务发展的物流瓶颈问题，除了选择合理的物流模式外，还制定了一整套适合电子商务发展的完整、高效的物流配送方案。

在制订方案时，德邦主要考虑了以下几方面内容：

①合理定位销售区域。作为电子商务信息载体的互联网，其地理分布范围正在迅速扩展，但在电子商务发展的初级阶段，电子商务的销售区域很难覆盖互联网所涉及的全部地区。由于电子商务的客户分布不集中、送货地点分散，加之物流网络不及互联网覆盖范围广，很难合理的组织送货。所以，德邦作为电子商务经营者，它根据消费者的收入、需求偏好、地理分布等条件的不同，合理定位销售区域。对不同的销售区域采取差别性的物流服务政策，从而实现物流的经济性。例如对电子商务普及、订货较集中的区域应及时送货，送货标准不低于有形店铺的送货标准，而对于物流零散的区域，则要进行集货，送货期限可酌情延长。

②认真筛选销售品种。从理论上讲，几乎没有什么商品特别不适宜采用电子商务的销售方式，但从商品流通规律和经济效益来看，任何销售商都不能经营所有的商品。德邦作为有发展前景的物流公司，对各方面的考虑都是非常全面的。德邦认为，销售商所经营的商品品种越多，进货及销售渠道越复杂，组织物流的难度就越大，成本也就越高。因此德邦为了考虑在物流环节不增加过多的费用，也需要将品种限制在一定的范围之内。德邦认为一般而言，商品如果有明确的包装、质量、数量、价格、储存、保管、运输、运输验收

安装和使用标准，以及对储存、运输、装卸等作业无特殊要求，就适合采用电子商务的销售方式。

③精心策划配送方案。电子商务的物流方案中配送占据着至关重要的地位，它既是物流过程的重要组成部分，又是生产成本的重要环节，同时也是制约我国物流及电子商务发展的瓶颈，因此经营者必须精心设计配送方案。配送方案是一项专业性极强的工作，德邦的配送方案由专业人员精心策划。其中包括库存的可能性、反应速度、首次保修修复率、送货频率、送货的可靠性、配送文档的质量，同时还要设计配套的投诉程序，提供技术支持和订货状况信息等。

④降低物流成本。电子商务的物流更具有“多品种、小批量、多批次、短周期”的特点，很难单独考虑物流的经济规模，因而有时物流成本较高。德邦精心考虑到这方面的因素，认为电子商务的服务提供商必须扩大在特定的销售区域内消费者群体的基数，如果达不到一定的物流规模，物流成本肯定会居高不下。

⑤合理控制库存。由于销售者很难预测某种商品的销售量，库存控制历来就是销售管理中的难题。回避该问题的最好方法就是直销，先拿到订单，按照订单组织生产，再将货物送到消费者手中。德邦采用先进的电子商务物流平台，不但能够时刻了解库存动态，还可以采用一定的软件技术来预测未来的库存状态和空间，有助于更灵活的调度。图 10-7 是德邦物流的配送流程。

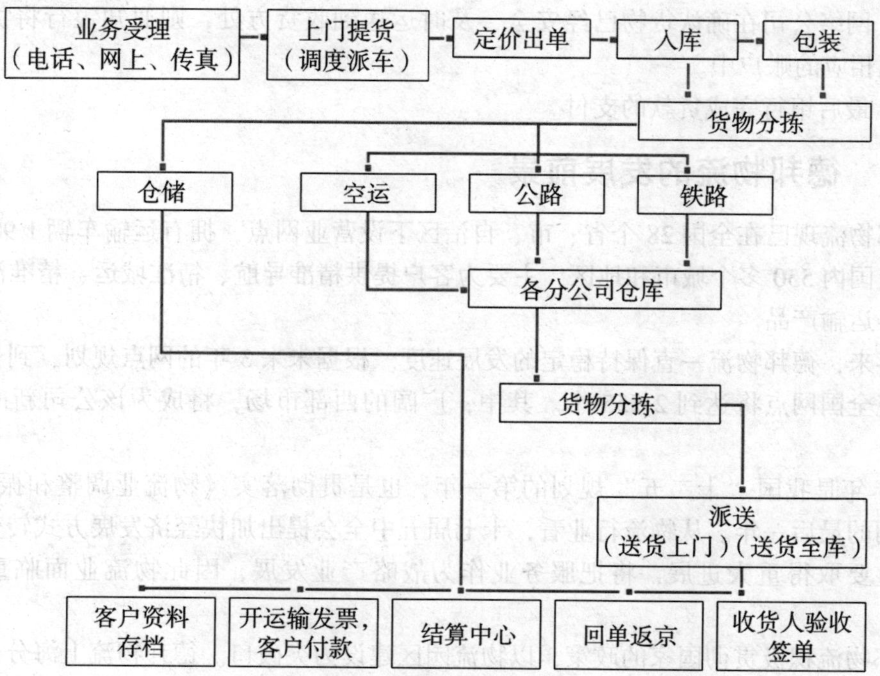

图 10-7　德邦物流配送流程

3）德邦物流的网上支付手段——支付宝

传统的物流支付模式，是承运人将货物运送到目的地后，由接货人签单，之后再由承运人到发货方收取货款，这样一方面使收款时间延迟，加大了货车经营现金流的压力；另一方面，某些发货方故意拖欠货款的行为也增加了承运人收款风险，增加了物流企业的风险和压力。

德邦物流针对以上各种情况，建立了新型的运作模式，网络公司作为第四方，可以通过物流支付宝的模式进行收款和付款（如图 10-8 所示）。具体步骤是：

（1）货源方和收货方达成协议，决定发货。

（2）货源方注册成为网络公司的会员，之后通过网络下订单，并通过物流支付宝这一平台完成支付，所付账款将被打进网络公司在银行的固定账户中，这个阶段的货款将被暂时冻结。

（3）网络公司通过其信息系统进行货车匹配，并通知离该货源最近、条件最适合的车辆，实现快速有效的业务分配，同时网络公司将通知收货方准备收货。

（4）接受运输任务的货车将以最快的速度到达发货点，并相继完成装卸、运输和交货任务。

（5）当收货方完成验货和收货后，签收，并通过网络、传真、电话等方式通知网络公司已经完成收货。

（6）网络公司在确认货物已经安全、及时运送到收货方处，则通知银行将货款转到货车司机相应的账户中。

（7）最后银行完成货款的支付。

10.1.3 德邦物流的发展前景

德邦物流现已在全国 28 个省、市、自治区下设营业网点，拥有运输车辆 1 900 余台。网络遍及国内 550 多个城市和地区，主要为客户提供精准导航、精准城运、精准汽运、精准空运等运输产品。

近年来，德邦物流一直保持稳定的发展速度。根据未来 3 年的网点规划，到 2012 年，德邦物流全国网点将达到 2 555 个。其中，广阔的西部市场，将成为该公司新的业务增长点。

2011 年是我国“十二五”规划的第一年，也是贯彻落实《物流业调整和振兴规划》三年规划的最后一年。从物流行业看，十七届五中全会提出加快经济发展方式转变，经济结构调整要取得重大进展，将把服务业作为战略产业发展，因此物流业面临重大发展机遇。

德邦物流积极贯彻国家的政策，以物流园区建设为突破口。德邦物流上海分公司的发展方向是以集装箱码头为依托，实现东西联动、水陆并举，服务全国。推进上海地区物流产业的发展，主要有以下几点：

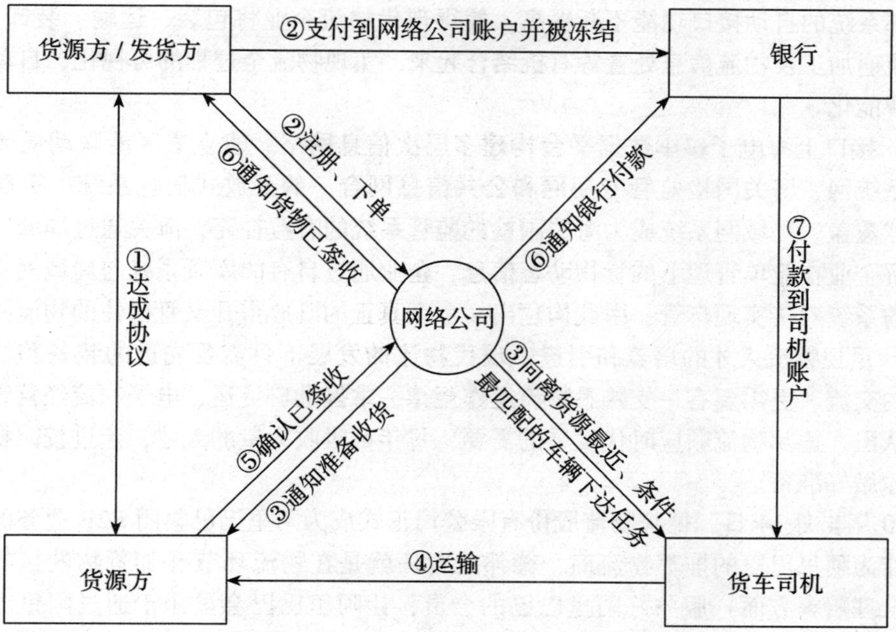

图 10-8 物流支付宝运作模式图

（1）掌握集群发展的内在增长引擎。不只可以通过其广泛的市场触角，与许多国家和地区建立密切的贸易联系，形成充沛的市场需求；还可以通过产业链作用，将一大批相关联的中小企业吸引过来，或者在其周围逐渐培育起一批为它服务的中小企业，形成高效率产业的区域集群系统。

（2）鼓励发展第三方物流。欧洲 76% 的货运选用第三方物流，即委托给第三方物流去运作。因为第三方物流是一个专业化的公司，存在规模效益，可以同时为很多企业提供服务，提高效率。不只如此，现在随着整个物流行业实践的推进，开始呈现了一些行业性的第三方物流，也就是说专为某一特定的行业提供第三方物流，既照顾了企业的具体情况，又满足了效率和规模的需要。第三方物流业务也出现了与之相适应的新趋势：第三方物流服务商的服务网络更趋于全球化，物流模式更加多样化，从单一服务向多客户集约化的管理转变。

（3）大力发展低碳物流。据测算，到 2020 年，我国交通运输需求总量将是目前的 2.5 倍至 3 倍，也就是说运输能力还需要再提高两倍以上。而目前我国载货汽车油耗比世界先进水平高 30% 左右，内河运输船舶油耗比国外先进水平高 20% 以上，机动车尾气排放在一些大城市中占大气污染比重已经达到 60%。因此大力发展低碳物流刻不容缓。

（4）提高德邦物流的信息化水平。各物流园区通过完善物流信息系统加大科技投入。提高现代化、信息化、一体化作业水平，优化作业流程，使货物集散、中转、仓储功能、货代和船代功能、集装箱 CT 和 CFS 功能、管理信息系统及 EDI 应用功能、与海关及船公司等外部系统的自动接口功能不断提高，使得现代物流企业将包装、运输、装卸、仓储、配送、流通加工及物流信息处置等有机结合起来，实现物流全过程的可视化、自动化、无纸化和智能化。

（5）接口上海电子口岸数据平台构建多层次信息网络。建立集区港联动局域网、进区企业系统网、海关国检监管专用网和公共信息网合一的开放式信息系统。实现全面链接、全球覆盖。局域网系统成为海关国检的监管系统的有益补充，海关通过局域网系统可实时了解企业在舱单管理下的货物动态信息，企业通过自有的库管系统与局域网系统和海关国检的系统对接实现自管，由此构建出一个个真正的既放得开又管得住的物流园区。

（6）重视物流人才的培养和引进。现代物流的发展不只需要先进的装备和技术，加强区内的交流。更需要有一支熟悉物流运作规律，掌握港口货运、电子物流经营管理技术的人才队伍。德邦物流顺应时代发展的需要，每年都吸收大量的人才，走进校园招聘，为培养人才做好准备。

2010 年 4 月 14 日，德邦物流股份有限公司正式成为阿里巴巴集团 B2B 业务的推荐物流商，作为阿里巴巴的推荐物流商，德邦的责任就是在物流环节（如货物的接收时效和货物安全理赔等方面）服务好阿里巴巴的会员，让阿里巴巴会员乐于通过阿里巴巴在线下单选择物流公司。为了配合阿里巴巴 B2B 项目，公司还特别成立了电子商务小组专门负责阿里巴巴项目。

从阿里巴巴近期在物流业的一系列动作也可以看出，“信息化水平”、“高技术含量”成为阿里巴巴集团选择合作伙伴的最基本的核心词，因为这不仅代表了电子商务与物流的行业趋势，也可以说是整个商业社会的未来走向。而德邦物流不断夯实的电子商务基础，也恰恰符合这一标准。

另一方面，德邦物流也同阿里巴巴一样，是业内勇于创新、不断思索的企业，理念上的契合也使双方的合作越来越得心应手，相互带动。

德邦物流走的也并不是国内司空见惯的“价格战”的路线，很多时候它的报价相比国际巨头、国内同行都要高出 10% ~20% 的水平。是专业化、规范化、精准化以及“承载信任，助力成功”的服务理念，成就了德邦物流在客户中的口碑和品牌认同，同时也在客观上形成了德邦的竞争门槛，相信未来的邦德竞争力会越来越强。

10.2 在线旅游业的先锋——携程旅行网

10.2.1 企业简介

携程旅行网是中国领先的在线旅行服务公司。1999 年 5 月，携程计算机技术（上海）

有限公司创建，同年10月正式开通运营。2003年，携程旅行网机票预订网络覆盖国内35个城市，并于同年12月9日在美国纳斯达克上市，成为中国旅游业第一家在美国纳斯达克上市的公司；2004年11月，携程旅行网建成首个国际机票在线预订平台；2008年3月，携程旅行网英文网站全新上线；2010年12月，携程入围2010年中国旅游集团20强；2011年1月，携程旗下驴评网上线，用于旅游交流经验。携程旅行网总部设在上海，现有员工12 000余人，目前公司已在北京、广州、深圳、成都、杭州、南京、厦门、重庆、青岛、沈阳、武汉、三亚、丽江、香港、南通15个城市设立分支机构，在南通设立服务联络中心。2010年，携程旅行网战略投资台湾易游网和香港永安旅游，完成了两岸三地的布局。

目前，携程旅行网的主要业务包括机票代理、酒店预订、旅游团预订、旅游线路设计、旅游工具预订等，主要合作单位包括旅行社、机场和酒店。如表10-1所示。

表10-1　**携程旅行网主要合作单位**

	合作单位	合作业务
携程旅行网	旅行社	团购 信息沟通 旅行工具提供
	机场	机票信息 出票 代收票款
	酒店	信息沟通 折扣信息 代收房款

（1）酒店预订。携程旅行网有3个酒店预订频道，包括国内酒店、海外酒店和惠选酒店，分别提供国内、海外和特惠酒店的预订服务。其中，惠选酒店是指顾客通过输入所要去的城市、入住日期、离店日期、酒店位置等基本信息，网站就会筛选出最符合条件、价钱最低的酒店，供顾客预订，但是在预订过程中，网站是不提供酒店的名称的，这种做法不但提供给顾客满意的酒店，还能保护酒店的基本信息，因此，作为酒店一方是更愿意与网站进行这种合作的，而顾客也能够享受到更便宜的价格。

（2）机票预订。携程旅行网的机票预订频道有两个，分别是国内机票和国际机票。携程旅行网能够为旅客提供最低至2.5折的特价机票，超低的价格是吸引消费者的有力武器。

（3）旅游计划。以城市为单位，提供从距离顾客最近的城市到达全国各地的旅行团信息，同时，携程还提供旅游工具服务，比如租车服务等。

(4) 团购特卖汇。提供酒店、餐饮、旅游景点的团购信息，以更低的价格提供酒店预订、餐厅预订以及旅游景点门票预订等服务。

(5) 美食订餐。携程旅行网的订餐小秘书以城市为单位，向顾客提供各地的特色餐厅，让顾客能够提前了解到自己要旅游的城市具有独特特点的餐厅，并提供预订服务。

(6) 企业商旅。有针对性地为大中小型企业商务旅游设计机票、酒店、会议等解决方案，主要包括大中型企业的商务旅游，公司会展奖励旅游以及中小企业商旅通服务。

携程旅行网2011年净营业收入为35亿元人民币（5.56亿美元），相比2010年增长21%。2011年永安旅游和易游网对携程净营业收入同比增长的贡献率为1%。携程旅行网2011年毛利率为77%，2010年为78%。2011年营业利润为11亿元人民币（1.69亿美元），比2010年增长1%。若不计股权报酬费用，2011年营业利润为14亿元人民币（2.24亿美元），比2010年增长9%。2011年营业利润率为30%，2010年为37%。若不计股权报酬费用，2011年的营业利润率为40%，2010年为45%。

根据CCW Research的数据显示，2010年，携程旅行网占据了在线旅游市场的半壁江山，拥有51.6%的占有率，远远高于艺龙的9.6%和芒果的6.0%，成为我国市场占有率最高的在线旅游网站。具体情况如图10-9所示。

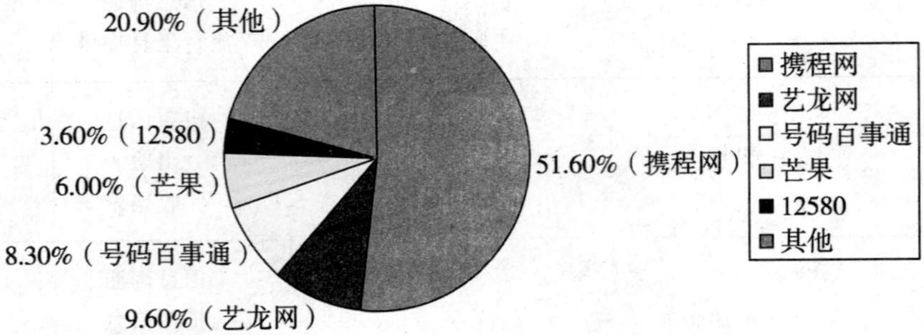

图10-9 携程旅行网市场占有率

数据来源 CCW Research，2010。

10.2.2 携程网的e之路

1) 携程旅行网的经营模式

携程旅行网采用“鼠标+水泥”的运营模式，充分整合了高科技产业与传统旅游行业，被誉为互联网和传统旅游无缝结合的典范。

(1) 呼叫中心

携程旅行网的呼叫中心已经突破5 000人规模，是国内除电信、银行系统以外最大的呼叫中心，系统的中继线为8路ISDN30+D，可同时呼入240路电话、传真；坐席规模达到200个，包括140多个人工坐席、30个传真线路和30个自动语音服务线路，呼叫中心每天呼入、呼出的电话和传真数量达到5万多个，可全年365天、每天24小时提供不间断服务。

(2) 网上预订

携程旅行网提供机票和酒店的网上预订，其中携程旅行网的 E-booking 系统与酒店连接，能够实时获取酒店的实时房态和预定价格，供客户预订。

(3) 收购旅行社、订房中心、票务中心

2000 年 11 月，携程收购了国内最早、最大的传统订房中心——现代运通，成为中国最大的宾馆分销商，使酒店订房量发生了突飞猛进的增长。2002 年 4 月，携程收购了北京最大的散客票务公司——北京海安航空服务公司，并建立了全国统一的机票服务中心，提供送票上门服务，使公司的预订机票实现了量的突破。

2) 携程旅行网的盈利模式

携程旅行网的盈利模式主要由网站、上游旅游企业（目的地酒店、航空票务代理商、合作旅行社）和网民市场构成。其目标市场以商旅客户为主，同时也将观光和度假游客列为其重要的目标市场。酒店和机票预订是网站的主营业务，同时，携程旅行网还将酒店与机票预订整合成自助游和商务游产品。对于商旅客户，携程还提供差旅费用管理咨询等相应服务。在与其他旅行社合作的情况下，携程也推出了一些组团线路，不过大多是出境游，而且数量有限。此外，携程还建立了目的地指南频道和社区频道，有效的信息沟通和良好的环境营造成为了盈利过程中不可或缺的辅助因素。

(1) 携程旅行网利润点分析

酒店预订、机票预订是携程旅行网的两项主营业务，也是携程最主要的利润点。与此同时，携程也在通过和传统旅游企业整合（收购旅行社和在主要商旅城市建立携程分社）向传统旅游业务“回归”，线路预定代理费成为携程旅行网另一个强力盈利点。借由携程旅行网的品牌影响力，在线广告费成为携程旅行网盈利点的有益补充。

①酒店预订代理费

酒店预订是携程旅行网最主要的盈利来源。目前携程在国内及海外主要商旅城市有 2 000多家各种星级的签约会员酒店。虽然携程明确了线上支付与前台支付的区别，但大多数只提供到目的地酒店前台支付房费的支付方式，因而其酒店代理佣金基本上是从酒店的盈利折扣返还中获取的。

②机票预订代理费

机票预订是携程旅行网迅速发展起来的业务，机票预订代理费是从顾客的订票费中获取的，来源于顾客订票费与航空公司出票价格的差价；携程旅行网依靠其自身的技术平台，建设了全国统一的预订服务中心，提供国内国际所有航线的机票信息。

③旅游度假业务中的线路预订代理费

2008 年 5 月，国家实施《旅行社条例》，取消了外资设立旅行社以及中国旅行社设立分社的门槛。这对携程这样的外资公司经营旅游度假业务是一个利好消息。通过不断收购，携程在 2009 年已经拥有 12 家旅行社，其中 4 家是国际社。目前，携程正在中国主要旅行城市大力扩张分社，建设包括路途接待、异地成团、现场管理的“目的地体系”，携程正试图打通组团社与地接社的全部产业链。可以预见，旅游度假业务中的线路预订代理费将成为携程旅行网又一个强力的盈利点。

④在线广告费

凭借其在行业内的领先地位，以及广泛的知名度和巨大的联盟资源、网站、出版物，尤其是众多的会员等因素，决定了携程旅行网在众多商家心目中优质媒体的印象。随着携程的良性发展，广告收入也是逐年递增，成为携程的一个重要利润点。随着利润点的不断扩展，携程已从一个单纯的商旅服务供应商发展为一家全方位提供商旅和休闲度假的旅行服务公司，其经营业务已日益全面和成熟。

（2）携程旅行网利润源分析

携程的目标市场以商务客人为主，约占其客户总数的88%，同时也将观光和度假游客列为其重要的市场，目前约占12%。在消费者类型上，携程将市场定位在中等收入及中等收入以上的白领阶层，针对其消费需求及消费习惯提供产品与服务。

3）携程旅行网的营销模式

（1）做好产品

携程旅行网的核心竞争力是用技术去大规模制造优质服务，其最独特的东西就是重视服务。携程旅行网准确地定位于旅行服务，认为其优质的服务就是携程的生命线，甚至比营销更重要。携程旅行网内部有一句口号叫做“向制造业一样生产服务”，要求员工把服务当做产品去看待，并且统计次品率。制造业大规模集中的管理模式，使其能把握好任何一个席位的环节，服务虽然是感性的东西，可是携程旅行网把感性的服务分解成了例行的指标，希望自已能向制造业一样把服务流程分割为若干环节，从服务态度、回复速度等诸多因素着手，全面提高服务水平。

（2）数据库营销

对于以提供服务为主的旅游网站，客户数据是其最重要的营销工具和资源。携程旅行网将客户的行为一一记录，形成强大的客户数据库，并对数据库进行多层次多维度的分析，将客户细分，进行一对一的营销服务，通过市场活动、促销计划、电子邮件关怀等等，保持客户的忠诚度。

（3）联合营销

携程旅行网同易车网等多家垂直行业网站共同发起成立了中国互联网产业广告资源互换平台互联网联合营销联盟，通过广告互换进行营销活动。

首批参加联盟的网站还包括东方财富网、B2B 电子商务网站慧聪网、网上找房平台安居客、相亲网站珍爱网以及 B2C 电子商务网站 1 号店等。各网站的客户会有各种类型的需求，例如购车、找房、炒股，通过交换各自的广告位，有助于将各网站闲散的广告资源有规则地利用起来，有利于网站新增用户的提升，也有利于客户了解更多优质网站。

据联盟方面相关人士介绍，在联盟试运行期间，各发起网站广告位的有效访问量以每分钟10万人次递增。联盟计划将成员扩大至100家，所涉行业延伸至时尚、体育、旅游、娱乐等多个领域，每日页面浏览量（PV）达10亿次。

联合营销方式的采用，为携程旅行网的营销渠道开辟了新的道路，有助于携程旅行网借助更广阔的宣传平台，开展多渠道的营销活动。

4）携程旅行网的技术解决方案

（1）呼叫中心

携程旅行网的呼叫中心选择了Force10网络公司的C系列和S系列交换机，打造了一个动态可扩展的绿色呼叫中心系统。

C系列和S系列交换机是Force10的两款明星产品系列。C系列机柜式交换机专为高性能以太网网络架构中提供内建稳定性、网络控制以及可扩展性而设计，其全套安全性、介入控制和配线器边缘特性，非常适合企业网络。该系列交换机还将为携程南通呼叫中心提供一整套提高可管理性、服务能力以及可视性的工具和功能，而模块化的FTOS包括了业界标准的命令行界面（CLI），使管理人员简化管理并可充分利用其已拥有的网络知识进行操作。

而S系列产品由小尺寸Gigabit和10 Gigabit以太网交换机组成，专为企业和服务供应商设计，以满足这些客户的特殊要求。该系列交换机将为南通呼叫中心的网络边缘带来高性价比的可扩展性。该系列高密度千兆以太网交换机具有低交换时延，可提供高级企业网络边缘所需的关键性能。此外，Force10 S系列紧凑型光线交换机不仅可在边缘提供高密度千兆位以太网接入，在消除关键汇聚点带宽瓶颈的同时，还能有效节约成本。

Force10 S系列以及C系列产品的结合部署将为呼叫中心网络提供高性能、低功耗以及出色的稳定性，从而为公司业务的发展提供有力的技术保障。

（2）内部管理

携程旅行网选择ArrayNetworks公司的Array SSL VPN解决方案，构建了一套高效、安全的远程访问平台，保证内部员工在移动办公时方便地访问企业内部的应用系统。

Array SPX是基于专有操作系统ArrayOSTM内核和SSL硬件加速卡实现的SSL VPN设备，具有高性能、高吞吐量、低时延的特点，特别是当并发用户增加时，Array SSL VPN可以在不降低效率的同时，在同一个设备上支持多达64 000个并发用户，并且保持良好的用户体验。

通过采用Array SSL VPN解决方案，携程旅行网可以方便快捷地为大客户提供现场办公，随时为客户提供机票酒店的预订服务，保证信息数据的安全性，提升客户的满意程度。同时内部员工也可以随时随地地安全访问企业内部办公系统，提高了工作效率。

（3）IT系统管理

携程旅行网选择了游龙科技公司的Site View ECC综合管理系统，用于管理携程旅行网庞大复杂的IT系统。

建设Site View ECC监控系统的目的，是为了能够利用一个统一平台实现对携程的服务器主机、网络设备、操作系统、数据库、应用系统、网站系统等 IT 基础架构及关键业务系统的全面自动化监控和运营维护管理，从而实现对故障的实时发现和故障定位，提高工作效率，提供更好的运营保障，并能通过各类管理报表实时地了解整个系统的运行情况，包括各项系统状态和性能参数数据，实现资源的合理分配和利用。

Site View ECC 提供了几百种不同类型的监测器对携程 IT 系统的性能指标数据进行自动采集，并提供丰富的数据呈现功能，能够让携程运维人员实时快速地定位故障点。其整体视图功能可以查看和管理整个监控结构和监测器的细节。在日常监控中，树形视图可以对整个监控系统中发生故障的监测器进行过滤观察，做到只关心发生问题或者有故障的应用、服务器或者网络设备。同时 Site View 提供了批量选择、批量修改、批量添加等细节功能，帮助携程轻松应对几百台设备的选择、修改、添加等需求，体现了以人为本的理念。

10.2.3 携程旅行网的 SWOT 分析

1）携程旅行网的优势

（1）盈利模式的封闭性。携程的盈利模式可以构成一个完整的封闭路线，其顾客的消费可以较为完整地转换为企业的营业收入。

（2）数量众多的会员。携程在发展了数量巨大的会员之后，对于相同模式的市场后进者即是一个强硬的壁垒。除非竞争对手可以提供更低的折扣优惠，更便捷可信的服务，否则无法轻易转移它的会员，这也使它的市场先入优势最终转化为其核心竞争力。

2）携程旅行网的劣势

（1）营销成本相对过高。携程不具备传统企业资源的品牌优势，通过与传统资源的结合获得的品牌支撑优势不太明显，所以为了拓展其知名度，必然要在在线与离线的推广上有较大的投入。

（2）旅游线路预订中存在的问题。对于目前的旅游电子商务而言，线路预订仍然是相对更为重要的一部分。而携程在创立之初就将业务重点放在酒店预订和机票预订等中介服务上。虽然近年来携程在旅游度假业务上动作频繁，取得了一定的成绩，但由于缺乏强有力的旅行社作为传统资源支撑，其旅游线路预订无论从数量上还是价格上都不存在竞争优势。

3）携程旅行网的机遇

（1）旅行预订用户规模持续增长。根据艾瑞咨询 iUserTracker 监测数据，2010 年 1 月—2011年 3 月中国在线旅游行业用户覆盖人数情况中，月度虽然略有波动，但整体仍呈上升趋势，且同比增幅均保持在 25% 以上。其中 2011 年 1 月份高达 7 423 万人，同比增长 20.6%。

（2）旅行预订市场规模不断扩大。艾瑞咨询《2010—2011 年中国在线旅游行业年度监测报告》统计显示，2010 年我国在线旅游市场交易规模突破 1 000 亿元，达 1 037.4 亿元，同比增长 58.0%，呈高速增长的态势。预计到 2014 年，按照正常预估，中国在线旅游市场交易规模将达到 4 516. 3 亿元，保守估计将达到 2 800. 1 亿元，乐观估计将达到 6 322. 8亿元，如图 10-10 所示。

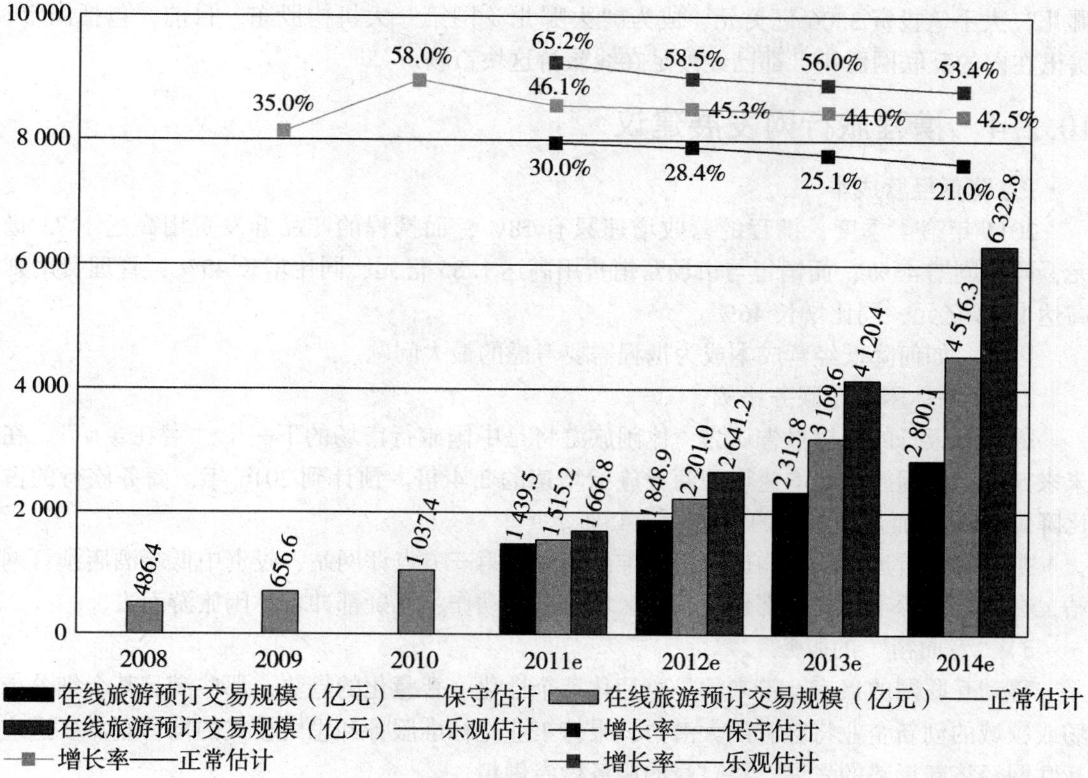

图 10-10　中国在线旅游市场交易规模预测

4）携程旅行网面临的挑战

（1）酒店、航空业直销模式的兴起。为了控制成本及战略考量，越来越多的酒店开始热衷于发展直销能力，这是一个必然趋势。包括锦江之星、汉庭等经济型酒店早已通过各种方式发展自己的会员。目前，越来越多的航空公司也提高了直销比例。以国航为例，2009 年通过网站、机场柜台、呼叫台等直销途径，为超过 600 万名旅客提供自助登机服务，占到其全部销售机票的 5% 左右，到 2011 年的目标是提升到 20%。

（2）网络销售渠道新模式的崛起。譬如“去哪儿”、“酷讯”等垂直网络搜索引擎，它们的盈利是建立在广告点击量的基础上，而非提供中介服务。这一模式使得它们只需向酒店收取非常低廉的平台使用费，从而满足了酒店减少销售中间环节、降低成本的要求。

几年前，在线旅游市场上，一直是携程“一家独大”，其竞争者无非就是艺龙、芒果网等与之相类似的企业，并没有对携程造成太大的冲击。但如今，大量门户网商开始争夺在线旅游的蛋糕，让携程这个从网上成长起来的企业面临巨大的竞争压力。

2011 年 5 月 16 日，互联网巨头腾讯公司向艺龙注资 8 440 万美元，持股艺龙 16% 的股份，成为艺龙第二大股东。紧接着不久，6 月 24 日百度宣布向旅游垂直搜索网站“去哪儿”大手笔投资 3.06 亿美元，成为“去哪儿”网第一大机构股东。目前，包括淘宝、腾讯在内的互联网巨头，都已经涉足在线旅游这块市场。

10.2.4 携程旅行网发展建议

1）降低经营成本

2011 年第 4 季度，携程的营收增速只有 18%，而携程的产品开发费用高达 1.73 亿元，同比剧增 43%；而销售与市场营销费用高达 1.85 亿元，同比增长 45%；管理费用则高达 1.13 亿元，同比增长 46%。

因此，如何降低经营成本成为携程需要考虑的最大问题。

2）提高休闲旅游服务比例

德意志银行的分析报告认为，休闲旅游将是中国旅行市场的下一个“潜在金矿”。在未来 5 年，休闲旅游的增速将是商务旅行增速的 2.4 倍。预计到 2016 年，商务旅行的占比降到 55%，而休闲旅游的占比升至 45%。

携程目前所进行的并购旅行社，推出独立的第三方点评网站，投资中低端酒店预订网站，在旅游资源丰富的成都建立新的区域总部等动作，无疑都冲着休闲旅游而去。

3）“专而精”的服务

移动互联网的兴盛，带来的是碎片化、个性化、智慧化的趋势，那些满足某个细分市场或领域的创新企业将会有巨大潜力，秉持工业化标准服务和思维模式的携程则需要适应互联网经济新形势的发展，将自身的服务做专做精。

10.3 网上珠宝商——钻石小鸟

10.3.1 公司简介

1）研究背景

中国珠宝行业近年来的飞速发展有目共睹，已开始进入一个崭新的品牌竞争时代。然而，“品牌定位不准确，品牌核心价值不清晰，品牌气质趋于雷同”一直是困扰着国内珠宝企业的关键问题。价格战、渠道战造成众多本土品牌难以走出黑洞。

在这样一个大背景下，有一家企业另辟蹊径，走出了一条独特的从传统行业进军互联网的品牌建设之路，它就是知名的网络钻石品牌——钻石小鸟。

2）品牌缘起

精通网络的妹妹（徐潇）和经营钻石批发的哥哥（徐磊）合作在 eBay（当时的易趣）开了国内第一家卖钻石的网络商铺。因为妹妹的网名叫“小鸟”而哥哥叫“石头”，所以网店的名字就叫“钻石小鸟”。由于“小鸟”和“石头”经常与网友在线交流，所以成了很多网友的钻石顾问，网友都亲切地称呼他们为“小鸟姐姐”和“石头哥哥”。

3）发展历程

钻石小鸟创立于 2002 年，起初它只是易趣网一家小小的钻石商铺。2004 年底，钻石小鸟在上海开设第一家线下 Office 直营体验中心，率先将“鼠标+水泥”的商业模式引入珠宝行业，凭借着线下体验、线上交易的组合拳，钻石小鸟的销售额在 2007 年就已轻松破亿。

在随后的 5 年时间里，钻石小鸟还先后获得了来自今日资本、联创策源、方源资本对其共计 6 500 万美元的 3 轮投资，如今，资本市场对它的估值已超过 10 亿元。

10.3.2　钻石小鸟的电子商务之路

1）商业模式——鼠标+水泥

“鼠标”和“水泥”是种形象的说法，前者指通过互联网渠道，在网上销售产品和服务；后者指传统的实物商品和服务，通过实体店的形式进行买卖。

虽然在线销售早已经不是什么新鲜事了，但网上卖钻石，听上去还是有点“不靠谱”。钻石生意自有它的独特性，很难把买卖全过程“压缩”在网络渠道完成，钻石小鸟的聪明之处在于，网络渠道和实体渠道齐头并进，把各自不可替代的价值最大化。

(1)“鼠标+水泥”的由来

钻石小鸟从借助易趣、淘宝等第三方网上交易平台开始，逐步建立了自己的专属网站——钻石小鸟，即“鼠标”。徐磊在经营过程中发现，对钻石产品和工艺而言，网络渠道的价值远不止于低价销售。比如购买钻石其实是一个很需要知识的行为，因为除了品牌外，钻石的工艺是决定钻石价值非常重要的因素，同样是五十分的钻石，价格可能因为各项指标的差异相差数倍，但实体店的相关服务并不完善，而网络就能轻易实现一对多的传播。因此，钻石小鸟的专属购物网站以专家课堂的方式帮助消费者学习与钻石相关的知识。

此外，传统珠宝品牌的实体销售柜台往往产品的数量有限，且多为成品，供消费者选择的余地有限，但网络渠道就无所谓产品的陈列成本，可以大面积、大批量地展示，因此钻石小鸟可以对钻石产品的销售模式做出变革：将裸钻和配套产品（戒托、项链）分开销售，使得消费者可以按照自己的喜好进行搭配。但网络渠道也有自身的瓶颈。钻石产品仍然是贵重商品，动辄数万元，很多消费者还是不愿意通过网络完成规模如此之大的采购。就以钻石小鸟的销售数据为例，即使如今国内的网购环境和消费习惯已经很成熟了，3 000 元以下的产品还是钻石小鸟网络销售的主力；同时，对许多消费者来说，一方面手指和钻戒的匹配度很难量化，需要试戴才能知道，另一方面钻石产品是一种消费频次极低、而且寄托了情感的消费品，特别是恋爱中的男女，现场挑选、男方为女方佩戴、付款等体验过程极其重要，而这种价值是网络渠道提供不了的。

钻石小鸟的解决方案是建立线下体验中心，即“水泥”。网络渠道的影响力可以让钻石小鸟在每个城市只开一家体验中心，并且可以开到如写字楼、或是商场 8 层这样“深巷”但租金便宜的地方。到目前为止，钻石小鸟已先后在上海、北京、杭州、广州、宁波、南京等 12 个城市建立了钻石体验中心。以钻石小鸟北京的体验中心为例，700 多平方米的面积使得体验中心除了在传统商场柜台的展示和交易之外，还拥有许多额外的功能，比如顾客服装和箱包的储物间，专设可以上网的等候区，每个销售顾问都有一对一服务客户的专柜，消费者可以和销售顾问耐心地坐在柜台前咨询和购买。除了空间带来的服务内容增多外，体验中心还可以更灵活地设置一些消费者体验的项目，比如墙壁上增设裸钻展示，可以让消费者最直接地鉴赏钻石，而钻石加工车间也直接设在体验中心，消费者可以直接观看制作流程。

体验中心不只承载了产品售卖方面的职能，还考虑到消费者消费钻石产品的特殊情境，比如恋爱中的男女提供一些额外的体验，比如体验中心的吊灯和墙壁色调特意设计为教堂式的感觉，希望能够帮助恋人们制造相互之间的甜蜜气氛。值得一提的是，钻石小鸟还在体验中心开辟了多功能厅，平时可以用影像的方式开展钻石课堂，如果消费者有特殊需求，甚至可以布置为求婚的礼堂。

(2)“鼠标+水泥”模式的成功因素

①钻石的标准化——信任和品质

在所有珠宝首饰中，最适合开展网上销售的就是钻石首饰。钻石是各种珠宝中唯一能进行“标准化”的产品，其标准化主要由国际认证的品质报告书来保证。证书的作用有三个：一是可以描述钻石的基本情况；二是作为钻石估价的参考；三是具有防伪功能。

国际上主要的钻石品质报告书有美国的 GIA 证书、比利时的 HRD 证书等。在欧洲 HRD 证书比 GIA 普及，而在亚洲则是 GIA 证书较为普及。以 GIA 为例，GIA 证书非常专业，把钻石的成色、钻石的包裹体、钻石的整个角度、刻面全都详细标识在证书上了。这个证书可以辨别真假，记录钻石的特征和品质分析，并能作为估价参考。

钻石有国际行情和报价，钻石的重量、色泽、净度、切工等一旦确定下来，其价格自然就确定下来。凡是了解钻石的人，只要看到证书，就知道这颗钻石是什么样的。一旦有了这张证书，这颗钻石就会在世界范围内流通，在任何国家都认可。

GIA 的钻石可以在官网上搜索到相关信息。在钻石的腰轮处全都有 GIA 编号，客户把钻石的编号和它的分量输入到网站里，可以把整个档案调出来，如果和证书一致，就可以放心购买。

正是由于钻石的标准化、国际品质保证，从而很好地解决了客户信任的问题，加上价格的优势，网上销售钻石逐步赢得了人们的认同。

②轻资产运营——节约成本，降低价格

一枚两克拉的高品质钻戒，在传统门店需要25万元的高价，但通过网络直销的方式其价格仅在15万元左右。网络钻石销售为什么会有这么低的价格呢？网络钻石销售和传统钻石珠宝零售相比有本质的区别。

传统模式的珠宝店要投入大量的资金在货品的陈列上，其货品资金大量积压，可能要占到销售额的一半。而且要布很多网点，每一家珠宝店所处的地理位置都相当好，都是黄金地段，需要大量人力、物力的投入，运营成本和管理成本都非常高。

传统的钻石销售有很多的中间环节瓜分了利润。切割商、一级批发商、二级批发商、零售商等环节的利润达10%～20%。等到做成成品在商场销售，商场又要盘剥掉高达30%的利润。这样的销售特点，必然造成钻石行业价格虚高。传统钻石销售主要依赖传统平面媒体和电视媒体进行品牌和市场推广，又因受限制于门店的布局设点以及营销模式，所以造成推广成本也很高。

而网络钻石销售属于“轻资产”运营模式，没有传统零售商的囤货和存货周转压力以及高昂的营业费用。通过互联网这种销售平台，把传统钻石珠宝零售商高额的店面成本、运营成本和管理成本节约下来。

同时，网络钻石销售商将钻石的切割商与消费者直接联系起来，越过了各个中间渠道，从而将价格压缩到大约原来的一半，在暴利的钻石行业掀起了一场革命。

③线上线下的互动

国内网络钻石销售主要是模仿美国Blue Nile（蓝色尼罗河）公司。Blue Nile公司主要是通过网络销售而不设实体店铺，但国内的网络钻石销售企业往往也建立实体店铺。

网络提供了丰富的信息，降低了成本，使更多的人能够更容易地了解钻石、购买钻石。消费者在家中，只要拥有一台可以上网的电脑，就可以随时下单。但很多人通过网络了解了钻石之后，并不一定会马上下定决心买，更多是在观望，如果客户能够实地去看、去选、去触摸、去判断，就会对要买的钻石更为放心。除了GIA证书的保证外，客户还需要去感受和体验。

在2004年，钻石小鸟在上海城隍庙地区尝试性地开设了第一家落地的钻石工作室，当时面积只有20平方米不到，客户都闻讯而来，当月销售额就翻了5翻。2005年钻石小鸟在上海开设了第一家Office体验店，在接下来的2年间又在北京、杭州、广州等地开设体验中心。2007年6月，钻石小鸟成为国内首家获得风险投资的网络珠宝销售公司。从此钻石小鸟就进入了高速发展期，一年之内月销售额增长了7倍。

Office体验中心完善了整个钻石小鸟的电子商务模式，拉近了与消费者的距离，增强了网络钻石销售的真实感，提升了钻石小鸟的品牌形象及信誉度，是钻石小鸟整个销售链中的重要一环。体验中心所承载的不仅仅是单纯的销售职能，还有服务中心、配售中心、体验式营销中心等职能。钻石小鸟的体验中心都开设在最繁华的商业区，比如上海在闻名的南京路步行街，杭州在西湖区，北京在华茂CBD，广州在天河区，都处于每个城市的商业和商务中心，离消费者非常近。

钻石小鸟通过互联网这个购销和推广平台结合的产品策略，可以提供给消费者更多的选择。比如，用户可以通过互联网平台了解钻石的知识，查询并订购所需的任意一颗钻石或者饰品。商家可以根据用户的特别需求采购钻石或订制饰品；同时，在国内主要城市建立自己的体验中心，提供一对一的线下顾问式服务，为顾客讲解钻石的内在价值以及钻石品质的区分，顾客选定裸钻后结合其选定的戒托款式、尺寸，甚至顾客自己设计的款式，为用户量身定制出令消费者满意的完美钻戒或者饰品；同时结合网络平台，使各个体验中心之间，以及体验中心与网络销售平台之间能够做到库存共享，提高了库存周转率和资金利用率。

也正因为此，钻石小鸟节省了很多传统钻石行业的中间环节和经营费用，使产品价格在市场上具有极强的竞争力，为消费者创造了可观的价值。同时由于“互联网+体验中心”的模式，使得进入体验中心的客户几乎都是有效客户，有利于提供最优质的客户服务。

相比于一般纯粹的 B2C 钻石销售模式，钻石小鸟又为消费者提供了见证和个性化订制的体验场所，极大提高了消费者的信任度，通过优质的体验服务，消费者对于此后在钻石小鸟网络上的消费行为已经没有后顾之忧了，消费者的再消费行为和推荐消费行为，很多就是通过网络平台来实现的。

在和这些最具商业价值的消费群体建立这种高度信任关系后，钻石小鸟计划着力于产品创新、品牌提升和理念创新，导入非标准化产品，让这个消费群体源源不断地为钻石小鸟创造价值。

通过这种创新的商业模式加上钻石小鸟的创新品牌，经过短短的几年时间，在维持和传统珠宝零售商相当的毛利率水平的情况下，目前仅钻石小鸟网络加 4 个城市的体验中心的销售额，就已经达到了传统著名品牌珠宝零售商 40 家零售店的销售额。

2）战略决策：产业链+品牌

（1）产业链建设

相比传统珠宝商，钻石小鸟首先改变的是珠宝销售流程。如果你想买钻戒，在传统珠宝店，你只能从其柜台的成品中选择适合自己的产品，而钻石小鸟为消费者提供的是个性化定制服务，裸钻可以从钻石小鸟体验店的一些库存中选择，也可以通过其全球钻石即时查询系统，搜索分布在世界各地的“虚拟库存”，在消费者选定裸钻、戒托后，钻石小鸟再向上游下单，将钻石从海外采购进来，通过上海钻石交易所报关，然后进入设计、加工流程，最后将产品交到消费者手中。

早在 2009 年，钻石小鸟就在世界钻石之都比利时安特卫普设立了钻石采购中心。作为中国领先的网络钻石品牌，加上徐磊早期的资源积累，钻石小鸟成为全球最大的钻石生产贸易商——戴比尔斯全球最大的看货商之一 EuroStar 在中国区唯一的网络合作伙伴。

目前，其向消费者提供的 13 000 多颗钻石中，约有 11 000 颗是虚拟库存。而钻石小鸟要完成自己约 2 000 颗钻石库存的一次流转，需要“1.5～2 个月”，而传统珠宝商店铺的成品库存流转一遍大概历时“1 年到 1 年半”。这样不仅减轻了库存压力，“鼠标+水泥”也不再像传统珠宝商那样依赖门店的数量和地段，租金成本也相对降低。以其在上海南京路新宏伊国际广场 8 楼写字楼的体验店为例，其每平方米的租金只有一楼的 1/8。

因此，低价成为钻石小鸟挑战传统珠宝业的一个杀手锏。较传统珠宝商低 30%－50%的价格优势也帮助钻石小鸟迅速博得知名度。

钻石小鸟 8 年创造 4 个多亿的营收。同样是电子商务，2004 年成立的京东和 2007 年出现的凡客，在营收规模上远远超过钻石小鸟，甚至新晋电商新贵麦包包的营收都与钻石小鸟不相上下，但他们的商品单价要比钻石小鸟低得多。在一位电商人士看来，这归因于钻石小鸟品类的特殊性，钻石电子商务在国内还处于市场培育期，各品牌也都在摸索状态。

按照计划，加强产业链建设将是钻石第三轮融资的一个主要用途。在钻石产业链上，最上游是钻矿拥有者，他们将钻矿开采出来之后，通过分布在全球的几十家看货商来分销其钻石毛坯；看货商将毛坯切割后卖给大大小小的批发商，然后再到首饰制造商或零售商，他们将成品提供给消费者。这个产业的特殊性在于，最上游资源的垄断性。目前全球 90%的钻石产量集中在南非、澳大利亚、博茨瓦纳、刚果（金）、俄罗斯五国，而这些资源又掌握在戴比尔斯、必和必拓、阿尔罗萨等几大钻矿商手中。

2010 年 9 月，周大福宣布与力拓达成战略合作，成为后者在大中华区的首个华人特约钻石商。除了在 2010 年底与力拓达成合作，周生生又在今年 4 月宣布与澳大利亚矿业巨头必和必拓成为战略合作伙伴，从 2011 年中开始，成为必和必拓钻石毛坯的看货商。他们是钻石小鸟的强大竞争对手。

“如果一个珠宝企业，特别是在钻石行业，要有所建树，掌控上游资源是必经之路”，徐磊称，钻石小鸟也将积极往上走，这不仅可以为消费者提供更多钻石选择，也有助于拿到更优质的钻石资源。

除了资源，在徐磊的计划里，钻石小鸟还需要向上拓展的，是对工厂的涉足，“可以去购买一个工厂，也可以在一个工厂里面拥有自己的生产线”。徐潇称，这些往上走的举措，于钻石小鸟而言，目的很清晰，就是要提升整个供应链的效率，包括速度和质量。

目前，在钻石小鸟，消费者从预订到取货，“常规周期是 15 天”。但徐潇希望未来能提速到“7 天，甚至部分产品是 2～3 天”；在传统店铺，除非购买现货，定制的周期大概是 35～45 天，但多数店铺并不提供定制服务。

在产业链的另一端，钻石小鸟也计划从体验店、互联网双渠道发力。徐磊称，未来他们的体验店将覆盖到全国的省会城市。

虽然是“鼠标+水泥”的模式，但目前为止，互联网为钻石小鸟贡献的营收也不过

20%左右。这也是目前绝大多数钻石 B2C 电商企业的“通病”。

对此，清科集团董事长兼 CEO 倪正东的建议是，增加单价相对较低的饰品品类，并拉动饰品在互联网上的销售，清科是九钻网的投资方之一。

从 2010 年开始，钻石小鸟就在有计划地拓展饰品品类，比如吊坠、项链等。而今年的第一次新品发布会，钻石小鸟也不再拘泥于钻石一个品类，还添加了宝石、碧玺，并专门为母亲节开发了碧玺钻饰品。

在徐潇看来，扩展产品品类，不仅可以为钻石小鸟增加营收，饰品等低单价的产品也更容易实现线上销售。

（2）品牌塑造

插上互联网翅膀的钻石小鸟，借助价格优势，业绩成长的速度显然快过那些老家伙们：周大福用了 80 多年实现如今 200 多亿的年销售规模，2010 年，周生生、老凤祥的营收规模分别约达 80 亿元和 144 亿元的量级，做到这样的业绩，他们分别用了 72 年和 162 年。

但仅凭模式和价格优势足以与传统的知名珠宝品牌相抗衡吗？

2010 财年，世界最大的在线珠宝品牌 Blue Nile 净营收达到 3.329 亿美金，较上年增长了 10.2%。其中，婚戒产品贡献了 67.5%，但在美国的婚戒市场也只占约 4%的份额。

在中国，传统品牌仍是珠宝市场的主流。据中国珠宝玉石首饰行业协会的数据，2010 年我国珠宝市场销售总额达到创纪录的 2 500 亿元，其中网购销售大约为 85 亿元。

徐磊一直在思考的一个问题是，“要长期地活在消费者心中，靠的是什么？”他认为，“应该是品牌的沉淀和积累”。在他看来，钻石小鸟要同时做两件事情：Zbird 品牌塑造和平台业绩增长，所以，“这是个慢活”，尤其是品牌塑造。

新一轮的融资，一部分资金就将用于品牌塑造。除了互联网营销，钻石小鸟也在尝试线下的广告投放。比如：2010 年，钻石小鸟就成为王菲演唱会唯一钻石赞助商，2011 年也将是其 4 场演唱会的珠宝类赞助商。其实，这样做的主要目的不是为了带动销售，而是让两者产生一个关联，提高品牌的认知度。

从 2009 年起，钻石小鸟与意大利的设计师达成合作，在设计一些带有独特的个人时尚特色的产品，徐潇希望将这些产品变成热销品，并成为钻石小鸟品牌的一个时尚标志，让大家看到此类产品就能够想到小鸟。

徐潇称，钻石小鸟接下来还要不断强化产品优势，增强对传统品牌的竞争力。

10.3.3 钻石小鸟发展的制约因素

钻石小鸟采用的“鼠标+水泥”的商业模式，在短短的几年内，从销售规模上看，的确成长较快。但其模式的内在矛盾也一直是无法回避的软肋，即庞大的双重成本开支，此种模式，必须面对网络营销与地面点费用的双重成本压力。

因为对于网络的销售来说，为了解决客户信赖问题，不得不开一个体验店，通过客户的真实体验，来消除客户对于产品与品牌的质疑，而传统的方法开店，需要巨大的投资，为了节省传统方式开店的巨大开支，而选择在写字楼开体验店。但问题的关键在于，开在写字楼的体验店不会产生自然的销售，它必须通过巨额的广告、营销推广来把客户从街道拉上写字楼，这个成本远远大于写字楼体验店在租金方面省下的成本。或者更简单地说，写字楼里的体验店，不但需要支付正常的租金、存货和人工的成本，还需要支付庞大的把客户从街道拉上体验店的成本，这种双重的成本开支与电子商务的低成本运作方式是背道而驰的。

而对于网络的销售来说，本身的网络营销与推广，已经是一笔庞大的开支，同时，为了解决网络销售的客户信赖与体验问题，而开了体验店，又增加了网络推广的额外开支，也就是说，对于网络平台的销售来说，也面临着双倍的成本。这似乎也是不符合电子商务的低成本运作规律的。

这也是业界一直在猜测钻石小鸟第三轮融资到位后，将用于网络营销的推广，还是加大体验店的拓展，以满足双倍成本的资本开支需求。

钻石小鸟在上海写字楼群中的体验中心里，有华丽的店面，有琳琅满目的成品钻戒陈列区，也有穿着讲究的珠宝顾问，一切都和传统珠宝店没什么区别，只是位于写字楼这样的环境让店铺显得有些异样。作为一家网上钻石商家，拥有这样的体验店不得不说确实相当奢华，其中的成本开支可想而知。

像这样的体验店，在全国已经有十二家，如果按照业界的估计，在钻石小鸟完成第三轮融资的一到两年后，体验店的数字将会增长到 100 以上。由此带来的庞大的开店费用与店面维护费用构成了钻石小鸟的渠道成本，而这种“鼠标+水泥”的运营模式除了要承受传统模式下珠宝店带来的大量店面成本的同时，还要负担数额巨大的网络营销投入。在这种双重营销投入的压力下，像钻石小鸟这样的网上钻石企业是否会逐渐偏离电子商务的本质？投入庞大资金而设立在高大写字楼之上的体验店又将何去何从？

10.3.4　前景

未来，珠宝电商市场机遇与挑战并存。相关数据表明，中国每年约有 1 000 万对新人结婚，婚庆消费总额高达 2 500 亿元，只要其中的 1/10 用于珠宝消费，全年就有 250 亿元的消费空间，这对于珠宝电子商务来说无疑是一个庞大的消费市场。同时，国内传统珠宝行业巨头（如周大福、周生生、老凤祥等）正在由线下转到线上，其雄厚的资源优势将挤占大部分的份额；国际珠宝行业巨头也将进军中国，分食中国这块大蛋糕。所以对于钻石小鸟来说，如何做大、做好自己的蛋糕，扩大市场，提升品牌都将成为“小鸟”是否腾飞的关键。

本章小结

在经济全球化和电子商务的时代背景下，越来越多的传统行业都在试图通过电子商务打开销路。不论是何种性质的企业都在积极实现信息化，发展电子商务。本章首先介绍了国家 AAAAA 级综合服务型物流企业德邦物流，包括德邦公司的发展历程，德邦物流信息化的内容，以及德邦物流的发展前景；然后介绍了中国领先的在线旅行服务公司携程旅行网，包括携程业务的简要介绍，携程网的信息化历程，携程网的 SWOT 分析，以及对携程旅行网发展所提出的建议；最后介绍了国内著名的网上珠宝商钻石小鸟，介绍了钻石小鸟的发展背景及业务内容，以及“鼠标+水泥”模式的电子商务之路，探讨了钻石小鸟发展的制约因素及发展前景。

参考网站

1. www. deppon. com.
2. www. ctrip. com.
3. www. zbird. com.

思考题

1. 德邦物流信息化需求的特点有哪些？
2. 简述德邦物流各阶段电子商务的应用。
3. 德邦物流的支付宝收款和付款的步骤，并画出流程图。
4. 简述携程旅行网的营销模式。
5. 用 SWOT 矩阵对携程旅行网进行分析。
6. 简述“鼠标+水泥”模式的成功因素。
7. 简述钻石小鸟发展的制约因素。
8. 德邦物流、携程网、钻石小鸟的成功给其他传统企业实施电子商务带来哪些启示？

参考文献

［1］李洪心．电子商务案例［M］．北京：机械工业出版社，2010.

［2］邓林，张潇日．移动商务的特征与分析［J］．现代商业，2008（6）．

［3］代文锋，王玉珍．我国移动电子商务现状与问题研究［J］．办公自动化，2008.

［4］张铎，林自葵．电子商务与现代物流［M］．北京：北京大学出版社，2003.

［5］杨鑫．中国 3G 移动电子商务发展策略的探讨［J］．中国市场，2009（18）．

［6］王汝林．移动电子商务理论与实务［M］．北京：清华大学出版社，2007.

［7］覃征，等．电子商务案例分析［M］．陕西：西安交通大学出版社，2007：110-124.

［8］陈德人．电子商务案例精选［M］．北京：高等教育出版社，2007：411-428.

［9］徐岸峰．基于互联网的旅游发展研究［J］．中国商网，2009（19）：140-141.

［10］郑亚琴，胡成杰．携程和春秋旅游电子商务模式比较［J］．安庆师范学院学报，2011（4）：48-51.

［11］刘枭．旅游网站电子商务盈利策略研究——以携程旅行网和春秋航空旅游网为例［D］．江苏：扬州大学，2010.

［12］罗霞．携程旅行网竞争战略研究［D］．湖南：湖南工业大学，2009.

［13］郝凤苓．钻石小鸟下一步：产业链+品牌［EB/OL］．［2011-05-23］．http：//epaper. 21cbh. com/html/2011-05/23/content_ 147846. htm. .

［14］区小东，罗志斌．鼠标+水泥：钻石小鸟一飞冲天［J］．销售与市场，2011（11）：66-67.

［15］崔晓林，张璐晶．“钻石小鸟”的网事［J］．中共经济周刊，2011（10）：74-75.

［16］齐鹏．“酷兄宅妹”飞冲天［J］．数字商业时代，2011（5）．

［17］岑青峰．B2C 钻石小鸟融资引发网络钻石行业发展模式之争［EB/OL］．［2011-03-24］．http：//www. sootoo. com/content/101977. shtml.